Westwärts mit dem Wind
Weltumsegelung der SY AQUILA

Dr. Gerhard Ohm

Westwärts mit dem Wind

Weltumsegelung der SY AQUILA

Dr. Gerhard Ohm

WAGNER VERLAG
www.wagner-verlag.de

Ein Buch aus dem WAGNER VERLAG

Korrektorat: lektorat-hamerski.de
Umschlaggestaltung: Wagner Verlag GmbH

1. Auflage

ISBN: 978-3-86279-371-6

Bibliografische Information der Deutschen Nationalbibliothek:
Die Deutsche Nationalbibliothek verzeichnet diese Publikation in der
Deutschen Nationalbibliografie; detaillierte bibliografische Daten sind
im Internet über http://dnb.d-nb.de abrufbar.

Die Rechte für die deutsche Ausgabe liegen beim
Wagner Verlag GmbH,
Langgasse 2, D-63571 Gelnhausen.
© 2012, by Wagner Verlag GmbH, Gelnhausen
Schreiben Sie? Wir suchen Autoren, die gelesen werden wollen.

Über dieses Buch können Sie auf unserer Seite www.wagner-verlag.de
mehr erfahren!
www.wagner-verlag.de/presse.php
www.facebook.com/meinverlag
Neue Bücher kosten überall gleich viel.
Wir verwenden nur FSC-zertifiziertes Papier.

Druck: Heimdall Verlagsservice, Rheine, info@lettero.de

Inhalt

Die Sehnsucht nach mehr Meer — 8

Durchs Mittelmeer in den Atlantik — 13

Die Atlantik Rallye und ein mysteriöses Problem — 33

Unfreiwillige Karibiktörns — 47

Vom Orinoko bis zu den Jungferninseln — 65

Windige Karibikinseln — 85

Segeln mit Kindern — 101

Kolumbien, Panama und Galapagos — 115

Der weite Weg in die Südsee — 136

Trauminseln im Pazifik — 153

Der fünfte Kontinent — 168

Über indonesische Inseln nach Malaysia — 186

Große Flaute und unglückliche Piraten — 211

Mit wunderbarem Wind zum Ziel — 226

Anhang — 237

Daten der SY AQUILA — 237

Ausrüstung der SY AQUILA — 238

Die Sehnsucht nach mehr Meer

Es ist Anfang Januar 2003 und ich feiere mein 25-jähriges Betriebsjubiläum. Seit 23 Jahren lebt unsere Familie in Sulzbach an der Murr, Baden-Württemberg, im eigenen Haus an einem Südhang, direkt am Wald. Eigentlich wohnen nur noch meine Frau Wilma und ich hier, unsere beiden erwachsenen Kinder sind ausgezogen. Unser Sohn Michael lebt in Stuttgart und arbeitet nach dem Studium der Nachrichtentechnik an seiner Promotion. Unsere Tochter Christiane studiert in Tübingen Sozialpädagogik.

Ich liebe den Winter mit Schnee und Eis. Aber wenn ich am Fenster stehe und ins Tal blicke, denke ich oft ans Segeln und das warme Wasser des Mittelmeers. Und ich denke auch an den großen Törn um den Globus, den ich unbedingt machen möchte. Möglich wäre es, obwohl ich vom Rentenalter noch einige Jahre entfernt bin.

In den 25 Jahren habe ich mich in der Raumfahrt in Backnang, so hieß der Unternehmensbereich lange Zeit, vom Entwicklungsingenieur in die obere Führungsebene hochgearbeitet. Als die Eigentümerin Bosch den Bereich in eine GmbH umwandelte, wurde ich Geschäftsführer, zuständig für Entwicklung und Fertigung. Seit einem Jahr gehört die Firma zu dem Luft- und Raumfahrtkonzern EADS und heißt jetzt Tesat Spacecom. Ungefähr 600 Mitarbeiter entwickeln und fertigen mit wachsendem Erfolg Geräte und Systeme für die Satellitenkommunikation, und ich konnte in den Jahren viele meiner Ideen umsetzen. Für mich ist das Beruf und Hobby zugleich. Aber das andere Hobby, Segeln, kommt dabei viel zu kurz.

Seit knapp 30 Jahren segelt unsere Familie mit eigenen Booten im Mittelmeer. Die Boote wurden alle paar Jahre etwas größer und die Crew schrumpfte am Ende auf Wilma und mich zusammen. Michael hat das Segeln aber nicht aufgegeben. Er fand es nur interessanter, mit seinen Freunden auf unseren Booten zu segeln.

Wir besitzen seit drei Jahren eine Etap 39, ein modernes schnelles Schiff, das zudem unsinkbar ist. Der Kauf war eine Blitzentscheidung auf der Messe in Düsseldorf. Im Gegensatz zu vielen Experten bin ich der Meinung, dass man auch mit einem leichten und modernen Kunststoffschiff um die Welt segeln kann. Die Basis für den großen Törn ist damit geschaffen. Doch wie finde ich den richtigen Einstieg in den Ausstieg?

In den Krisenzeiten wurden einige meiner Kollegen in der Führungsebene abgesetzt und dann mit einem goldenen Handschlag verabschiedet. Bei mir ist so etwas nicht in Sicht. Im Gegenteil, es wird mir eine Verlängerung meines Vertrages bis zum 65. Lebensjahr angeboten. Keine guten Aussichten. Aber als die altersbedingten Veränderungen in der Geschäftsleitung nicht meinen Vorstellungen entsprechen, sehe ich einen Anlass zum Ausscheiden. Meine Kündigung kommt für viele überraschend, auch Wilma kann es anfangs nicht fassen. Doch für mich ist jetzt der Weg frei für eine neue Aufgabe: die Weltumsegelung.

Einige Hürden sind allerdings noch zu nehmen. Ich möchte nicht allein segeln, und Wilma ist für eine Weltumsegelung überhaupt nicht zu begeistern. Sie kann sich nur schwer vorstellen, die gewohnte Umgebung mit den Kindern, Freunden und Bekannten für eine längere Zeit zu verlassen. Wir führen viele Gespräche, in denen ich nie ein klares „Ja" bekomme, aber auch kein eindeutiges „Nein". Schließlich finden wir einen Kompromiss: die schnelle Weltumsegelung in zwei Jahren. Es ist die Route A in Jimmy Cornells Buch „Segelrouten der Weltmeere". Die wesentlichen Stationen der Route sind: Atlantik, Panama-kanal, Pazifik, Nordaustralien, Indonesien, Sri-Lanka, Rotes Meer, Mittelmeer. Wenn es keine Verzögerungen gibt, kommt man auf dieser Route in zwei Jahren gut um die Welt.

Die nächste Hürde ist unser Haus und einige Wohnungen, die zum Teil eine aufwändige Betreuung erfordern. Hier kommt uns unsere Tochter Christiane überraschend schnell entgegen. Sie will nach dem Studium in unser Haus einziehen, in der näheren Umgebung eine Stelle suchen und sich dann um alles kümmern. Damit sind die wesentlichen Voraussetzungen für unsere Reise erfüllt.

Mitte Juni verlasse ich die Firma mit gemischten Gefühlen. Ich bin frei für mein neues Ziel, habe aber auch ein schlechtes Gewissen. Durch mein Ausscheiden sind die bevorstehenden Änderungen noch größer, und viele Mitarbeiter sehen etwas skeptisch in die Zukunft. Aber jede Veränderung bietet auch die Chance zu Verbesserungen. Davon versuche ich mich und die besorgten Mitarbeiter zu überzeugen.

Anfang Juli fahren wir zu unserer AQUILA auf die Insel Cres in Kroatien. Die AQUILA ist 11,9 m lang, 3,9 m breit, hat einen Tiefgang von 2 m und wiegt 7 Tonnen. Mit einem fraktionellen Rigg, einem Groß von 41 m² und einer Genua von 36 m² ist sie ein sehr schnelles Schiff. Seit wir sie besitzen, waren wir bei Vergleichsfahrten immer die Sieger. Aber darauf kommt es in Zukunft nicht mehr an. Wir wollen nicht schnell, sondern sicher um die Welt segeln, und dabei ist die Unsinkbarkeit bestimmt ein positiver Faktor.

Für eine Weltumsegelung ist die AQUILA noch nicht ausgerüstet. Aber es gibt immerhin schon eine mechanische Windfahnensteuerung (Windpilot), ein Kurz- und Grenzwellenfunkgerät (Seefunk, Icom 710) und viele Solarmodule an Bord. Elektronische Seekarten mit der Schiffsposition über GPS benutzen wir schon seit Jahren auf Laptops. Auf den Komfort und die Sicherheit möchten wir nicht verzichten. Dieses Jahr wollen wir in Kroatien einen Windgenerator (Air-X Marine) installieren und während des Segelns über die weitere Ausrüstung nachdenken. Wir haben Zeit, denn der große Törn soll erst 2005 beginnen.

So verbringen wir entspannte Tage auf See und in den Ankerbuchten Kroatiens. In einer ruhigen Bucht montiere ich den Windgenerator an einem Rohr am Heck. Solche Arbeiten, bei denen die Trennscheibe lärmt und Funken sprüht, führe ich am liebsten vor Anker aus. Da sind die Nachbarn in der Regel weit entfernt und fühlen sich nicht belästigt. Flache Buchten haben außerdem noch den Vorteil, dass man über Bord gegangene Teile schnell wiederfindet. Eine Voraussetzung für diese Arbeitsweise sind natürlich geeignete Werkzeuge und ein breites Teilesortiment an Bord. Und genau das braucht man auch auf den langen Reisen in entlegene Gebiete.

Auf lange Seereisen sollte nicht nur das Schiff, sondern auch die Crew gut vorbereitet sein. Wilma und ich besitzen den Sportbootführerschein See und das UKW-Sprechfunkzeugnis. Ich habe außerdem noch den Segelschein A für Binnengewässer. Das ist nicht viel, wenn man zu zweit um die Welt segeln will. Aber Wilma interessiert sich nicht so intensiv für das Segeln und die Technik an Bord, und ich sehe keinen großen Nutzen in weiteren Lizenzen oder Seminaren. Als Autodidakt verlasse ich mich mehr auf die Literatur und neuerdings auf die Informationen im Internet.

Eine Lizenz scheint mir allerdings sinnvoll zu sein: Die Amateurfunklizenz für die Kurzwellen. Also kaufe mich mir ein entsprechendes Buch und bereite mich damit auf die Prüfung vor. Das sinnlose Auswendiglernen von Frequenzbändern und Abkürzungen fällt mir schwer. Als ich bei der Anmeldung zur Prüfung erfahre, dass entgegen anderer Meldungen doch noch Kenntnisse in der Telegrafie (Morsen) verlangt werden, gebe ich auf. Als Ingenieur der Fachrichtungen Nachrichten- und Hochfrequenztechnik habe ich großen Respekt vor Carl Friedrich Gauß und Wilhelm Weber, die 1833 in meiner Heimatstadt Göttingen zum ersten Mal die elektromagnetische Telegrafie demonstrieren konnten. Aber in einer Prüfung möchte ich mich mit dieser überholten Technik nicht mehr auseinandersetzen. Ich gehe nun einfach davon aus, dass mein Funkgerät auch ohne die Lizenz auf allen Frequenzen funktionieren wird.

Im Laufe des Jahres gibt es auch zu Hause einiges zu regeln. Unseren Garten lassen wir so umgestalten, dass er mit wenig Pflege auskommt. Es gibt jetzt kaum noch Rasen, aber dafür viel Kies und Steine. Der Teich ist etwas größer, weil ich von meinem Arbeitszimmer immer Wasser sehen möchte. Für unser Schiff kaufen wir noch einiges an Ausrüstung, die wir im Herbst nach Kroatien transportieren und teilweise installieren. Darunter ist auch eine elektrische Winsch, die uns das Setzen des Großsegels erleichtern soll.

Anfang Mai 2004 bringt uns Michael mit unserem Auto und der restlichen Ausrüstung nach Kroatien. Wir wollen dieses Jahr die Arbeiten am Schiff abschließen und in die Türkei segeln. Die Türkei, die wir seit 40 Jahren kennen und lieben, soll Ausgangspunkt unserer Weltreise sein. Nachdem Michael uns mit unserem Auto verlassen hat, beginnen wir mit den Arbeiten und erleben schon am nächsten Tag eine böse Überraschung: Die elektrische Ankerwinsch rührt sich nicht mehr. Es wird schnell klar, dass sie total korrodiert ist und ersetzt werden muss. In Kroatien kann man so etwas nicht kaufen, und mit der Zollabwicklung bei der Einfuhr haben wir sehr schlechte Erfahrungen. Also beschließen wir, die neue Ankerwinsch selbst aus Deutschland zu holen, aber ohne Auto ist das nicht so einfach. Schließlich haben wir eine Idee, die wir dann auch umsetzen. Wir lassen die Ankerwinsch zu unseren Freunden nach München liefern, fahren mit dem Bus zu ihnen und bringen das gute Stück dann nach Kroatien. Die Einkaufstour hat noch den Vorteil, dass wir einen schönen Himmelfahrtstag mit Erika und Ernst verbringen können.

Nachdem die neue Ankerwinsch installiert ist, laufen wir Ende Mai aus der Marina Cres in Richtung Süden aus. Aber die Türkei ist noch nicht unser Ziel. Wir gehen in eine sichere Ankerbucht und installieren ein Radargerät (Furuno 1623), einen Wassermacher (PUR, 40 E) und ein neues UKW-Sprechfunkgerät mit GPS-Anschluss und mobiler Rufnummer (MMSI, DSC).

Anfang Juni bereiten wir uns in Dubrovnik auf die Fahrt in Richtung Türkei vor. Noch sind wir an mehrtägige Reisen nicht gewöhnt und versuchen Nachttörns zu vermeiden. Deshalb wählen wir die 200 sm entfernte Insel Korfu in Griechenland als unser nächstes Ziel aus. Als die Windprognosen günstig sind, verlassen wir unser Heimatrevier und kommen auf einem Am-Wind-Kurs gut voran. Wir steuern mit unserem elektrischen Autopiloten (Simrad WP 30). Nachts nimmt der Wind ab, aber die Wellen werden eher höher. Der Autopilot schafft es nicht mehr, die AQUILA auf Kurs zu halten. Ich muss stundenlang von Hand steuern. Für mich ist damit klar: Wir brauchen einen stärkeren und besseren Autopiloten.

In der zweiten Nacht erreichen wir kurz vor Mitternacht Korfu. Wir wollen eine kleine Bucht im Nordosten der Insel anlaufen. Die Bucht ist an Land gut beleuchtet, nur die Entfernungen lassen sich so schlecht abschätzen. Aber mit unserem neuen Radargerät und den elektronischen Seekarten gelingt es uns, genau in der Mitte der Bucht zu ankern. In diesem Bereich können wir mit unserer Ausrüstung voll zufrieden sein.

Von Korfu aus fahren wir weiter nach Süden, umrunden den Peloponnes und segeln dann durch die ägäische Inselwelt nach Marmaris in der Türkei. Das schaffen wir alles in Tagestörns, wobei einige Tage allerdings mehr als 16 Stunden haben. Marmaris hat sich inzwischen zu einem Touristenzentrum entwickelt und besitzt mehrere Marinas. Wir gehen in die Yacht Marina, die 8 km vom Stadtzentrum entfernt liegt. Es ist eine riesige Anlage mit vielen Einrichtungen und Servicebetrieben, also genau der richtige Ort, um sich auf eine große Reise vorzubereiten.

Unsere Reise geht Ende Juli erst mal nach Deutschland. Wir wollen den hohen Temperaturen und dem Massentourismus, der auch auf dem Wasser unangenehm sein kann, entfliehen. Ende August fliegen wir zurück in die Türkei und segeln von Marmaris aus in Richtung Norden. In Kusadasi nehmen wir Erika und Ernst an Bord, die uns bei der Beschaffung der Ankerwinsch sehr behilflich waren. Eine Woche lang segeln wir mit ihnen durch die türkische und griechische Inselwelt. Wir erleben schöne Tage in einsamen Buchten und an quirligen Orten an Land. Nachdem unsere Freunde in Bodrum von Bord gegangen sind, segeln wir weiter nach Süden. Die türkische Küste und die Inseln sind ein attraktives Revier, in dem man sich längere Zeit aufhalten könnte. Auch die Gastfreundlichkeit der Bewohner hat sich in den Jahren kaum verändert.

Mitte Oktober stellen wir die AQUILA in der Yacht Marina in Marmaris an Land und fliegen zurück nach Deutschland. Zu Hause überraschen uns Christiane und ihr Freund Ralf mit einer Flasche Sekt und der Nachricht, dass sie im kommenden Frühjahr heiraten wollen und dann in unser Haus einziehen möchten. Das ist noch besser als geplant.

Bei den Fahrten in diesem Jahr hat sich neben dem Autopiloten ein weiteres Gerät als mangelhaft erwiesen: der Wassermacher (Seewasser-Entsalzungsanlage). Genau genommen ist es nicht der Wassermacher, sondern nur die Elektronik, die das automatische Befüllen der Wasserbehälter regeln soll. Das Konzept mit den Wasserbehältern, aus denen der Wassermacher gespeist wird, habe ich von den Vorbesitzern übernommen, weil nach ihren Aussagen und dem Handbuch der Wassermacher unterhalb der Wasserlinie montiert werden muss. Da das bei der AQUILA schlecht möglich ist, bin ich in die komplizierte Technik eingestiegen und habe dazu einen Regler entwickelt, der zu Hause auch gut funktionierte. Jetzt werde ich den Regler überarbeiten in der Hoffnung, dass er dann seine Funktion erfüllt.

Außer einem stärkeren Autopiloten fehlt jetzt nur noch ein Gerät für die Kommunikation auf hoher See. Ich tendiere hier zu dem Iridium-Satellitentelefon, mit dem man auch E-Mails senden und empfangen kann. Eine Alternative dazu ist die digitale Kommunikation über Kurzwelle mithilfe eines Modems (Pactor) in dem System Sailmail. Telefonieren kann man in dem System allerdings nicht. Im Winter will ich mich endgültig entscheiden und die erforderlichen Geräte beschaffen.

AQUILA in der Türkei

Auf dem Weg nach oben

Kaffeepause auf der AQUILA

Besuch von Freunden

Exotische Produkte der Türkei

Durchs Mittelmeer in den Atlantik

Am 4.05.05 sind wir wieder in Marmaris bei der AQUILA. Sie steht zwischen vielen anderen Schiffen auf Holzstützen und hat den Winter anscheinend gut überstanden, abgesehen von der Sandschicht, mit der sie überzogen ist. Bis zu dem Krantermin am 18.05., den wir wegen der Werft-Logistik unbedingt einhalten sollten, gibt es noch viel zu tun.

Neben dem Einbau eines stärkeren Autopiloten ist noch eine andere größere Aufgabe hinzugekommen: Nacharbeiten an der Kielaufhängung. Anfang April informierte uns die Etap-Werft, dass die Bodenwrangen möglicherweise mit zu wenig Kleber eingebaut wurden und dadurch auf Grund von Kielbewegungen Risse entstehen können. Es wird eine Überprüfung der Bodenwrangen und eine Nacharbeit empfohlen, falls erforderlich. Da wir unter Zeitdruck stehen, hat Etap das spezielle Material zum Nachkleben bereits nach Marmaris abgeschickt. Den zugehörigen Härter sollen wir in der Türkei beschaffen, weil er als Gefahrgut nicht so einfach zu verschicken ist.

Doch zunächst konzentriere ich mich auf den Einbau des neuen Autopiloten (Raymarine SG1 mit ST 6001 und Direktantrieb). Die Montage des elektrischen Direktantriebs, der über ein Gestänge in die Ruderanlage eingreift, und des Positionsgebers auf engstem Raum ist sehr aufwändig. Nach vielen Stunden Vorarbeit kann ich die Anlage jetzt erfolgreich in Betrieb nehmen.

Erfolgreich war ich auch bei der Inbetriebnahme der neuen Kommunikationsgeräte für die Satellitensysteme Iridium und Inmarsat RBGAN. Mit dem Iridium-Handgerät kann man von jedem Punkt der Erde telefonieren und E-Mails senden und empfangen. Das ist möglich, weil das System Iridium mehr als 60 tief fliegende Satelliten verwendet, die überall empfangbar sind, auch an den Polen.

Inmarsat RBGAN basiert dagegen auf geostationären Satelliten und befindet sich in der Aufbauphase. Im Moment ist ein Gebiet vom Mittleren Osten bis Amerika abgedeckt. Dass die Polkappen nicht abgedeckt sind, stört uns Blauwassersegler wenig. Nachteilig ist allerdings, dass die Antenne auf den Satelliten ausgerichtet werden muss. Bei unserem Modem, das die Form eines Laptops hat, ist das aber nicht allzu schwierig. Im Gegensatz zu Iridium kann man mit RBGAN nur Daten übertragen, und zwar mit 144 kBit/s. Das erlaubt einen schnellen Internetzugang, der bei Iridium mit 2,4 kBit/s praktisch nicht möglich ist. Die Kosten sind bei RBGAN allerdings beträchtlich.

Sehr kostengünstig ist dagegen der Internetzugang über das Mobiltelefon mit GPRS bei dem lokalen Anbieter Turkcell. Ob es auch auf See in Küstennähe funktioniert, wissen wir noch nicht. Aber schon bald werden wir uns ohnehin überwiegend auf die Satellitensysteme verlassen müssen.

Inzwischen liegt die AQUILA wieder im Wasser, und wir warten immer noch auf das Klebematerial. Das Harz sollte schon am 9.05. in Marmaris sein. Dass das nicht so sein wird, haben uns fast alle Türkeikenner prophezeit. Schließlich beauftrage ich über die Firma TMS, die die Reparaturarbeiten durchführen soll, einen Zollagenten, das 25 kg-Paket in Istanbul beim Zoll abzuholen. Dazu muss ich bei einem Notar dem Agenten eine entsprechende Vollmacht erteilen.

Den Härter bestellt TMS in Istanbul. Es werden weniger als 300 g gebraucht, die Mindestmenge ist aber 30 kg. Nach ein paar Tagen haben wir den Härter, genügend, um damit ein ganzes Schiff zu bauen. Am 21.05. liefert der Agent auch das ersehnte Harz an und berechnet für die Zollabwicklung und seine Dienste knapp 500 €. In einem längeren Telefongespräch überzeuge ich den Etap-Chef, auch diese Kosten zu übernehmen.

Die Probebohrungen bestätigen, dass zu wenig Kleber aufgetragen wurde. Bei den tieferen Bohrungen erleben wir dann eine Überraschung: Es kommt uns reichlich Wasser entgegen. Insgesamt holen wir 2,5 l muffiges Süßwasser aus dem Zwischenboden. TMS bricht die Arbeiten ab und hält eine Generalsanierung durch die Werft für erforderlich. Ich sehe das gelassener, weil ich die Ursache für die Süßwasserquelle zu kennen glaube. Etap bestärkt mich in meiner Meinung, und so beginnt TMS dann doch mit den Reparaturarbeiten.

In den nächsten Tagen ist unser Schiff eine Baustelle. Wegen der Schleifarbeiten muss der Salon komplett mit Folie abgeklebt werden. Im Kielbereich wird nachlaminiert, und über die Bohrungen an den Wrangen wird Kleber eingespritzt, allerdings nur in den oberen trockenen Bereichen. Die tieferen Bereiche werde ich später nachkleben, wenn unsere Quelle ausgetrocknet ist.

Die anderen Arbeiten am Schiff verlaufen planmäßig und ohne Probleme. Aber ein schwerer Verkehrsunfall im engeren Familienkreis überschattet alle Vorbereitungen. Wir können in der Ferne nur hoffen, dass es gut geht. Zum Glück werden die Nachrichten von Tag zu Tag etwas besser und wir können uns wieder auf unseren Start konzentrieren.

Am 28.05.05 laufen wir um 7.30 Uhr aus der Yacht Marina in Marmaris zu unserem großen Törn aus, eine Woche später als geplant. Die Crew eines Nachbarschiffes winkt uns nach, mehr passiert nicht beim Start unserer Weltumsegelung.

Zum Eingewöhnen nehmen wir uns am ersten Tag nur eine Strecke von 60 sm vor. Unser Ziel, der kleine Hafen Palamut auf der Halbinsel Datca, können wir bei dem schwachen Wind aber nur mit Motor erreichen. Am nächsten Tag fahren wir unter ähnlichen Bedingungen weiter nach Bodrum und machen dort in der Marina fest. Nachmittags suchen wir die verschiedenen Behörden zum Ausklarieren auf. Beim Hafenmeister müssen wir etwas warten, weil der Tee für uns nicht fertig ist. Wir warten gern und fragen uns, ob uns das in anderen Ländern auch passieren wird. Abends setzten wir unsere letzten Türkischen Lire in leckere türkische Gerichte um.

Gegen 7 Uhr laufen wir am nächsten Morgen in Richtung Griechenland aus. Unser ursprüngliches Ziel, die Insel Patmos, geben wir auf, weil uns der Wind auf diesem Kurs direkt entgegenkommen würde, nach den Prognosen auch in den nächsten Tagen. Wir kreuzen deshalb zur Insel Leros und ankern dort nachmittags vor dem Hafen des Hauptortes Lakki, wo wir auch einklarieren wollen. Beim Hafenmeister erfahren wir, dass das nicht geht, weil Lakki kein Port of Entry ist. Nun werden wir auf diese Prozedur wohl ganz verzichten. Schließlich sind wir in der EU, und wer weiß schon, wo wir herkommen.

Am frühen Morgen fahren wir weiter zu der Insel Amorgos. Der Wind ist wesentlich stärker als vorhergesagt. Aber es gelingt uns, die knapp 60 sm hoch am Wind mit gerefften Segeln größtenteils ohne Motor zurückzulegen. Dabei setzen wir zum ersten Mal unseren neuen Autopiloten ein, der sich auch gleich voll bewährt. Er hält trotz erheblichem Seegang den Kurs absolut stabil und kann so eingestellt werden, dass er mit kleinen Ruderausschlägen auskommt.

Am nächsten Tag herrscht absolute Flaute. Mit Motor fahren wir über das ebene Meer und erreichen schon gegen 15 Uhr unser Ziel: die Insel Antiparos. Wir ankern in der Bucht Despotikou und nehmen unser erstes Meerbad in diesem Jahr. An die 20 °C muss man sich aber erst gewöhnen. Abends setzt wieder ein Nordwind ein, der nach den Prognosen mindestens einen Tag anhalten und noch stärker werden soll. Also bleiben wir einen weiteren Tag in der Bucht.

Dann schwächt sich der Nordwind ab, und wir starten frühmorgens in Richtung Seriphos. Draußen weht es dann doch mit 20 kn, aber hoch am Wind können wir den Kurs gerade halten. Zum ersten Mal lasse ich den Autopiloten über die Windrichtung steuern. Ich bin überrascht und begeistert, der Autopilot funktioniert tadellos. Es ist ein ganz neues Gefühl. Das Schiff rauscht mit 7–8 kn durchs Meer, Wasser kommt über, und der Steuermann sitzt trocken hinter der Sprayhood oder am Kartentisch vorm PC und sieht, wie sein Schiff sich auf das Ziel zu bewegt.

Mittags erreichen wir die Insel Seriphos und ankern in der Bucht vor dem Ort Livadi. Der Nordwind hat weiter zugenommen, und nach den Prognosen ist auch in den nächsten Tagen nichts Besseres zu erwarten. Seit unserer Abreise in Marmaris kam der Wind immer von vorn. Nach den Gesetzen der Wahrscheinlichkeit hätte das sich irgendwann ändern müssen. Das war bislang aber nicht der Fall.

Im alten Griechenland war für das Geschehen auf See der Meeresgott Poseidon zuständig. Im neuen Griechenland gibt es einen Wetterdienst, der auch Poseidon heißt und seine 3-Tage-Vorhersagen in sehr schönen farbigen Grafiken mit Windpfeilen im Internet darstellt. Man kann gut erkennen, wie der Wind durch die Inseln und Gebirge an Land in seiner Stärke und Richtung verändert wird. Ich kenne kein Programm, bei dem die Ergebnisse der Prognose-Rechnungen so gut dargestellt werden. Deshalb benutze ich dieses Programm seit unserem Auslaufen aus der Türkei. Das Programm hat nur einen Nachteil, die Prognosen stimmen nicht.

Genüsslich trage ich jeden Tag die Prognose von Poseidon und die tatsächlichen Winde ins Logbuch ein. Die Richtung stimmt selten, die Stärke nie. Meistens ist der Wind doppelt so stark wie vorhergesagt. Mein Lästern über Poseidon muss den Meeresgott sehr erzürnt haben. Jedenfalls hat er, solange wir in Griechenland sind, keinen anderen Wind als Nord bis Nordwest zugelassen. Nur an einem Tag gab es Westwind. Der Wind kam damit immer aus der Richtung, in die wir gerade fahren wollten.

Zwei Tage bläst der Wind kräftig, dann lässt er deutlich nach. Wir fahren mit dem Schlauchboot mehrmals an Land zum Einkaufen, Telefonieren und Bummeln. Livadi ist ein schöner Ort mit erträglichem Tourismus. Nun geht es weiter in Richtung Poros, einer Insel im Saronischen Golf. Es ist schwachwindig und wir fahren meistens mit Motor. Auf Poros waren wir schon einmal vor vielen Jahren mit einem unserer kleineren Boote und unseren Kindern. Als einziges Boot ankern wir heute in der kleinen Bucht Elies.

Die Ägäis haben wir jetzt hinter uns gelassen. Mit drei Tagen Wartezeit wegen ungünstiger Winde auf dem Weg nach Westen können wir zufrieden sein. Jetzt liegen in Griechenland nur noch der Saronische Golf und die Golfe von Korinth und Patras vor uns.

Am 7.06. fahren wir von Poros in Richtung Kanal von Korinth. Es herrscht Flaute bei starkem Nebel, dann kommt der Wind aus der bekannten Richtung. Wir kreuzen und erreichen den berühmten Kanal, der 1882 in Betrieb genommen wurde und etwa 3 sm lang ist, am frühen Nachmittag. Auf Grund von Baggerarbeiten wird der Kanal erst abends zur Durchfahrt freigegeben. Als letztes Schiff folgen wir zwei Frachtern. Der Kanal ist sehr eng, und wir haben einen Gegenstrom von einem Knoten. Dazu weht es noch kräftig mit 20–30 kn, natürlich aus Nordwest. Als wir den Kanal endlich hinter uns haben, empfängt uns ein ruppiger Seegang. Glücklicherweise ist es nicht weit zum Hafen von Korinth. In dem Fischer- bzw. Marinateil finden wir einen der letzten freien Plätze an einem Fingersteg.

Am nächsten Tag hat der Wind etwas nachgelassen. Wir laufen früh aus und haben nach kurzer Zeit wieder die üblichen 15 bis 20 kn aus Nordwest, das bedeutet Kreuzen mit gerefften Segeln. Nachmittags ankern wir in der Bucht Antikyron, unweit von Delphi. Einen Besuch der historischen Stätten ziehen wir nicht in Betracht, weil wir dort bereits zweimal gewesen sind. Aber den Krämermarkt im Ort sehen wir uns an. Es ist wohl ein Feiertag, jedenfalls wird ein Gottesdienst lautstark über den Ort und die Bucht verbreitet.

Morgens ist der Wind schwächer und wir laufen aus, mit uns ein französischer Segler. Kurz nach dem Verlassen der Bucht bläst es uns mit 30 kn entgegen. Wir kehren um, die Franzosen, zwei harte Männer, segeln weiter. Nachdem wir zwei Stunden vor Anker gelegen haben, sind auch die Franzosen wieder da. Sie haben etwas länger gebraucht, um die Aussichtslosigkeit der Situation zu erkennen.

Am nächsten Morgen geht es dann wirklich weiter. Draußen weht es jetzt nur noch mit knapp 20 kn, leider aus Nordwest. Wir kreuzen in Richtung Trizonia. Das ist eine kleine Insel mit einer in Seglerkreisen bekannten unfertigen Marina. Davon gibt es in Griechenland sehr viele. Sie werden mit EU-Mitteln gebaut und gehen dann nicht in Betrieb. Für uns hat das den Vorteil, dass keine Liegegebühren anfallen. So gesehen sind unsere Steuergelder dann doch nicht so schlecht eingesetzt.

Kurz nach Mittag legen wir in der halbfertigen Marina an. Trizonia ist ein schöner beschaulicher Ort mit Cafés und Restaurants, wo man einige Tage bleiben könnte. Aber wir wollen nach Patras und Kephallonia und dann weiter in Richtung Italien, weil nach der Prognose des Deutschen Wetterdienstes in drei Tagen ein günstiger Südwind für die Überfahrt einsetzen soll.

Bei der Fahrt nach Patras haben wir die üblichen Windverhältnisse. Wir kreuzen gerefft und erreichen schon mittags die Marina Patras. Zum ersten Mal sehen wir in diesem Jahr einen Segler, der wie wir hoch am Wind segelt bzw. kreuzt. Es ist ein Engländer. Morgens geht es bereits um 5.30 Uhr weiter in Richtung Kephallonia. Es ist Flaute und wir fahren mit Motor. Kurz vor Kephallonia setzt plötzlich ein Westwind mit über 20 kn ein. Wir setzen Segel und kreuzen die letzten 30 sm bis in den Hafen von Argostolien.

Am 16.06. starten wir um 4 Uhr die Überfahrt nach Italien. Unser Ziel, die Marina Rocella Ionica, ist 200 sm entfernt und sollte am Ende des zweiten Tages erreichbar sein. Auf diese Weise kommen wir mit einer Nachtfahrt aus. Nachtfahrten versuchen wir zu vermeiden, auch weil wir noch zu wenig Erfahrung damit haben. Der Nachteil einer solchen Planung ist allerdings, dass man bei schwachem Wind nicht einfach langsam segeln kann, wenn man bei Tageslicht ankommen will.

Der angekündigte Südwind ist da, aber zu schwach, um auf eine akzeptable Geschwindigkeit zu kommen. Wir fahren mit Motor und freuen uns über den Autopiloten, der exakt auf einen Wegpunkt vor der Marina zusteuert. Die Fahrt ist aber etwas unruhig, weil ein erheblicher Schwell vorherrscht. Auch in der Nacht ändern sich Wind und Wellen nur wenig.

Etwa 40 sm vor der Küste Italiens dreht sich die AQUILA plötzlich im Kreis. Der Autopilot ist ausgefallen, lässt sich aber sofort wieder in Betrieb nehmen. Im Moment sind bei uns 80 % aller Probleme an Bord Software-Fehler. Insbesondere die Programme mit dem Vornamen MS lassen selten Langeweile aufkommen.

30 sm vor unserem Ziel bemerke ich, dass die Diesel-Tankanzeige gegen Null pendelt. Gott sei Dank kommt später etwas Wind auf, mit dem wir den Rest der Strecke segeln können. Gegen 16 Uhr erreichen wir die Hafeneinfahrt von Roccella Ionica. In der Einfahrt steht Seegang und es ist sehr flach. Ein Franzose vor uns kehrt um, wir laufen vorsichtig ein und machen an einem der Fingerstege fest. Auch die Marina von Rocella Ionica ist seit Jahren fast fertig, wurde bislang aber nicht in Betrieb genommen. So liegen wir auch hier wieder kostenlos.

Noch am Abend kaufe ich einen großen Kanister für Diesel. Am nächsten Morgen mache ich eine schöne Wanderung am Strand entlang in die 10 km entfernte Stadt und bringe auf dem Rückweg mit meiner Sackkarre 36 l Diesel an Bord. Jetzt könnten wir mit Motor weiterfahren. Doch wir wollen warten, bis es einen brauchbaren Segelwind für die Fahrt nach Süden gibt.

Nach zwei Tagen laufen wir aus, weil nach der Prognose des Deutschen Wetterdienstes mit einem Nordwind von 4 bis 5 Bft zu rechnen ist. In Wirklichkeit kommt der Wind aus wechselnden Richtungen und ist so schwach, dass wir nur mit Motor vorankommen. Nachmittags machen wir in der kleinen Marina von Reggio Calabrio fest und haben dann in einem Gewitter auch kurzzeitig den angekündigten Nordwind.

In den nächsten Tagen fahren wir in Tagestörns zunächst zu der Insel Vulcano und dann über Cefalu an der Küste Siziliens entlang bis Castellmare del Golfo. Bei dem schwachen Wind können wir nur mit Motor fahren.

Vor der Insel Vulcano finden wir in der Bucht Porto di Levante einen herrlichen Ankerplatz, direkt unterhalb des rauchenden Vulkans. Es riecht stark nach Schwefelgas. Erst später merken wir, dass der Geruch nicht vom Vulkan stammt, sondern von den Schwefelquellen am Strand. Ich schwimme hin und bade in dem trüben warmen Wasser. Es brodelt überall und einige Steine im Wasser sind sehr warm. An unserem Ankerplatz in 300 m Entfernung ist von der Erwärmung kaum noch etwas zu spüren.

Natürlich ist man in Europa an solchen Plätzen nicht allein. In der Bucht liegen ungefähr 15 Segler vor Anker und es gibt einen regen Fährverkehr zu dem Hafen der Insel. Eine Attraktion ist das Baden in den Geothermen und in einem Schlammbad in der Nähe des Strandes.

Von Castellmare del Golfo laufen wir am 22.06. um 3.30 Uhr in Richtung Sardinien aus. Wir starten so früh, weil wir die 200 sm in zwei Tagen schaffen und bei Tageslicht ankommen wollen. Es weht ein schwacher Wind aus verschiedenen Richtungen. Wir fahren überwiegend mit Motor und nähern uns am zweiten Tag um 14 Uhr dem keinen Hafen Perd'e Sali, der nach unserem Handbuch (Küstenhandbuch Italien, Rod Heikell) eine Wassertiefe von 2–3 m haben soll und als gute Alternative zu Cagliari angepriesen wird. Doch in der Einfahrt laufen wir auf Grund. Mit Vollgas zurück sind wir gleich wieder frei. Langsam tasten wir uns an die Tankstelle in der Einfahrt heran, die eigentlich geschlossen ist. Trotzdem kommt nach kurzer Zeit der Tankwart und erklärt uns, dass wir Diesel bekommen, aber nicht in den Hafen einlaufen können. Die Wassertiefe beträgt nur 1,4 m. Wir tanken und fahren dann weiter zu der Bucht Malfaltano, die wir gegen 17 Uhr erreichen.

Am nächsten Morgen weht ein leichter Südost-Wind, mit dem wir endlich mal segeln können. Nachmittags erreichen wir den Hafen Carloforte auf der kleinen Insel San Pietro und legen in der Marina Sifredi an. Das ist für uns in Italien die erste Marina, die einen halbwegs europäischen Standard hat, obwohl die Duschen und Toiletten in Containern untergebracht sind und nur in den Büroöffnungszeiten benutzt werden können. Auch in Griechenland haben wir auf unserer Durchreise keine richtige Marina gesehen. Es liegen Welten zwischen den Ländern mit modernem Bootstourismus wie Türkei und Kroatien und den unterentwickelten EU-Staaten Griechenland und Italien.

Trotzdem gefällt es uns in den kleinen italienischen Hafenstädten sehr gut. Es gibt viel Tourismus, aber fast keine Ausländer. Ich bin vor 44 Jahren das erste Mal in Italien gewesen und war von den Kunstdenkmälern und der Lebensweise der Menschen fasziniert. Von der Kunst haben wir diesmal nicht viel gesehen, aber das Leben in den Städten hat uns wieder beeindruckt.

Wir bereiten uns auf die Überfahrt nach Menorca vor. Unsere französischen Stegnachbarn sind gestern von Menorca gekommen und haben unterwegs zwei große Thunfische geangelt. Wir bekommen ein großes Stück. Das reicht nicht nur zum Mittagessen, sondern auch noch für eine große Portion Salat am Abend.

Am 26.06. brechen wir um 3 Uhr in Richtung Menorca auf. Es ist schwach windig. Erst am zweiten Tag kommt morgens Ostwind auf, sodass wir die letzten 20 sm der insgesamt 205 sm segeln können. Gegen 14 Uhr ankern wir in der Bucht von Mahon vor der Cala Llonga. Nach kurzer Zeit werden wir aufgefordert, den Platz zu verlassen und uns in die Cala Taulera zu verlegen. Wir kommen der Aufforderung nach und stellen fest, dass dieser geschützte Ankerplatz neben der großen Festungsanlage auch wesentlich schöner ist. Dicht gedrängt liegen hier viele Langzeitsegler aus verschiedenen Nationen.

In der geschützten Bucht Taulera fühlen wir uns wohl. Abends sind wir mehrmals mit Tatjana und Henning von der Motoryacht Baracuda zusammen. Die beiden Hamburger wohnen seit 17 Jahren auf ihrem 17 m-Schiff, auch schon während ihrer Berufstätigkeit in Deutschland. Seit zwei Jahren sind sie mit ihrem Schiff im Mittelmeer, ihr Ziel ist letztlich die Türkei.

Unser Ziel ist eine Marina im Süden Spaniens, in der wir die AQUILA zwei Monate liegen lassen können, während wir in Deutschland sind. Da wir den Flug von Almeria nach Deutschland für Ende August gebucht haben, bleibt uns jetzt noch viel Zeit auf der restlichen Strecke. Deshalb bleiben wir erst einmal mehrere Tage in dieser beschaulichen Bucht. Der einzige Nachteil der Cala Taulera ist der weite Weg zu der Stadt Mahon, für den wir mit dem Schlauchboot eine halbe Stunde brauchen. Trotzdem fahren wir mehrmals in die malerische Hafenstadt mit britischer Architektur.

Am 3.07. verlassen wir frühmorgens Menorca in Richtung Mallorca. Kurz nach dem Auslaufen stelle ich fest, dass der Kühlschrank nicht mehr anspringt. Das beunruhigt mich wenig, weil der Kühlschrank schon häufiger ausgefallen ist. Ich mache mich an die Fehlersuche. Da Wind und Wellen nicht sehr stark sind, kann ich auch einiges zerlegen und intensiv überprüfen. Schließlich komme ich zu dem Schluss, dass der Kühlschrank nicht mehr zu retten ist. Aber wie kommen wir hier an ein neues Gerät?

Nach 60 sm, davon nur 15 sm unter Segel, erreichen wir den Naturhafen Porto Colom auf Mallorca. Wir fahren durch das Feld der Ankerlieger und sehen plötzlich die KNAAT-SCHE. So heißt die Segelyacht von Hans, der auch aus Baden-Württemberg kommt. Hans hat einige Wochen vor uns Marmaris verlassen und ist wie wir auf dem Weg in die Karibik. Nach dem Ankern ist Hans gleich bei uns an Bord, wo es viel zu erzählen gibt.

Hans kennt sich in Porto Colom schon gut aus und hat auch eine Idee, wie wir unser Kühlschrankproblem lösen können, nämlich über den örtlichen Volvo Service. Am nächsten Tag machen wir uns auf den Weg zu dem Volvo Service, der leider weit außerhalb der Stadt liegt. Er ist in deutscher Hand, und nach kurzer Zeit ist alles arrangiert. In den nächsten Tagen wird eine Firma aus Palma kommen und uns ein neues Kühlaggregat und einen neuen Verdampfer einbauen. Das Kühlaggregat soll auch so klein sein, dass es unter unser Kühlfach passt.

Schon am nächsten Morgen meldet sich die Firma aus Palma. Gegen 16 Uhr soll ein Monteur kommen und die defekten Teile austauschen. Wir fahren mit dem Schlauchboot an den Steg des Club Nautico und warten dort auf den Experten, vergebens. Schließlich sagt man uns, dass er am nächsten Morgen kommen wird. Wir warten wieder, mittags kommt der Monteur dann wirklich. Er tauscht das Kühlaggregat, den Verdampfer und den Regler aus. Zur gleichen Zeit ist ein Monteur des Volvo Service an Bord, um die defekten Simmerringe der Kühlwasserpumpe zu ersetzen. Nachmittags ist alles erledigt, und die Kosten sind trotz der langen Anfahrt von Palma niedriger als in Deutschland.

Der Kühlschrank läuft und kühlt, arbeitet aber in Intervallen von drei Minuten. Das häufige Schalten ist sicher nicht gut und außerdem störend. Deshalb schalte ich wieder meinen externen elektronischen Regler vor, der die Kühlschranktemperatur in einem vorgegebenen Bereich hält. Nun sind die Probleme erst mal gelöst. In Porto Colom hätten wir es allerdings auch einige Zeit ohne Kühlschrank ausgehalten, denn man kann hier an jeder Ecke Eis zum Kühlen kaufen.

Mit einem Leihwagen fahren wir nach Can Picafort, um dort Monika und Bernd in ihrem Haus zu besuchen. Bernd ist ein Cousin, mit dem ich in jungen Jahren schon mal durch Spanien gereist bin. Wir genießen die Fahrt durch die abwechselungsreiche und schöne Landschaft Mallorcas. In Can Picafort brauchen wir einige Zeit, um Monika und Bernd zu finden. Ihr Haus ist etwas versteckt, hat ein eigenes Schwimmbad und ist 10 Minuten vom Strand entfernt. Es hat damit einen ausreichenden Abstand vom Touristenrummel. Nach der geplanten Aufstockung wird man auch einen direkten Blick aufs Meer haben. Dann lässt es sich hier wirklich leben.

Nach dem Besuch fahren wir weiter nach Alcudia. Kurz vor Alcudia begegnen wir zum ersten Mal dem berüchtigten Mallorca-Tourismus, hier in der britischen Variante. Die Engländer sehen hier genau so aus wie in Marmaris: spärlich bekleidet, weiß- oder rothäutig, tätowiert und sehr gut genährt. Wir vermuten, dass die Urlauber in den deutschen Hochburgen der Insel ähnlich aussehen.

Am nächsten Tag besuchen uns Monika und Bernd auf der AQUILA in Porto Colom. Es wird leider ein Kurzbesuch, weil wir den Steg bereits mittags wegen der Vorbereitungen für ein Fischerfest verlassen müssen. Also gehen wir wieder vor Anker, diesmal direkt neben Hans von der KNAATSCHE. Mit einem Ölwechsel schließen wir hier auch die letzten Wartungsarbeiten ab.

Einen Tag später segeln wir mit wechselnden Winden von Porto Colom in die Bucht von Palma. Wir ankern hinter den Inseln Las Illetas, knapp 3 sm südwestlich von Palma. Es ist ein schöner Platz mit klarem Wasser und reizvoller Umgebung. Tagsüber liegen hier viele Boote, abends fahren die meisten aber zurück in den Hafen von Palma. Dann wird es ruhig, aber am Himmel sieht man in Abständen von weniger als zwei Minuten Flugzeuge starten und landen. Zum Glück ist die Entfernung so groß, dass es nicht stört.

Am nächsten Tag weht es kräftig in die Bucht hinein. Wir legen uns deshalb auf die gegenüberliegende Seite vor den Ort Palma Nova. Hier gibt es einen langen Sandstrand, viele Hotels und den üblichen Massentourismus, überwiegend britisch. An dem Strand herrscht reger Bootsverkehr, der starken Schwell erzeugt. Als uns schon morgens durch ein vorbeifahrendes Boot Wasser über die Bordwand kommt, fahren wir wieder zurück zu den Inseln Las Illetas.

Nach insgesamt vier Tagen ziehen wir weiter nach Port Andratx, einem Naturhafen mit guten Ankerplätzen. Der Ankerbereich ist dicht belegt mit Seglern aus aller Welt. An Land fallen uns die unzähligen Immobilienbüros, deutsche Möbelhäuser und andere deutsche Geschäfte auf. Die Hügel um Port Andratx sind bewaldet und mittlerweile mit vielen Häusern und Wohnanlagen bestückt. Es soll hier viel deutsche Prominenz wohnen, wie z. B. Sabine Christiansen und Claudia Schiffer. Beide sehen wir nicht, aber dem Chefredakteur des Stern, Jörges, begegnen wir zweimal.

Mich interessiert in Port Andratx aber nicht so sehr die deutsche Prominenz, sondern mehr die mobile Kommunikation. Mit der SIM-Karte von Vodafone kam ich anfangs sofort ins Internet. Nach und nach wurde es immer schwieriger, eine Verbindung herzustellen. Am Ende ging gar nichts mehr. Das wäre eigentlich kein Problem, wenn unsere Inmarsat-Anlage noch funktionieren würde. Die ist aber nicht mehr einsetzbar, weil Inmarsat den RBGAN-Dienst von dem Satelliten Thuraya auf den eigenen Satelliten Inmarsat 4 übertragen hat und dafür jetzt eine andere Software verwendet. Nach mehreren Anläufen gelingt es mir schließlich in einem Internetcafé, die neue Software zu laden und auf meinen PC zu installieren. Damit haben wir wieder den bequemen Internetzugang an Bord.

Von unserem Ankerplatz aus erleben wir das Fischerfest in Port Andratx aus nächster Nähe. Kurz vor Sonnenuntergang geht eine Prozession mit vielen geschmückten Booten und Schiffen aufs Meer hinaus. Auf einem Schiff soll die Schutzheilige der Fischer sein. Nach Sonnenuntergang kehren alle in den Hafen zurück, und es startet eine große und laute

Feier mit einem gewaltigen Feuerwerk. In der nächsten Nacht gibt es ein noch größeres Feuerwerk in der Hafeneinfahrt.

Nach drei Tagen vor Anker können wir einen der wenigen Gastliegeplätze im Club Vela ergattern. Hier gibt es Wasser und Strom und auch ein Schwimmbad. Der Hauptgrund für den Wechsel in die Marina ist aber die geplante Busfahrt nach Palma.

Kurz nachdem wir festgemacht haben, fährt ein schnittiges, hellblaues deutsches Motorschiff an uns vorbei nach draußen. Auf dem Deck lässt sich lässig ein junger blonder Mann nieder, der aussieht wie Boris Becker. Ich spreche einen Mariniero an. Ja, es ist wirklich Boris Becker, er hat einen festen Liegeplatz 30 m von uns entfernt. Dort parken auch die teuren Cabrios.

Die Busfahrt nach Palma ist kein Vergnügen. Für die Strecke von 40 km braucht der Bus wegen der vielen Halte- und Baustellen fast zwei Stunden. Wir besichtigen die Kathedrale La Seu und ihre Umgebung und schlendern dann langsam durch die Gassen über den Plaza Major bis zum Bahnhof Soller. Es ist alles sehr touristisch und wir sind froh, als wir wieder im Bus nach Port Andratx sitzen.

Am 19.07. verlassen wir kurz vor 7 Uhr Port Andratx mit dem Ziel Ibiza. Der Wind hält sich weitgehend an die Vorhersage des Deutschen Wetterdienstes, d. h. Nordost 4–5 Bft, nur die Wellen sind etwas höher. Mit der einmal ausgerollten Genua und der Einstellung des Autopiloten auf einen Wegpunkt erreichen wir nach 9,5 Stunden und 55 sm die Bucht Portinatx im Norden Ibizas. Die Bucht ist gut belegt, aber wir finden noch einen brauchbaren Ankerplatz.

Portinatx ist eine der schönsten Buchten, die wir in diesem Jahr kennengelernt haben. Natürlich lebt man hier vom Tourismus, aber vom Boot aus ist das alles erträglich. Es gibt mehrere kleine Strände, Hotels, Restaurants, kleine Supermärkte und andere Läden. Etwa 15 Boote ankern hier in glasklarem und fischreichem Wasser. Wir bleiben vier Tage in dieser Bucht und genießen dabei auch die abendlichen Landgänge. In der britischen Atmosphäre mit leicht karibischem Einschlag fühlen wir uns sehr wohl.

Unsere nächste Station auf Ibiza, San Antonio, ist das genaue Gegenteil: lange Strände, große Hotels, Massentourismus und laute Musik bis zum frühen Morgen. Wir ankern vorm Hafen und gehen gar nicht erst an Land. San Antonio ist für uns nur ein Sprungbrett zum spanischen Festland.

Am 23.07. laufen wir kurz vor 7 Uhr von San Antonio in Richtung Calpe an der spanischen Festlandsküste aus. Der Wind kommt aus Südost und ist zunächst schwach, nimmt dann aber ständig zu, sodass wir den größten Teil der 75 sm mit Groß und Genua schnell segeln können. Kurz nach 18 Uhr erreichen wir Calpe. Da es mittlerweile mit 20 kn weht und die Ankerplätze bei Calpe sehr offen sind, versuchen wir einen Platz im Hafen beim Club Nautico zu bekommen. Nach einiger Zeit wird uns tatsächlich ein Platz zugewiesen. Es ist kein guter Platz, aber das schwierige Anlegemanöver gelingt dann doch ganz gut.

Nun sind wir richtig in Spanien, an der Costa Blanca. Über die spanische Küste wird viel Negatives berichtet, auch auf dem Weg hierher haben wir von Seglern wenig Gutes gehört: lange Strände mit Hochhäusern, keine Buchten, wenig freie Liegeplätze in den Häfen. Alles Vorurteile? Hier in Calpe ahnen wir schon, dass es stimmen könnte.

Der Strand um den Hafen von Calpe ist zugebaut mit Hochhäusern in mehreren Reihen. Wir suchen einen Lebensmittelladen, vergebens. In den Hochhäusern gibt es Restaurants, Cafés und andere Läden, viele Anlagen haben auch eigene Schwimmbäder. Lebensmittel, so erfahren wir schließlich, kann man aber nur in dem 5 km entfernten Ortszentrum kaufen. Brot soll es allerdings auch morgens in einem der Cafés geben.

Was wir in Calpe sehen, erinnert uns an amerikanische Städte in Kalifornien und Florida. Hohe Häuser, breite Straßen, großzügige Anlagen und nur sehr wenige Menschen. Auch die Strände sind nur schwach besucht.

Am nächsten Tag geht es weiter Richtung Süden. Der Wind ist schwach, und wir fahren überwiegend mit Motor. Die Küste ist lückenlos mit Hochhäusern bebaut, gestaffelt in mehreren Reihen. An den langen Stränden sind aber nur wenige Menschen zu sehen. Nach einiger Zeit verschwindet die Küste im Dunst, obwohl sie nur 5 sm entfernt ist. Stundenlang sehen wir kein einziges Boot oder Schiff, obwohl die dicht besiedelte Küste so nah ist. Eine so unheimliche Situation haben wir bislang nur in Albanien erlebt.

Gegen 17.30 Uhr laufen wir in den Hafen von Santa Pola ein. Wir wollen im Club Nautico anlegen und sehen dort auch viele freie Plätze. Da niemand auf uns zu kommt, fragen wir über Funk nach einem Liegeplatz. Wir bekommen keine Antwort, zumindest nicht in der in der Seefahrt üblichen englischen Sprache. Nach einiger Zeit kommt dann doch jemand in unsere Nähe und ruft uns „no posible" zu. Das verstehen wir auch ohne nennenswerte Spanischkenntnis, zumal die Aussage durch unmissverständliche Handzeichen verstärkt wird.

Da in spanische Häfen generell Ankerverbot herrscht, suchen wie eine freie Lücke an einer der Kaimauern. Wir finden auch eine und beginnen mit dem Anlegemanöver. Wenige Meter vor unserem Ziel werden wir unwirsch von einem Mann mit dem Hinweis „privado, no posible" vertrieben.

Schließlich ankern wir in der Nähe eines Schwimmbaggers, von dem sich gerade ein mit Schlamm beladener größerer Frachter entfernt hat. Die Lage wird nur brenzlig, als der Frachter spät abends zurückkommt und in der Nähe des Schwimmkrans festmachen will. Glücklicherweise kommt jemand von der Hafenbehörde und vertreibt den Frachter. Unser verbotenes Ankern im Hafenbecken wird offensichtlich toleriert.

Unser nächstes Ziel ist die Marina Thomas Maestre am Eingang zum Mar Menor. Das ist eine der wenigen Marinas, die auf meine unzähligen E-Mails und FAX-Schreiben Anfang des Jahres geantwortet haben.

Die Fahrt entlang der Küste ist ähnlich wie am Vortag: wenig Wind, viel Maschinenfahrt und eine endlose Kette von Hochhäusern. Beim Anblick der Küste tauchen viele Fragen auf. Die Hauptfragen für uns sind: Für wen wurde das gebaut und wer hält sich dort auf? Auf dem 150 km langen Küstenabschnitt (Costa Blanca), den wir bislang gesehen haben, lässt sich bestimmt die gesamte Bevölkerung Spaniens unterbringen.

Am frühen Vormittag nähern wir uns dem Mar Menor, einem Binnengewässer von 20 km Länge und 10 km Breite. Es ist nur durch einen schmalen Sandstreifen vom Meer getrennt und kann nur bei Thomas Maestre über einen engen Kanal angelaufen werden. Bei der Annäherung wundern wir uns über die vielen Hochhäuser. Wir hatten hier so etwas wie ein

Naturschutzgebiet erwartet. Es ist unglaublich, der schmale Sandstreifen ist fast vollständig mit Hochhäusern bebaut, und in den wenigen Lücken stehen bereits die Baukräne, um das Werk zu vollenden.

Bei Thomas Maestre wollen wir im Vorhafen ankern. Den Vorhafen, wie er in unseren Plänen steht, gibt es jedoch nicht, weil mittlerweile mehrere Spundwände errichtet worden sind. Deshalb laufen wir zum Kanaleingang und rufen über Funk die Marina an, die auf der Binnenseite liegt. Es kommt keine Antwort, zumindest nicht in Englisch. Den Kanal kann man aber erst durchfahren, wenn die Drehbrücke geöffnet ist. Auch der Control Tower der Drehbrücke antwortet nicht auf unsere Fragen. Schließlich fahren wir zurück und ankern zwischen den Spundwänden.

Um 19.30 Uhr werden wir unmissverständlich aufgefordert, unseren Ankerplatz zu verlassen. In solchen Fällen sprechen Spanier plötzlich auch englisch. Inzwischen kennen wir die Öffnungszeiten der Drehbrücke und schaffen gut die nächste Durchfahrt um 20 Uhr. Wir fahren an der Marina vorbei ins Mar Menor und ankern vor einer der Inseln im Südteil. Es ist ein schöner Ankerplatz in der Natur. Außer uns liegt nur noch ein Engländer hier.

Am nächsten Morgen verlassen wir bei der ersten Öffnung der Drehbrücke (8 Uhr) das Mar Menor. Unser Ziel ist die 60 sm entfernte Stadt Aguilas. Der Wind ist schwach, aber das Meer stark bewegt. Wir fahren wieder größtenteils mit Motor. Zum ersten Mal sehen wir an der Küste keine Hochhäuser. Die Küste ist für eine Bebauung und zum Baden einfach zu steil. Gegen 18 Uhr erreichen wir Aguilas. Wir fragen nicht mehr nach einem Liegeplatz in dem Club Nautico, sondern ankern gleich im Hafen vor dem Bojenfeld. Der Ankerplatz ist zwar nach Südosten offen, etwas Besseres gibt es aber nicht. In den teuren Hafenhandbüchern sind die Bojenfelder, die immer im geschützten Bereich liegen, leider selten erwähnt. Für die Ankerlieger bleiben deshalb nur die ungeschützten Plätze übrig.

Aguilas, auf Deutsch Adler (plural), ist eine ganz normale und auch schöne Stadt. Es gibt einen ursprünglichen Stadtkern mit Geschäftsstraßen und schönen schattigen Plätzen mit Brunnen, Palmen und anderen subtropischen Pflanzen. Hier gefällt es uns so gut, dass wir gleich zwei Tage bleiben.

Unser nächstes Ziel, der Ort Garrucha, ist nur 18 sm entfernt. Als wir Aguilas am 28.07. verlassen, sehen wir, dass auch hier die Küste lückenlos zugebaut ist. Die Anlagen haben aber nur drei bis vier Stockwerke und wirken deshalb nicht ganz so hässlich wie an der Costa Blanca. In Garrucha fragen wir mal wieder nach einem Liegeplatz, es gibt natürlich keinen. Also ankern wir wieder. Der Hafen ist nach Süden offen und hat einen langen Kies-Verladekai, an dem Bagger und LKW ständig aktiv sind. Der lange Kai ist zwar nicht schön, hat aber den Vorteil, dass trotz des vorherrschenden Südwindes die Wellen am Ankerplatz stark gedämpft sind. Garrucha ist nicht so schön wie Aguilas. Dass wir hier auch zwei Tage bleiben, liegt nur an dem vorherrschenden Süd- bzw. Südwestwind.

Am 30.07. verlassen wir kurz vor Sonnenaufgang Garrucha mit dem Ziel, westlich des Cabo de Gata einen Liegeplatz für zwei Monate zu finden, in Aguadulce, Almerimar oder noch weiter westlich. Nach unseren bisherigen Erfahrungen sind wir sehr skeptisch.

Gegen 17 Uhr erreichen wir die Marina Aguadulce. Wir müssen zunächst an einem Wartekai festmachen und dann im Tower einklarieren. Eine aufwändige Prozedur, aber danach wird uns ein Liegeplatz für eine Nacht zugewiesen. Es wäre sogar ein Platz für zwei Monate verfügbar. Wir sind erleichtert, wollen uns aber auf jeden Fall auch noch Almerimar ansehen.

Die Marina Aguadulce ist modern und sehr gepflegt. Dass für 500 Boote nur je zwei Duschen und Toiletten zur Verfügung stehen, könnten wir verkraften. Störend ist allerdings der nächtliche Diskolärm. Erst am anderen Morgen um 10 Uhr verlassen die letzten, stark angetrunkenen Jugendlichen die Marina und hinterlassen den üblichen Abfall. Im Marinabüro versichert man uns, dass diese Orgie nur einmal pro Woche stattfindet, immer samstags.

Wir verlassen Aguadulce kurz nach 10 Uhr und erreichen Almerimar gegen 14 Uhr. Auch hier müssen wir erst am Wartekai festmachen und dann im Marinabüro unsere Papiere vorzeigen und mehrere Formulare ausfüllen. Es gibt Liegeplätze, auch für längere Zeit. Wir fahren zu dem zugewiesenen Platz und machen dort fest. Der Platz ist aber viel zu eng, was der Mariniero aber nicht einsehen will. Wir suchen nach besseren Plätzen und gehen nachmittags mit einer Vorschlagsliste ins Büro. Widerwillig wird einer unserer Vorschläge akzeptiert, und wir können uns dann an den neuen Platz legen.

Die Marina Almerimar hat 1100 Liegeplätze im Wasser, davon liegen die meisten zwischen Appartementhäusern. Wir liegen vor einem 4-stöckigen Haus mit vielen Balkonen. Wilma näht gleich einen Sichtschutz, damit man nicht bis in die letzte Ecke unseres Schiffes sehen kann.

Den Platz buchen und bezahlen wir gleich für zwei Monate. Endlich haben wir Zeit. Ich kann mit den Restarbeiten am Schiff beginnen und neue Ideen umsetzen, und Wilma kann von unserer „Stadtwohnung" aus jeden Tag einkaufen gehen. Zu essen gibt es jetzt fast nur noch Delikatessen, z. B. Langusten, Schwertfisch, Seezunge, Lachs, Wachteln, Wachteleier, Lamm, Kaninchen, Feigen, Kapernäpfel und vieles mehr, natürlich alles frisch.

Bei dem Yachtausrüster Spencer, einem Engländer, und der Edelstahlwerkstatt von Max aus Zimbawe bin ich wohl der beste Kunde. Die größte Anschaffung ist ein neues Schlauchboot, das dritte für unser jetziges Schiff. In den ungeschützten Buchten kam bei unserem kleinen Schlauchboot einfach zu viel Wasser über. Die noch fehlende Rettungsinsel, einen weiteren Solargenerator und andere Teile bestelle ich Deutschland.

Wir verkaufen aber auch einiges. Auf dem Flohmarkt, der direkt in unserer Straße stattfindet, machen wir mit 500 € sicher den höchsten Umsatz. Nach knapp zwei Stunden ist unser komplettes Angebot verkauft: Schlauchboot, Klappfahrrad, Grill und ausgediente Jacken.

Auch ohne diese Einnahmen hätten wir uns für die nächsten drei Tage einen Leihwagen genommen. Wir besichtigen Almeria, die Alhambra in Grenada und die Western-Filmstadt am Rande der Sierra Nevada. Es sind alles schöne und interessante Sehenswürdigkeiten, und die Spanier sind hier gar nicht so abweisend und unfreundlich wie in den Häfen. Weniger schön sind die großen Plastikflächen, die sich hier anstelle der Hochhäuser an der ganzen Küste entlangziehen. Das ist der Preis für das günstige Obst zu allen Jahreszeiten.

In Almerimar fühlen wir uns mittlerweile wie zu Hause. Wir lernen viele Leute kennen und besuchen uns gegenseitig auf den Schiffen. Die Rettungsinsel und die anderen Teile aus Deutschland werden pünktlich geliefert. Der Postdienst (DHL) bringt die Pakete direkt an die Haustür bzw. Gangway, die auch bei unseren englischen Nachbarn Pasorol heißt.

Unser fünfwöchiger „Jahresurlaub" in Deutschland steht vor der Tür. Brigitte und Heinz, die mit ihrer TORI in unserer Nähe liegen, bringen uns am 24.08. mit ihrem Auto zum Flughafen nach Almeria. Mit viel Gepäck fliegen wir über Mallorca nach Stuttgart. Über Ibiza und Mallorca sehen wir noch einmal einige unserer Ankerplätze aus einer ganz anderen Perspektive. Es sind schöne Plätze, wenn sie nur nicht so überlaufen wären.

In Stuttgart werden wir am späten Abend von Ralf abgeholt. Ralf ist nicht nur unser Schwiegersohn, sondern auch der Hauptmanager unserer Heimatbasis und unser Webmaster. Erst am nächsten Tag können wir Haus und Garten und die Umgebung begutachten. Es sieht gut aus. Besonders angenehm ist das satte Grün, das in Spanien ganz fehlte.

Es folgen viele Besuche von und bei Verwandten, Freunden und Bekannten, und es gibt eine Menge zu erledigen. Wie bei vielen Deutschen ist ein großer Teil des Jahresurlaubs mit Arbeit verbunden. Bei uns sind es Malerarbeiten an Haus und Garage, Arbeiten im Garten und am Teich und andere Aktivitäten. Auch das Finanzamt will jedes Jahr mit vielen Formularen bedient werden.

Am 28.09. reisen wir mit viel Gepäck zurück nach Spanien. Das Einchecken am Flughafen in Stuttgart dauert fast zwei Stunden und kostet 250 €, bei 105 kg Gepäck eigentlich ein akzeptabler Preis. Allerdings müssen wir einige Taschen umpacken und einiges erklären.

Abends stehen wir schließlich mit dem Gepäck vor unserem Boot in Almerimar. Die AQUILA ist schmutzig, aber ansonsten unversehrt. Der Taxifahrer meint, dass in dem kleinen Aktenkoffer, der immerhin 33 kg wiegt, Gold sein muss. Sicherheitshalber stelle ich klar, dass es sich nur um Stahl in Form einer Kette handelt.

Es ist immer noch warm in Almerimar, aber nicht mehr so extrem wie im Sommer. Eigentlich sind es die richtigen Temperaturen zum Arbeiten. Ich schließe die Montage der Solargeneratoren über dem Bimini ab, modifiziere die Baumbremse und ziehe mehrere Leitungen zum Überspannungsschutz bei Blitzeinschlag.

Mit einer Schubkarre transportiere ich unsere 50 m lange Ankerkette und die neue 20 m lange Kette zu Max, damit er sie in seiner Werkstatt zusammenschweißen kann. Bei den Materialtests, die Max mit einem Magneten durchführt, gibt es zunächst einige Ungereimtheiten. Schließlich bin ich mir dann doch ziemlich sicher, dass die beiden Ketten und das zum Schweißen vorgefertigte Verbindungsglied aus dem gleichen Material sind. Ein Holländer führt das Schweißen unter Schutzgas fachmännisch aus. Jetzt haben wir eine 70 m lange Ankerkette aus einem hochwertigen Edelstahl (Duplex, 1.4462), der gegenüber dem üblichen eine um 50 % höhere Bruchlast hat und wesentlich korrosionsfester sein soll.

Als ich mit dem guten Stück wieder am Schiff bin, entdecke ich bei der alten Kette zufällig einige schlechte Schweißstellen. Eine genauere Inspektion zeigt, dass im Bereich von 35 bis 50 m mehrere Kettenglieder keine vollkommen geschlossene Schweißnaht haben. Da nützt die beste Kette nichts, wenn nur ein Glied mit einer schlechten Schweißnaht bricht. Diese Schwachstellen werde ich auf jeden Fall im Auge behalten müssen.

Unsere Zeit in Almerimar nähert sich dem Ende. Die Marina war für uns aus vielen Gründen nahezu ideal. Es gibt drei Yachtausrüster, eine Edelstahlwerkstatt, einen großen Lebensmittel-Markt (Mercadona), viele Cafés und Restaurants und sonstige Läden. Auch die Liegegebühren sind mit 400 €/Monat für spanische Verhältnisse niedrig.

Zwei Tage vor unserer Abreise besuchen uns Hans und Christa, Verwandte aus Niedersachsen. Sie haben seit vielen Jahren eine Wohnung östlich von Malaga und werden dort auch den Winter verbringen. Leider können wir sie dort nicht besuchen, weil sie demnächst für einige Wochen nach Deutschland fliegen.

Den nächsten Abend verbringen wir mit Erich und Toni von der ERITON, einem schweizerischen Ehepaar, am wöchentlichen Stammtisch der Deutschsprachigen. Es ist eine unterhaltsame Runde. Hier lernen wir auch zum ersten Mal die Tapas kennen. Das sind kleine Imbisse verschiedenster Art, die zu jedem Getränk serviert werden. Wenn man genügend trinkt, kann man sich so das Abendessen sparen.

Am 6.10. fahren wir nach 9 Wochen um 9 Uhr endlich wieder aufs Meer hinaus. Auf der 140 sm langen Strecke nach Gibraltar sind für die nächsten Tage schwache bis mäßige Ostwinde vorhergesagt, nur bei Gibraltar soll es stärker wehen. Tatsächlich ist der Wind heute noch etwas schwächer, sodass wir überwiegend mit Motor fahren müssen. Kurz vor Motril ankern wir am Strand, um das Unterwasserschiff zu inspizieren. Ich gehe nur mit Maske und Schnorchel ins Wasser. Der Bewuchs hält sich in Grenzen. Mit einem Küchenschaber entferne ich die Gewächse am Bug, an der Oberseite des Ruderblattes und an einigen Fehlstellen des Antifoulings am Rumpf. Den Propeller werde ich mir später mit dem Tauchgerät vornehmen. Gegen 18 Uhr ankern wir im Hafen von Motril.

Um unser nächstes Ziel, die Marina Benalmadena, nicht zu spät zu erreichen, verlassen wir Motril knapp zwei Stunden vor Sonnenaufgang. Der Wind ist noch schwächer als gestern, aber das Meer ungewöhnlich aufgewühlt. Ich beschäftige mich mit der Installation eines anderen Navigations-Programms (Demo-Version), das ich von Frank in Almerimar bekommen habe. Frank, der mit seinem Zweimaster CAROLINA allein in die Karibik fahren will, versteht wenig von PCs, aber viel von Schinken-Herstellung inklusive Räucherung. Sein Schinken schmeckt wirklich hervorragend, und sein Navigationsprogramm gefiel mir auch ganz gut.

Trotz der unruhigen Fahrt gelingt es mir schließlich, das Programm zu installieren und erfolgreich zu testen. Ich bin zufrieden. Nicht zufrieden sind wir dann mit dem Empfang in der Marina Benalmadena. Es schlägt uns wieder die spanische Arroganz und Bürokratie entgegen. Wir bekommen schließlich einen Liegeplatz, aber einen sehr schlechten in der Einfahrt mit extrem hohen Schwell. Der Bereich um die Marina ist ähnlich wie in Almerimar (Marina in der Stadt) aufgebaut, nur ist hier wesentlich mehr Betrieb.

Als wir am nächsten Morgen bei Sonnenaufgang auslaufen wollen, lässt sich unser Navigationsprogramm Tsunamis nicht mehr starten. Ich ahne etwas und installiere sofort den Ersatzrechner. Wir können auslaufen, doch nach kurzer Zeit fällt auch das Navigationsprogramm auf dem Ersatzrechner aus. Es gelingt mir ein Neustart, aber danach gibt es immer wieder Ausfälle. Schließlich erreiche ich doch einen stabilen Betrieb und finde auch eine mögliche Erklärung für die Ausfälle.

20 sm vor Gibraltar kommt endlich Wind auf. Wir können segeln und dabei unsere Vorwindtechnik mit ausgebäumter Genua verfeinern. Kurz vor dem Umrunden des markanten Felsens setzen wir die englische Gastflagge. Es ist sehr böig, aber der Wind bleibt unter 25 kn. Wir steuern einen geschützten Ankerplatz hinter dem Rollfeld des Flughafens bei La Linea an. Gegen 19 Uhr fällt der Anker neben einigen anderen Yachten. Zunächst wundern wir uns etwas darüber, dass unsere Nachbarn die spanische Gastflagge führen. Es wird uns aber schnell klar, dass wir auf spanischem Grund ankern, etwa 100 m von der Grenze entfernt.

Die nächsten Tage sind unangenehm. Die Kaltfront eines Tiefdruckgebietes zieht langsam über uns hinweg mit Gewitter, Regen und starkem Wind. Die Gewitter dauern zwei Tage, der Regen drei Tage und der starke Wind vier Tage. Kurzzeitig weht es mit 35 kn, das ist Windstärke 8.

Als die Wolkendecke größere Lücken zeigt und es nicht mehr regnet, machen wir uns auf den Weg nach Gibraltar. Einen Liegeplatz in einer Marina in Gibraltar können wir nicht bekommen. Von den drei Marinas ist eine wegen Bauarbeiten geschlossen und die anderen sind für die nächste Zeit ausgebucht.

Mit unserem Schlauchboot legen wir an einem Fischersteg vor La Linea an. Plötzlich erscheint die Guardia Civil (Polizei) und rät uns dringend davon ab, das Schlauchboot dort liegenzulassen, weil es in dieser Gegend häufig zu Diebstählen kommt. Da wir auf den gemeinsamen Gibraltar-Besuch nicht verzichten wollen, fahren wir zu dem deutschen Katamaran AVALON, der in der Nähe ankert und die ARC-Flagge fährt, und bitten um eine Überfahrt an Land. Petra kommt unserer Bitte sofort nach, sicher nicht nur weil wir demnächst mit derselben Regatta (ARC: Atlantic Ralley for Cruisers) über den Atlantik segeln werden. Unser Schlauchboot bleibt sicher bei der AVALON zurück.

Wir gehen zu Fuß über die Grenze und fahren dann mit dem Bus ins Zentrum. Die Seilbahn zum Gipfel des Felsens, der bekanntlich in der Hand von frei lebenden Affen ist, fährt wegen des immer noch starken Windes nicht. Zusammen mit anderen Touristen nehmen wir uns ein Taxi und können dann vom Affenfelsen den herrlichen Blick auf Gibraltar, die Straße von Gibraltar und Afrika genießen. Am interessantesten scheint für alle aber der Umgang mit den Affen zu sein. Die Tiere sind wirklich sehr dreist, einige springen durchs offene Fenster ins Auto und holen sich die Sachen, die für sie wohl gedacht waren, gleich aus den Taschen heraus.

Nach dem Besuch des Affenfelsens schlendern wir durch die Main Street zum Market Place. Hier gibt es viele Touristen aus aller Welt und die entsprechenden Läden, Cafés und Restaurants.

In den nächsten Tagen gehen wir wegen des Schlauchboot-Problems separat nach Gibraltar, um verschieden Dinge zu kaufen. Ich besuche auch die Marinas und sehe dort neben einer Etap 39 die berühmte GIPSY MOTH IV, mit der Francis Chichester als erster Engländer allein die Welt umsegelte. Chichester wurde daraufhin geadelt, und sein Schiff kam in das „Maritime Museum" in Greenwich, wo wir es vor vielen Jahren gesehen haben.

Mittlerweile ist die GIPSY MOTH IV total restauriert und mit Jugendlichen wieder auf Fahrt.

Damals in Greenwich kam mir die GIPSY MOTH IV klein vor. Jetzt muss ich feststellen, dass sie um 15 Fuß länger ist als unsere Etap 39. Aber unser Schiff ist dafür wesentlich komfortabler und auch besser ausgerüstet.

Nach 10 Tagen vor Anker bekommen wir endlich einen Liegeplatz in der Queensway Quay Marina in Gibraltar. Das Wetter ist zwar immer noch mäßig, aber der schnelle Zugang zu einer Stadt wie Gibraltar macht das Leben erträglich. In den Straßen von Gibraltar strömen tagsüber die Touristen und es ist auch noch angenehm warm. Eigentlich kann man es hier aushalten, aber wir müssen weiter zu den Kanarischen Inseln.

Außer uns liegen noch vier ARC-Teilnehmer, erkennbar an der großen ARC-Flagge, in der Marina. ARC steht für Atlantic Ralley for Cruisers und ist eine Regatta von 225 Segelyachten über den Atlantik. Gestartet wird in Las Palmas auf Gran Canaria und ankommen sollte man in der Rodney Bay auf der Karibikinsel St. Lucia. Die meisten Teilnehmer sind Fahrtensegler, aber es gibt auch eine Racing Group für die Ehrgeizigen und Schnellen.

Alle ARC-Teilnehmer in Gibraltar warten auf günstige Winde auf der 600 sm langen Strecke zu den Kanarischen Inseln. Seit einigen Tagen zeichnet sich der 22.10. als geeigneter Starttermin ab. Roland und Petra laden für den 21.10. alle ARC-Teilnehmer zu einem Sundowner auf ihrer AVALON ein. Es ist eng, aber gemütlich. Vier Schiffe wollen morgen starten: AQUILA, AVALON, STERNA und TAIMADA, ein Katamaran aus Stuttgart. Wir stimmen auch noch einmal den günstigen Zeitraum für die Durchfahrt durch die Straße von Gibraltar ab. Es gibt eine sehr starke Strömung vom Atlantik ins Mittelmeer. Die AVALON ist hier vor Jahren trotz voller Fahrt voraus schon mal rückwärts gefahren.

Am 22.10.05 laufen wir um 8.30 Uhr aus der Marina in Gibraltar aus. Nach meiner Abschätzung müsste dann die Strömung bei der Durchfahrt in den Atlantik am geringsten sein. Bei dieser Fahrt ist das Log, das die Fahrt durchs Wasser misst, wichtig. Doch das zeigt jetzt trotz der gründlichen Reinigung am Vortag offensichtlich zu wenig an. Dann kommt der GPS-Empfänger mit einer unverständlichen Fehlermeldung. Nach einem Restart scheint er wieder zu funktionieren. Danach schaltet der PC ab, vermutlich durch das Antivirus-Programm. Ich kann ihn aber schnell wieder in Betrieb nehmen und will dann auf die Wegpunkt-Steuerung übergehen. Nur das funktioniert nicht, der Autopilot ist nicht mehr über den PC steuerbar. Also gehe ich auf den Ersatz-PC über.

Mittlerweile nähert sich die norwegische STERNA mit Rolf und seiner Crew. Wir fahren beide relativ dicht an der spanischen Küste entlang. Der Gegenstrom erreicht zeitweilig 4,5 kn, dazu weht es noch mit 10 bis 15 kn von vorn. Langsam kämpfen wir uns nach Westen voran. Nun fällt auch noch das Navigationsprogramm Tsunamis auf dem jetzt betriebenen Ersatz-PC aus. Damit ist von unserem teuren Navigationsprogramm keine lauffähige Version mehr verfügbar. Ich tausche den PC aus und gehe auf die vorher installierte Demoversion des Navigationsprogramms C-Map über.

Der Wind nimmt zu, kommt aber leider aus der falschen Richtung. Gegen 16 Uhr setzen wir Segel und kreuzen an der marokkanischen Küste entlang Richtung Südwesten. Auch die STERNA beginnt zu segeln, kann aber trotz der größeren Länge hoch am Wind nicht mithalten. Im Dunkel der Nacht verlieren wir uns bald aus den Augen.

In der Nacht ist der Wind sehr wechselhaft. Wir müssen zeitweilig reffen und dann wieder mit Maschine fahren. Dazu regnet es auch noch. Am nächsten Tag dreht der Wind zunächst auf Nordwest und dann schließlich in vorhergesagte und gewünschte Richtung Nordost. Wir kommen gut voran und ich habe Zeit, mich mit den PCs zu beschäftigen. Es gelingt mir schließlich, das Navigationsprogramm Tsunamis auf beiden PCs wieder zu installieren. Nachts legt der Wind zu. Wir fahren nur mit gerefftem Großsegel und lassen den Autopiloten steuern. Dabei gibt es eigentlich nicht viel zu tun. Der Autopilot hält einen festen Winkel zum Wind, der gelegentlich überprüft und korrigiert werden muss. Leider ist der Stromverbrauch dabei so hoch, dass wir die Batterien mit dem Motor nachladen müssen.

Am dritten Tag nimmt der Wind deutlich ab. Mit ausgebäumter Genua und Schmetterling machen wir aber meistens noch 5 kn Fahrt. Nur die E-Mails mit den Windpfeildiagrammen (Wetter Online), die wir regelmäßig von unserem Sohn Michael über Satellitentelefon (Iridium) bekommen, gefallen uns heute gar nicht. Demnach würde uns der Wind die letzten 36 Stunden voll entgegenwehen. Das ist auch bei unserem Schiff kein Vergnügen. Ich suche nach einem Ausweg, der auch schnell gefunden ist: Agadir in Marokko.

Allerdings hatte man uns in Gibraltar dringend abgeraten, Marokko anzulaufen. Es soll dort alles sehr bürokratisch und korrupt ablaufen. Wir halten das jedoch für das geringere Übel. Natürlich haben wir keine Unterlagen von Marokko und Agadir, aber unsere elektronischen Seekarten decken das Gebiet relativ gut ab. Mir fällt noch ein, dass es in Agadir einen Trans-Ocean-Stützpunkt gibt. Trans-Ocean (TO) ist ein Verein zur Förderung des Hochseesegelns, in dem ich seit einiger Zeit Mitglied bin. Wenn es in Agadir einen TO-Stützpunkt gibt, dann muss man dort auch einlaufen können. Ich kontaktiere den TO-Stützpunktleiter per E-Mail und bekomme am nächsten Tag eine Antwort mit einigen Informationen. Auch Michael schickt uns einige Beschreibungen aus dem Internet zu.

Am vierten Tag ist der Wind mittags so schwach, dass wir mit Maschine fahren müssen. Die Wellen bleiben leider sehr hoch. Um keinen Umweg zu machen, fahren wir an einigen Stellen bis auf wenige Seemeilen an die marokkanische Küste heran. Dabei müssen wir immer wieder kleinen Fischerbooten ausweichen. Besonders kritisch wird es in der Nacht. Die Boote sind nur spärlich oder gar nicht beleuchtet. Zum Glück sind sie auf dem Radarschirm kurz vorher gerade noch erkennbar. Nicht zu erkennen sind die vielen Bojen, an denen wir mehrmals dicht vorbeirauschen. Dass wir uns in den Netzen, die an den Bojen hängen, nicht verfangen, gleicht einem Wunder.

Gegen 3 Uhr kommen die Lichter von Agadir in Sicht. Zielsicher fahren wir mit unseren elektronischen Seekarten und dem Radar an den großen Hafenanlagen vorbei. Die Dichte der Fischerboote mit den unheimlichen dunklen Gestalten ist hier noch größer als vorher. Um 4.30 Uhr ankern wir hinter den Hafenanlagen am Strand von Agadir.

Nach einigen Stunden Schlaf versuchen wir uns in der neuen Umgebung zu orientieren. Viel können wir nicht sehen, denn es herrscht dichter Nebel. Wir fahren in den Teil des Hafens, in dem die Marina bzw. der Yacht Club liegen soll. Am Ende sehen wir einige Schwimmstege, an denen auch ausländische Yachten liegen, aber wir sehen nicht die typischen Einrichtungen einer Marina. Uns wird schnell klar, dass es hier in Marokko so etwas nicht gibt. Schließlich kommt jemand und macht uns klar, dass wir längsseits an einem Fischerboot festmachen sollen. Direkt hinter uns liegen zwei deutsche Yachten im Päckchen, von denen wir erste Informationen bekommen, insbesondere über das Einklarieren. Wir sollen nichts machen, nur warten.

Nach zwei Stunden kommt der erste Beamte an Bord, später kommen noch einmal zwei, alle in schönen Uniformen. Nach Aussage unserer deutschen Nachbarn müsste noch jemand kommen, aber inzwischen ist es schon dunkel. Am nächsten Tag geht es dann weiter. Insgesamt kommen fünf verschiedene Stellen an Bord. Was sie genau wollen, wissen wir nicht. Jedenfalls stellen sie alle die gleichen Fragen, machen die gleichen Notizen und sind dabei nett und freundlich. Nur einer mogelt etwas und schreibt die Hälfte der Antworten von einem Kollegen ab, der gleichzeitig an Bord ist. Das ist wirklich viel Bürokratie, aber korrupt sind die freundlichen Herren überhaupt nicht.

Der Yacht Club mit seinen Steganlagen liegt im Hafenbezirk außerhalb der Stadt. Die Schwimmstege sind in keinem guten Zustand, und es gibt an ihnen weder Wasser noch Strom. Das Hafenwasser ist nicht nur schmutzig, sondern auch mit einem Ölfilm komplett bedeckt. Fischerboote und das Polizeiboot erzeugen oft starken Schwell. Trotzdem bereuen wir das Anlaufen von Agadir nicht.

Wir fahren häufig mit dem Taxi in die Stadt. Die Taxifahrten kosten je nach Entfernung zwischen ein bis drei Euro. Agadir ist stark vom Tourismus geprägt. An dem langen Sandstrand gibt es viele große Hotels und Läden, und in der Stadt findet man einige schöne Parkanlagen mit grünem Rasen. Beeindruckend sind auch der große Souk (Basar), die Residenz des Königs und der große Supermarkt (Marjane) am Rande der Stadt.

Als wir am zweiten Tag abends zurück in den Hafen kommen, liegt ein schweizerischer Segler längsseits an der AQUILA. Damit liegen wir zum ersten Mal in einem Päckchen und andere Segler gehen über unser Schiff an Land. Das ist für nordeuropäischen Segler normal, für uns aber noch gewöhnungsbedürftig. Doch wir verstehen uns mit unseren neuen Nachbarn gut und erfahren, dass sie am gleichen Tag wie wir in Gibraltar gestartet sind. Sie haben für die gleiche Strecke einen Tag länger gebraucht.

Am 31.10. laufen wir nach fünf Tagen Aufenthalt gegen 7 Uhr aus Agadir in Richtung Lanzerote aus. Nach den Wetterprognosen müsste der Wind die nächsten drei Tage für uns günstig und nicht zu stark sein. Die Prognosen hole ich mir in einem Internetcafé und über unser Mobiltelefon mit deutscher SIM-Karte. Ich hoffe, dass die Rechnung dafür nicht zu hoch ausfällt.

Nach zwei Stunden Motorfahrt setzen wir bei leichtem Nordwestwind Segel. Kurze Zeit später binden wir ein und dann zwei Reffs ins Großsegel und reduzieren die Genua entsprechend. Mit dieser Segelstellung fahren wir den ganzen Tag und die folgende Nacht. Der Autopilot ist auf einen Wegpunkt bei Lanzerote eingestellt und hält somit einen Kurs von ziemlich genau 245 °. Auch am nächsten Tag geht es so weiter. Erst nachmittags lässt der Wind immer mehr nach, aber wir können mit voller Genua noch einige Zeit segeln. Lanzerote kommt in Sicht, obwohl es noch 30 sm entfernt ist. Schließlich müssen wir doch noch den Motor bemühen. Kurz vor 20 Uhr, fast zwei Stunden nach Sonnenuntergang, laufen wir in die Bucht vor Puerto de Naos in der Nähe von Arrecife ein, eigentlich nur, um hier vor Anker richtig auszuschlafen.

Kurz vor 14 Uhr fahren wir weiter Richtung Gran Canaria. Der Wind ist schwächer als vorhergesagt und wir gehen am späten Nachmittag auf Motorfahrt über. Das macht die

Nachtfahrt einfacher, was uns bei dem starken Schiffsverkehr sehr entgegenkommt. Trotz des Radargeräts und der gesetzten Alarme ist es für uns schwierig, die schnellen Schiffe richtig einzuschätzen. Einige kommen uns näher als erwartet, und wir sehnen uns nach dem Morgengrauen.

Nach Sonnenaufgang können wir bei schwachem Wind noch einige Seemeilen segeln. Um 11 Uhr erreichen wir die Marina Las Palmas und machen dort an der Texaco-Tankstelle, dem Anlaufpunkt der ARC-Teilnehmer, fest. Obwohl wir uns am Vortag per E-Mail angemeldet haben, müssen wir mehr als eine Stunde warten, bis uns ein Liegeplatz zugewiesen wird. Don Pedro von der Tankstelle erklärt mir, dass wir hier in Spanien sind und ich einfach mehr Geduld haben muss. Das sagt er mir auf Spanisch, aber ich habe es trotzdem verstanden.

Seit unserem Start in der Türkei haben wir bis hierher 2995 sm zurückgelegt und sind dabei an 50 Tagen unterwegs gewesen. Jetzt liegen bis in die Karibik 2800 sm vor uns, die wir in 22 Tagen schaffen möchten.

Durchs Mittelmeer nach Westen

Gut funktionierender Autopilot

Affe in Gibraltar

Vor Anker bei Vulcano   Im Hafen von Agadir

Vor Las Palmas de Gran Canaria

Atlantiküberquerung

Die Atlantik Rallye und ein mysteriöses Problem

Die Atlantic Rally for Cruisers (ARC) ist eine Regatta von 225 Segelyachten über den Atlantik von Gran Canaria nach St. Lucia in der Karibik. Sie wurde vor 20 Jahren von dem Segler Jimmy Cornell ins Leben gerufen und findet seitdem regelmäßig Ende November statt. Die meisten Teilnehmer sind Fahrtensegler, aber es gibt auch eine Racing Division mit entsprechenden Regeln. Die Schiffe sind sehr unterschiedlich. Das längste Schiff im Wettbewerb ist 20 m und das kleinste 9,75 m lang. Wir gehören mit 11,9 m Länge zu den kleinen, aber nicht zu den langsamsten. Unser Zeit-Korrekturfaktor beträgt auf Grund unserer Bootsdaten 0,948. Zum Vergleich: Der schnellste hat 1,48 und der langsamste 0,756. Am Ende werden die gemessenen Zeiten mit dem Korrekturfaktor multipliziert und dann für die Platzierung verglichen.

Zur ARC gehört ein umfangreiches Rahmenprogramm, das zwei Wochen vor dem Start beginnt. Mir kommt es vor wie auf einer internationalen Konferenz. Es gibt Vorträge, Empfänge, diverse Treffen (Happy Hour) und Ausflüge in die Umgebung. Jedes Schiff wird auch einer Sicherheitsprüfung unterzogen, die wir auf Anhieb bestehen.

Viele Veranstaltungen besuchen wir gemeinsam mit unseren englischen Nachbarn von der INDEPENDENT FREEDOM (Steve, Diana, Alexis, Bill) und der LADY OF LORIEN (Mike, Angie). Von der INDEPENDENT FREEDOM werden wir zu einem mehrgängigen Essen an Bord eingeladen. Wilma ist sehr beeindruckt und revanchiert sich mit einem mindestens gleichwertigen Programm. Bei der LADY OF LORIEN gibt es einen exzellenten Kuchen aus eigener Produktion.

Am 11.11.05 nehmen wir an einer organisierten Busreise in den Norden Gran Canarias teil. Wir besichtigen Arucas und weitere kleine Ortschaften in den Bergen. Die Fahrt über die engen kurvenreichen Straßen ist abenteuerlich. In den höheren Gebirgslagen herrscht ein Wetter wie auf dem Feldberg im Schwarzwald. Es ist windig, nebelig und regnerisch. Die Mittagspause in einem Restaurant mit wärmenden Gasöfen wird deshalb stark ausgedehnt.

Am nächsten Tag besuchen uns Gretie und Horst, Bekannte aus Göttingen. Sie leben überwiegend in ihrem Haus bei Maspalomas im Süden von Gran Canaria. Gleich am folgenden Tag fahren wir nach Maspalomas zu einem Gegenbesuch. Horst holt uns von der Bushaltestelle ab und bringt uns zu ihrem Haus auf dem Monte Leon. Es ist ein stilvolles Haus in einer schönen Wohnanlage mit einer überwältigenden Aussichtslage: uriges Gebirge, steil abfallender Hang, weiter Blick aufs Meer. Wir sind sehr beeindruckt.

Die letzte Woche vor dem Start wird fast etwas hektisch. Wir besuchen mehrere Seminare und arbeiten unsere Aufgaben ab, Wilma mit dem Schwerpunkt Versorgung und ich mit dem Schwerpunkt Ausrüstung und Wartung. Die Segel werden überprüft und repariert. Bei der Kontrolle des Riggs stelle ich fest, dass der Umlenkbügel des Fockrollers im Masttopp zu 90 % durchgescheuert ist. Glücklicherweise kann der ARC-Riggexperte mir einen Bügel aus Edelstahl geben, den ich dann montieren lasse. Auch unser neues Großsegel, das unvollständig geliefert wurde, lasse ich in der Segelmacherei vervollständigen.

Bei einem Tauchgang mit dem Freediver (Tauchgerät mit Druckpumpe an Bord) will ich schnell mal den Propeller von Seepocken befreien. Der Tauchgang dauert dann aber zwei Stunden, weil mittlerweile auch der Antrieb (Saildrive) und der Rumpf starken Bewuchs angesetzt haben, den ich weitgehend entferne. In dem schmutzigen Hafenwasser ist das kein Vergnügen.

Auf Grund der bisherigen Erfahrung baue ich unsere Dieselkapazität weiter aus. Neben den 120 l im Einbautank haben wir jetzt fast noch einmal die gleiche Menge in Kanistern, unauffällig verstaut an mehreren Stellen des Bootes. Für unseren Obstvorrat bringen wir zwei große Netze an der Salondecke an und ein weiteres im Vorschiff.

Unsere Windfahnensteuerung (Windpilot) wird von Peter Förthmann, dem Entwickler, Hersteller und Vertreiber dieses Systems, inspiziert und verbessert. Zwei Stunden bleibt er an Bord, dann geht er weiter zu seinem nächsten Kunden. Das ist wirklich ein lobenswerter Service, den Förthmann jedes Jahr kostenlos bei der ARC liefert. Ich hoffe, dass der Windpilot jetzt besser funktioniert und wir auf unseren stromhungrigen elektrischen Autopiloten auf den langen Strecken weitgehend verzichten können.

Auch der Motor wird gründlich gewartet. Ich mache Ölwechsel und tausche das Ölfilter, das Kraftstofffilter und den Impeller der Wasserpumpe aus. Beim Impeller war der Austausch dringend notwendig, denn er hat bereits drei seiner sechs Flügel verloren. Als ich Mike gegenüber den beschädigten Impeller erwähne, kommt er gleich mit einem Buch zu mir, in dem die Problematik ausführlich beschrieben ist. Danach bleiben die abgerissenen Flügel vor dem Wärmetauscher hängen und reduzieren den Kühlwasserfluss. Ich finde aber keine abgerissenen Impellerflügel und gehe davon aus, dass sie in kleinere Stücke zerrieben worden sind.

Am 18.11. kommt unser Sohn Michael. Er will mit uns über den Atlantik segeln, und wir sind froh, dass wir auf unserem ersten großen Ozeantörn kompetente Verstärkung haben. Die Teilnahme an der ARC war Michaels Wunsch. Er möchte an der Rallye teilnehmen und natürlich auch einen guten Platz belegen. Ohne ihn hätten wir wahrscheinlich nicht an der ARC teilgenommen. Aber wir sehen jetzt auch den Nutzen der Veranstaltung: Erfahrungsaustausch mit anderen Seglern, Seminare mit vielen Informationen und konkrete Unterstützung bei der Vorbereitung des Schiffes.

Die Regatta startet am 20.11.05, wie immer an einem Sonntag. Ab 11 Uhr versammeln sich 225 Schiffe vor Startlinie. Um 13 Uhr kommt das Startsignal für die Fahrtensegler. Wir fahren um 13.02 Uhr über die Startlinie. Viele Schaulustige beobachten das Spektakel und winken den auslaufenden Schiffen zu, die jetzt mindestens 2800 sm bis zur Karibik vor sich haben.

Der Wind ist zunächst schwach und kommt aus nördlicher Richtung. Wir setzen wie die meisten anderen Schiffe ein Leichtwettersegel (Blister). Nach einiger Zeit sehen wir vor uns mehrere Schiffe in entgegengesetzter Richtung krängen. Wir bergen das Blister, und dann geht es auch schon los. Es bläst mit über 30 kn aus Südwest, genau aus der Richtung, in die wir fahren wollen. Kein Wetterbericht hat das vorhergesagt. Wir binden zwei Reffs ins Großsegel und fahren Richtung Südsüdost. Es kommt viel Wasser über, leider auch einiges ins Schiff, weil einige Luken nicht ganz dicht sind. In der Nacht lässt der Wind geringfügig nach, aber wir segeln immer noch Richtung Afrika und wollen doch eigentlich in die Karibik. Wichtig ist für uns jedoch, dass wir nach Süden kommen, um dem angekündigten Sturmtief auszuweichen.

Am nächsten Tag stellen wir fest, dass unsere Genua den Starkwind nicht überstanden hat. Die Nähte eines bereits reparierten Teils haben sich gelöst. Damit kommt unserer neue Genua, die als Reserve gedacht war, jetzt schon zum Einsatz. Die alte Genua kann Wilma mit der Nähmaschine notdürftig reparieren. Im Notfall könnte man damit auch noch segeln.

Der Wind kommt immer noch aus Südwest, ist aber so schwach, dass wir zeitweise mit Maschine fahren. Die Strafpunkte nehmen wir in Kauf. Später dreht der Wind auf Nordwest, reicht aber nicht zum Segeln aus. Wegen des Sturmtiefs entscheiden wir uns wie viele andere für die klassische Route: von Gran Canaria nach Süden bis die Butter schmilzt, und dann immer nach Westen. Die Butter soll bei den Kapverden schmelzen.

In der Nacht zum 24.11. kommt ein brauchbarer Segelwind auf (SE 15–20 kn), aber morgens ist er schon wieder zu schwach. Also fahren wir mit Motor weiter bis es gegen 15 Uhr einen Alarmton gibt. Ich schalte sofort den Motor aus und suche nach der Ursache. Die Wasserpumpe ist heiß und hat offensichtlich kein Kühlwasser mehr gefördert. Der Impeller hat zwei Flügel verloren, die restlichen sind eingerissen und damit wirkungslos. Ich demontiere den Schlauch zum Wärmetauscher und lasse jetzt Michael nach abgerissenen Impeller-Flügeln suchen. Er findet welche. Schließlich gelingt es Michael, sechs Flügel vom Eingang des Wärmetauschers zu entfernen. Das könnte die Ursache für den erhöhten Impeller-Verschleiß und den aktuellen Fehler sein.

Wir bauen einen neuen Impeller ein und starten die Maschine. Ein Schwall Seewasser kommt uns entgegen, leider aus einem Bereich, der vom Motorraum her nicht einsehbar ist. Wir müssen in der Achterkoje ein Bodenbrett entfernen und vorher die dort gestauten Sachen ausräumen. Schließlich erkennen wir, dass der Wassersammler (verhindert Rücklauf des Auspuff-Kühlwassers in Motor) teilweise geschmolzen ist und dadurch das Kühlwasser in den Motorraum gepumpt wird.

Jetzt ist klar, die Maschine ist so nicht mehr einsetzbar. Wir entscheiden uns, die Kapverden anzulaufen. Um dem Sturmtief auszuweichen, hatten wir ohnehin vor, relativ dicht an den Kapverden vorbeizufahren. Aber noch sind es mehr als 400 sm bis zur ersten Insel der Kapverden.

Nun kann man sich fragen, wozu man auf der Passat-Route überhaupt eine Maschine braucht. Notfalls geht es natürlich auch ohne. Aber die modernen Navigations- und Kommunikationsmittel und die anderen elektrischen Geräte, insbesondere der Kühlschrank, haben einen Stromverbrauch, der sich mit Solar- und Windgeneratoren während der Fahrt oft nicht decken lässt. Außerdem kann die Maschine in Notsituationen sehr nützlich sein.

In tropischen Gewässern, denen wir uns nähern, liefern Solargeneratoren nur selten volle Leistung. Seit Gibraltar hatten wir kaum noch Sonnentage. Der Windgenerator ist dagegen meistens ein guter Stromlieferant. Nur bei den vorherrschenden achterlichen Winden bringt er auch nicht so viel, weil die Windstärke um die Fahrt reduziert wird.

Am nächsten Morgen gibt es viel zu regeln. Nach Gesprächen mit den beiden TO-Stützpunktleitern auf den Kapverden entscheiden wir uns, die Insel Sal anzulaufen. Zur Beschaffung eines neuen Wassersammlers schalten wir Ralf ein, der beim Bootsservice Jakob in Meersburg gleich volle Unterstützung findet. Wir wissen, dass die Sache jetzt in guten Händen ist. Nach einigen E-Mails, die über unser Satellitentelefon (Iridium) laufen, ist alles geklärt: Der Wassersammler soll am Montag, den 28.11. die Etap-Werft in Belgien verlassen und nach vier Tagen auf Sal sein.

Seit einiger Zeit weht es mit 15 bis 20 kn aus Nordost, und so kommen wir gut voran. Den Stromverbrauch haben wir auf ein Minimum reduziert: kein Kühlschrank und keine Navigationslichter. Den elektrischen Autopiloten nutzen wir in letzter Zeit ohnehin kaum noch, weil der Windpilot nach den Verbesserungen jetzt gut funktioniert.

Am 27.11. kommt gegen 18 Uhr die Insel Sal in Sicht. Jetzt trennen uns nur noch 30 sm von unserem Zielort Palmeira. Aber der Wind wird immer schwächer und schläft schließlich ganz ein. Wir dümpeln vor Sal mit 1 kn Fahrt. Gegen 6 Uhr, es ist noch stockdunkel, erreichen wir die Bucht von Palmeira und ankern im hinteren Feld der Ankerlieger. Karl-Heinz, der TO-Stützpunktleiter hatte uns zwar abgeraten, nachts einzulaufen, aber der Wunsch nach einem ruhigen Ankerplatz ist doch stärker.

Es ist Montag. Kurz vor Mittag fahren wir mit dem Schlauchboot an Land und treffen uns mit Karl-Heinz. Alle diese Dinge lassen sich natürlich nur so gut organisieren, weil wir mit dem Satellitentelefon von jedem Punkt der Erde telefonieren und E-Mails senden und empfangen können. Karl-Heinz lädt uns erst mal zu einem Punsch in eine Bar ein. Dann gehen wir zur Polizeistation, wo wir uns anmelden müssen, und danach zu seinem Haus. Es wird viel erzählt und einiges getrunken. Elisabeth, die Partnerin von Karl-Heinz, bereitet ein Mittagessen zu. Es ist so, als wären wir alte Bekannte. Zwischendurch kommen verschiedene Leute aus dem Ort und von den ankernden Schiffen. Nachmittags geht Karl-Heinz mit Michael zum Einklarieren in das Hafenamt. Danach lassen wir uns von einem Fischer in den Bereich der Mole schleppen, wo der Schwell wesentlich geringer ist.

Alles wird von Karl-Heinz organisiert. Abends geht er mit Michael noch zu einer Langusten-Station, wo er einen guten Mechaniker kennt. Der Mechaniker meint, dass er den Wassersammler, der aus Kunststoff ist, in Edelstahl nachbauen kann. Gerne gehe ich auf das Angebot ein, denn wir wissen nicht, ob und wann der Wassersammler aus Belgien ankommt.

Mittwoch ist der Wassersammler aus Edelstahl schließlich fertig, aber die Anschlüsse sind vertauscht und das Volumen ist zu klein. Jetzt gehe ich mit Michael zu dem Mechaniker und beauftrage einen direkten Nachbau. Er soll am nächsten Tag fertig sein.

Freitag kommt von Ralf per SMS die Nachricht, dass unser Paket auf der Nachbarinsel Santiago angekommen ist. Wilma und Michael fahren gleich zum Flughafen im benachbarten Espargos, um sich weiter zu informieren. Heute Abend soll das Paket in Sal ankommen. Das ist dann aber doch nicht der Fall.

Trotzdem sehen wir jetzt unseren Aufenthalt auf Sal zu Ende gehen und wollen Karl-Heinz und Elisabeth zum Essen einladen. Karl-Heinz hat aber bereits einen Abend mit den Crews der anderen deutschen Schiffe organisiert. So treffen wir uns mit ihnen und Sabine und Heinz von der MAGIC LIFE, Maren und Uwe von der HEAVY METAL und Heiner von der DORITA in einer kleinen Bar bei Live-Musik. Es gibt Fisch und Fleisch vom Grill und kaltes Bier, und der Bürgermeister der Insel tanzt und singt dazu.

Samstagmittag halten Wilma und Michael das Paket am Flughafen dann endlich in ihren Händen, nachdem sie Gebühren für die komplette DHL-Sendung bezahlt haben. Ich baue den Wassersammler ein und mache einen Probelauf. Die Maschine scheint einwandfrei zu funktionieren.

Wir setzen unsere letzten Escudos in Waren um und verabschieden uns von Elisabeth und Karl-Heinz. Ob der zweite Wassersammler aus Edelstahl fertig geworden ist, wissen wir nicht. Wir übergeben Karl-Heinz das Geld für die Arbeit und überlassen es ihm, ob er es dem Mechaniker oder bedürftigen Kindern der Insel gibt. Karl-Heinz und Elisabeth kümmern sich nämlich nicht nur um gestrandete Segler, sondern auch um die sozialen Belange auf der armen Insel.

Nachdem wir in einer gemeinsamen Aktion mit den anderen Seglern alle Dieselkanister gefüllt haben, sind wir nun bereit, die verbleibenden 2200 sm bis zur Karibik anzugehen. Den Abend verbringen wir in einem der beiden örtlichen Restaurants. Wir ziehen Bilanz und fragen uns, ob der Motor die Überhitzung wirklich unbeschadet überstanden hat.

Am Sonntag, den 4.12.05, laufen wir kurz vor 10 Uhr aus Palmeira in Richtung Westen aus. Sieben Tage hat uns das Motorproblem gekostet. Das ist nicht viel, aber unsere Regatta-Ambitionen sind natürlich verflogen. Trotzdem melden wir uns wieder bei der ARC-Zentrale an. Es kann nicht schaden, wenn unsere Position, die wir über Iridium melden, im System verfolgt wird und wir die täglichen Wetterprognosen bekommen. Allerdings orientieren wir uns mehr an den längerfristigen Prognosen, die uns Ralf per E-Mail regelmäßig zuschickt. Es sind detaillierte Windpfeil-Diagramme von Wetter-Online, die fünf Tage im Voraus abdecken. Danach sollten in den nächsten Tagen normale Passatwinde vorherrschen, d. h. 15 bis 20 kn aus Nordost.

Nach einigen Seemeilen setzen wir Segel und gleiten bei geringem Seegang zufrieden dahin. Wir sehen die ersten Delphine und etwas später auch Wale in etwa 100 m Entfernung. Vor Einbruch der Dunkelheit kommt die Insel Sao Nikolau in Sicht. Der Wind hat stark zugenommen und erreicht in Böen mehr als 25 kn, die Richtung bleibt aber im wesentlichen Nordost. Die Wellen werden immer höher. Wir fahren stark gerefft mit Groß und Genua. Es ist eine unangenehme Nacht. Ich kann bei den heftigen Schiffsbewegungen nicht schlafen und frage mich, wie das wohl auf dem Rest der Reise sein wird.

Morgens lassen Wind und Wellen etwas nach. Gegen Abend dreht der Wind auf Nord und bleibt bei ungefähr 15 kn. Mit zwei Reffs im Großsegel und entsprechend reduzierter Genua laufen wir 6 kn. In den nächsten beiden Tagen ist der Wind zeitweise etwas schwächer, kommt aber weiter aus nördlicher Richtung. Wir fahren auf der Breite von 16,5° nach Westen und schaffen etwa 140 sm pro Tag. Der Windpilot arbeitet jetzt hervorragend. Trotzdem ist die Energiebilanz nicht ausgeglichen, weil sich die Sonne kaum blicken lässt. Deshalb lassen wir täglich ein bis zwei Stunden die Maschine zum Laden der Batterien laufen. Dabei achten wir genau auf den Kühlwasserfluss und die Motortemperatur, die wir über ein neu angebrachtes Digital-Thermometer messen. Das Vertrauen in unsere Maschine wächst.

Dafür kommt ein anderes Problem auf uns zu. Bei den hohen Wellen treten verstärkt Klopfgeräusche im Bereich des Ruders auf. Das hatten wir früher auch schon, aber die Ursache konnten wir nie finden. Nach langem Suchen gelingt es schließlich Michael, die Geräuschquelle zu lokalisieren. Es ist das obere Ruderlager, das durch Reibung die Geräusche erzeugt. Mit Silikon-Spray lässt sich das Klopfen beseitigen, aber die genaue Ursache bleibt weiterhin unklar.

In der Nacht zum 8.12. dreht der Wind auf Ost. Damit käme er auf unserem West-Kurs genau von hinten. Diesen Kurs können wir selbst bei Schmetterling (Groß- und Vorsegel auf verschiedenen Seiten) mit unserem Schiff schlecht fahren, weil sich das Großsegel wegen der gefeilten Salinge nur begrenzt fieren lässt. Auch um das Schlagen der Segel bei dem starken Seegang zu vermeiden, ist es besser, wenn der Wind unter einem Winkel von 20 bis 30° einfällt. Wir segeln deshalb leicht nach Süden und am folgenden Tag wieder leicht nach Norden.

Zwei Tage kommen wir unter diesen Bedingungen mit 4 bis 5 kn ganz gut voran. Doch dann nimmt der Wind immer weiter ab. Zeitweilig herrscht totale Flaute, nur die Wellen bleiben relativ hoch. Die schlagenden Segel lassen das Boot vibrieren, es ist furchtbar. Wir probieren alle möglichen Segelstellungen und -kombinationen aus. Mit dem Blister haben wir erneut wenig Erfolg. Am besten bewähren sich einzelne Segel, d. h. Großsegel oder ausgebäumtes Vorsegel allein. Auch durch Reffen lässt sich das Schlagen der Segel reduzieren.

Bei der Flaute fehlt uns natürlich auch Strom. Um die Maschine zu schonen, versuche ich mit dem Notstromaggregat (Honda 500) die Batterien zu laden. Es funktioniert nicht, weil der Generator unter Last immer wieder abschaltet.

Nach den Wetterprognosen soll weiter westlich am nächsten Tag wieder Wind sein. Mit etwas ungutem Gefühl fahren wir am 10.12. sieben Stunden lang unter Motor nach Westen, um in die Windzone zu kommen. Der Motor läuft problemlos, er hat die Überhitzung offensichtlich ohne Schaden überstanden.

Als in der Nacht absolute Flaute herrscht, lassen wir uns ohne Segel einfach treiben. Da ich bei dem Geschaukel nicht schlafen kann, will ich mit Michael den Impeller inspizieren. Bei positivem Ergebnis würden wir dann wieder voll die Maschine einsetzen. Das Ergebnis ist aber leider negativ. Ein Impeller-Flügel ist schon wieder abgerissen. Der letzte verbliebene Impeller ist aus türkischer Produktion und funktioniert nicht richtig. Jetzt ist guter Rat teuer. Schließlich finde ich noch einen alten Impeller, bei dem nur ein Flügel leicht eingerissen ist. Den bauen wir ein. Aber nun ist endgültig klar, dass unsere Maschine nur noch sehr begrenzt einsetzbar ist.

Im Laufe des Tages stellt sich dann der vorhergesagte Wind ein: Nordost 10 bis 15 kn. Damit kommen wir einigermaßen gut voran. Aber zum Laden der Batterien reichen dieser Wind und die kurze Sonnenscheindauer nicht aus. Also beschäftige ich mich wieder mit dem Stromgenerator. Ich zerlege ihn so weit wie möglich und drehe an allen Einstellschrauben. Der Effekt ist minimal. Schließlich gelingt es mir mithilfe des Chokes in der unteren Leistungsstufe einen stabilen Betrieb zu erreichen. Über ein regelbares Netzgerät kann ich nun die Batterien mit 10 A laden. Das müsste bei sparsamem Verbrauch als Ergänzung zur Wind- und Sonnenenergie reichen. Den Kühlschrank hatten wir vorher bereits auf 17 °C eingestellt. Bei 30 °C Umgebungstemperatur ist das immer noch ganz schön kalt.

In den nächsten Tagen weht ein normaler Passatwind, d. h. Nordost 15–20 kn. Nachts legt der Wind immer zu, überschreitet aber selten 25 kn. Meistens reduzieren wir die Segelfläche erst im Dunkeln. Allmählich kehrt auch etwas Routine ein. Die Nacht hat 13 Stunden und wird von niemandem als angenehm empfunden. Alle zwei Stunden ist Wachwechsel, damit kann jeder theoretisch vier Stunden am Stück schlafen. Mir gelingt das aus verschieden Gründen aber nur selten.

Als der Wind am 14.12. auf Ost dreht, fahren wir mehr nach Süden und überschreiten den 15. Breitengrad. So segeln wir zwei Tage etwas zu weit nach Süden. Dann kommt der Wind wieder aus Nordost und hat damit die richtige Richtung für unseren Kurs nach Westen.

Michael macht wieder Versuche mit der Schleppangel, nachdem ich die Rollvorrichtung in stundenlanger Kleinarbeit repariert habe. Die ersten beiden Köder, die wir nach der Empfehlung des spanischen Verkäufers anbringen, gehen verloren. Wir verwenden dann eine dickere Schnur und haben plötzlich Erfolg. Michael zieht einen etwa 70 cm langen gelb-grün schimmernden Fisch bis ans Heck. Als er ihn an Bord holen will, reißt plötzlich die Schnur. Unser Fisch verschwindet mit dem Köder im Maul in den Weiten des Atlantiks.

Am nächsten Tag setzen wir unseren letzten und besonders großen Köder ein. In kurzen Abständen ist zweimal deutlich Widerstand zu spüren, der dann beim Einholen aber verschwindet. Diesen Köder scheinen die Fische nicht so richtig zu mögen. Nach einigen Stunden ist an der Schnur überhaupt kein Zug mehr. Der letzte Köder ist mit oder ohne Fisch im Ozean verschwunden.

Wir sind alle etwas traurig, denn wir hatten uns so sehr auf ein Fischgericht gefreut. Trotzdem geht es uns an Bord nicht schlecht. Was Wilma täglich zubereitet, ist wirklich sehr lecker und vollkommen unabhängig vom Wetter und von dem Geschaukel. Das Essen gehört zu den wenigen Dingen an Bord, über die sich niemand beklagt. Obwohl unsere Überfahrt nun doch etwas länger dauern wird als ursprünglich geplant, schätze ich, dass die Vorräte auch noch für eine zweite Überfahrt reichen würden.

In der Nacht zum 17.12. kreuzt ein Segler unseren Kurs, er fährt mehr nach Süden. In der nächsten Nacht sehen wir in größerer Entfernung ein hell beleuchtetes Schiff. Einzelheiten sind nicht zu erkennen. Sonst sehen wir, abgesehen von fliegenden Fischen, sehr wenig auf dem großen Ozean. Heute bringt eine Gruppe von Delfinen etwas Abwechslung in den Alltag. Etwa zwanzig schnelle Schwimmer begleiten uns längere Zeit und sind dabei offensichtlich genau so neugierig wie wir. Es ist immer wieder faszinierend zu sehen, wie elegant und schnell die Delfine sich um das Schiff herum bewegen.

Am 19.12. haben wir nachts zum ersten Mal die bekannten Regenböen (Squalls) mit knapp 30 kn. Wir binden ein zweites Reff ins Großsegel und reduzieren die Genua entsprechend. Danach nimmt der Wind wieder ab und dreht auf Ost-Nord-Ost, bleibt aber meistens etwas unter 20 kn. Jetzt haben wir auch bei Schmetterling Probleme, den gewünschten Westkurs zu segeln. Deshalb kreuzen wir zeitweilig vor dem Wind, allerdings mit sehr langen Schlägen.

Im Laufe des nächsten Tages nimmt der Wind auf 25 kn zu. Es herrscht das berüchtigte Böenwetter vor. Unter dunklen Regenwolken, die uns ständig überholen, steigt der Wind auf über 30 kn an. Zum ersten Mal müssen wir den Niedergang mit den Schotten verschließen, aber nicht wegen der hohen Wellen, sondern wegen des starken Regens. Die Wellen kommen relativ gleichmäßig von achtern und steigen nie ins Cockpit ein.

Am 21.12. trifft uns nachts eine Böe mit über 35 kn unter Schmetterling besonders hart. Jetzt setzen wir zum Reffen und Bergen der Segel sogar die Maschine ein. Wir nehmen das Großsegel komplett herunter, bergen den Vorsegelbaum und rollen die Genua nur ein kleines Stück aus. Um 23 Uhr ist ein Lichtschimmer von Martinique zu erkennen, eine halbe Stunde später sehen wir auch erste Lichtschimmer von St. Lucia. Unsere Atlantiküberquerung nähert sich dem Ende.

Um 2 Uhr fällt der Anker in der Rodney Bay auf St. Lucia. Von dem starken Wind ist in der geschützten Bucht hinter Pigeon Island nicht mehr viel zu spüren. Es ist der 22.12. und seit zwei Stunden Wilmas Geburtstag. Wir öffnen eine Flasche Sekt und feiern den Geburtstag und die sichere Ankunft in der Karibik.

Erst am späten Vormittag laufen wir durch die schmale Einfahrt in die Lagune von Rodney Bay ein, in der auch die Marina liegt. Gisela und Holger von der GAMMEL DANSKER erwarten uns bereits und weisen uns ein. Sie zeigen uns die Einrichtungen und helfen uns beim Einklarieren. Das ist eine angenehme Überraschung, denn wir kannten uns bislang nur flüchtig.

Der ARC-Rummel ist vorbei, aber es sind doch noch viele ARC-Boote in der Marina. Von der Gruppe der Nachzügler, von denen fünf auf den Kapverden waren, sind wir die Ersten. Ein Boot, das die Strecke ohne Unterbrechung gefahren ist, haben wir sogar noch überholt.

Von Gran Canaria bis St. Lucia sind wir nach unserem Log 3260 sm in 25,5 Tagen gefahren. Damit haben wir im Mittel 128 sm pro Tag zurückgelegt. Die relativ niedrige Durchschnittsgeschwindigkeit ist auf die Flauten und auf das vorsichtige Segeln wegen des suspekten Ruders zurückzuführen. Den Umweg über die Kapverden hat Kolumbus bei seiner dritten Westindienreise gewählt und dann schätzen gelernt. Wir haben den Vorteil dieser Route nun schon bei unserer ersten Reise erfahren.

Michael war auf dem gesamten Törn eine große Unterstützung. Er war ein kompetenter Diskussionspartner in allen technischen Angelegenheiten, hat alle schwierigen Arbeiten auf dem Vorschiff allein erledigt, die Wetterprognosen ausgewertet und das ARC Office mit Positionsmeldungen und Berichten versorgt.

Die oft beschriebene besondere Stimmung bei einer Atlantiküberquerung ist bei dem älteren Teil der Mannschaft nie so richtig aufgekommen. Bei Michael muss das wohl anders gewesen sein. Jedenfalls überlegt er in St. Lucia schon, wie er eine zweite Atlantiküberquerung organisieren kann.

Die Rodney Bay mit ihrem karibischen Flair gefällt uns sehr gut. Das feuchtwarme Klima ist durch den ständigen Wind einigermaßen erträglich. Wir treffen hier auch viele Bekannte und Freunde wieder. Unsere englischen Nachbarn aus Gran Canaria, LADY OF LORIEN und INDEPENDENT FREEDOM, sind auch noch in der Marina. Es gibt Einladungen und Besuche, bei der LADY OF LORIEN auch zum Abendessen. Angie serviert ein hervorragendes Blanquette de Veau mit Rotkohl und gebackenen Kartoffeln.

Am 24.12. unternehmen wir eine Inselrundfahrt mit Anthony, der eigentlich einen Waschservice betreibt und uns für diese Fahrt einen Sonderpreis angeboten hat. Sein klappriger Minibus passt zu dem Preis, aber die Fahrt und seine Erklärungen sind nicht schlecht. Es geht über die Inselhauptstadt Castries, die Marigot Bay und das Fischerdorf Anse La Raye bis zu dem Ort Soufriere. Die berühmten Pitons (spitze Bergkegel) sehen wir nur aus einiger Entfernung. Wir kommen vorbei an Bananenplantagen, der Rumfabrik (Bounty Rum) und schönen Aussichtspunkten, an denen man auch lokale Produkte kaufen und mit Schlangen spielen kann. Die Haupteinnahmequellen der Insel waren früher Zucker und dann Bananen. Heute steht der Tourismus im Vordergrund.

In der Nähe von Soufriere besuchen wir einen rauchenden Vulkan. Es riecht hier wie auf der Insel Vulcano in Italien. Danach machen wir eine Wanderung durch einen Naturpark zu einem Wasserfall. Wir bewundern die üppige Vegetation mit den bunten Farben und unterschiedlichsten Formen. Der Wasserfall ist nicht besonders beeindruckend, aber das Wasser ist wegen des hohen Eisengehalts ungewöhnlich dunkel und hat auch das Gestein entsprechend verfärbt.

Nach der Fahrt sind wir so müde, dass der Heilige Abend, den wir auch in der ungewohnten Umgebung etwas feiern wollten, mehr oder weniger ausfällt. Am ersten Weihnachtstag gehen wir dagegen wie in Deutschland gepflegt essen, nur ist der Familienkreis diesmal viel kleiner. Dafür begleiten uns Gisela und Holger von der GAMMEL DANSKER.

Michaels Zeit bei uns nähert sich nun dem Ende. Er hat für den 27.12. einen Flug von Martinique nach Paris gebucht. Dazu muss er morgens früh von St. Lucia nach Martinique fliegen. Anthony soll ihn um 6.30 Uhr zum Flughafen nach Castries fahren, aber Anthony erscheint nicht. Zum Glück kommt zufällig ein anderes Taxi in die Marina, mit dem Michael dann rechtzeitig nach Castries fahren kann. Anthony's Entschuldigung am nächsten Tag ist wohl typisch für diese Region: Sorry, I had a big party.

Am 28.12. gehen wir mit der AQUILA in der benachbarten Werft an Land. John wird beauftragt, die Arbeiten bei uns durchzuführen. Als Erstes inspizieren wir das Ruder. John versteht tatsächlich einiges davon. Wir demontieren das obere Ruderlager und können keine Beschädigungen feststellen. Danach wird das Lager mit Teflonfett (Empfehlung Etap) geschmiert und das Ruder so montiert, dass es in der Vertikalen praktisch ohne Spiel ist.

Für die Arbeiten am Unterwasserschiff hat John zur Verstärkung Quincy angeheuert. Vier Tage brauchen die beiden, um das alte Antifouling abzuschleifen. Ihre Schleifmaschinen sind nicht die besten, aber sie auch nicht die schnellsten. Neben dem neuen Antifouling lasse ich die Wasserlinie von der Mitte des Schiffes an höher ziehen. Insgesamt dauern die Arbeiten acht Tage. In Mitteleuropa hätten wir für die Arbeiten den dreifachen Stundenlohn gezahlt, die Gesamtrechnung wäre deshalb aber nicht höher ausgefallen.

Wir sind in der Zeit ebenfalls voll beschäftigt. Nach einer Nacht mit vielen Moskitostichen, beschäftigt sich Wilma intensiv mit Moskitonetzen und anderen Abwehrmitteln. Ich habe einiges zu warten (Ölwechsel Saildrive), zu reparieren und zu verbessern. Unter anderem baue ich einen neuen Wassereinlass ein, den ich für den Wassermacher verwenden will. Am 6.01.06 bringen wir die AQUILA wieder ins Wasser und machen für eine Nacht in der benachbarten Marina fest.

Unser nächstes Ziel ist die Nachbarinsel Martinique, wo wir den Volvo Service wegen unseres Impellerproblems aufsuchen wollen. Der 25 sm entfernte Ort Le Marin soll unser erster Anlaufpunkt auf Martinique sein. Wir klarieren aus und fahren gegen 9 Uhr in

Richtung Norden. Gleich hinter Pigeon Island sind wir dem offenen Atlantik ausgesetzt. Mit 15 bis 20 kn aus Ostnordost herrschen heute normale Bedingungen, wie wir sie auch von der Atlantiküberquerung kennen. Nur müssen wir jetzt zum ersten Mal hoch am Wind gegen die hohen Wellen segeln. Mit zwei Reffs im Großsegel, entsprechend reduzierter Genua und elektrischem Autopiloten funktioniert das besser als erwartet. Es kommt etwas Wasser über, aber unter der Sprayhood bleiben wir weitgehend trocken. Nachmittags ankern wir in der großen Bucht von Le Marin. So viele Ankerlieger haben wir noch nie an einem Platz gesehen. Es sind Yachten aus aller Welt, viele unbewohnt.

Mit dem Schlauchboot fahren wir an Land und erkunden die Einkaufsmöglichkeiten. Es gibt einen großen Supermarkt (Leader Price), der kaum Wünsche offen lässt. Hier treffen wir Regina und Michael von der ANICO, die wie wir mit der ARC in die Karibik gesegelt sind. Sie laden uns spontan für den Abend zu sich an Bord ein.

Im Bereich der Marina gibt es mehrere Service-Betriebe und Läden für Bootszubehör. Auch das Einklarieren können wir hier unkompliziert erledigen. Einen Stromgenerator, den ich mir nach dem Problem auf dem Atlantik zulegen möchte, finde ich allerdings nicht. Dafür gibt es in einem Laden aber fast alle Zubehörteile für Volvo-Motoren. Man kann sogar ganze Motoren aus dem Regal kaufen. Die zugehörige Werkstatt überzeugt mich allerdings nicht.

Deshalb fahren wir wie ursprünglich geplant zu dem Volvo Service nach Case Pilot. Der Inhaber Frank Agren, ein Schwede, macht am Telefon einen kompetenten Eindruck. Auf der 25 sm langen Strecke bis Case Pilot weht es meistens mit deutlich mehr als 20 kn. Aber wir haben Landabdeckung und können alles bequem mit der Genua segeln, auch das letzte Stück am Wind.

In dem kleinen Hafen von Case Pilot ist von dem starken Wind kaum etwas zu spüren, nur der Schwell ist unangenehm. Frank Agren beginnt am nächsten Morgen mit den Untersuchungen an der Maschine. Er kommt zu dem Schluss, dass der Seewassereinlass einen zu hohen Widerstand haben muss und schließt deshalb gleich den neuen Einlass zusätzlich an. Nachmittags macht er weitere Verbesserungsvorschläge, die ich dann auch beauftrage.

Am nächsten Morgen beginnt Frank mit den Arbeiten: Austausch der Wasserpumpe, Austausch des Ausgangsmischers (mixing elbow), Reinigung des Wärmetauschers und Verbesserung des zusätzlichen Seewassereinlasses. Mittags sind die Arbeiten abgeschlossen und Frank Agren versichert uns, dass wir nun eine sehr gute Maschine haben, mit der wir auch bedenkenlos in den Pazifik fahren können.

Kurz vor 15 Uhr laufen wir aus und fahren mit der Maschine gegen den Wind von 20 bis 25 kn nach Anse Mitan. Nach knapp zwei Stunden gehen wir vor Anker, die Maschine hat den ersten kurzen Test gut bestanden. Am nächsten Morgen fahren wir früh weiter nach Le Marin. Es kommt uns ausnahmsweise mal entgegen, dass der Wind überwiegend von vorn kommt und wir mit ruhigem Gewissen die Maschine einsetzen können. Allerdings weht es heute noch etwas stärker. Nach vier Stunden haben wir unser Ziel erreicht und damit noch genügend Zeit für weitere Einkäufe von Zubehör und Lebensmitteln.

Nach dem Ausklarieren laufen wir kurz vor 10 Uhr mit dem Ziel St. Lucia aus. Der Wetterbericht hat einen Ostnordost-Wind von 20 bis 25 kn vorhergesagt. Mit zwei Reffs im Großsegel und entsprechend reduzierter Genua beginnen wir nach der Ausfahrt die Fahrt nach Süden. Plötzlich bläst es mit 40 kn. Wir nehmen die Segel komplett herunter und wollen mit Maschine zur nahe gelegenen Bucht St. Anne fahren, um dort auf besseres Wetter zu warten. Doch nach kurzer Zeit ist der Spuk vorbei, der Wind geht auf 20 kn zurück. Wir rollen die Genua aus und fahren Richtung St. Lucia. Die Wellen sind niedriger als erwartet. Einige sind aber doch etwas höher und schlagen hart von der Seite zu. Wir werden nass und stellen fest, dass unsere Seitenfenster und das Vorluk leider nicht ganz dicht sind. Kurz nach 14 Uhr sind wir bereits im Schutz von Pigeon Island und eine Stunde später an einem Steg in der Marina Rodney Bay.

In St. Lucia fühlen wir uns schon fast wie zu Hause. Es sind auch noch einige Bekannte und Freunde hier. Im Marina-Büro finden wir die Nachricht, dass für uns ein lange ersehntes Paket beim Zoll in Castries liegt. Also fahren wir am nächsten Morgen mit einem der vielen Sammeltaxis in die Hauptstadt St. Lucias. Hier kaufen wir zuerst einen neuen Stromgenerator, diesmal einen Yamaha mit 1000 VA. Der sollte zum Betrieb unseres eingebauten Ladegerätes ausreichen. Vor zwei Wochen hatte ich einen guten Rabatt ausgehandelt, heute hätte ich auch den vollen Preis bezahlt, denn in dem Kaufparadies Martinique war kein Generator zu bekommen.

Dann holen wir unser Paket beim Zollamt ab. Es enthält überwiegend Teile, die ein Freund Michaels bei einem Elektronikhändler beschafft hat. Das Wichtigste davon ist ein Temperaturregler, mit dem ich ein Alarmsystem zum Schutz des Wassersammlers aufbauen will.

Am Abend vor unserer Abreise von St. Lucia treffen wir uns mit Steve von der INDEPENDENT FREEDOM und Denise und Gerrry von der SAOIRES (Iren, die wir seit Gibraltar kennen) im Restaurant Scuttlebutts und feiern Abschied. Keiner kann so recht verstehen, dass wir die Karibik so schnell verlassen wollen. Aber wenn schon die Zeitschrift „Welt" darüber berichtet, dass wir Anfang des Jahres den Panamakanal durchfahren wollen, müssen wir uns wohl daran halten.

Gegen 11 Uhr verlassen wir am 17.01. die Rodney Bay. Es weht der übliche Wind: Nordost mit 20 kn. Wir rollen die Genua aus und segeln knapp zwei Stunden bis zur Marigot Bay. Sie gilt als eine der schönsten und sichersten Buchten der Karibik. Als wir bei einem Sundowner in einer Bar sitzen und eines der berühmten Piratenschiffe aus dem Film „Fluch der Karibik" einläuft, kommt bei uns zum ersten Mal ein richtiges Karibikgefühl auf.

Um 8 Uhr geht es am nächsten Tag weiter in Richtung St. Vincent. Noch lange sind die Pitons, die beiden steilen kegelförmigen Berge im Süden St. Lucias, hinter uns zu erkennen. Die Wellen werden höher, aber sie bleiben erträglich. Gegen 16 Uhr erreichen wir die Cumberland Bay, die nach unserer Seekarte ein guter Ankerplatz wäre. Aber die Bucht ist in Wirklichkeit so tief, dass man mit Landleinen festmachen müsste. Obwohl uns mehrere Boat Boys ihre Dienste anbieten, fahren wir zurück in die Bucht Chateaubelair. Hier ankern wir zusammen mit zwei anderen Seglern vor einem herrlichen Palmenhügel. Ein Einheimischer, der auf einem Surfbrett heranrudert, verkauft uns Bananen und Tomaten. Die Palmenkulisse wird bei Sonnenuntergang noch schöner, aber der Schwell auch immer stärker. So unruhig haben wir noch nie vor Anker gelegen.

Von dem unruhigen Ankerplatz segeln wir am nächsten Tag früh weiter in Richtung Bequia, der nächsten Insel südlich von St. Vincent. Die Berglandschaft von St. Vincent hat aus der Ferne große Ähnlichkeit mit den Alpen, die Vegetation ist allerdings viel üppiger.

Mittags erreichen wir bei kräftigem Wind die Admirality Bay auf Bequia. Wir ankern in dem großen Feld der Ankerlieger und fahren gleich mit dem Schlauchboot zum Einklarieren an Land. Bequia gehört wie die nächsten südlichen Inseln zu St. Vincent. Als wir beim Einklarieren auch gleich ausklarieren wollen und als Ziel Grenada angeben, wird man misstrauisch und fragt kritisch nach. Die Begründung, dass wir schnell nach Panama fahren wollen, wird dann aber doch akzeptiert. Natürlich haben wir nicht vor, an den Grenadines, das ist die Inselkette zwischen St. Vincent und Grenada, einfach vorbeizusegeln. Mit dem gleichzeitigen Ausklarieren wollten wir nur den bürokratischen Aufwand reduzieren.

Die Admirality Bay ist ein schöner Platz, an dem auch viele Kreuzfahrtschiffe ankern. Wir sehen hier die bekannte SEA CLOUD wieder, ein schmucker Viermaster, der uns zuletzt in Griechenland begegnete. Auch der Ort Port Elizabeth gefällt uns sehr gut. Es gibt Cafés, Restaurants und mehrere Läden, sogar einen für Bootszubehör.

Am 20.01. brechen wir morgens in Richtung Süden auf. Unser Ziel sind die Tobago Cays, eine Gruppe von kleinen Inseln, die durch ein großes hufeisenförmiges Riff vor dem Atlantik geschützt ist. Bei etwas schwächerem Nordostwind wollen wir heute mal wieder mit Großsegel fahren. Doch als das Segel mit einem Reff gerade gesetzt ist, rauscht eine Regenböe mit 30 kn über uns hinweg und bricht einen Reffring. Also fahren wir wieder nur mit der Genua, was bei 6 kn Fahrt eigentlich auch vernünftig ist.

Mittags laufen wir vorsichtig mit Maschine in das Riff ein. Etwa 30 Boote ankern hier zwischen den Inseln und dem Riff. Nach dem Ankern gehe ich gleich mit Maske und Schnorchel ins Wasser. Viel ist an unserem Ankerplatz nicht zu sehen. Da es immer noch kräftig weht, verlassen wir die Tobago Cays mit dem Ziel, hinter Union Island zu ankern. Kurz vor Sonnenuntergang fällt unser Anker in der Chatham Bay, nachdem wir eine Runde um die LADY OF LORIEN gedreht haben. Angie und Mike liegen hier schon seit einigen Tagen. Die Bucht mit dem Palmenstrand und den Pelikanen lädt auch wirklich zum Verweilen ein.

Wir wollen aber möglichst schnell nach Grenada, um uns dort auf die Fahrt über die Niederländischen Antillen nach Panama vorzubereiten. Deshalb laufen wir um 7 Uhr schon wieder Richtung Süden aus. Der Wind weht in der üblichen Stärke und aus der üblichen Richtung und legt in den häufigen Regenböen immer kräftig zu. Noch vor 15 Uhr erreichen wir St. George's auf Grenada und ankern in der Lagune, einem absolut sicheren und ruhigen Ankerplatz.

Ich habe eine Liste von Wartungs- und Inspektionsarbeiten, die ich nacheinander abarbeiten will, und beginne gleich mit der Wasserpumpe. Was ich dann sehe, kann ich kaum glauben: Nach 18 Betriebsstunden sind wieder 3 von 6 Impellerflügeln abgerissen. Das darf nicht wahr sein. Keine der Verbesserungsmaßnahmen durch den besten Volvo-Experten der Karibik hat irgendeine Wirkung gezeigt.

Ich baue sofort einen neuen Impeller ein und lasse die Maschine laufen. Alles verhält sich wie vorher ganz normal. Beim Experimentieren mit den beiden Einlässen entdecke ich plötzlich Luftblasen im transparenten Schlauchteil vor der Pumpe. Das muss es sein. Ich überbrücke das Wasserfilter und die Luftblasen verschwinden. Für mich passt das auch zu der Aussage von Mike, die er gestern Abend machte, dass nur Kavitation solche Schäden verursachen kann.

Da ich nicht ohne Wasserfilter fahren möchte, versuche ich bei dem in der Nähe gelegenen Bootsausrüster ein besseres Filter zu bekommen. Schließlich finde ich auch ein Exemplar, das halbwegs passen könnte. Mit vielen Adaptern und Krümmern gelingt es mir, das Filter einzubauen und blasenfrei zu betreiben.

Um die neue Anordnung zu testen, laufen wir am 24.01. aus der Lagune von St. George's zu der südlich gelegenen Prickley Bay aus. Es sind nur 8 sm, aber die letzten 3 sm müssen wir ungeschützt gegen den Passat fahren, der heute besonders kräftig bläst. Nachdem wir die Südspitze Grenadas umrundet haben, fahren wir gegen 3 m hohe Wellen bei 5 bis 10 m Wassertiefe. Ich muss die Drehzahl kräftig erhöhen, um überhaupt vorwärts zu kommen. In der Prickley Bay ist es dann einigermaßen ruhig, aber der Schwell ist immer noch enorm. Sofort überprüfe ich den Impeller, der jetzt 3,5 Betriebsstunden hinter sich hat. Es sind noch alle Flügel vorhanden, aber an einem könnte bereits ein leichter Einriss bestehen.

Am nächsten Morgen wollen wir in die benachbarte Clarkes Court Bay fahren, wo es wesentlich ruhiger sein müsste. Doch nach dem wir aus dem Schutz der Prickley Bay heraus sind, kommen uns wieder die hohen Wellen und ein Wind von 25 Knoten entgegen. Wir drehen um, denn die Einfahrt in die Clarkes Court Bay ist flach und voller Untiefen.

Einen Tag später versuchen wir es wieder. Wind und Wellen sind heute etwas schwächer. Nach knapp zwei Stunden haben wir unser Ziel, die Clarkes Court Bay Marina, erreicht. Wir machen an einem Fingersteg fest und sind froh, wieder in ruhigem Wasser zu liegen. Die Marina ist sehr abgelegen, und es gibt bis auf einen Kiosk in einiger Entfernung keine Einkaufsmöglichkeiten. Aber die Marina bietet einen kostenlosen Internetzugang, was auch nicht gerade unwichtig ist.

Um Motorstunden zu bekommen, fahren wir am nächsten Tag aus der Bucht heraus bis an die Westseite von Hog Island. Die Wellen sind jetzt zwar etwas niedriger, aber immer noch gut für Belastungstests an unserer Maschine. Am Ende des Tages haben wir insgesamt 8,5 Motorstunden ohne Luftblasen zusammen. Das müsste für eine erste Beurteilung ausreichen. Ich öffne den Deckel der Wasserpumpe und finde das bekannte Bild: einen Impeller mit drei abgerissenen Flügeln.

Was ist hier los? Alle Verbesserungsmaßnahmen reduzieren die Lebensdauer der Impeller. Ich lese wieder die E-Mails von Frank Agren, er ist auch ratlos und hat bei Volvo in Schweden nachgefragt. Eine Antwort steht noch aus. Frank bietet aber weiterhin Unterstützung an und will sich sogar an den Kosten beteiligen.

Im Internet suche ich nach vergleichbaren Fällen. Egal was ich bei Google eingebe, es ist nichts Vergleichbares zu finden. Nachdem ich mir das Pumpenprinzip noch einmal genauer angesehen habe, kommt mir eine neue Idee zur Ursache des Impellersterbens. Auf jeden Fall müssen wir die AQUILA wieder aus dem Wasser heben und einige Arbeiten an Land durchführen. An eine Weiterfahrt in Richtung Panama ist in absehbarer Zeit nicht zu denken. Wir werden wohl längere Zeit in der Karibik bleiben müssen. Von Freunden bekommen wir einen aufmunternden Hinweis: Ein Jahr Karibik ist immer noch besser als ein Jahr Sibirien.

Sonnenuntergang auf dem Atlantik

Frisches Brot auf dem Atlantik

Sauwetter auf 14 ° Nord

Vor Anker in der Marigot Bay

Im Regenwald auf St. Lucia

Impeller nach 8 Stunden

Unfreiwillige Karibiktörns

Impeller für Kühlwasserpumpen werden aus einem widerstandsfähigen Gummi (Neopren oder Nitril) hergestellt und halten bei Volvo-Motoren normalerweise 500 Betriebsstunden, bei anderen Motoren 1000 Stunden. Es wird manchmal empfohlen, sie jährlich zu wechseln, viele fahren sie über mehrere Jahre ohne Probleme. Bei unserem Volvo-Motor (MD 2040) halten die Impeller jetzt 4 Stunden. Danach ist mindestens einer von sechs Flügeln abgerissen, nach acht Stunden fehlen drei Flügel. Alle Arbeiten des Volvo Service und meine eigenen Versuche waren bislang ohne Erfolg.

Dieses mysteriöse Problem um den kleinen Impeller hat unseren Plan einer zweijährigen Weltumsegelung verhindert. Wir haben sehr viel komplexe Technik an Bord und dazu ein gut überlegtes Redundanzkonzept. Alles funktioniert, nur die primitive Wasserpumpe mit dem Impeller versagt total.

Inzwischen bin ich in den Aufbau und die Funktion der Impellerpumpen noch tiefer eingestiegen. Aus allen verfügbaren Büchern (Bootszubehörläden) kenne ich die Kapitel über Wasserkühlung und -pumpen. Auch im Internet habe ich stundenlang nach ähnlichen Problemen gesucht. Es gibt keine plausible Erklärung für unser Problem, und bei anderen ist so etwas wohl noch nie aufgetreten.

Mit Frank bin ich laufend per E-Mail in Kontakt. Er ist nach meinen Beschreibungen immer noch der Meinung, dass die Pumpe zu wenig Wasser bekommt. Also beschließen wir, die AQUILA auf Grenada an Land zu stellen und einen weiteren größeren Wassereinlass zu montieren.

Am 31.01.06 fahren wir von der Clarkes Court Bay in die Prickley Bay und lassen unser Schiff in der Spice Island Marina an Land heben. Frank hat die hier ansässige Firma JYA beauftragt, uns zu unterstützen und gegebenenfalls Arbeiten durchzuführen. Eric, ein Mechaniker von JYA und selbst Segler mit eigenem Boot, überprüft unseren Motor. Er kommt auch zu dem Schluss, dass der Motor in Ordnung ist und eigentlich nur Wassermangel den schnellen Impellerverschleiß verursachen kann. Allerdings bemängelt er eine wackelige Zinkanode am Saildrive (Getriebe mit Propeller).

Um die Zinkanode festzuschrauben oder zu ersetzen, muss der Faltpropeller entfernt werden. Als ich ihn von der Welle abgezogen habe, sehe ich an der Rückseite der Nabe rund herum tiefe Löcher. Außerdem gibt es neben diesem Lochfraß wohl einen gleichmäßigen Materialabtrag, denn anders ist das große Spiel zwischen den Flügeln und der Nabe nicht zu erklären. Der Faltpropeller ist in dem warmen Wasser offensichtlich nicht korrosionsbeständig.

Da ich auf Grenada keine passende Zinkanode bekommen kann, muss ich die alte wieder montieren. Auch bei dem Propeller habe ich keine andere Wahl. Lange wird der Propeller allerdings nicht mehr halten. Die Antworten des deutschen Herstellers SPW auf meine Fragen zu diesen Effekten zeugen nicht gerade von Sachkompetenz und die Bitte, den Propeller nach Deutschland zu schicken, ist auch nicht besonders hilfreich.

In den nächsten Tagen arbeite ich an der Verbesserung des alten Wassereinlasses über den Saildrive und der Montage eines neuen mit größerem Querschnitt. Alle Teile des alten Leitungssystems, in dem es tatsächlich einige Ablagerungen gab, werden komplett erneuert.

Den nicht einsehbaren Teil im Saildrive spülen wir mit Salzsäure. Wenn die möglichen kleinen Impellerfresser im Saildrive tierische Wesen sind, dürften sie jetzt nicht mehr am Leben sein. Der neue Wassereinlass hat ein grobes Filter am Boden und ein feines Filter oberhalb der Wasserlinie, das extra aus den USA eingeflogen wurde.

Frank hatte ich geschrieben, dass wir nicht ins Wasser gehen, bevor wir drei neue Impeller haben. Da sich die Lieferung verzögert, bleibt uns noch genügend Zeit für andere Dinge. Wir lassen von JYA das Bimini modifizieren und ersetzen die Toilettenschläuche. Wilma beschäftigt sich mit Näharbeiten und freut sich über die kostengünstigen Waschmaschinen in der Marina.

Zum Einkaufen fahren wir häufig in Hauptstadt St. George's. In den Supermärkten gibt es eigentlich fast alles zu kaufen. Mehrmals besuchen uns Bruce und Sheena, ein schottisches Ehepaar, das wir in der Clarkes Court Bay kennengelernt haben. An einem Abend führen sie uns in ein Spezialitätenrestaurant (Aquarium) mit sehr guter Küche und herrlicher Lage am Meer. Es wird von einem Deutschen betrieben, der hier schon seit vielen Jahren lebt.

Interessant sind auch die Veranstaltungen zum Independence Day am 7. Februar im Stadion von St. George's. Der kleine Staat Grenada mit seinen 90000 Einwohnern feiert an diesem Tag die Unabhängigkeit von den britischen Kolonialherren in 1974. Es findet eine Militärparade mit dem Präsidenten und ausländischen Delegationen statt. Stark vertreten ist das Nachbarland Venezuela, das eine Marineeinheit mit einem Kriegsschiff geschickt hat. Beeindruckend sind für uns auch die Zuschauer, von denen viele in den Landesfarben gekleidet und geschminkt sind. Sie verfolgen die Parade mit großer Begeisterung und vielen Kommentaren.

Es ist schon eigenartig, wie sich dieses kleine Inselvolk mit einer Militärparade darstellt. Vielleicht sind es Auswirkungen der amerikanischen Invasion in 1983, der sie nicht gewachsen waren. Die USA sind dem kleinen Land wahrscheinlich immer noch dankbar dafür, dass es ihnen die einzige erfolgreiche Invasion nach dem Zweiten Weltkrieg ermöglicht hat.

Am 10.02. gehen wir mit der AQUILA wieder ins Wasser, obwohl noch keine Impeller von Frank angekommen sind. In der nahe gelegenen Prickley Bay wollen wir vor Anker auf den Impeller-Nachschub warten. Es ist auch immer beruhigend, wenn man nach dem Bohren von Löchern unterhalb der Wasserlinie noch einige Zeit in der Nähe eines Krans sein kann.

Nach sechs Tagen können wir endlich weiterfahren. Sechs Impeller sind bei JYA für uns angekommen. Das würde normalerweise für die nächsten fünf bis zehn Jahre reichen. Mit dieser kostbaren Fracht erreichen wir schon mittags die Lagune von St. George's, wo ich mir gleich den Impeller ansehe. Nach etwas mehr als zwei Betriebsstunden zeigt er bereits erste Anzeichen eines Risses. Allerdings wurde dieser Impeller auch eine halbe Stunde unter den alten Bedingungen betrieben. Ich baue einen neuen Impeller ein. Dieser kann bei zwei parallelen Wassereinlässen nun bestimmt nicht mehr unter Wassermangel leiden.

Von Grenada wollen wir jetzt nach Martinique fahren, um in die Nähe des Impeller-Nachschubs zu kommen. Vor uns liegen die „Windward Islands", die auf Deutsch „Inseln vor dem Winde" heißen. Der Name stammt von den Engländern, deren Besitzungen größtenteils südlich dieser Inseln lagen. Wenn sie die Inseln von Grenada bis Martinique erreichen wollten, mussten sie gegen den Wind segeln.

Am 17.02. verlassen wir um 8 Uhr St. George's mit dem Ziel Carriacou, der ersten bewohnten Insel nördlich von Grenada. Sie ist etwa 30 sm von St. George's entfernt und gehört noch zum Staat Grenada. Als wir das offene Meer erreichen, weht es uns mit 20 bis 25 kn aus Nordost entgegen, also fast genau aus der Richtung, in die wir fahren wollen. Wir setzen Segel und kreuzen mit zwei Reffs im Großsegel auf unser Ziel zu. Trotz der hohen Wellen kommen wir auf 6 kn Fahrt und überholen dabei langsam einen amerikanischen Katamaran. Obwohl viel Wasser über kommt, macht mir dieses Segeln heute richtig Spaß. Gegen 16 Uhr erreichen wir die Tyrrel Bay auf Carriacou und ankern dort in klarem Wasser.

Zum Ausklarieren fahren wir am nächsten Morgen in das 4 sm entfernte Städtchen Hillsborough. Hier gibt es einige Einkaufsmöglichkeiten und vor allen Dingen auch ein Internetcafé, in dem wir uns genaue Wetterprognosen holen können. Mittags segeln wir weiter zu der Chatham Bay, die wir bei 7 kn Fahrt schon nach zwei Stunden erreichen. Hier wollen wir uns in der unberührten Natur mindestens zwei Tage entspannen und dabei auch die Pelikane beobachten. Nach dem Ankern sehe ich mir erst einmal den Impeller an. Es ist nicht zu fassen. Nach 3 ½ Stunden sind schon wieder zwei Flügel abgerissen. Jetzt steht mir der Sinn nicht mehr nach Pelikanen, jetzt will ich nur noch nach Martinique.

Es ist nun eindeutig klar, dass Wassermangel am Eingang der Pumpe nicht die Ursache für den immensen Impellerverschleiß sein kann. Ich denke jetzt wieder an meine Luftbasen-Theorie. Vielleicht zieht die Pumpe über den Saildrive doch Luftblasen, auch wenn man es im Normalfall nicht sehen kann. Von jetzt an werden wir nur noch den neuen Einlass verwenden.

Unser nächstes Ziel, die Insel Bequia, ist knapp 30 sm entfernt. Nach der Windprognose müsste unser Ziel bei angenehmer Windstärke gerade erreichbar sein, ohne zu kreuzen. Wir starten kurz nach Sonnenaufgang. Doch der Wind hält sich mal wieder nicht an die Prognose. Es weht mit über 20 kn und ziemlich genau aus der Zielrichtung. Wir setzen Segel mit den üblichen Reffs und fahren gen Norden. Irgendwie kommt der Autopilot heute mit den chaotischen Wellen nicht zurecht. Ich muss von Hand steuern und werde dabei sehr nass. Mittags legt der Wind bei heftigem Regen auf über 30 kn zu. Das Kreuzen ist mühsam, aber wir kommen doch ganz gut voran. Noch vor 17 Uhr und nach 48 sm haben wir es geschafft, der Anker fällt in der großen Bucht vor Port Elizabeth auf der Insel Bequia.

In Port Elizabeth warten wir auf ein Nachlassen des Windes und nutzen die Zeit für verschiedene Arbeiten am Schiff. Wilma findet eine gute und preisgünstige Friseuse, und wir lernen mehrere Deutsche kennen, die sich hier niedergelassen haben und kleine Geschäfte betreiben: eine Bäckerei, ein Bootszubehör-Laden und ein Lebensmittel-Laden.

Am 23.02. fahren wir morgens weiter, weil der Wind auf 15 kn abgenommen haben sollte. Kaum sind wir aus der Landabdeckung heraus, weht es schon wieder mit 30 kn. Heute ist das allerdings kein Problem, denn unser Ziel, die Bucht Wallilabou auf St. Vincent, ist nur 15 sm entfernt, und wir müssen nicht kreuzen. Mittags machen wir in Wallilabou an einer Boje und mit einer Heckleine an einem Pfahl fest. Das machen allerdings nicht wir, sondern die Boat Boys, die hier überall auf die Schiffe warten und gleichzeitig auch Obstver-käufer sind.

In Wallilabou stehen noch die Kulissen des Films „Fluch der Karibik“. Die im Film ein-gesetzten Schiffe liegen in der Rodney Bay Lagoon auf St. Lucia und machen von dort aus Rundfahrten mit Touristen. Wir sehen uns die Kulissen an und wandern in den nahe ge-legenen Ort. Dort werden wir von einem der Boat Boys wie alte Bekannte begrüßt. In Wallilabou können wir auch ausklarieren. Abends sitzen wir im Restaurant mit Engländern zusammen, die auch an der ARC teilgenommen haben.

Am nächsten Morgen starten wir bei Sonnenaufgang in Richtung St. Lucia. Mehrere Segler sind in der gleichen Richtung unterwegs. Aber wir sind die Einzigen, die nach der Land-abdeckung Segel setzen und in Richtung St. Lucia kreuzen, alle anderen fahren mit Motor. Der Wind kommt fast genau aus der Zielrichtung und hat eine Stärke von 20 bis 30 kn. Die Wellen sind hoch und chaotisch. Ich steuere wieder von Hand und muss einiges an Wasser ertragen. Kurz vor Sonnenuntergang liegen die Pitons von St. Lucia hinter uns, und wir können an einer Boje westlich des Orts Soufriere festmachen. Es ist ein sehr schöner Platz vor einer Felswand mit kristallklarem Wasser.

Ein harter Tag liegt hinter uns. Durch das Kreuzen sind aus den 35 sm fast 60 sm ge-worden. Ich bin zufrieden, und der Name „Windward Islands“, mit dem ich früher ge-legentlich Probleme hatte, hat sich bei mir jetzt endgültig tief eingeprägt.

Unser nächstes Ziel ist die Rodney Bay Marina, eigentlich nur ein Katzensprung. Al-lerdings müssen wir wieder kreuzen, was aber bei dem moderaten Seegang hinter der Insel kein Problem ist. Gegen 14 Uhr sind wir schon in der Rodney Bay Marina. Ich überprüfe sofort den Impeller. Nach 4 Stunden ist ein Flügel schon wieder zu 80 % eingerissen. Damit ist auch meine Luftblasen-Theorie eindeutig nicht zutreffend. Einem Service-Techniker, der zufällig am Steg ist und sich auch mit Volvo-Motoren auskennt, zeige ich den Impeller und die alte Wasserpumpe. Auch er hat für dieses Phänomen keine Er-klärung.

In der Rodney Bay wollten wir eigentlich nur zwei Tage bleiben. Doch die Windprognose für den kommenden Tag beängstigt mich: 10 kn aus Nordost. Wenn aus den 10 kn nun 5 kn werden, dann können wir ohne Maschine bis Martinique sehr lange segeln. Wir ver-schieben unsere Abreise auf den nächsten Tag, für den 15 kn vorhergesagt sind. Zum ersten Mal haben wir in der Karibik Angst vor einer Flaute.

Am 28.02. laufen wir kurz nach 8 Uhr aus der Rodney Bay Marina in Richtung Martinique aus. Heute stimmt alles: Windstärke, Windrichtung und Wellen. Ich überlasse das Steuern wieder dem Autopiloten und sitze wie Wilma trocken hinter der Sprayhood. Nur eine Welle erwischt mich etwas von der Seite. Mittags haben wir unser Ziel, die Bucht von Le Marin, erreicht. Wir ankern auf unserem Stammplatz, dicht am Fahrwasser mit möglichst kurzer Entfernung zum Supermarkt (Leader Price) und zur Marina mit den Zubehörläden.

Wir fahren sofort an Land, um mit Frank einen Termin zu vereinbaren. Wegen der Fa-schingszeit wird er erst in drei Tagen zu uns an Bord kommen. Doch an dem vereinbarten Treffpunkt ist Frank dann nicht zu sehen. Auch in seinem Büro weiß niemand so recht, wo er steckt. Es wird vermutet, dass er krank ist.

Ich fahre zurück zu unserem Schiff. Es ist Freitag, frühestens am Montag kann ich wieder versuchen, Kontakt aufzunehmen. Die Stimmung ist am Nullpunkt angekommen. Neben der Wasserpumpe und dem Propeller ist auch unser Ruder defekt. Bei den letzten Fahrten trat das Klopfgeräusch wieder auf, das nach den Arbeiten in St. Lucia zunächst beseitigt war. Unser Schiff ist nicht mehr seetüchtig. Wir werden jetzt so lange in Le Marin bleiben, bis die Probleme gelöst sind.

Abends fährt plötzlich Hans mit seiner KNAATSCHE an uns vorbei. Er hat mehrere Leute an Bord und kommt deshalb erst am nächsten Tag zu uns. Hans, den wir seit Marmaris kennen, betrieb bei Aalen eine Autowerkstatt und versteht deshalb viel von Motoren. Für unser Impeller-Phänomen findet er aber auch keine Erklärung.

Trotzdem laden wir ihn und Petra und Roland von der AVALON, die gerade ohne Chartergäste sind, für den Sonntagabend zu einem Essen auf der AQUILA ein. Wilma zaubert ein mehrgängiges Menü, und es ist ein netter unterhaltsamer Abend, der unsere trübe Stimmung etwas aufhellt.

Am nächsten Morgen hole ich Emanuel, einen Mitarbeiter vom Volvo Service, an Bord. Frank liegt im Krankenhaus und fällt damit für weitere Aktivitäten aus. Er hatte übrigens den Termin am Freitag per E-Mail abgesagt. Nur hatte ich ausnahmsweise an diesem Tag keine E-Mails gelesen.

Emanuel begutachtet die Wasserpumpe und den zerstörten Impeller. Dann misst er die Drücke am Ausgang der Pumpe und im Auspuff. Beide Werte sind voll im zulässigen Bereich. Emanuel hat auch einiges zur Erklärung des Phänomens bereit, wie z. B. elektrolytische Korrosion durch falsche Erdung. Doch die elektrolytische Korrosion können wir nach einigen Messungen schnell ausschließen. Am Ende bleibt wieder nur Ratlosigkeit.

Ob bei Volvo in Schweden auch Ratlosigkeit herrscht, wissen wir nicht. Jedenfalls bekommt Frank keine Antwort auf seine Fragen und Berichte. Wir müssen weiter warten. Ich nutze die Zeit, um die letzten Positionen auf meiner Aktivitätenliste abzuarbeiten, und Wilma näht Kissen und Bezüge. Sie ist von den bunten Stoffen, die es hier günstig zu kaufen gibt, ganz begeistert.

Mit einem Sammeltaxi fahren wir in die Inselhauptstadt Fort de France. Wir bummeln durch die Stadt und genießen das bunte Treiben in den engen Gassen. Wilma kauft Stoffe und Gewürze, ich kaufe ein neues WLAN-Gerät (USB Stick), weil unser vorhandenes nicht funktioniert. Das WLAN-Gerät will ich in der Mango Bay Bar einsetzen. Das ist ein Treffpunkt der Segler, der durch das WLAN noch attraktiver geworden ist. Zeitweise sitzen hier bis zu 20 Leute vor ihren PCs und nutzen die vielen Möglichkeiten des Internets.

Unser neues WLAN-Gerät funktioniert auf Anhieb. Jetzt können wir hier mit dem eigenen PC kostenlos im Internet surfen und über Skype auch fast zum Nulltarif nach Deutschland telefonieren. In der Mango Bay Bar lernen wir viele neue Leute kennen und treffen alte Bekannte wieder. Interessant ist auch der regelmäßige Stammtisch der deutschsprachigen Segler. Jeden Freitag treffen sich Deutsche, Österreicher und Schweizer zu Beginn der Happy Hour (Bier zum halben Preis) und erzählen ihre Geschichten. Es ist schon ein interessantes Volk, das sich in den einschlägigen Ankerbuchten zwischen den Weltmeeren aufhält. Die meisten bleiben einige Tage oder Wochen an einem Ort, einige aber auch

Jahre oder gar Jahrzehnte. Jeder hat seine eigene Lebensphilosophie, und die meisten sind mit ihrer offensichtlich glücklich.

Am 14.03. kommt Emanuel vom Volvo Service wieder an Bord und ersetzt den Bronze-Deckel der Wasserpumpe durch einen Deckel aus Plexiglas. Mit diesem neuen Deckel sollen wir Versuchsfahrten durchführen. Frank hat von Volvo Schweden keine brauchbare Antwort bekommen. Ich selber hatte Volvo Deutschland unser Problem geschildert und um Rat gebeten. Die Empfehlung von Volvo Deutschland: Versetzen Sie den Wassereinlass wieder in den Originalzustand und verwenden Sie die richtigen Original-Volvoteile, dann halten Ihre Impeller sehr lange. So viel Arroganz und Inkompetenz ist mir lange nicht mehr begegnet. Jetzt ist uns klar, dass wir bei unserem Volvo Service in der Karibik besser aufgehoben sind als bei den angeblichen Experten in Europa.

Hinter der Plexiglasscheibe ist der Impeller gut zu erkennen, allerdings nur, wenn er langsam dreht oder steht. Im Betrieb kann man nichts mehr erkennen. Mit der Digital-Kamera im Stroboskop-Modus gelingt es mir aber, die Bewegung der Impellerflügel sichtbar zu machen. Nach der Knautschzone richten sich die Flügel erst sehr spät wieder auf.

Die nächsten Tage verbringen wir mit Versuchsfahrten. Meistens fahren wir nach St. Anne, baden und schnorcheln dort und kommen abends zurück nach Le Marin. Am Impeller ist kein Verschleiß zu erkennen. Neue Stroboskop-Aufnahmen zeigen, dass die Impellerflügel sich nach der Knautschzone jetzt gleich wieder aufrichten. Vermutlich hat sich der Impeller in dem weicheren Plexiglas mehr Raum geschaffen.

Nach 11 Betriebsstunden öffne ich den Deckel der Pumpe und inspiziere den Impeller genauer. Er zeigt keinerlei Anzeichen von Einrissen. Aber der Deckel ist von dem Impeller stark angefräst, allerdings ungleichmäßig. Ich schließe daraus, dass die Impeller-Welle nicht senkrecht auf dem Boden des Pumpengehäuses steht.

Am 23.03. kommt Frank an Bord, um eine neue Wasserpumpe einzubauen. Ich messe die neue Pumpe mit meiner Schieblehre nach und lehne dankend ab. Die Messungen sind leider ungenau, aber ich meine, dass auch diese Pumpe den Fehler in der Wellenausrichtung hat. Ich würde lieber die alte Pumpe wieder einbauen, weil die wahrscheinlich in Ordnung ist. Schließlich einigen wir uns darauf, die Versuche mit der eingebauten Pumpe und der Plexiglasscheibe fortzusetzen. Frank und Volvo sind an den Ergebnissen interessiert, weil mittlerweile auch bei anderen Schiffen in der Karibik und in Frankreich ähnliche Probleme aufgetreten sind.

Das Geheimnis der Impeller ist noch nicht gelüftet, aber wir scheinen ihm langsam auf die Spur zu kommen. Es ist wohl doch kein neuer „Fluch der Karibik", obwohl wir das zeitweilig annehmen mussten. Den Film haben wir uns an Bord zweimal angesehen, um wirklich jede Spur zu verfolgen.

Am 23.03. laufen wir endlich wieder mit einem konkreten Ziel aus. Wir wollen in Richtung Norden bis Guadeloupe segeln und dann nach Süden bis Trinidad, um unser Schiff dort in der Hurrikanzeit an Land zu stellen. Dabei werden wir den Impeller, den Propeller und das Ruder kritisch beobachten. Heute ist unser Ziel die Bucht Anse Mitan, wo wir uns mit der INDEPENDENT FREEDOM treffen wollen. Die 20 sm können wir bei gutem Wind größtenteils mit der Genua segeln. Beeindruckend ist auf dieser Strecke immer wieder der Diamant Rock, ein steiler grüner Felsbrocken im Meer, um den Engländer und Franzosen mehrmals hart gekämpft haben. Zeitweilig hatten die Engländer den Felsen zu einem Schiff erklärt (H.M.S. Diamont Rock) und ungeliebte Besucher damit unangenehm überrascht.

Am frühen Nachmittag fällt unser Anker neben der INDEPENDENT FREEDOM in der Anse Mitan. Unsere englischen Freunde Diana und Steve und ihr Sohn Chris kommen zum Kaffee zu uns an Bord, und abends gibt es auf der AQUILA wieder ein mehrgängiges Menü. Wir haben uns viel zu erzählen, und so wird es wieder ein langer Abend.

Morgens fahren wir die Küste entlang bis St. Pierre. Auf der Leeseite der Inseln ist der Wind meistens nicht sehr stark und in der Richtung wechselnd. Trotzdem können wir den größten Teil der Strecke segeln. Mittags erreichen wir St. Pierre und ankern direkt vor der Stadt. Es ist ein beschaulicher Ort unterhalb des Vulkans Pelee. Die Spitze des Vulkans ist in dunkle Wolken gehüllt, aber es ist kein Rauch. Richtig geraucht hat es hier zuletzt 1902. Damals wurden die gesamte Stadt und alle in der Bucht ankernden Schiffe zerstört. Nur zwei der etwa 30000 Einwohner der damaligen Inselhauptstadt überlebten das Desaster. Danach wurde Fort de France zur Hauptstadt Martiniques. Wir erwarten heute nichts Dramatisches und bummeln unbesorgt durch die Stadt und die Anlagen. In einem Internetcafé können wir ausklarieren. Die Franzosen neigen hier zu sehr pragmatischen Lösungen.

Unser nächstes Ziel, die Stadt Portsmouth im Norden der Insel Dominica, ist mehr als 50 sm entfernt. Wir starten deshalb schon bei Sonnenaufgang und fahren zunächst mit Motor die Küste entlang. Auf dem offenen Meer weht der übliche Wind, heute genau aus Ost mit 20 bis 25 kn. Mit zwei Reffs im Großsegel und etwas reduzierter Genua laufen wir über 7 kn. Der Autopilot übernimmt das Steuern, wir sitzen trocken hinter der Sprayhood, so macht Segeln Spaß. Allerdings meldet sich unser Ruder bei dem starken Seegang wieder mit den bekannten Klopfgeräuschen und erinnert uns daran, dass doch nicht alles in Ordnung ist. Mittags erreichen wir die Südspitze Domincas. Hier will uns eine Böe auf Wasser legen. Ganz schafft sie das wegen der reduzierten Segelfläche dann doch nicht.

Hinter der Insel nimmt der Wind wieder ab, reicht aber zum Segeln gerade noch aus. Gegen 16 Uhr ankern wir nördlich von Portsmouth vor einem Palmenstrand. Portsmouth war früher die Hauptstadt Dominicas und liegt an der einzigen brauchbaren Ankerbucht der Insel. Im Gegensatz zu St. Pierre auf Martinique war hier nicht ein Vulkan, sondern eine Insektenplage der Grund für die Verlegung der Hauptstadt nach Süden. Jetzt ist Roseau die Hauptstadt des selbstständigen Inselstaats.

Dominica hat heute 70000 Einwohner, ist wenig entwickelt und konnte bislang kaum Touristen anziehen. Landschaftlich ist die Insel aber fast ein Paradies, so sehen es auch die Bewohner. Die hohen Berge, von denen fünf potenziell aktive Vulkane sind, ziehen den Regen an und lassen eine üppige Vegetation gedeihen. Es gibt viele Flüsse und Sumpfgebiete.

Doch bevor wir die Insel erkunden können, müssen wir zuerst einklarieren. Die zuständigen Behörden (Customs, Imigration) befinden sich südlich der Stadt, also machen wir uns auf den Weg. Nach knapp zwei Stunden haben wir alles erledigt und können uns hier legal aufhalten. Diese Prozedur wiederholt sich hier auf fast jeder Insel, denn die Inseln sind entweder selbstständig oder gehören zu Frankreich oder den Niederlanden. Das Ein- und Ausklarieren ist in der Karibik allerdings nicht sehr aufwändig.

Für den nächsten Tag buchen wir eine Tour auf dem Indian River. Pünktlich werden wir morgens mit einem schnellen Motorboot abgeholt und zur Flussmündung gebracht. Dort steigen wir in ein Ruderboot um und gleiten mit unserem Führer Leo fast lautlos den Fluss aufwärts. Das Wasser ist erstaunlich klar und fischreich. Der Fluss wird schnell enger und ist oben fast vollständig zugewachsen. Bis auf ein paar Vogelstimmen und die einschlagenden Ruder ist es unheimlich still. Interessant sind auch die dicken bizarren Wurzeln der Mangroven. Nach einer halben Stunde gehen wir an Land und machen eine Wanderung durch eine ehemalige Plantage und durch den Wald. Diese Fahrt auf dem klaren tropischen Fluss ist einmalig und unvergesslich.

Wir bleiben drei Tage vor dem Palmenstrand mit den kleinen Hütten. Eine der Hütten ist das Big Papa Restaurant. Jan, ein deutscher Segler, ist an dem Restaurant beteiligt und versucht mit modernen Methoden das Geschäft anzukurbeln. Für mich ist der schnelle Internetzugang das wichtigste und beste an dem Restaurant. Wenn ich ins Internet gehe, geht Wilma meistens zu Christine, die in der Nähe einen kleinen Laden betreibt. Christine verkauft Obst, Gemüse und selbst gemachte Köstlichkeiten und ist immer eine interessante Gesprächspartnerin.

Am 1.04. fahren wir weiter zu den Iles de Saintes. Das ist eine kleine Inselgruppe südlich von Guadeloupe. Die Inseln gehören zu Guadeloupe und damit zu Frankreich. Die 20 sm sind schnell geschafft, schon am späten Vormittag ankern wir vor Bourg des Saintes, dem Hauptort der Inseln. Die Saintes sind ein kleines Stück Frankreich mitten in der Karibik. Es gibt hier kaum Schwarze, dafür aber sehr viele Touristen und die entsprechenden Läden.

Da das Wasser bei den Saintes sehr sauber ist, nutze ich die Zeit zum Reinigen des Unterwasserschiffs. Es ist erstaunlich, wie gut Seepocken auf dem giftigen Antifouling, das erst im Januar aufgetragen wurde, wachsen. Fast zwei Stunden bin ich mit Bürste und Spachtel unter Wasser beschäftigt, dann ist das meiste entfernt. Ohne unseren Freediver, ein Tauchgerät mit einer Druckluftpumpe an Bord, wäre das nicht möglich gewesen.

Nach zwei Tagen fahren wir weiter Richtung Guadeloupe. Der Wind ist mäßig, kommt aber leider aus Nordost. Wir kreuzen, um unser Ziel, die Hauptstadt Pointe a Pitre zu erreichen. Am frühen Nachmittag machen wir in der Marina Bas du Fort fest. Die schmetterlingsförmige Insel Guadeloupe hat 400000 Einwohner und gehört zu Frankreich. Der Hauptwirtschaftszweig ist nach wie vor die Landwirtschaft mit den Schwerpunkten Zuckerrohr und Bananen. Aber es gibt auch ein relativ großes Industriegebiet und natürlich viel Tourismus.

Mit einem Leihwagen umrunden wir den bergigen Teil der Insel, der eigentümlicherweise Basse Terre heißt. Auf einer Autobahn fahren wir zunächst Richtung Süden, vorbei an großen Zuckerrohr- und Bananenplantagen. Dann geht es in die Berge zu dem Wasserfall Chute du Carbet. Vom Parkplatz wandern wir durch den triefenden Regenwald bis zu dem Wasserfall. Die Vegetation ist beeindruckend. Bambus, Farne, Philodendron und viele tropische Blumen haben gewaltige Ausmaße. Einige Vögel sind so zutraulich, dass sie aus der Hand fressen.

Unser nächstes Ziel ist der 1500 m hohe Vulkan La Soufriere. Auf dem Parkplatz erfahren wir, dass die Wanderung zwei Stunden dauert und die Sicht miserabel ist. Wir kehren um und fahren an der Küste entlang weiter nach Norden bis Deshaies. Das ist ein beschaulicher Ort an einer großen Ankerbucht, in der viele Segler liegen. Es wird schon dunkel, als wir zurück nach Pointe a Pitre fahren.

Abends sind wir bei Jürgen auf der CALEDONIA eingeladen. Jürgen führt uns gleich an die Bar seines klimatisierten Salons. Auf dem 20 m-Schiff gibt es so ziemlich alles, was man für die Seefahrt und zum bequemen Wohnen an Bord braucht. Im Bereich der modernen Kommunikation sind wir allerdings doch noch etwas besser ausgerüstet. Jürgen segelt sein Zwei-Millionen-Euro-Schiff seit Jahren ganz allein und fühlt sich dabei offensichtlich sehr wohl.

Am 6.04. verlassen wir am späten Vormittag Guadeloupe in Richtung Süden. Gleich nach dem Auslaufen beginnt es so heftig zu regnen, dass wir die Fahrwassertonnen nicht mehr erkennen können. Aber durch unsere präzisen elektronischen Seekarten haben wir damit kein großes Problem. Das dicke Regenzeug lege ich allerdings erst kurz vor den Iles de Saintes ab, wo wir vor Anker gehen.

Auch die nächste Etappe nach Portsmouth auf Dominica ist nur ein Katzensprung. Mittags ankern wir schon wieder vor dem Palmenstrand nördlich von Portsmouth. Die Nacht ist allerdings etwas unruhig, weil bis zum Morgengrauen laute Musik vom Ort herüberdröhnt. Als die Musik verstummt und die Sonne aufgeht, fahren wir weiter in Richtung Martinique. Den Ankerplatz bei St. Pierre im Norden von Martinique sollten wir so gut vor Sonnenuntergang erreichen können. Im Windschatten von Dominica fahren wir mit Motor die Küste entlang. Auf dem offenen Meer setzen wir Segel mit den üblichen zwei Reffs und rauschen mit 7 kn nach Süden. Noch vor 14 Uhr liegt die Nordspitze Martiniques an Backbord. Da es noch so früh ist, fahren wir einfach weiter bis zur Anse Mitan, die wir nach 73 sm gegen 18 Uhr erreichen.

Am nächsten Morgen brechen wir schon kurz vor Sonnenaufgang auf. Wir wollen dem unangenehmen Wind und Seegang am Diamond Rock zuvorkommen. Die Rechnung geht auf. Am Diamond Rock ist der Wind unter 10 kn und das Meer so ruhig, wie wir es hier noch nie gesehen haben. Um 10 Uhr ankern wir auf unserem Stammplatz in der Bucht von Le Marin.

Viele unserer Freunde und Bekannte sind immer noch in Le Marin. Jeder wartet auf irgendetwas. Beim Freitags-Stammtisch gibt es aber auch einige neue Gesichter. Die Ostertage verbringen wir auf dem Ankerplatz bei St. Anne, 3 sm von Le Marin entfernt. St. Anne ist ein beschaulicher Ort mit einigem Tourismus und einem langen Sandstrand. Uwe und Maren legen sich mit der HEAVY METAL später neben uns. Wir sind häufig an Land und genießen die karibische Atmosphäre des kleinen Ortes. Sehr beeindruckend sind die Gottesdienste mit der Musik und dem Gesang, die auch über Lautsprecher übertragen werden. Interessant ist auch das traditionelle Krabben-Rennen am Ostermontag. Jeweils sechs Krabben, geführt an langer Leine, rennen über sechs Meter um den Sieg. Sie werden wie im richtigen Leben von lokalen Firmen gesponsert.

Nach Ostern fahren wir in die Marina in Le Marin, wo die AQUILA demnächst einige Zeit allein liegen wird. Wir wollen nämlich anlässlich einer Familienfeier für drei Wochen nach Deutschland fliegen. Hier in der Marina sollte die AQUILA auch ohne uns einigermaßen sicher sein. Die Zeit bis zu unserem Abflug nutzen wir für eine Inseltour, für die wir uns wieder einen Leihwagen nehmen.

Auf dem Weg zum Regenwald fahren wir zunächst in Richtung Fort de France. Vor der Inselhauptstadt gibt es eine mehrspurige Schnellstraße, auf der es wegen des starken Verkehrs aber nur sehr langsam vorangeht. Es ist hier wie in Mitteleuropa, nur etwas wärmer. Schließlich kommen wir auf eine schmale Bergstraße und können endlich schnell fahren. Unsere erste Station ist der Jardin du Balata, ein Botanische Garten unterhalb der 1100 m hohen Pitons du Carbet. Die Anlage zeigt die wunderbare Vegetation dieser Region in einer etwas geordneten Form. Besonders beeindruckend sind die verschiedenen Palmen, der hohe Bambus, diverse Zierbananen, Orchideen und viele andere tropische Pflanzen mit farbenprächtigen Blüten. Die meisten dieser Pflanzen stehen auch im Regenwald nebenan, nur kommt man dort schlecht an sie heran.

Wir fahren weiter zu dem Ort Morne Rouge, der unterhalb des 1400 m hohen Vulkans Mt. Pelee liegt. Kurz danach kommen wir auf dem Weg nach St. Pierre zu der Rumfabrik Depaz. Die Fabrik (Destillerie) wurde von einem der zwei Überlebenden des Vulkanausbruchs von 1902 gegründet. Als Besucher kann man die einzelnen Stationen des Herstellungsprozesses verfolgen, bei dem immer noch Dampfmaschinen eingesetzt werden. Sehr interessant sind auch das kleine Dampfmaschinenmuseum und der große Landsitz der Familie Depaz, von dem man einen herrlichen Blick auf das Meer hat.

Über St. Pierre fahren wir weiter nach Case Pilote, wo wir Frank vom Volvo Service einen kurzen Besuch abstatten. Frank hat die neue Pumpe, die ich abgelehnt hatte, vermessen lassen und dabei keine Abweichungen von den Sollmaßen feststellen können. Mit etwas Skepsis akzeptiere ich die zweite neue Wasserpumpe, die für uns allerdings auch kostenlos ist. Es ist schon dunkel, als wir nach einem interessanten Tag wieder auf unser Schiff steigen können.

Am 24.05. fliegen wir von Martinique nach Frankfurt und fahren dann mit einem Leihwagen nach Sulzbach, wo uns unsere Tochter Christiane in unserem Haus empfängt. Es ist schön, mal wieder zu Hause zu sein und auch zu sehen, dass alles in Ordnung ist. Überrascht sind wir von dem frischen Grün und den bunten Blumen. Bei dem sonnigen Wetter kann das mit der winterlichen Vegetation in der Karibik (Trockenzeit) durchaus konkurrieren.

Die drei Wochen in Deutschland vergehen wie im Flug. Am 15.05. sind wir abends wieder auf unserem Schiff in Le Marin auf Martinique. Die AQUILA ist ohne uns offensichtlich gut zurechtgekommen und zeigt keinerlei Schäden. Von den uns bekannten Booten sind nur noch die DOLPHIN und die HEAVY METAL in Le Marin. Alle anderen haben bereits den Weg nach Süden angetreten, um aus dem Hurrikan-Gebiet herauszukommen. Wir haben es nicht so eilig. Anfang Juli ist unser Krantermin in Trinidad, wo wir die AQUILA an Land stellen wollen. Da die Hurrikan-Saison am 1. Juni beginnt, müssen wir allerdings einen Monat mit dem potenziellen Risiko eines Hurrikans leben.

Am 21.05. fahren wir nachmittags nach St. Anne und am nächsten Morgen weiter in Richtung St. Lucia. Es weht der übliche Wind, und so sind wir nach einer schnellen Fahrt schon um 12 Uhr in der Rodney Bay auf St. Lucia. Wir machen in der Marina fest, weil ich hier einiges zu erledigen habe.

Das Wichtigste ist für mich hier die Einrichtung eines Internetzugangs über das lokale Mobilfunknetz (Digicel), das von St. Lucia bis Grenada reichen soll. Ich kaufe eine Prepaid-Karte, lasse mir die erforderlichen Parameter geben und komme damit auch nach einigen Versuchen ins Internet. Am nächsten Tag geht allerdings nichts mehr. Zum Glück ist die Zentrale des Dienstanbieters nur wenige Meter von der Marina entfernt. Und die Experten dort sind auch sehr hilfsbereit. Aber ich verbringe an drei Tagen insgesamt fünf Stunden bei ihnen, bis der Internetzugang über GPRS mit einigen Einschränkungen funktioniert.

In der Rodney Bay treffen wir auch Bärbel und Karlheinz von der DOLPHIN und Franz wieder. Franz lag uns mit seiner PEBBELS in der Marina Le Marin gegenüber und hatte sich vor einer Woche eindrucksvoll mit einem Mundharmonika-Ständchen verabschiedet. Heute, am 25.06., verabschieden wir uns von ihm und fahren in die nur 10 sm entfernte Marigot Bay, wo wir an einer Boje festmachen. Die Marigot Bay gilt als eine der schönsten und sichersten Buchten der Karibik. Sie ist wirklich sehr schön, obwohl sich hier eine Charterfirma eingerichtet hat und oberhalb der Charterbasis heftig gebaut wird. Bei einem Sundownwer sehen wir, wie die Sonne hinter den Palmen auf dem schmalen Sandstreifen langsam versinkt. Es ist eine wunderbare Stimmung – Karibik wie im Bilderbuch.

Kurz vor Sonnenaufgang fahren wir am nächsten Tag weiter in Richtung Bequia. Der Wind ist sehr schwach. Erst auf dem offenen Meer reicht der Wind zum Segeln aus. Wir fahren an der Westseite St. Vincents vorbei und haben dabei zum ersten Mal einen beständigen Westwind. Nach St. Vincent kommt der Wind auf dem offenen Atlantik wieder aus Osten, die Welt ist also doch noch in Ordnung. Einige Delfine begleiten uns, und wir haben Angst, dass sie an unsere Angel gehen. Aber unser Köder ist für sie wohl genau so uninteressant wie für die Fische, auf die wir es eigentlich abgesehen haben.

Kurz vor 17 Uhr fällt der Anker in Port Elizabeth auf Bequia. 70 sm liegen hinter uns, ein guter Tagestörn. Wir ankern neben einer Etap 32, einer kleineren Schwester unserer Etap 39. Ich überprüfe den Impeller in unserer neuen Wasserpumpe. Nach 6 Betriebsstunden sind wieder zwei Flügel eingerissen. Es ist unglaublich. Doch die Ergebnisse sind jetzt einigermaßen reproduzierbar. Unabhängig vom verwendeten Wassereinlass und unabhängig von der eingesetzten Pumpe halten die Impeller 6 Stunden. So richtig überrascht bin ich eigentlich nicht mehr. In Deutschland habe ich fünf Pumpendeckel aus Plexiglas anfertigen lassen und außerdem eine elektrische Wasserpumpe gekauft, die im Notfall schnell eingebaut werden kann. Jetzt werden wir mit der zweiten neuen Pumpe und einem Plexiglasdeckel neue Lebensdauertests machen.

In der großen Ankerbucht von Port Elizabeth liegen immer noch viele Weltenbummler. Wir genießen den idyllischen Ort und wandern mehrmals an dem Sandstrand entlang, an dem einige kleine Hotels liegen. Die Saison ist allerdings vorbei, und viele Cafés und Restaurants sind bereits geschlossen. Das stört uns aber nicht, denn auf den nebeneinander liegenden Etaps wird sehr gut gekocht.

PAUWKE heißt die Etap 32 unserer Nachbarn Bob und Mieke aus Belgien. Sie leben seit Jahren auf dem kleinen Schiff und haben es extrem gut ausgerüstet, unter anderem mit einer Waschmaschine und zwei Wassermachern. Bob ist nicht nur ein guter Koch, sondern auch ein Kenner der Navigations-Software. Wir vergleichen unsere Systeme und können beide etwas verbessern.

Am 1.06. fahren wir weiter Richtung Süden in die Nähe der beliebten Tobago Cays. Es weht der übliche Wind, und schon nach vier Stunden haben wir unser Ziel, die Insel kleine Mayreau, erreicht. Wir ankern in der Saline Bay unterhalb des Ortes. Eine schmale Straße führt durch den beschaulichen Ort bis auf den Hügel. Von der Kirche auf dem Hügel hat man einen herrlichen Blick auf die Tobago Cays, einer kleinen Inselgruppe, die durch ein hufeisenförmiges Riff vor dem Atlantik geschützt ist.

Morgens fahren wir zu den Tobago Cays und ankern vor dem kleinen Palmenstrand der Insel Baradel. Vor uns liegt der offene Atlantik mit fast 3000 sm bis zur afrikanischen Küste. Es weht heftig über den schmalen Landstreifen, und es ist ein eigenartiges Gefühl, hier vor Anker zu liegen. Aber das Riff dämpft die Wellen und bietet uns damit, abgesehen vom Wind, einen ruhigen Ankerplatz. Wir schnorcheln in Bootsnähe und können zunächst außer sehr großen Seesternen nichts Aufregendes entdecken. Dann sehe ich zwei große Schildkröten, die genüsslich auf dem Meeresgrund weiden.

Am nächsten Tag fahren wir mit unserem Schlauchboot direkt an das Riff und gehen ins Wasser. Jetzt verstehen wir, warum alle so von den Tobago Cays schwärmen. Die Unterwasserwelt ist einzigartig: große Korallen, riesige Schwämme und eine Vielzahl von bunten Fischen in allen Größen und Farben. Als wir zum Schlauchboot zurückkommen, knabbert eine kleinere Schildkröte an der Leine herum.

Da es in den Tobago Cays sehr windig ist, fahren wir nach zwei Tagen weiter in die nahe gelegene Chatham Bay auf Union Island. Diesmal haben wir mehr Zeit und können die Bucht näher erkunden. An dem langen Sandstrand gibt es zwei einfache Restaurants, die aber nicht mehr in Betrieb sind, obwohl hier noch zehn Schiffe vor Anker liegen. Auch die Pelikane, auf die wir uns gefreut hatten, haben die Bucht verlassen.

Nach langer Zeit beschäftige ich mich wieder mit dem Wassermacher. Eigentlich wollte ich diese langwierige Aufgabe erst wieder aufgreifen, wenn das Impellerproblem gelöst ist. Vor einigen Tagen wurde mir jedoch klar, dass wir möglicherweise Jahre auf einen Wassermacher verzichten müssen, wenn ich bei dieser Prioritätenregelung bleibe. Ich habe mir ein neues einfaches Konzept überlegt, das eine kleine Pumpe am Eingang verwendet, anstelle der bisherigen hochgelegten Wasserbehälter. Nach zwei Stunden ist das Konzept umgesetzt und funktioniert auf Anhieb. Der Wassermacher liefert die angegebene Menge von fünf Liter reinem Wasser pro Stunde. Von jetzt an müssen wir über das Tanken von Wasser nicht mehr groß nachdenken und können uns auch den Einkauf des hier sehr teuren Mineralwassers sparen.

Nach drei Tagen in der Chatham Bay entschließen wir uns zur Weiterfahrt. Die heftigen Fallböen lassen den Windgenerator immer wieder aufheulen und die AQUILA erschüttern. Wir fahren nach Clifton, der Hauptstadt von Union Island, wollen dort ausklarieren und dann noch eine Nacht vor Anker liegen bleiben. Der Ankerplatz ist aber so ungemütlich, dass wir gleich nach dem Ausklarieren weiter nach Carriacou segeln. In Carriacou müssen wir zuerst wieder einklarieren. Dazu ankern wir vor der Hauptstadt Hillsborough und gehen mit dem Beiboot an Land zu den Behörden. Nach zwei Stunden fahren wir weiter in die Tyrrel Bay im Süden von Carriacou. Dreimal haben wir heute unser Schlauchboot auf dem Vordeck verzurrt und dann wieder ins Wasser gelassen und den Motor montiert. Die Bürokratie der winzigen Inselstaaten fordert ihren Tribut.

In der Tyrrel Bay liegen jetzt mehr Schiffe als im Februar. Auch wir wollen hier einige Tage bleiben, vorausgesetzt, es gibt hier einen Internetzugang und eine Fernsehmöglichkeit für das bevorstehende Eröffnungsspiel der Fußball-Weltmeisterschaft in Deutschland. Von unseren GPRS-Verbindungen funktioniert jetzt keine mehr, aber ich finde einen

Internetzugang bei einer Tauchschule (Arawak), die von Deutschen betrieben wird. Ohne genaue Wetterinformation würden wir uns in der Hurrikan-Saison sehr unwohl fühlen.

Am nächsten Tag ankert plötzlich die DOLPHIN neben uns, später kommt auch noch die PAUWKE. Für das Eröffnungsspiel der Fußball-WM reservieren wir einen Platz in einem Restaurant. Ich bin etwas skeptisch, denn ein Fernseher ist weit und breit nicht zu sehen. Eine halbe Stunde vor Spielbeginn gehen wir mit Bärbel und Karlheinz von der DOLPHIN in das Restaurant. Jetzt steht tatsächlich ein Fernseher bereit, aber es fehlt ein passendes Kabel. Schließlich gelingt es, ein geeignetes Kabel zu finden und auch ein Programm, das das Eröffnungsspiel überträgt, allerdings ohne brauchbaren Ton. Von der Eröffnungsfeier sehen wir nur noch wenig, aber mit dem Spiel, bei dem Deutschland Costa Rica klar besiegt, sind wir dann doch zufrieden.

Am 11.06. fahren wir morgens weiter in Richtung Grenada. Der Wind ist heute etwas schwächer als normal. Nach 6 Stunden und 30 sm ankern wir in der Lagune von St. George's auf Grenada. Neben der DOLPHIN, die mit uns gefahren ist, treffen wir hier nach und nach viele uns bekannte Schiffe: AVALON, PAUWKE, LA GITANA, MIMPIMANIS und GREEN CORRAL. Mit der LA GITANA und der MIMPIMANIS lagen wir letztes Jahr zusammen im Hafen von Agadir in Marokko.

Inzwischen hat sich auch der erste tropische Wirbelsturm dieser Saison in der Karibik angekündigt. Er heißt Alberto. Dank des guten Internetzugangs, den wir in der Lagune über das kostenlose WLAN des Bootsausrüsters haben, sind wir über die Entwicklung des Sturms bestens informiert. Glücklicherweise zieht Alberto weit von uns entfernt in Richtung Florida.

Neben den uns bekannten Schiffen liegen noch weitere Deutsche in der Bucht. Da die meisten TO-Mitglieder sind, entsteht die Idee, in Zusammenhang mit dem Fußballspiel Deutschland – Polen eine Grillparty im TO-Stützpunkt zu organisieren. Uschi, die Stützpunktleiterin, ist voll dabei. Sie lässt uns mit einem Minibus abholen, und wir verbringen einen spannenden und unterhaltsamen Nachmittag und Abend in ihrem Haus auf einem Hang im Süden der Insel. Mit dem Verlauf des Fußballspiels sind einige Segler nicht ganz zufrieden, mit dem Ergebnis dann aber doch. Für uns war ein anderes Ergebnis heute noch viel wichtiger. Unser Sohn Michael hat seine Doktorprüfung mit „sehr gut" bestanden.

In der Lagune von St. George's liegt man sehr geschützt und hat kurze Wege zur Stadt und den verschiedenen Läden. Nur das Wasser ist in solchen geschützten Buchten leider immer trübe und lädt nicht unbedingt zum Baden ein. Wir nutzen die Zeit für verschiedene Einkäufe und eine Inselrundfahrt, die Roland von der AVALON für seine Chartergäste organisiert hat. Außer den Chartergästen und uns sind noch die DOLPHIN-Crew und Rosmarie und Peter von der GREEN CORAL dabei. In einem Minibus fahren wir hinauf in den tropischen Regenwald. Auf einem Parkplatz am Kratersee des Nationalpark Grand Etang werden wir von zutraulichen Affen begrüßt. Wilmas Äpfel mögen sie nicht, aber bei Rosmaries Bananen greifen sie einfach frech zu.

Nach einer kleinen Wanderung fahren wir weiter zur Grenada Chocolate Company. Das kleine Fabrikgebäude sieht eher aus wie ein Zweifamilienhaus, und der weitgehend manuelle Herstellungsprozess ist gut überschaubar. Aber die gesamte Energie zur Schokoladen-Herstellung wird mit moderner Technik von Solargeneratoren erzeugt. Nach der Besichtigung dürfen wir etwas von den Endprodukten probieren. Die Proben sind klein, aber so schmackhaft, dass sich alle gleich mit größeren Mengen eindecken. Es ist wirklich ein Spitzenprodukt, das die kleinste Schokoladenfabrik der Welt hier im Dschungel herstellt.

Unser nächstes Ziel ist die Rumfabrik am River Antoine, die bereits 1785 gegründet wurde. Die meisten Einrichtungen sehen so aus, als würden sie noch aus der Gründerzeit stammen. Auf jeden Fall werden die Öfen nur mit Holz aus der Umgebung beheizt und die Maschinen mit Wasserkraft angetrieben. Unsere Führerin erklärt uns fröhlich und manchmal singend die Herstellung des hochprozentigen Produkts. Auf meinen Wunsch singt sie ein Gospel für die Kamera, das sie angeblich selbst komponiert hat. Die Lebensfreude dieser Menschen ist immer wieder faszinierend.

Mit etwas Rum im Blut fahren wir nach Grenville in ein uriges Restaurant und danach weiter zu dem Wasserfall am Mount Carmel. Der Wasserfall ist etwa 20 m hoch und soll der größte Grenadas sein. Wir waten vorsichtig durch das Becken und stellen uns dann unter die kalte Dusche, die allerdings nur am Rand zu ertragen ist. Nach dieser Abkühlung geht es zurück zur Lagune, wo wir im Dunkeln ankommen. Für die Besichtigung einer Muskatnuss-Farm hat die Zeit leider nicht mehr gereicht. Schade, denn die Gewürzinsel Grenada war lange Zeit der Hauptlieferant für Muskatnüsse.

Nach mehr als einer Woche in der Lagune sehnen wir uns wieder nach einer Bucht, in der man auch baden kann. So fahren wir am 19.06. in die Prickley Bay im Süden Grenadas. Die MIMPIMANIS mit Evi, Stephan und Töchterchen Lena liegt hier schon längere Zeit. Gemeinsam sehen wir uns in einem Restaurant das WM-Spiel Deutschland – Ecuador an. Sehr dramatisch ist es nicht, aber mit dem Ergebnis sind wir zufrieden. Dass wir bei Jean Yves (JYA) einen neuen Impeller bekommen, den Frank von Martinique geschickt hat, ist ein weiteres Erfolgserlebnis an diesem Tag. In der Prickly Bay wollen wir auf einen günstigen Wind für die Fahrt nach Trinidad warten. Da die 80 sm in einem Tagestörn nicht ganz zu schaffen sind, stellen wir uns auf eine Nachtfahrt ein. Als die Prognose am 21.06. Ostwind mit 15 bis 20 kn angibt, klarieren wir aus und fahren gegen 17 Uhr gen Süden.

Auf dem offenen Meer weht es dann doch etwas stärker, aber mit unserer Standardbesegelung und etwas stärker reduzierter Genua ist es doch erträglich. So rauschen wir mit 7 kn Fahrt zufrieden in die Nacht. Leider nimmt die Strömung gegen uns ständig zu und erreicht um Mitternacht 3 kn, und so wir fahren nur noch mit 4 kn auf unser Ziel zu. Kurz vor 4 Uhr nähern wir uns hellen Lichtern. Von anderen Seglern wissen wir, dass es Bohrinseln sind. Zur Sicherheit schalte ich das Radargerät ein, um genügend Abstand von eventuell unbeleuchteten Teilen zu haben. Plötzlich entdecke ich auf dem Radarschirm einen Punkt, der nicht so recht zu den Bohrinseln passt und sich schnell nähert. Dann sehe ich auch die Lichter, es ist ein kleiner Frachter, der dicht vor uns ist. Mit einer harten Kursänderung kann ich das Schlimmste verhindern.

Vor Trinidad nimmt der Wind ständig ab, fast genau so wie vorhergesagt. Kurz nach 8 Uhr schalten wir die Maschine ein und fahren in Richtung Chaguaramas. Um 10.30 Uhr machen wir an einer Boje im Hafengebiet fest. Wir gehen gleich ins Schlauchboot und besuchen sofort die Behörden. Es sollen hohe Strafen drohen, wenn man nicht unverzüglich einklariert. Chaguaramas war im Zweiten Weltkrieg eine große Marinebasis der Amerikaner und ist es eigentlich immer noch. Nur sind es heute keine Kriegsschiffe mehr, sondern friedliche Yachten der Amerikaner und einiger anderer Nationen, die hier auf ihren nächsten Einsatz warten. Trinidad liegt südlich des Hurrikan-Gürtels, auch wenn die meisten Versicherungen das nach den schlechten Erfahrungen mit dem Hurrikan Ivan, der 2004 Grenada verwüstete, heute nicht mehr so sehen. Trotzdem ist hier ein Industriezweig entstanden, der sich nur mit der Lagerung, Wartung und Reparatur von Yachten befasst. Mehr als tausend Schiffe stehen hier in den verschiedenen Boat Yards an Land und warten auf das Ende der Hurrikan-Saison.

Gleich am ersten Tag treffen wir mehrere Bekannte wieder: GAMMEL DANSKER, TUULIVEI, SEPTEMBER und UPPS. Später kommen auch HEAVY METAL, DUDE, LA GITANA, MORGI und PEBBLES nach Chaguaramas. Es ist eine große deutsche Gemeinde und es gibt immer viel zu erzählen. Sehr hilfreich sind auch die Informationen von denen, die schon längere Zeit vor Ort sind. Gisela und Holger sind mit ihrer GAMMEL DANSKER schon mehr als einen Monat hier. Bei dem idyllischen und ruhigen Liegeplatz in der Tropical Marine kann man das gut verstehen. Mittags gehen wir meistens gemeinsam in das Restaurant gegenüber ihrem Liegeplatz, denn selber kochen lohnt sich bei den Restaurantpreisen in Trinidad nicht.

Im Boat Yard Power Boats, wo wir bereits im Januar einen Platz reserviert hatten, legen wir den Krantermin endgültig fest. Jetzt haben wir noch einige Tage Zeit, um uns die nähere Umgebung anzusehen. Aber vorher sehen wir uns noch das WM-Spiel Deutschland – Schweden an. Es herrscht eine tolle Stimmung vor der großen Leinwand. Bei uns Deutschen ist klar auf welcher Seite wir stehen, bei den temperamentvollen Trinidadern pendelt das laufend hin und her.

Nach dem Spiel fahren wir in die nur wenige Seemeilen entfernte Scotland Bay und ankern dann am Rande des tiefen Einschnitts. Eigentlich müsste diese Bucht nicht Scotland Bay, sondern German Bay heißen, denn die Mehrheit der ankernden Schiffe sind deutsche. Die Scotland Bay ist für mich eine der schönsten Buchten in der Karibik. Man ist umgeben von Regenwald mit seinen typischen Geräuschen, meistens von verschiedenen Vogelarten. Aber etwa eine Stunde vor Sonnenuntergang und eine Stunde nach Sonnenaufgang setzt regelmäßig ein fast Angst erregendes Gebrüll ein, das rhythmisch an- und abschwillt. Es sind Brüllaffen, die auf diese Weise miteinander kommunizieren und auch ihr Revier markieren. Leider ist der Strand von den Wochenend-Partys der Einheimischen verdreckt.

Am 26.06. fahren wir zurück nach Chaguaramas und machen dort an eine Boje fest. Jetzt beginnen die Reparatur- und Wartungsaufgaben, wir holen Angebote ein und erteilen Aufträge. So kommen wir auch zu Adian Gittens, dem Motorspezialisten von Trinidad. Er ist von unserem Impellerproblem fasziniert und hat sofort eine Idee zur Lösung des Problems. Ich soll ihm unbedingt eine Wasserpumpe mit einem Impeller bringen. Dieser Bitte komme ich gerne nach. Adian betrachtet die Pumpe und den Impeller unter einer Lupe, zerlegt die Pumpe und muss dann leider eingestehen, dass seine Theorie nicht zutreffen kann. Er war der Meinung, dass ein Winkelfehler in Zusammenhang mit der Schrägverzahnung die Pumpenwelle nach außen drückt und damit erhöhte Reibung am Impeller erzeugt. Schließlich empfiehlt er, einen dünneren Nocken in die Pumpe einzubauen. Das sei hier üblich, um die Lebensdauer von Impellern zu erhöhen. Da der Volvo-Händler die dünneren Nocken auf Lager hat, muss das wohl stimmen.

Am 29.06. wird unsere AQUILA an Land gestellt. Es gießt in Strömen, die Regenzeit hat nun wirklich begonnen. Das Klima ist aber nicht so unangenehm wie oft beschrieben. Es unterscheidet sich nicht so sehr von dem der karibischen Inseln, nur der Wind ist wesentlich schwächer.

Neben den schweißtreibenden Arbeiten am Boot und den aufregenden Fußballspielen finden wir auch noch etwas Zeit für Natur und Kultur. So gehen wir mit Michaela und Volker von der LA GITANA auf eine Turtle Watch Tour. Nach zweieinhalb Stunden Fahrt in einem kleinen Bus erreichen wir gegen 20 Uhr den Matura Beach an der Ostküste Trinidads, den verschiedene Meeresschildkröten regelmäßig zur Eiablage aufsuchen. Ein Scout führt uns zusammen mit einer anderen Gruppe an den Strand. Es ist alles streng geregelt, damit die Schildkröten nicht bei der Eiablage gestört werden.

Als Erstes sehen wir eine Hawksbill-Schildkröte bei der Eiablage und mehrere kleine Schildkröten, die nach dem Schlüpfen Richtung Strand watscheln. Der Höhepunkt des Abends ist die Eiablage einer Lederrücken-Schildkröte. Sie ist fast 2 m lang und soll nach Schätzung des Scouts 400 kg wiegen. Mit den hinteren Flossen gräbt sie ein Loch, das sich nach unten aufweitet und einen halben Meter tief ist. Dann fallen etwa 100 Eier wie Tischtennisbälle in kurzen Abständen in das Loch. Zu diesem Zeitpunkt ist die Schildkröte in einem Trance-Zustand und darf von uns berührt und fotografiert werden. Danach schaufelt die Schildkröte das Loch wieder sorgfältig zu und sucht den Weg zurück zum Meer. In unmittelbarer Nähe gehen viele junge Schildkröten den gleichen Weg, nur wenige von ihnen werden längere Zeit überleben. Dieses großartige Naturerlebnis werden wir so schnell nicht vergessen.

Auch das Mozartkonzert in der Queen's Hall in der Hauptstadt Port of Spain hinterlässt bei uns einen tiefen Eindruck. Man vergisst vollkommen, dass man auf einer tropischen Insel ist. Nur die Hautfarbe der Menschen auf der Bühne und die farbenfrohe Kleidung der Chöre erinnern daran. Jetzt wissen wir, dass dieses kleine Volk nicht nur etwas von Fußball, sondern auch von klassischer Musik versteht.

Nur 1,3 Millionen Einwohner haben Trinidad und die Nachbarinsel Tobago, die gemeinsam einen Staat bilden, der der seit 1958 von der ehemaligen Kolonialmacht Großbritannien unabhängig ist. Das Volk auf den beiden Inseln hat sehr unterschiedliche Wurzeln. Etwa 43 % sind afrikanischer Abstammung und knapp 40 % indischer Abstammung. Europäer und Chinesen sind in der Minderheit. In der Vergangenheit war Zuckerrohr der Hauptwirtschaftsfaktor, heute ist sind es Erdöl und Flüssiggas.

Karneval und Fußball spielen auf Trinidad eine besondere Rolle. Im Moment dominiert natürlich der Fußball, weil Trinidad zum ersten Mal an der Weltmeisterschaft teilnimmt. Der Tag, an dem sich Trinidad und Tobago für das Turnier qualifizierten, wurde sofort zum Feiertag erklärt. Die letzten drei Spiele unserer Nationalelf und das Endspiel sehen wir uns auf der großen Leinwand im Restaurant von Power Boats an. Es herrscht eine großartige Stimmung, die sich beim Endspiel noch steigert. Mit den Crews der LA GITANA und der GAMMEL DANSKER bilden wir eine deutsche Minderheit. Die Niederlage gegen Italien tragen wir mit Fassung und den Sieg gegen Portugal setzen wir einfach voraus.

Drei Tage vor unserem Abflug nehmen wir uns ein Zimmer im Boat Yard. Die AQUILA wird für die viermonatige Lagerung vorbereitet und ist zum Wohnen kaum noch geeignet. Alles muss absolut wasserdicht sein, denn es wird fast jeden Tag heftig regnen. Am letzten

Tag besuchen uns mehrere befreundete Crews und feiern mit uns Abschied auf dem lufti-
gen Balkon. Niemand weiß, ob wir uns irgendwo wieder begegnen werden.

Am 13.06. fahren wir nachts mit einem Taxi nach Port of Spain. Nach vier Flügen landen
wir am nächsten Tag in Stuttgart und sind am frühen Nachmittag wieder in Sulzbach an
der Murr. Abends gehen wir zu dem großen Grillfest der Firma Tesat. Es ist wieder ein ge-
lungenes Fest und es gibt von allen Seiten viel zu erzählen. Wir gehören mal wieder zu den
Letzten, die sich auf den Heimweg machen.

Traumhafte Tobago Cays

Windige Tobago Cays

Filmkulisse für „Fluch der Karibik"

Indian River auf Dominica

Im Regenwald von Guadeloupe

Bambus auf Martinique

Lederrückenschildkröte beim Eierlegen

Junge Schildkröten

Vom Orinoko bis zu den Jungferninseln

Seit zwei Monaten sind wir in Deutschland und konnten inzwischen einiges erledigen. Es gab viele Besuche von und bei Freunden und Verwandten und zwei Hochzeiten. Bei der ersten Hochzeit heiratete unser Neffe Stephan in der Schweiz seine Freundin Christina. Die zweite Hochzeit fand in unserer Nachbarstadt Murrhardt statt und betraf uns noch direkter. Unser Sohn Michael heiratete seine langjährige Freundin, die ebenfalls Christina heißt. Es war ein sehr schönes Fest, und wir sind glücklich, dass nun beide Kinder verheiratet sind.

Wir unternehmen mehrere Reisen und genießen den Sommerurlaub in Deutschland. Schöne Landschaften, historische Bauten, viel Geschichte, Kunst und Kultur und eine gute Infrastruktur. Die karibischen Republiken haben davon nicht so viel zu bieten. Unser Impellerproblem, dem wir diesen schönen Urlaub verdanken, ist aber noch ungelöst.

Inzwischen habe ich einen Prüfstand aufgebaut und mit ersten Tests an der Wasserpumpe und den Impellern begonnen. Ich hoffe, dass ich durch umfangreiche Untersuchungen das mysteriöse Problem lösen kann, und wir uns dann wieder normal mit dem Motor bewegen können. Wenn das der Fall ist, wollen wir aber nicht gleich weiter in den Pazifik fahren, sondern zur Sicherheit erst mal eine Runde in der Karibik drehen.

Auf dem Prüfstand wird die Pumpe über einen Keilriemen elektrisch angetrieben und aus einem Behälter im Kreislauf mit Wasser versorgt. Das Wasser hat einen Salzgehalt von 3,5 % und eine Temperatur von 28 bis 30 °C, entspricht also genau den Bedingungen in der Karibik.

Um die Pumpe mit der richtigen Drehzahl betreiben zu können, muss man das Verhältnis von Motordrehzahl zu Pumpendrehzahl kennen. Da Frank im Urlaub war, wandte ich mich direkt an Volvo Penta in Schweden. Keiner konnte oder wollte mir das Drehzahlverhältnis nennen. Was ich bei meinen Telefongesprächen und E-Mail-Kontakten erlebte, ist unglaublich. Die Firma Volvo Penta ist in Unfreundlichkeit, Inkompetenz, Unwissenheit und Arroganz nicht zu übertreffen. Das gilt in ähnlicher Weise auch für die deutsche Generalvertretung. Also musste ich warten, bis Frank aus dem Urlaub zurück war und mir das Drehzahlverhältnis nannte.

Im Gegensatz zu Volvo Penta ist der Pumpenhersteller Johnson, der auch in Schweden sitzt, sehr kooperativ. Man ist an meinen Tests interessiert und schickt mit sofort mehrere Impeller. Der erste Impeller im Test ist aber aus der Serie, die auf Grenada so schnell versagte. Als bei diesem Impeller nach 13 Stunden ein Flügel abgerissen und ein zweiter stark eingerissen ist, bin ich glücklich. Denn jetzt ist klar, das schnelle Impellersterben kann nicht am Motor liegen.

Als Nächstes teste ich die neuen Impeller von Johnson, die aus einem guten Los sein sollen. Der Erste verliert nach 5 Stunden einen Flügel, der Zweite nach 25 Stunden. Inzwischen habe ich direkten Kontakt zu dem Pumpenentwickler Patrik in Schweden. Er kann die Ergebnisse nicht verstehen und schickt mir neue Impeller, die nun aus einem garantiert sehr guten Los stammen sollen. Sie sind tatsächlich besser, aber nach 33 Stunden hat Erste auch schon wieder einen Flügel verloren.

Zum Vergleich teste ich einen billigen No-Name-Impeller aus der Türkei. Der zeigt nach 33 Stunden noch keinerlei Verschleißerscheinungen. Nachteilig ist bei diesem Impeller aber, dass bei einem Gegendruck die Pumpleistung sehr schnell abfällt. Auf jeden Fall zeigen diese Ergebnisse, dass die Pumpe von Johnson mit den Original-Impellern für warmes Seewasser nicht geeignet ist.

Meinen Pumpenkollegen bei Johnson stimmt das nachdenklich. Jetzt will er seine Tests genau unter meinen Bedingungen durchführen, sogar die Schlauchlänge von 2 m übernimmt er von mir. Nach einigen Tagen meldet er sein erstes Ergebnis: Auch bei ihm ist ein Impeller nach kurzer Zeit ausgefallen. Endlich ist Johnson in der realen Welt angekommen und versteht die Ausfälle bei den Kunden. Offensichtlich hat man die Tests in Schweden bislang bei Raumtemperatur und mit Süßwasser durchgeführt.

Patrik schickt mir auch eine neue Pumpe und einen modifizierten Nocken, der die Belastung des Impellers reduzieren soll. Der neue Nocken ist aber genau so dick wie der alte. Inzwischen glaube ich, dass der Nocken zu dick ist und der Impeller deshalb beim Knicken zu stark an den Seitenwänden reibt. Bislang war ich glücklich, dass das Impellersterben auch im Testsystem auftritt. Jetzt gilt es aber allmählich, eine Lösung zu finden, die das Impellersterben verhindert. Ich baue deshalb einen dünneren Nocken, den ich in Trinidad gekauft hatte, in die Pumpe ein und lege eine zweite Dichtung unter den Pumpendeckel. Beides sollte die Reibung des Impellers an den Seitenwänden reduzieren. Nach 33 Stunden zeigt der Impeller nicht die geringsten Spuren einer Beschädigung. Das ist also die lange gesuchte Lösung.

Die Lösung hat aber auch einen Nachteil. Die Pumpleistung (Wassermenge/Zeiteinheit) ist um 20 % geringer als in der ursprünglichen Version. Ich gehe aber davon aus, dass der Motor damit noch ausreichend gekühlt wird.

Um das Verhalten der Pumpe unter verschiedenen Bedingungen besser zu verstehen, führe ich umfangreiche Messungen durch. Ich bestimme die Pumpleistung für harte und weiche Impeller, verschiedene Nocken, unterschiedliche Anzahl von Dichtungen und mehrere Drücke. Die Ergebnisse dieser Untersuchungen sind für mich sehr interessant. Auf jeden Fall haben die Wasserpumpe und ihr Impeller jetzt alles Mystische verloren. Es ist ein technisches Gerät, das ich sehr gut verstehe und das uns in Zukunft hoffentlich keine Probleme mehr bereiten wird.

Am 25.10.06 fliegen wir von Stuttgart über Paris nach Martinique. Auf Martinique übernachten wir in einem Hotel in der Nähe des Flughafens. Am nächsten Tag soll es mit der Fluggesellschaft LIAT über St. Lucia und Barbados nach Trinidad gehen, aber es geht zunächst nichts. Die Maschine nach St. Lucia kann wegen eines technischen Problems nicht starten und die Ersatzmaschine ist auch defekt. Nach Stunden kommt eine alte Dornier-Maschine, die uns nach St. Lucia bringt. In St. Lucia steigen wir in ein anderes klappriges Fluggerät um, mit dem wir immerhin heil nach Barbados kommen. Auf Barbados übergibt uns die LIAT an eine andere Fluggesellschaft, die uns in einer großen Maschine mit nach Trinidad nimmt. Mit sieben Stunden Verspätung erreichen wir kurz nach 18 Uhr Trinidad.

Unterwegs hatte ich mehrmals mit Jesse James telefoniert, der uns vom Flughafen abholen sollte. Jesse ist nicht nur Taxi-Unternehmer und Reiseveranstalter, sondern auch Organisator für alles Mögliche in der Seglergemeinschaft. Er hat uns bei Power Boats

(Werft) ein Zimmer reserviert und nimmt uns am Ausgang des Flughafens lächelnd in Empfang. Jetzt haben wir es geschafft.

Nachdem wir unser Appartement bezogen haben, gehen wir noch auf ein Bier ins Restaurant. Hier treffen wir Claudia und Edgar von der MORGI und Petra und Roland von der AVALON. Sie wussten, dass wir heute kommen, aber so spät hatten sie mit uns nicht mehr gerechnet. Claudia und Edgar haben einen PC dabei und zeigen uns Bilder von ihrem Orinoko-Ausflug. Sie geben uns viele Ratschläge und sind von ihrem Dschungelabenteuer immer noch begeistert.

Am nächsten Morgen klettern wir gespannt in unser Schiff. Die Regenmassen haben in den vier Monaten außen einige Spuren hinterlassen. Innen sieht es auf den ersten Blick ganz gut aus. Später stellen wir dann doch Stockflecken an den Gardinen und in den Kleiderschränken fest. Der größte Schaden ist aber nicht vom Regen verursacht. Unser Fäkalientank hat ein Leck, aus dem eine braune Soße ausgelaufen ist. Ich baue den Tank aus und lasse ihn schweißen. Zusätzlich montiere ich eine Umwegleitung mit entsprechenden Ventilen, die ein direktes Auspumpen ermöglichen.

Den Anstrich des Unterwasserschiffes und das Wachsen und Polieren des Rumpfes überlassen wir den einheimischen Fachleuten. Irgendwie kommen die Schwarzen doch besser mit dem Klima zurecht. Allerdings haben sie auch ihr Arbeitstempo den äußeren Bedingungen angepasst.

Es gibt viel zu tun, bis die AQUILA wieder schwimmen kann. Im Moment bestimmt der fehlende Faltpropeller den Krantermin. Ich hatte ihn schon in Deutschland per E-Mail beim Volvo-Händler in Trinidad bestellt. Schließlich kommt der Propeller zwei Tage früher als zuletzt angekündigt. Jetzt ist alles wieder einigermaßen planbar.

Mittags gehen wir regelmäßig in das Restaurant der Tropical Marine. Der deutsche Tisch wird ständig größer. Meistens sind wir mit Marianne und Reinhard von der DADDELDU, Doris und Kurt von der KURTISANE und Reinhard von der PLANET zusammen. Später ist auch Franz von der PEBBLES regelmäßig dabei. Je nach Hintergrund sprechen die einen von Mensa und die anderen von Kantine. Es ist auf jeden Fall ein angenehmer Ort und eine gute Informationsbörse.

Obwohl wir mittlerweile viele Deutsche, Schweizer und Österreicher kennen, finden wir niemanden, der mit uns zum Orinoko fahren will. Die meisten haben Bedenken wegen der Moskitos und anderer unangenehmer Insekten. Deshalb fragen wir in der morgendlichen Funkrunde nach. Es melden sich zwei kanadische Schiffe, LUGHNASA und MOUSTACHE, die Interesse an einer gemeinsamen Fahrt in das Orinoko-Delta haben.

Am 14.11. wird die AQUILA endlich wieder ins Wasser gesetzt. Bei einer Testfahrt zur Scotland Bay zeigt der neue Faltpropeller, was er kann. Er braucht etwa 300 Umdrehungen pro Minute weniger, um unsere übliche Reisegeschwindigkeit zu erreichen. Damit sollte der Dieselverbrauch deutlich zurückgehen. Bei einem Dieselpreis von weniger als 20 Cent pro Liter ist das in dieser Region allerdings nicht so bedeutend.

Mit den Crews der LUGHNASA (Marianne und Peter) und der MOUSTACHE (Sonia und Jeremy) treffen wir uns zu einem kurzen Vorgespräch über unsere Reise zum Orinoko. Letztlich legen wir aber nur die Startzeit, den ersten Zielpunkt und den Funkkanal fest. Wilma und Marianne holen sich von Jesse James gebrauchte Kleidungsstücke, die bei ihm für Bedürftige gesammelt werden. Wir glauben, dass wir dafür im Orinoko die richtigen Abnehmer finden.

Am 16.11.06 laufen die drei Schiffe MOUSTACHE, LUGHNASA und AQUILA gegen 5 Uhr von Chaguaramas in Richtung Orinoko-Delta aus. Der Wind ist wie immer sehr schwach, sodass es eine reine Maschinenfahrt wird. Das erste Ziel ist die Polizeistation in Pedernales, wo wir uns für Venezuela anmelden wollen. Mit den kopierten Unterlagen und den elektronischen Seekarten ist es kein Problem, den richtigen Weg durch das flache Wasser zu finden, auch wenn das immer brauner und undurchsichtiger wird.

Kurz nach 15 Uhr ankern wir vor der Polizeistation und fahren mit den Schlauchbooten zum Anmelden. Natürlich spricht hier keiner Englisch, und die Spanischkenntnisse in unserer Gruppe sind minimal. Trotzdem geht alles sehr schnell. Der ranghöchste Polizist ist auch mehr an dem Umtausch von Dollars in Bolivar interessiert. Wir tauschen alle einen kleinen Betrag, denn der Kurs ist bei ihm nicht besonders gut. Danach machen wir einen Rundgang durch den kleinen Ort. Es gibt mehrere kleine Läden, aber kein Restaurant. Das Warenangebot ist den hiesigen Bedürfnissen angepasst und für uns wenig interessant. Als wir auf unseren Schiffen zurück sind, fliegt eine große Gruppe knallroter Ibisse über uns hinweg.

Nach einem Morgenkaffee auf der LUGHNASA lichten wir kurz nach 10 Uhr die Anker und fahren den östlichen Arm des Cano Manamo hinauf. Vorher müssen wir allerdings die flache Stelle vor Pedernales großräumig umfahren. Die AQUILA hat den größten Tiefgang und übernimmt deshalb wieder die Führung. Gleich am Eingang des Flussarms kommen wir an der ersten Siedlung der Warao vorbei.

Die Warao sind ein Indianerstamm im Flussdelta des Orinoko. Es gibt fast 20000 Warao, die in etwa 250 Siedlugen an den verschiedenen Flussarmen leben. Die Siedlungen bestehen wegen des sumpfigen Untergrundes aus Pfahlbauten, die zum Teil über Stege verbunden sind. Für die Warao ist die Moriche-Palme von zentraler Bedeutung. Sie liefert den Rohstoff für die Herstellung von Körben, Hängematten und Pfeilen, und die Früchte und das Palmherz dienen zur Ernährung.

Nach dem alten Weltbild der Warao besteht die Welt aus einer Landmasse, auf der sie leben und die rund herum von Wasser umgeben ist. An den Enden ihrer Welt befinden sich Felsen und Säulen, auf denen die Götter leben. Von diesem Bild sind heute sicher nur noch wenige Warao geprägt, denn sie sehen vorbeifahrende Boote und wissen sicher, dass es in einiger Entfernung Städte und Läden gibt. Die meisten von ihnen sprechen aber nur ihre eigene Sprache und können höchstens einige Brocken Spanisch.

Bei den ersten Siedlungen ruft unser Erscheinen keine Reaktion hervor. Doch dann kommen plötzlich mehrere Kanus auf uns zu. Wir sind noch etwas unsicher und ankern erst mal. Die meisten Kanus sind mit Kindern besetzt, die einfach nur neugierig sind und sich über die Abwechselung freuen. Das Lächeln ersetzt die Sprache größtenteils. Doch dann kommt das erste Tauschangebot: ein Korb wechselt auf unser Boot gegen ein T-Shirt und eine Hose.

Bei den nächsten Siedlungen werden wir immer von Kanus angefahren und auf „Cambio" angesprochen. Cambio (spanisch: Tausch) gehört zu den wenigen Wörtern, die die meisten

Warao verstehen. Im Laufe des Tages wechseln viele Korbwaren und einige Ketten von den schmalen Kanus auf die dickbauchigen weißen Schiffe. Die Warao sind hauptsächlich an Kleidung interessiert. Stoffe, Nähsachen und Werkzeuge sind weniger gefragt. Die Kinder lehnen Süßigkeiten natürlich auch nicht ab.

Mittlerweile beherrschen wir auch die Tauschtechnik. Wir ankern nicht mehr, sondern fahren einfach nur sehr langsam weiter. Die Warao halten sich an unseren Schiffen fest und fahren ein Stück mit. Viele Kanus (Einbäume) haben nur wenige Zentimeter Freibord und müssen ständig ausgeschöpft werden.

Gegen 14 Uhr ankern wir am Rande des Flussarms. Viele Wasserhyazinthen kommen uns entgegen, teilweise als kleine Inseln. Später treffen wir uns auf der MOUSTACHE zum Sundowner Die Nacht ist sehr dunkel. Wir hören mehrmals ein Fauchen neben uns, das wir aber nicht identifizieren können.

Am nächsten Morgen fahren wir etwas früher weiter. Hier hat der Cano Manamo nur noch einen Arm, ist aber sehr breit und enthält einige größere Inseln. Interessant ist auch, dass die Gezeiten voll in den Orinoko hineingreifen. Der Fluss strömt also in beide Richtungen, zeitweise mit mehr als zwei Knoten.

Bei allen Siedlungen kommen uns die Kanus entgegen, und der Tauschhandel geht weiter. Einige Kinder kommen auch nur zum Spaß und lassen sich ein Stückchen mitziehen. Kurz vor 14 Uhr erreichen wir die Boca Tiger Lodge, die an einem Seitenarm liegt. Die Zufahrt ist komplett mit Wasserhyazinthen bedeckt. Wir sind noch etwas vorsichtig, merken aber bald, dass man einfach durch die grünen Teppiche hindurchfahren kann.

Wir ankern vor der Tiger Lodge und gehen an Land. Es wird uns ein freundlicher Empfang bereitet mit einem kostenlosen Begrüßungsgetränk, das wir mit den nachfolgenden Getränken allerdings gut bezahlen. Zufällig hält sich in der Lodge eine Regierungskommission auf, die sich mit Umweltfragen der Region befasst. Für diese Kommission gibt es in der Schule eine Musik- und Tanzaufführung, zu der wir auch eingeladen werden. Nach der Veranstaltung lassen wir den Abend mit einem guten Essen in der Lodge ausklingen. Vorher vereinbaren wir noch eine Dschungeltour für den folgenden Tag.

Schon um 6 Uhr werden wir von unseren Schiffen abgeholt. Mit drei Einheimischen und sechs Touristen ist die Piroge (größeres Kanu) mehr als gut beladen. Trotzdem rast sie mit hoher Geschwindigkeit über das Wasser und hat an der Wellenoberkante praktisch kein Freibord mehr. Wir halten an mehreren Stellen an und sehen neben vielen bunten Vögeln zum ersten Mal Brüllaffen. Bislang hatten wir immer nur ihr Gebrüll gehört.

Am interessantesten ist aber der Besuch einer größeren Warao-Siedlung. Die Leute lächeln freundlich, nehmen ansonsten aber wenig Notiz von uns. Über das Gemeinschaftshaus gehen wir auf den Steg, der an den Pfahlbauten entlangführt. Alle Pfahlbauten sind offen und man sieht, mit wie wenig Menschen leben können. Auf den ersten Blick scheint die Einrichtung nur aus Hängematten zu bestehen. Aber es hat auch schon etwas moderne Technik Einzug gehalten. Wir hören und sehen ein Radio, und in dem Gemeinschaftshaus stehen ein großer Kühlschrank und eine Musikanlage. Große Siedlungen wie diese haben in der Regel einen kostenlosen Stromanschluss, deshalb brennt die Beleuchtung auch den ganzen Tag.

Beeindruckt und nachdenklich verlassen wir das Dorf. Unser Führer versichert uns, dass die Warao zwar sehr einfache Menschen sind, aber auch sehr glückliche. Wir zweifeln daran etwas, aber unglücklich sehen diese Menschen wirklich nicht aus.

Gegen 11 Uhr fahren wir mit unseren Schiffen weiter. Unser Ziel ist die Orinoco Delta Lodge, von der wir allerdings nur ungenaue Unterlagen und keine genauen Positions-angaben haben. In einem Seitenarm, in dem wir die Lodge vermuten, scheitern wir an zu geringer Wassertiefe. Wir fahren weiter und müssen dann nach einiger Zeit feststellen, dass die Lodge wohl doch in dem flachen Seitenarm liegt. Also fahren wir zurück und starten einen neuen Versuch. Die LUGHNASA und die MUSTACHE kommen schließlich durch, nur die AQUILA scheitert wegen des größeren Tiefgangs erneut. Wir ziehen es dann vor, in dem Hauptstrom zu ankern, etwa eine Seemeile von der Lodge entfernt. Obwohl es unsere erste Nacht allein im Dschungel ist, schlafen wir sehr gut. An das nächtliche Fauchen neben dem Boot haben wir uns gewöhnt. Wir wissen jetzt, dass es harmlose Süß-wasser-Delfine sind.

Am nächsten Morgen fahren wir mit dem Schlauchboot zur Orinoco Delta Lodge. Die Anlage scheint gut belegt zu sein, auch einige Deutsche hat es hier in die Wildnis gezogen. Von den Haustieren sind die Papageien und der Tucan am interessantesten. Der Tucan lässt alles über sich ergehen und hat anscheinend sogar noch Spaß daran. Die LUGHNASA und die MUSTACHE wollen hier noch mindestens eine Nacht bleiben. Wir verabschieden uns und fahren allein flussabwärts. Kurz vor Sonnenuntergang haben wir wieder unseren ersten Ankerplatz im Cano Manamo erreicht. Hier bleiben wir über Nacht.

Morgens warten wir bis der Strom kippt und uns zusätzliche Fahrt beschert. Kurz nach 9 Uhr können wir starten. Zwei Delfine begleiten uns eine Zeit lang. Natürlich kommen uns bei jeder Siedlung wieder die Kanus entgegen. Allmählich gehen uns aber die be-gehrten Kleidungsstücke aus, und Korbwaren haben wir inzwischen auch reichlich. Wir passieren wieder einige sehr flache Stellen, aber Grundberührung haben wir nie. Kurz vor 13 Uhr fällt der Anker vor der Polizeistation in Pedernales.

Zum Ausklarieren bereite ich ein Dokument vor, das mir der Polizist auch unterschreibt und abstempelt. Damit dürften wir beim Einklarieren in Trinidad keine Probleme haben. Wir gehen noch einmal in den Ort, um einige Kleinigkeiten zu kaufen. Kurz vor Sonnen-untergang taucht auch die MOUSTACHE auf. Sie hat die gesamte Strecke von 50 sm an einem Tag zurückgelegt.

Am 22.11.06 brechen wir um 4.30 Uhr zusammen mit der MOUSTACHE in Richtung Chaguaramas auf. Der Wind ist wieder so schwach, dass wir mit Motor fahren müssen. Um 10.10 Uhr erreicht uns über Iridium eine Nachricht (SMS), auf die wir schon lange gewartet haben. Michael teilt uns mit, dass er und Christina seit 6.20 Uhr MEZ eine Tochter haben. Den Namen verrät er uns aber noch nicht.

Kurz nach 14 Uhr machen die glücklichen Großeltern an einer Boje in Chaguaramas fest. Das Einklarieren ist mit dem speziellen Dokument kein Problem. Die Nachricht über unser Enkelkind wird von Wilma in Chaguaramas schnell verbreitet. Wir sind zufrieden, auch mit unserer Orinoko-Reise. Vieles war anders als von anderen berichtet. Es war ins-gesamt problemloser als oft dargestellt, und Moskitos gab es nicht mehr als in Chaguaramas.

Leider ist auf dem Orinoko eine der großen Service-Batterien ausgefallen, aber unser Impeller hat jetzt 45 Motorstunden ohne jeden Schaden überstanden. Inzwischen habe ich die Wasserpumpe mit einem Plexiglasdeckel versehen, um die Lebensdauer der Impeller weiter zu erhöhen. Ich glaube, dass in der modifizierten Pumpe jetzt auch die schlechtesten Impeller von Volvo und Johnson viele Stunden halten.

In Chaguaramas treffen wir fast alle Bekannten und Freunde wieder, nur die DADDELDU ist bereits Richtung Westen abgereist. Wir möchten ihr schnell folgen, müssen aber zuerst unsere defekte Batterie ersetzen. Nach dem Vergleich aller Möglichkeiten, entscheide ich mich für zwei wartungsfreie LKW-Batterien (AC Delco, 150 Ah), die fast genau in den bisherigen Raum und die vorhandene Halterung passen und wieder parallel betrieben werden. Viel schlechter als die teuren Boots-Batterien, die nur zwei Jahre gehalten haben, werden sie hoffentlich auch nicht sein.

Nachdem wir uns ausreichend versorgt haben, unter anderem mit Diesel für 0,19 €/Liter, fahren wir am 27.11. nachmittags zum Ausklarieren. Unsere Idee ist, am nächsten Tag nachmittags von der Scotland Bay aus Trinidad zu verlassen. Die Immigration-Stelle akzeptiert die entsprechenden Eintragungen in die Formulare, aber ein unfreundlicher Zoll-Beamter macht uns einen Strich durch die Rechnung. Er behauptet, wir müssten nach dem Ausklarieren sofort das Land verlassen, obwohl man nach internationalem Recht dazu 24 Stunden Zeit hat. Alles Schimpfen und Fluchen hilft nichts, wir verlassen das Büro ohne auszuklarieren und ankern in der Scotland Bay.

Am nächsten Tag fahren wir mittags zurück nach Chaguaramas, um auch beim Zoll auszuklarieren. Eine dunkle Wolkenfront zieht auf, und es beginnt zu blitzen. Dann setzt ein Regen ein, wie wir ihn noch nie erlebt haben. Die Sicht beträgt nur wenige Meter und es bläst es mit 30 kn. Als Brillenträger am Steuerrad kann ich kein Instrument ablesen. Wir tasten uns langsam an den ankernden Schiffen vorbei und fahren an den Rand des Ankerfeldes. Langsam lassen Wind und Regen nach, und wir können an einer freien Boje festmachen.

Beim Zoll treffen wir heute auf einen freundlichen Beamten, und so ist das Ausklarieren in wenigen Minuten erledigt. Kurz vor 15 Uhr legen wir ab und fahren an der Scotland Bay vorbei in Richtung Norden. Unser Ziel ist Los Testigos, eine kleine Inselgruppe, die zu Venezuela gehört. Wegen der Piratengefahr an der Küste Venezuelas fahren wir zuerst 20 sm nach Norden bevor wir Kurs auf Los Testigos nehmen. Der Wind ist schwach, aber die Wellen sind unangenehm hoch. Bei Sonnenuntergang setzen wir Segel und gleiten in die Nacht. Wegen der Piratengefahr fahren wir ohne Licht, aber mit Radar. Wenn uns nicht ein Strom von 2 kn schieben würde, kämen wir bei dem schwachen achterlichen Wind nur sehr langsam voran. Gegen 4 Uhr nähert sich uns ein unbeleuchtetes Objekt langsam von hinten, das zeigt jedenfalls unser Radar-Gerät an. Wir bereiten uns auf den ersten Piratenangriff vor. Die Vorbereitungen nehmen einige Zeit in Anspruch, und danach ist das unbeleuchtete Objekt auf dem Radarschirm wieder verschwunden.

Gegen 8 Uhr erreichen wir Los Testigos und ankern vor der Isla Iguana Grande, wo man sich bei der Polizeistation melden soll. Die Polizisten sind sehr freundlich und erteilen uns eine Aufenthaltserlaubnis für drei Tage. Dann fahren wir zur gegenüberliegenden Insel Testigo Grande und ankern dort vor dem kleinen Ort Tamarindo. Die offenen Hütten und die Hängematten erinnern uns etwas an die Pfahlbauten im Orinoko. Aber der Palmenstrand mit dem weißen Sand ist doch nicht mit dem Orinoko-Ufer zu vergleichen. Sehr interessant sind auch die vielen Fregattvögel und Pelikane am Ankerplatz. Ihre Flug- und Fangtechnik ist sehr unterschiedlich, aber in beiden Fällen faszinierend.

Los Testigos hat insgesamt 160 Einwohner, die ausschließlich vom Fischfang leben. Viele Segler schwärmen von dieser einsamen Inselgruppe. Wir sind, auch wegen des etwas verunreinigten Strandes, nicht ganz so begeistert.

Am zweiten Tag fahren wir mit dem Schlauchboot in Richtung der großen Sanddünen, die auf der Ostseite der Insel liegen. Mithilfe von Fischern finden wir schließlich den Weg zu den Dünen. Der Weg durch Gestrüpp, über große Steine und vorbei an stacheligen Kakteen ist mühsam, aber auch interessant. Dann kommen die weißen Dünen und der lange Strand mit den anrauschenden Wellen an der Ostküste. Der Strand ist übersäht mit unendlich vielen Muscheln und vielem Strandgut.

Am 1.12. verlassen wir kurz vor Sonnenaufgang Los Testigos in Richtung Margarita, der beliebten Ferieninsel Venezuelas. Der achterliche Wind ist schwach, aber mithilfe der Strömung sind wir schon kurz nach 14 Uhr am Punto Moreno, der Einfahrt zur Bucht von Porlamar. Ich hole die Angel ein und spüre plötzlich einen starken Widerstand. Tatsächlich, wir haben unseren ersten Fisch mit der Schleppangel gefangen, eine Makrele, etwa 35 cm lang. Nach mehr als zehn Angeltagen war das wirklich fällig. Wilma ertränkt den Fisch mit reinem Alkohol. Diese bei den Seglern übliche Methode ist für die Tiere bestimmt nicht der grausamste Tod.

Gegen 15 Uhr fällt der Anker in der Bucht von Porlamar. Schon bei der Einfahrt sehen wir die DADDELDU. Marianne und Reinhard besuchen uns gleich und informieren uns über die wichtigsten Gegebenheiten vor Ort. Abends fahren wir gemeinsam an den Strand zum Essen.

Porlamar gilt unter den Seglern als Einkaufsparadies, und entsprechend groß ist das Ankerfeld. Viele Dienstleistungen laufen über die Marina Juan, die allerdings nur aus einem bewachten Steg für Beiboote und einem Büro mit kleinem Laden besteht. Diesel soll für wenige Cent ans Boot geliefert werden. Nur an diesem Wochenende ist alles anders, es ist nämlich Parlamentswahl. In den Supermärkten der Stadt ist am Samstag Hochbetrieb. Einige befürchten Unruhen im Zusammenhang mit der Wahl und decken sich entsprechend ein. Alkohol gibt es allerdings wegen der Wahl nicht.

Der Wahlsonntag geht friedlich vorüber, wohl deshalb weil Hugo Cháves schnell als klarer Sieger feststeht. Die Schüsse, die man immer wieder hört, sind wohl nur Freudenfeuer. Der Montag ist eigentlich ein normaler Arbeitstag, aber das Dieselboot kommt wieder nicht. Wir bringen unsere Papiere und Pässe zu Juan, der uns für 60 USD das Einklarieren abnimmt.

Am Dienstag machen wir zusammen mit Marianne und Reinhard eine Inselrundfahrt. Das Auto unseres Fahrers Pablo ist klein, alt und klapprig. Da sich nicht mehr alle Türen öffnen lassen, ist das Ein- und Aussteigen etwas beschwerlich. Aber Pablo ist ein guter Führer. Er führt uns auf der Strecke über Pamptar, La Asuncion, Santa Anna, Juangriego und Boca del Rio in mehrere Kirchen, Festungsanlagen und Museen. Abschluss und Höhepunkt ist das Marine-Museum in Boca del Rio, mit einem sehenswerten Aquarium. Abends kommt dann doch noch das Dieselboot. Wir füllen unsere Tanks für umgerechnet 0,08 € pro Liter.

Am nächsten Tag fahren wir noch einmal zu einem großen Supermarkt und decken uns ausreichend mit Lebensmitteln und Getränken ein. Unser nächstes Ziel ist die etwa 100 sm entfernte Insel Tortuga. Bei dieser Entfernung bietet sich wieder ein Nachttörn an. Man könnte Tortuga von der Westküste Margaritas auch mit einem Tagestörn erreichen, aber die Ankerplätze an der Westküste gelten als sehr unsicher. Also entschließen wir uns wieder für einen Nachttörn, denn ein fahrendes Schiff ist nicht so leicht zu überfallen wie ein ankerndes Schiff.

Gegen 16 Uhr brechen wir zusammen mit der DADDELDU in Porlamar auf. Bei 20 kn achterlichem Wind segeln wir nur unter Genua an der Südküste Margaritas entlang in die Nacht. Aus Sicherheitsgründen fahren wir wieder ohne Licht, aber mit Radar. Nach einiger Zeit entdecken wir auf dem Radarschirm ein Objekt, das auf einem ähnlichen Kurs ist und kein Licht führt. Wir informieren die DADDELDU über Funk, bereiten uns diesmal aber nicht gleich auf eine Piratenabwehr vor. Tatsächlich ist das unbeleuchtete Fahrzeug nach einer halben Stunde auch wieder verschwunden.

Im Morgengrauen sind wir nördlich von Tortuga und wundern uns über die Nähe zur Küste, obwohl wir nach unserer elektronischen Seekarte einen deutlichen Abstand haben müssten. Bei Tageslicht verlassen wir uns auf die Augennavigation und ankern gegen 9 Uhr hinter der kleinen Insel Herradura. Tortuga und die zugehörigen kleinen Inseln sind praktisch unbewohnt und gelten als ein gutes Tauch- und Schnorchelrevier. Mein Weltbild über die Präzision moderner Navigationsmittel muss ich hier jedoch gründlich korrigieren. Nach einigen Peilungen stelle ich fest, dass die Positionen in unserer elektronischen Karte um etwa 0,3 sm nach Norden verschoben sind. Die Papierseekarten der DADDELDU sind allerdings genauso falsch. Die moderne Kommunikation funktioniert in diesem abgelegenen Gebiet dagegen sehr gut. Ich kann hier, wie schon im Orinoko, über Inmarsat (RBGAN) problemlos im Internet surfen.

Nach einem Ruhetag verlassen wir Tortuga am 8.12. spät nachmittags in Richtung Los Roques. Bei halbem Wind rauschen wir mit zwei Reffs im Großsegel und reduzierter Genua mit 7 kn Fahrt in die Nacht. Bis zu der schmalen Einfahrt (Boca de Sebastopol) an der Südwestseite von Los Roques sind es ungefähr 90 sm. Wenn wir bei gutem Tageslicht durch die Riffe fahren wollen, sind wir viel zu schnell. Noch vor 4 Uhr bergen wir das Großsegel und fahren nur mit der Genua langsamer weiter. Kurz nach 7 Uhr wagen wir zusammen mit der DADDELDU unter Motor die Einfahrt in das flache Wasser zwischen den Riffen. Die Seekarten stimmen auch hier nicht. Wir tasten uns auf Sicht und mit dem Echolot durch das flache Wasser und stellen bald fest, dass wir auf der falschen Seite des Innenriffs sind. Es gießt in Strömen und weht in Böen mit 30 kn. Wir versuchen unsere Position in der elektronischen Karte gedanklich zu korrigieren und übernehmen die Führung durch das Labyrinth. Es gibt unzählige flache Stellen, über die wir ganz langsam hinweg kriechen. Nach vier Stunden haben wir es endlich geschafft. In der Lagune von Francisquis finden wir einen sehr schönen und sicheren Ankerplatz.

Auf Francisquis gibt es einige Strandtouristen, die uns aber wenig stören. Wir genießen das klare Wasser am Ankerplatz und das Schnorcheln zwischen den bunten Fischen am Riff. Nachmittags bekommen wir Besuch von Sonia und Jeremy von der MOUSTACHE, die mit uns im Orinoko waren. Sie haben bis Curacao praktisch die gleiche Route und werden uns bestimmt noch häufiger begegnen.

Nach zwei Tagen zieht es uns weiter zu der 10 sm entfernten Insel Crasqui. Wir ankern vor dem langen Sandstrand in der Nähe einer kleinen Siedlung. Zum Schnorcheln ist der Ankerplatz nicht sehr gut geeignet, aber man kann hier sehr gut Pelikane beobachten und Strandwanderungen unternehmen. Am zweiten Tag gehen wir mittags in das kleine Restaurant am Strand. Es gibt guten und preiswerten Fisch mit schmackhaften Beilagen.

Am 13.12. segeln wir morgens zusammen mit der DADDELDU weiter zu der kleinen Inselgruppe Aves de Barlavento. Die 40 sm sind bei dem üblichen Wind schnell geschafft. Langsam fahren über das flache Korallengebiet, denn die Seekarten stimmen hier auch wieder nicht. Kurz vor 16 Uhr ankern wir hinter der kleinen Insel Sur, nicht weit entfernt von der MOUSTACHE, deren Crew uns gleich einen Besuch abstattet.

Die Aves de Barlavento sind unbewohnt und gelten als Vogelparadies. Morgens fahren wir gleich zu den Mangroven, die hier in glasklarem Wasser auf Sandboden wachsen. Es gibt hier wirklich unzählige Vögel in den verschiedensten Arten und Farben. Die meisten sind sehr zutraulich und lassen uns bis auf wenige Meter herankommen. Wilma manövriert das Schlauchboot und ich konzentriere mich ganz auf das Filmen und Fotografieren. Im Gegensatz zu Wilma lasse ich mich von den diversen Insekten nicht ablenken. Erst später erkennen wir die unzähligen Stiche am ganzen Körper, die aber nicht besonders jucken.

Auch in dieser einsamen Gegend haben wir über Inmarsat wieder einen guten Internetzugang, und morgens habe ich auch Erfolg mit einem alten Kommunikationsverfahren. Zum ersten Mal führe ich mit unserem KW-Funkgerät ein Gespräch über eine längere Distanz, und zwar mit der MORGI auf Martinique.

Am nächsten Morgen fahren wir weiter zu der Inselgruppe Aves de Sotavento eigentlich nur, weil unser nächstes Ziel Bonaire in einer Tagesreise nicht zu schaffen ist. Nach einer halben Stunde Fahrt zieht ein Fisch an der Angel. Es ist wieder eine Makrele, aber größer als die erste bei Margarita. Mittags erreichen wir unseren Ankerplatz bei der kleinen Insel Larga hinter einem Mangrovenwäldchen. Zum Essen gibt es frischen Fisch, der gerade gut für zwei Personen reicht. Unsere Freunde von der DADDELDU, die wieder neben uns ankern, können wir leider nicht dazu einladen.

Abends beginnen unsere Insektenstiche vom Vortag furchtbar zu brennen. Wilma hat ungefähr 300 Stiche, ich vielleicht 100. Wir probieren alle verfügbaren Salben aus und nehmen Schmerztabletten. Die Wirkung ist minimal, dieses Problem müssen wir wohl oder übel einfach aussitzen und ausschlafen. Es ist eine furchtbare Nacht mit wenig Schlaf.

Morgens um 7 Uhr fahren wir wieder vorsichtig aus dem flachen Korallengebiet heraus. Obwohl unsere elektronischen Seekarten auch hier nicht stimmen, ist die Fahrt zurück nicht schwierig, weil wir einfach den gespeicherten Weg zurückfahren können. Bei schwachem achterlichem Wind nähern wir uns langsam der Insel Bonaire. Kurz nach 16 Uhr können wir an einer Boje vor der Stadt Kralendijk festmachen, Ankern ist hier zum Schutz der Korallen überall verboten. Bis zum Sonnenuntergang schaffen wir gerade noch die Einklarierungsprozedur beim Zoll und bei der Polizei.

Bonaire gehört zu den Niederländischen Antillen und gilt als Taucherparadies. Die Häuser und Straßen erinnern sehr an Holland, sind aber etwas bunter. Die niederländischen Antillen haben eine eigene Währung (NAf), die fest an den Dollar (USD) gebunden ist. Der

Dollar ist ein gleichwertiges Zahlungsmittel, und auch sonst ist der amerikanische Einfluss überall spürbar.

Die erste Nacht auf Bonaire ist etwas unruhig wegen der lauten Musik aus Karel's Bar. Trotzdem gehen wir am nächsten Morgen schon sehr früh mit der Schnorchelausrüstung ins Wasser. Wir sind überwältigt. So viele Fische in verschiedenen Arten, Formen und Farben haben wir noch nie gesehen, und das alles direkt an unserem Bojenplatz. Auch das Dingy Dock und die Stadt sind sehr nahe, hier kann man es aushalten.

Ich finde wieder ein WLAN, über das wir einen kostenlosen Internetzugang haben. Dabei gelingt es mir auch endlich, unsere Position so an Intermar (Verein segelnder Amateurfunker) zu senden, dass sie auf deren Internetseite automatisch in einer Karte erscheint. In Zukunft wird man auch auf unserer Internetseite immer sehen können, wo wir gerade sind und wie es dort aussieht (Google Earth).

Zusammen mit Marianne und Reinhard nehmen wir einen Leihwagen, um die Insel zu erkunden. Unser Hauptziel ist der Washington Slagbaai National Park. Es ist eine eher trockene Landschaft mit vielen Kakteen und mehreren Salzseen. Die Straße ist unbefestigt und teilweise sehr holprig, aber mit unserem japanischen Pick-Up doch ganz gut zu befahren. Wir sehen viele pinkfarbene Flamingos in den Salzseen, einen großen Leguan, einige Papageien und unzählige Echsen in verschiedenen Farben. Bei der Mittagspause am Leuchtturm treffen wir mal wieder die Crew der MOUSTACHE, die hier ebenfalls mit Freunden unterwegs ist. Abends sitzen wir in einem Restaurant vor riesigen Steaks, die Marianne anlässlich eines runden Geburtstags spendiert hat.

Am 21.12. segeln wir morgens früh weiter nach Curacao. Gegen 16 Uhr haben wir unser Ziel, die große geschlossene Lagune Spaanse Water, erreicht. Wir ankern in der Nähe der Sarifundy Marina, die zwar keine Liegeplätze hat, aber einige Dienstleistungen für die ankernden Schiffe anbietet. Sie ist eigentlich mehr ein schwimmendes Restaurant.

Gleich am ersten Morgen fahren wir mit dem Bus nach Willemstad zum Einklarieren. Jede Insel der Niederländischen Antillen betrachtet sich offensichtlich als selbstständigen Staat. Willemstad ist ein großes Industrie- und Handelszentrum in der Karibik. Das Stadtzentrum ist aber auch durch die großen Kreuzfahrtschiffe und den Tauchtourismus geprägt. Abends fahren wir wieder zu einem Geburtstagsessen an Land. In der Sarifundy Marina ist Wilma heute die Gastgeberin.

Den Heiligen Abend wollen wir eigentlich am Strand verbringen. Wegen des starken Windes verlegen wir die Feier dann auf die AQUILA. Neben Marianne und Reinhard sind auch Sabine und Heinz von der MAGIC LIFE dabei, die wir von den Kapverden kennen. Marianne spielt Weihnachtslieder auf der Mundharmonika, ansonsten ist es nicht sehr weihnachtlich, aber trotzdem schön.

Am 29.12. sind wir mit Marianne und Reinhard wieder mit einem Leihwagen unterwegs, um uns die Insel anzusehen und einiges einzukaufen. Seit Tagen versuchen wir vergeblich unsere europäischen Gasflaschen füllen zu lassen. Wir fahren vier verschiedene Gasfüllstationen an, aber keine ist bereit oder in der Lage, unsere Flaschen zu füllen. Wir geben auf und sehen uns noch etwas den Nordteil der Insel an. Besonders interessant ist auf dieser Fahrt der Besuch einer Tropfsteinhöhle, die von geflohenen Sklaven entdeckt wurde. Beeindruckend sind auch wieder die pinkfarbenen Flamingos und die Fahrt über die große Brücke über das Schottegat.

Sylvester feiern wir auf der MAGIC LIFE. Feuerwerke und Knallereien gibt es rundherum seit Tagen. Um Mitternacht erreicht das Spektakel einen Höhepunkt, das schönste Feuerwerk kommt aber erst um 2 Uhr. Zwischendurch ist es einige Male brenzlig, weil von benachbarten Schiffen Seenotmunition abgefeuert wird, die bei einem Treffer schwer löschbare Brände verursacht. Den Abend des ersten Tages im neuen Jahr verbringen wir wieder in der Sarifundy Marina. Heute darf Reinhard anlässlich seines Geburtstages das Essen spendieren.

Während unseres Heimaturlaubs entstand die Idee, eine Runde in der Karibik zu drehen. Der einfache Teil von Trinidad nach Curacau liegt jetzt hinter uns. Jetzt wollen wir in einem Stück nach Norden segeln und dann über den Antillenbogen langsam zurück nach Trinidad fahren. Wenn man bei den vorherrschenden Winden von Curacao nach Norden segelt, kommt man nach 380 sm normalerweise in der Dominikanischen Republik an. Wie man es von dort gegen den Passat zu den kleinen Antillen schafft, ist in einem Buch (Van Sant: Passages South) beschrieben.

Es ist ein glücklicher Zufall, dass die Crew der DADDELDU ähnliche Pläne hat und wir deshalb zusammen segeln können. Ob es auch noch ein Zufall ist, dass wir die MOUSTACHE immer wieder treffen und Jeremy mir jedes Mal erklärt, wie schwierig die Mona Passage zwischen der Dominikanischen Republik und Puerto Rico ist, weiß ich nicht. Jedenfalls glaube ich ihm das schließlich und lege als neues Ziel Puerto Rico fest.

Da Puerto Rico bei den vorherrschenden Winden von Curcao nur schwer zu erreichen ist, wollen wir bei schwachem Wind zurück nach Bonaire fahren und von dort aus nach Norden starten. Wir verfolgen regelmäßig die Wetterprognosen und finden bald ein günstiges Fenster für die Fahrt nach Bonaire und die anschließende Weiterfahrt nach Puerto Rico. Das günstige Fenster für Bonaire verschwindet bald wieder, aber es bleiben drei günstige Tage für die direkte Fahrt nach Puerto Rico. Bei einem Ostwind von 10 bis 15 kn sollte die Ostküste Puerto Ricos hoch am Wind gerade erreichbar sein, auch bei einem Strom von bis zu einem Knoten nach Westen. Optimal wäre die Stadt Ponce in der Mitte der Südküste, weil man dort direkt einklarieren kann.

Am 8.01.07 laufen wir bei Sonnenaufgang aus Spaanse Water aus, gefolgt von der DADDELDU und der MAGIC LIFE. Mit Motor fahren wir die Küste entlang nach Südosten. Der Wind ist mit 20 kn deutlich stärker als vorhergesagt, aber auch südlicher. Gegen 10 Uhr liegt die Südostspitze Curacaos hinter uns und wir können Segel setzen. Ein zweifach gerefftes Großsegel und eine entsprechend reduzierte Genua reichen aus, um mit mehr als 6 kn Fahrt in Richtung Puerto Rico zu rauschen. Wir können sogar noch etwas nach Osten vorhalten. Die Wellen sind unangenehm hoch und lassen den Bug oft hart aufschlagen. Wilma ist etwas seekrank.

Leider dreht der Wind immer mehr zurück und hat schon bald eine leichte Nordkomponente. Auch unser Ruder beginnt wieder zu knarren, obwohl es erst in Trinidad gefettet wurde. Meine neue Schmiermethode mit Injektionsnadeln funktioniert bei der Fahrt in den hohen Wellen nicht. Es gelingt mir aber, das Geräusch mit Silikonspray stark zu reduzieren.

Bei Einbruch der Dunkelheit können wir die DADDELDU gerade noch hinter uns erkennen. Die MAGIC LIFE hatten wir bereits mittags aus den Augen verloren. In der Nacht dreht der Wind wieder mehr auf Ost, sodass wir direkt auf unser Ziel Ponce zufahren können. Wir steuern mit dem elektrischen Autopiloten nach dem Wind (vorgegebener Winkel zum Wind), weil er präziser und bequemer ist als der Windpilot. Außerdem kann man im Schutz der Sprayhood Kurskorrekturen vornehmen, ohne nass zu werden. Den erforderlichen Strom schafft der Windgenerator bei 15 kn am Wind (wahrer Wind) spielend.

Auch am zweiten Tag bleibt der Wind in Richtung und Stärke etwa konstant, und wir können weiter mit mehr als 6 kn Fahrt direkt in Richtung Ponce segeln. Bei Sonnenuntergang nimmt der Wind ab und dreht auf Nordost. Ich starte die Maschine, auch um die Batterien zu laden. Da wir bei geringer Drehzahl gute Fahrt machen, lasse ich die Maschine weiter mitlaufen. Später stelle ich fest, dass die Windanzeige falsch war, und dass wir wahrscheinlich auch ohne Maschine den gewünschten Kurs gehalten hätten.

Am dritten Tag hält der Wind sich genau an die Prognose, die ich über Inmarsat bekomme habe. Es weht leicht mit 10 kn aus Ost. Mit einem Reff im Großsegel und voller Genua machen wir dabei aber immer noch 6 kn Fahrt in Richtung auf unser Ziel. Da Inmarsat RBGAN in der nördlichen Karibik nicht mehr verfügbar ist, versorgt uns unser Sohn Michael mit den entsprechenden Windprognosen über Iridium. In der Nacht soll der Wind auf 15 kn zunehmen und auf Nordost drehen. Keine dramatische Nachricht, aber unser Ziel Ponce werden wir unter diesen Umständen wohl nicht mehr direkt erreichen können.

Nach Sonnenuntergang nimmt der Wind ständig zu und erreicht schließlich 20 kn. Es gelingt uns aber, mit unserer karibischen Normalbesegelung (2 Reffs im Großsegel, Genua angepasst) den Kurs Ponce zu halten. Die Wellen sind allerdings chaotisch und die AQUILA schlägt immer wieder mit lautem Krachen auf. In der Dunkelheit ist die Wellenform nur schwer erkennbar, ändern kann man ohnehin nichts.

Wenige Stunden vor Sonnenaufgang nehmen Wind und Wellen etwas ab. An Schlaf ist aber wieder nicht zu denken, weil jetzt mehrere Frachter unsere Kurslinie kreuzen. In der Dunkelheit sind ihre Geschwindigkeit und Fahrtrichtung nur schwer abzuschätzen. Mit dem Radargerät ist es allerdings kein großes Problem.

Bei Sonnenaufgang schwächt sich der Wind weiter ab und dreht noch mehr auf Nord. 10 sm vor Ponce starten wir die Maschine und bergen die Segel. Das ruhige Wasser vor Puerto Rico nutze ich gleich, um die Windmessanlage neu zu kalibrieren. Kurz vor 9 Uhr fällt unser Anker vor dem Yacht Club in Ponce. Die DADDELDU, mit der wir immer in Funkkontakt waren, kommt etwas später an.

Unser Wunschziel Ponce haben wir in nur 73 Stunden erreicht und dabei 430 sm durchs Wasser zurückgelegt. Das entspricht einer Durchschnittsgeschwindigkeit von fast 6 kn. Wir sind sehr zufrieden. Es hat sich wieder gezeigt, dass man mit modernen Schiffen und den heute verfügbaren Wetterprognosen Strecken segeln kann, die früher nur schwer oder gar nicht möglich waren.

Puerto Rico gehört seit langem zu den USA und hat entsprechend strenge Einreisevorschriften. Neben Customs und Immigration spielt auch das Departement of Agriculture eine große Rolle. Normalerweise werden alle einreisenden Schiffe, auch amerikanische, auf

Lebensmittel und Tiere untersucht. Da wir vor Anker liegen, können die Beamten uns aber nicht inspizieren, weil sie nicht mit dem Schlauchboot fahren dürfen. Ich beantworte ihre Fragen nahezu wahrheitsgemäß auf einem amerikanischen Motorboot, das an der Pier inspiziert wird. Anschließend unterschreibe ich ein Papier, in dem ich versichere, dass wir weder Abfälle von unseren Lebensmitteln noch irgendwelche Tiere an Land bringen werden. Bei einem Verstoß gegen diese Regel müssen wir mit einem Jahr Gefängnis und 250000 USD Geldstrafe rechnen.

Wir sind tief beeindruckt vom Umweltbewusstsein der Amerikaner. Es ist nur schade, dass andere Länder nicht ähnliche Gesetze haben und sie auf Amerikaner anwenden können, wenn die bei ihren militärischen Abenteuern in großer Zahl und mit viel Gerät und Proviant einreisen.

Nach der Prozedur mit den Beamten von Agriculture fahren wir mit einem Taxi zu US Customs and Border Protection. Dort bekommen wir eine Cruising License für ein Jahr. Natürlich braucht man dazu auch ein gültiges Visum für die USA. Das hatten wir uns im letzten Jahr mit viel Aufwand in Frankfurt besorgt.

Am nächsten Tag nehmen wir uns zusammen mit Marianne und Reinhard für drei Tage einen Leihwagen. Bei der ersten Fahrt fahren wir durch den Ostteil der Insel bis kurz vor San Juan, der Hauptstadt Puerto Ricos. Wir kommen auf engen kurvenreichen Straßen durch eine wunderbare Berglandschaft, die teilweise dem Allgäu ähnelt. Es gibt Wiesen mit weidenden Kühen. Nur die Vegetation im Vordergrund und das Meer im Hintergrund erinnern daran, dass wir auf einer tropischen Insel sind. Auf dem Rückweg sehen wir uns die Marina Puerto del Rey an und beschließen, sie als Ausgangspunkt für die Fahrt zu den Virgin Islands zu wählen.

Am zweiten Tag fahren wir in die Hauptstadt San Juan an der Nordküste Puerto Ricos. Diese Fahrt ist einfach, denn wir können durchgehend Autobahn fahren. Interessant sind die Altstadt und die Festungsanlage San Felipe del Morro. Die Geschäfte der Stadt sind ganz auf die Kreuzfahrer ausgerichtet, für unseren Bedarf gibt es nicht sehr viel.

Die dritte Fahrt führt uns wieder in die Natur. Von Ponce aus geht es nach Osten in den Guilarte Forest. Über schmale kurvenreiche Straßen fahren wir durch den Regenwald, der in mehreren hundert Meter Höhe angenehm kühl ist. Die höchsten Berge sind hier über 1000 m hoch. An der Straße liegen immer wieder kleine Siedlungen und einzelne Häuser. Von den Höhen hat man oft einen herrlichen Blick in weite Täler und auf vereinzelte Seen. Wir können verstehen, dass sich in diesem Land viele Amerikaner niedergelassen haben.

Um gegen den vorherrschenden Passat leichter nach Osten zu kommen, wollen wir die Nachtflauten (night lees) ausnutzen. Deshalb laufen wir am 17.01. schon nachts um 3 Uhr aus Ponce aus. Unser Ziel ist der 30 sm entfernte Ort Patillas. Anfangs sind Wind und Wellen tatsächlich schwach und wir kommen mit Motor gut voran. Bei Sonnenaufgang nimmt der Wind ständig zu und erreicht schließlich 20 kn. Wir müssen die Drehzahl weiter erhöhen, um in den kurzen Wellen gut in Fahrt zu bleiben. Gegen 10 Uhr sind wir kurz vor Patillas und erfahren von der DADDELDU, dass sie bis Palmas del Mar weiterfahren möchten. Nachdem ich eine aktuelle Windprognose eingeholt habe, schließen wir uns ihnen an. Auf schwächeren Wind müssten wir noch mehrere Tage warten.

Kurz vor 14 Uhr erreichen wir den kleinen Hafen Palmas del Mar. Mehr als die Hälfte des Hafenbeckens ist wegen Bauarbeiten gesperrt, aber wir finden gerade noch ein kleines Plätzchen zum Ankern. Das von der Crew der DADDELDU angestrebte idyllische Fischessen unter Palmen kommt leider nicht zustande, weil das Restaurant schon geschlossen hat. Wir gehen dann in ein amerikanisches Restaurant, das nicht schlecht, aber auch nicht billig ist.

Am nächsten Morgen laufen wir bei Sonnenaufgang aus der schmalen Hafeneinfahrt aus. Der Wind erreicht bald wieder 20 kn und kommt fast genau von vorn. Die Wellen sind wegen der geringen Wassertiefe aber etwas niedriger. Kurz nach 11 Uhr haben wir auch diese unangenehme Motorfahrt hinter uns gebracht. Wir legen zuerst an der Tankstelle der Marina Puerto del Rey an, um unsere Dieselvorräte aufzufüllen. Das Tanken müssen wir allerdings wegen einer heftigen Regenböe einige Zeit unterbrechen. Die nächste Regenböe erwischt uns, als wir zu unserem Liegeplatz fahren wollen. Wir gehen deshalb zunächst vor Anker und legen eine Mittagspause ein, bevor wir dann bei wenig Wind zu unserem Liegeplatz fahren können.

Die Marina Puerto del Rey ist mit 1000 Wasserliegeplätzen die größte Marina der Karibik und sehr amerikanisch. Auf den langen Stegen gibt es einen Taxiservice, von dem auch wir gelegentlich Gebrauch machen. Für unsere Einkäufe in den großen Märkten nehmen wir uns wieder einen Leihwagen. Wir fahren auch zu einer Gasfüllstation, um mal wieder zu erfahren, dass unsere europäischen Flaschen nicht gefüllt werden können. Die Mitarbeiter der Füllstation sind aber sehr hilfsbereit und zeigen uns ihre technischen Möglichkeiten. In einem Kaufhaus finde ich später ein Anschlussteil, das für die Füllung der Gasflaschen geeignet erscheint. Mit diesem Teil, einer Anzahl von Adaptern, Werkzeug und den Gasflaschen fahren wir am nächsten Morgen hoffnungsvoll zur Gasfüllstation. Dort müssen wir leider feststellen, dass unser Anschlussteil dem erforderlichen sehr ähnlich, aber mit ihm nicht ganz identisch ist. Also müssen wir weiter sehr sparsam mit unseren Gasvorräten umgehen.

Die Inseln östlich von Puerto Rico, die wir als Nächstes anlaufen wollen, nannte Columbus Islas Virgenes, das heißt Jungferninseln. Der schöne deutsche Name ist aber kaum noch gebräuchlich, fast alle sprechen heute von den Virgin Islands. Wenn man von Puerto Rico nach Osten fährt, kommen zuerst die Spanish Virgin Islands (SVI), dann die U.S. Virgin Islands (UVI) und schließlich die Britisch Virgin Islands (BVI). Die Virgin Islands waren nach ihrer Entdeckung durch Columbus mehr als zwei Jahrhunderte hart umkämpft zwischen Briten, Franzosen, Spaniern, Niederländern und Dänen. Die Spanish Virgin Islands gehören zu Puerto Rico, das schon seit langem ein Teil der USA ist. Nur die östlichen Inseln (BVI) gehören noch zu Großbritannien, jedenfalls formal. Tatsächlich wird die ganze Region von den USA dominiert. Einziges Zahlungsmittel ist überall der Dollar.

Die Virgin Islands waren über Jahrhunderte ein beliebter Schlupfwinkel für Piraten. Heute lebt man hier überwiegend vom Tourismus, der von Westen nach Osten ständig zunimmt. Man kann durchaus einige Parallelen zwischen Piraterie und Tourismus finden, aber natürlich läuft heute alles viel humaner und freundlicher ab.

Am 20.01. verlassen wir um 8 Uhr Puerto del Rey in Richtung Culebra, der ersten Insel der Spanish Virgin Islands. Der Wind kommt uns mit 15–20 kn wieder genau entgegen, aber heute segeln wir. Nach zwei langen Kreuzschlägen erreichen wir mittags die Einfahrt zu der Ensenada Honda und ankern kurze Zeit später in der kleinen Bucht Padilla in ruhigem Wasser.

Die Insel Culebra, unsere erste und einzige Station auf den Spanish Virgin Islands, steckt touristisch noch in den Kinderschuhen. Am zweiten Tag verlegen wir uns vor den Hauptort der Insel. Zusammen mit Marianne und Reinhard schlendern wir durch das kleine Städtchen Dewey. Es gibt mehrere Läden, auch kleine Supermärkte, und ein nettes Restaurant am Meer, in dem wir zu Mittag essen.

Am nächsten Morgen brechen wir gegen 8 Uhr in Richtung St. Thomas (UVI) auf. Der Wind kommt uns mit 15 kn direkt entgegen. Aber bei dem moderaten Seegang und der kurzen Entfernung macht das Kreuzen richtig Spaß. Kurz nach 14 Uhr ankern wir bereits in der großen Hafenbucht von Charlotte Amalie, dem kulturellen und politischen Zentrum der U.S. Virgin Islands. Es ist der totale Kontrast zu Culebra und Dewey. Drei riesige Kreuzfahrtschiffe liegen an der Pier und es gibt viele Ankerlieger. Auch die MAGIC LIFE, die mit uns vor zwei Wochen aus Curacao ausgelaufen ist, treffen wir hier wieder.

Die dänische Vergangenheit ist in Charlotte Amalie überall sichtbar. Es gibt zwei kleine Festungsanlagen, mehrere sehenswerte Verwaltungsgebäude, Kirchen und viele kleine Lagerhallen, in denen sich heute Touristenläden eingerichtet haben. Mehrmals täglich rollen Touristenwellen von den Kreuzfahrtschiffen in das Einkaufsviertel, das direkt vor unserem Ankerplatz liegt. Gelegentlich mischen auch wir uns unter die Kreuzfahrer, aber von uns könnten die unzähligen Schmuck- und Souvenirläden nicht leben.

Am 29.01. fahren wir morgens weiter Richtung St. John (UVI). Wir kreuzen, aber der Wind ist schwach, sodass wir zeitweise den Motor einsetzen. Nach 20 sm haben wir unser Ziel, die Bucht Coral Harbour, im Ostteil der Insel schon erreicht.

St. John ist das komplette Gegenteil von St. Thomas. Der größte Teil der Insel ist Nationalpark, teilweise von der Rockefeller-Familie gestiftet. Viele Aussteiger und Künstler hat es auf die Insel gezogen. Die Wohlhabenden wohnen in schönen Häusern an den grünen Berghängen, die anderen in eher bescheidenen Hütten. Einer der kleinen Supermärkte in Coral Harbour wird von Palästinensern betrieben, die diese friedliche Gegend ihrer Heimat vorziehen.

Nach zwei Tagen fahren wir morgens mit dem Bus zum Ausklarieren nach Cruz Bay, dem Hauptort auf der Westseite der Insel. Die Fahrt geht über eine kurvenreiche Strecke durch die Berglandschaft mit herrlichen Blicken auf die Buchten und das Meer. Cruz Bay ist ein kleiner idyllischer Ort mit sanftem Tourismus. Die Formalitäten bei Immigration und Customs sind schnell erledigt.

Am frühen Nachmittag laufen wir aus Coral Harbour aus und verlassen damit das Gebiet der Vereinigten Staaten. Unser Ziel Norman Island ist nur 7 sm entfernt und gehört zu den British Virgin Islands (BVI). In der großen westlichen Bucht (The Bight) machen wir an einer Boje fest, nachdem wir an den Rändern des Bojenfeldes keinen geeigneten Ankerplatz finden konnten. Abends kommt eine freundliche junge Frau zum Kassieren, ein überall üblicher Vorgang. Nur der Preis von 25 USD pro Nacht liegt deutlich über dem üblichen. Ich erkläre ihr, eigentlich recht freundlich, was ich davon halte. Sie ist so entsetzt, dass sie mit Vollgas davonrast und sich dann einige Zeit in der Bucht treiben lässt. Kurz vor Sonnenuntergang kommt sie wieder. Ich bin jetzt noch freundlicher als vorher und

Wilma holt 25 USD aus ihrem Portemonnaie. Nach einem kurzen Gespräch, in dem sie ein gewisses Verständnis für unsere Meinung äußert, fährt sie wieder davon, ohne dass wir bezahlen können.

Am nächsten Morgen segeln wir nach Tortola und ankern vor dem inneren Hafen von Road Town, der Hauptstadt der British Virgin Islands. Mit dem Schlauchboot fahren wir zum Einklarieren. Das Personal ist mal wieder extrem unfreundlich. Eigentlich sind wir Segler in allen karibischen Staaten bei Customs und Immigration unerwünscht und sollen nach Möglichkeit das Land schnell wieder verlassen. Die Touristik-Ministerien mögen das anders sehen, aber mit denen kommen wir nie in Kontakt.

Da der Wind wieder aus Südost weht, was nach der Statistik im Winter kaum vorkommt, und der Ankerplatz sehr unruhig ist, verlegen wir uns in die Marina (Village Cay). Wir sind jetzt in der Hochburg des karibischen Charter-Tourismus und haben zum ersten Mal in dieser Saison kein Internet an Bord. Das WLAN der Marina ist defekt und der Mobilfunkbetreiber kann uns auch keinen akzeptablen Internetzugang anbieten. Es bleibt damit nur der Weg ins Internetcafé. Aber beim Gas sind wir endlich erfolgreich. An einer Tankstelle können wir unsere europäischen Gasflaschen nachfüllen und haben damit das leidige Gasproblem für einige Zeit gelöst.

Am nächsten Tag kommt auch die DADDELDU nach Road Town und findet sogar an unserem Steg einen Platz. Mittlerweile haben wir uns so aneinander gewöhnt, dass wir die gemeinsamen Abende an Bord nicht vermissen möchten.

Road Town hat sich mit neuen Gebäuden und Anlagen auf den wachsenden Tourismus mit Kreuzfahrt-Schiffen und Charter-Yachten eingestellt. Es gibt aber auch einen ursprünglichen Ortskern mit schönen farbigen Häusern. In diesem Gebiet betreibt die Firma Pusser's ein Restaurant und einen Laden, in dem wir eine größere Menge des berühmten Rums kaufen. Der Rum ist nicht für uns, sondern für Freunde, die auf dem Antillenbogen unterwegs sind und dieses kostbare Getränk dort sehr vermissen.

Am 4.02. laufen wir morgens aus Road Town aus. Unser Ziel sind die Ankerplätze im nordöstlichen Teil der Insel Tortola. Als es uns mit mehr als 20 kn direkt von vorn entgegenweht, entscheiden wir uns einfach für ein neues Ziel: die Bucht Great Harbour auf Peter Island. Nach etwas mehr als einer Stunde fällt unser Anker in dem ruhigen und klaren Wasser der Bucht. Das ist der große Vorteil der BVIs: Die Ankerplätze sind oft nur wenige Seemeilen voneinander entfernt.

Damit ist das Revier natürlich auch ideal für das Chartergeschäft. Wir haben noch nirgends so viele Charteryachten gesehen wie auf den BVIs. Leider sind in vielen Buchten Bojen ausgelegt, sodass man dort kaum noch ankern kann. Mittlerweile wissen wir auch, dass 25 USD pro Nacht der niedrigste Bojenpreis in den BVIs ist.

Auf Peter Island bleiben wir zwei Tage. Die Unterwasserwelt ist nicht umwertend, aber es gibt verschiedene schöne Korallen und einige bunte Fische. Sehr schön ist auch das Peter Island Resort in der Sprat Bay und der zugehörige Palmenstrand in der Deadman's Bay. Es sind nur wenige Menschen an dem traumhaften Strand, aber dafür wagt sich ein Leguan bis ans Wasser und sorgt für Unterhaltung.

Am 6.02. segeln wir weiter zu dem nordöstlichen Teil von Tortola und machen schließlich in der Bucht Trellis an einer Boje fest. Ankern ist in der Bucht wegen des ausgedehnten Bojenfeldes praktisch nicht möglich. Auch die DADDELDU macht später neben uns an einer Boje fest. Nachdem wir 25 USD für die Boje und 5 USD für 15 min Internet gezahlt haben, denken wir wieder an Piraterie. Aber das ist ungerecht. Wir könnten auch in eine Bucht ohne Bojen fahren und uns dort kostenlos in das WLAN einer ankernden Luxusyacht einklinken.

So ähnlich machen wir das am nächsten Tag. Wir kreuzen bei dem üblichen Wind Richtung Virgin Gorda und fahren dort in den North Sound. Das ist eine große Bucht mit vielen Ankermöglichkeiten. Zuerst ankern wir und die DADDELDU hinter einem Riff im nordwestlichen Teil der Bucht (Drake's Anchorage). Das Wasser ist klar und wir sehen mehrere Schildkröten, aber nur wenige bunte Fische. Einmal hält sich ein großer Baracuda längere Zeit an unserem Schiff auf. Wir versuchen ihn mit verschiedenen Ködern zu angeln, aber er fällt nicht auf unsere Tricks herein.

Nach drei Tagen kommen Claudia und Edgar mit ihrer MORGI zu uns. Wir hatten uns über Funk und E-Mail hier verabredet. Es ist ein herzliches Wiedersehen, bei dem es viel zu erzählen gibt. Auch der nächste Abend mit ihnen und der DADDELDU-Crew ist wieder sehr unterhaltsam. Danach verabschieden sich Claudia und Edgar und fahren weiter in Richtung Westen.

Zum Einkaufen fahren wir mit unseren Schiffen nach Gun Creek. Hier gibt es einen kleinen Supermarkt mit gutem Sortiment und akzeptablen Preisen. Als die DADDELDU Probleme mit der Ankerwinsch hat, verlegt sie sich an eine Boje des Saba Rock Resorts. Wir kommen zur Unterstützung in ihre Nähe und ankern am Rande des Bojenfeldes vor einem schmalen Sandstrand mit Mangroven und vielen Pelikanen. Jetzt haben wir den für uns idealen Platz in der großen Bucht gefunden. Vom Saba Rock Resort gibt es ein gutes WLAN und der Bitter End Yacht Club, das touristische Zentrum des North Sounds, ist nur wenige hundert Meter entfernt.

Der Bitter End Yacht Club ist die schönste und interessanteste Ferienanlage, die wir bislang in der Karibik gesehen haben. In der weitläufigen Anlage mit üppiger Vegetation gibt es mehrere Restaurants, Pubs, Läden und viele Sportangebote. Natürlich fehlen auch nicht der Palmenstrand mit weißem Sand und der Swimming Pool für die Süßwasserfreunde. Für uns ist allerdings mehr der kleine Laden von Bedeutung, in dem es sehr gutes Weißbrot gibt.

Am 13.02. fahren wir zusammen mit Marianne und Reinhard mit einem Taxi von Gun Creek nach Spanish Town zum Ausklarieren. Bei der Fahrt hat man von den Bergen einen herrlichen Blick auf die verschiedenen Buchten und das Meer. Der Zoll macht uns klar, dass wir das Land nun nach spätestens 12 Stunden verlassen müssen, was wir nicht unbedingt vorhaben.

Die DADDELDU läuft am nächsten Tag Richtung St. Maarten aus. Wir bleiben auf unserem Ankerplatz, weil uns die Windprognose mit reinem Ostwind, d. h. Wind fast direkt aus der Zielrichtung, nicht gefällt. 80 Seemeilen gegen den Passat, das ist unangenehm und kann sehr lange dauern.

Um einen längeren illegalen Aufenthalt auf den BVI zu vermeiden, wollen wir wieder einklarieren. Als Grund für unser Bleiben denke ich mir ein Motorproblem aus, das damit endet, dass nach häufigem Starten der Motor wegen der leeren Batterie nicht mehr anspringt. Als wir am Morgen des 15.02. zum Einklarieren nach Spanish Town fahren wollen, springt der Motor wirklich nicht an. Plötzlich ist das fiktive Motorproblem bittere Realität.

Der Anlasser ruckt, kann den Motor aber nicht durchdrehen, obwohl die Leerlauf-Spannung der Batterie über 12,5 V liegt. Ich ahne den Fehler und ersetze die Starter-Batterie durch die redundante Service-Batterie. Das war es, der Motor springt jetzt sofort an und wir können mit nur 20 Minuten Verspätung Richtung Spanish Town auslaufen, wo wir wieder einklarieren wollen.

Die Mitarbeiter von Immigration und Customs nehmen den Vorgang sehr ernst und fragen bei ihren Vorgesetzten nach. Wir hätten ihnen das Motorproblem gleich telefonisch melden sollen. Schließlich lassen sie Gnade vor Recht ergehen und verabschieden uns mit strengen Ermahnungen.

Nach einigen Einkäufen in den Marina-Läden fahren wir zu The Baths, dem bekanntesten Strand auf Virgin Gorda. Riesige Felsbrocken liegen vor und an dem weißen Sandstrand. Am Strand liegen eine luxuriöse Ferienanlage und dahinter ein Naturschutzgebiet. Wir schnorcheln an den Felsen entlang und sind überrascht von den vielfältigen Korallen und den vielen bunten Fischen. Am späten Nachmittag fahren wir zurück in den Gorda Sound und ankern hinter dem Riff, direkt vor Moskito Island. Abends wissen wir auch, woher die Insel ihren Namen hat. Aber es sind nicht sehr viele Plagegeister, die es gegen den Wind zu unserem Schiff schaffen. Morgens verlegen wir uns gleich wieder auf unseren geliebten Ankerplatz am Saba Rock, ganz in der Nähe der Pelikane und des Bitter End Yacht Clubs.

In dieser Umgebung kann man gut auf ein geeignetes Wetterfenster für die Fahrt nach St. Maarten warten. Ein günstiges Fenster deutet sich an und ist auch seit drei Tagen stabil. Deshalb laufen wir am 19.02. aus, zunächst nach Spanish Town zum Ausklarieren. Diesmal gibt es keine Probleme und so können wir kurz nach 11 Uhr Richtung St. Maarten aufbrechen.

Der Wind ist seit einem Tag sehr schwach und das Meer entsprechend ruhig. Nach Umrunden der Südspitze von Virgin Gorda fahren wir mit Motor nach Osten, um später direkt nach St. Maarten segeln zu können. So ruhig haben wir den offenen Atlantik noch nie gesehen. Im Laufe des Tages nimmt der Wind langsam zu und bekommt auch eine kleine Nordkomponente. Nach fast 40 sm unter Motor setzen wir gegen 18 Uhr Segel. Mit zwei Reffs im Großsegel sind wir für die Nacht gut vorbereitet. Schon bald läuft die AQUILA mit mehr als 6 kn auf unser Ziel zu. Der Wind nimmt allmählich weiter zu und dreht auf Ost, genau wie vorhergesagt. Wir haben aber genügend Reserve herausgefahren und rauschen jetzt mit über 7 kn durch die dunkle Nacht. Unangenehm sind einige Frachter, die uns in kurzem Abstand passieren.

Um 2 Uhr haben wir die Simson Bay von St. Maarten erreicht. Langsam fahren wir durch das Feld der Ankerlieger und ankern schließlich in der Nähe der Megayachten, weil hier am meisten Platz ist. Trotz Radar und elektronischer Seekarten ist man immer froh, wenn nachts der Anker an einer guten Stelle ausgebracht ist. Ausnahmsweise trinken wir mal ein Ankerbier. Wenn man in der Karibik 95 Seemeilen in östliche Richtung in 15 Stunden schafft, hat man sich das verdient. Freunde haben für die Strecke 20, 21 und 31 Stunden gebraucht. Wir haben zwar ein schnelleres Schiff, aber der Hauptgrund für die kurze Zeit liegt in der Ausnutzung der mittlerweile sehr guten Wind- und Wellenprognosen.

Warao-Indianer vor ihrem Dorf

Warao-Wohnhaus

Warao-Indianer beim Tauschen

Tucan im Orinoko

North Sound von Virgin Gorda

Windige Karibikinseln

In den Passatzonen heißen Inseln, die in Lee (weg vom Wind) eines vorgegebenen Längengrades liegen, oft Leeward Island. Die entsprechende deutsche Bezeichnung „Inseln unter dem Winde" ist kaum noch gebräuchlich. Bei den kleinen Antillen werden die Inseln von Dominica bis St. Maarten/Anguilla meistens Leeward Islands genannt. Wenn man von Martinique nach Norden fährt, liegt jede Insel etwas westlicher als die vorhergehende und ist damit bei dem vorherrschenden Ostwind (Passat) leicht zu erreichen. Wenn man von Norden kommt, ist das natürlich genau umgekehrt.

Um Wind und Wellen müssen wir uns im Moment aber kaum kümmern, denn wir liegen jetzt in der Simpson Bay Lagoon von St. Maarten. Die Insel St. Maarten, französisch St. Martin, ist geteilt. Der nördliche Teil gehört zu Frankreich und der südliche Teil zu den Niederländischen Antillen. Ob es zwischen den beiden Teilen auch eine Grenzmarkierung gibt, wissen wir nicht. In der Lagune ist jedenfalls nichts zu erkennen.

Wir liegen im niederländischen Teil, weil es von hier aus näher zu den Bootsausrüstern und den anderen Zubehörläden ist. Die DADDELDU liegt seit einigen Tagen in der Marina in Marigot und damit im französischen Teil der Insel. Wir besuchen sie gleich am ersten Tag und müssen eingestehen, dass Marigot mit dem typischen Flair einer französischen Kleinstadt den niederländischen Orten eigentlich vorzuziehen ist. Aber wir bleiben im niederländischen Teil und treffen hier viele Bekannte wieder, unter anderen DOLPHIN, DUDE und NAUTIKA.

Da sich die Wege der DADDELDU und der AQUILA nun endgültig trennen werden, laden wir zu einem letzten Filmabend ein. „Spiel mir das Lied vom Tod" steht auf dem Programm, ein Film, den wir alle schon mehrmals gesehen haben. Nach dem Film und einigen Abschiedsgetränken machen sich Marianne und Reinhard mit ihrem Schlauchboot auf den langen Weg zurück ins französische Marigot. Wir werden uns wohl längere Zeit nicht mehr begegnen.

Nun beginnen die diversen Einkäufe und Arbeiten. St. Maarten ist wirklich ein Einkaufsparadies für Schiffsbesitzer. Es gibt fast alles zu kaufen und wegen der Zollfreiheit auch noch sehr günstig. Aber einen passenden Ersatz für unsere defekte Starterbatterie kann ich zunächst nicht auftreiben. Schließlich finde ich im Autozubehör eine Gel-Batterie, die von den Abmessungen und Leistungsdaten zu passen scheint. Leider muss ich wegen der anders angeordneten Anschlüsse eine vollkommen neue Halterung bauen. Da Gel-Batterien empfindlich gegen Überladung sind, baue ich mithilfe von Dioden und Widerständen Schutzmaßnahmen ein und erweitere den vorhandenen Strommesser um einen Zweig für die Starterbatterie.

Zum Austausch der Starterbatterie muss die Reservebatterie ausgebaut werden. Als ich sie wieder einbauen will, zeigt der Kontrollpunkt rot. Also mache ich mich wieder auf die Suche nach einer passenden Batterie. Diesmal finde ich sofort die gleiche Batterie, und das bei einem amerikanischen Ausrüster. Als wir die alte Batterie zum Müll bringen wollen, zeigt der Kontrollpunkt wieder grün. Nach diversen Messungen komme ich zu dem Schluss, dass die Batterie doch noch in Ordnung ist. Wir beschließen deshalb, sie auf dem Flohmarkt zu verkaufen.

Einen Flohmarkt gibt es jeden Sonntag bei Shrimpy's, dem Seglerlokal mit Dinghy Dock und kostenlosem WLAN. Shrimpy's wird von Michael, einem gebürtigen Österreicher, betrieben, der sein Schiff hier für einige Zeit festgemacht hat, um seine Bordkasse aufzubessern. Er betreibt auch das tägliche Funknetz. Hier treffen wir alte Bekannte wieder und lernen neue Leute kennen. Beim Flohmarkt finden wir schließlich auch einen Käufer für unsere Batterie. Ein Italiener zahlt 15 USD und erhält dafür eine Rückgabegarantie.

Die Hauptstadt St. Maartens, Phillipsburg, liegt nur wenige Kilometer südöstlich der Simpson Bay und bietet weitere gute Einkaufsmöglichkeiten. Vor der Stadt gibt es große Super- und Baumärkte und in Strandnähe unzählige Schmuck- und Souvenirläden. Phillipsburg ist eines der großen Zentren des Kreuzfahrt-Tourismus.

Am 5.03.07 laufen wir beim ersten Öffnungstermin der Klappbrücke (9 Uhr) aus der Simpson Bay aus. Unser Ziel ist die knapp 20 sm entfernte Insel St. Barthelemy, abgekürzt St. Barths, die zu Frankreich gehört und auf der viele Superreiche Häuser und Yachten haben. Der Wind bläst uns mit 20 kn fast direkt aus der Zielrichtung entgegen. Wir kreuzen gegen den Wind und kommen trotz der unangenehmen Wellen gut voran. Plötzlich gibt es Wasseralarm. In der Motorbilge plätschert Wasser. Der Geschmackstest zeigt: Es ist Süßwasser. Ich pumpe jede halbe Stunde, aber das Wasser läuft immer wieder nach. In der Karibik hat das Wasser einen Salzgehalt von 3,5 %, wo kommt das viele Süßwasser her? Da wir in letzter Zeit gelegentlich etwas Wasser in der Bilge hatten, habe ich mehrmals alle Tank- und Druckwasseranschlüsse überprüft. Es gibt kein Leck.

Kurz nach 13 Uhr erreichen wir den Norden von St. Barth und ankern in der Bucht Colombier. Es ist eine schöne geschützte Bucht mit klarem Wasser und Sandstrand. Die Bucht und die Villa am Südhang gehörten einst der Familie Rockefeller.

Wir müssen uns jetzt aber erst mal um unsere Süßwasserquelle kümmern. Nachdem wir die Achterkoje mühsam freigeräumt haben, entdecke ich im hinteren Technikraum die Ursache. Die manuelle Bilgenpumpe, die am Ausgang der elektrischen Pumpe liegt, ist gebrochen. Das Wasser, das ich aus der Motorbilge ausgepumpt habe, ist hinten zwischen die Rumpfschalen wieder reingelaufen. Wir haben in der letzten Zeit wohl den größten Teil des Duschwassers nicht nach außen, sondern zwischen die Rumpfschalen gepumpt. Ich überbrücke die Pumpe mit einem Edelstahlrohr und hoffe, dass unsere Süßwasserquelle nun allmählich versiegt.

Am nächsten Tag fahren wir zum Einklarieren in die Hauptstadt Gustavia. Hier liegen viele große Yachten und die Läden der Stadt sind mehr auf wohlhabende Kundschaft ausgerichtet. Bill Gates, Madonna oder andere Prominente sehen wir allerdings nicht. Da der Ankerplatz vor Gustavia sehr unruhig ist, verlegen wir uns bald wieder in die Anse de Colombier.

Von St. Barth fahren wir am 9.03. gegen 7 Uhr weiter in Richtung St. Christopher, abgekürzt St. Kitts. Nach Monaten hat unser Kurs zum ersten Mal keine Ostkomponente mehr. Damit lässt der vorhergesagte Ostwind von 15 kn eine angenehme Fahrt über die 50 sm erwarten. Auf dem offenen Meer weht es aber bald mit 20 bis 30 kn. Die Fahrt ist deshalb nicht gerade angenehm, aber dafür sehr schnell. Unter Segel liegt unsere Durchschnittsgeschwindigkeit über 7 kn.

Kurz vor 15 Uhr ankern wir im Handelshafen von Basse Terre, um von hier aus einzuklarieren. Das Einklarieren ist hier aber nur bei Customs möglich. Die Stellen für Immigration sind am Flughafen und am Kreuzfahrt-Terminal. Die karibische Bürokratie ist ganz schön lästig und kostet sehr viel Zeit.

Wir fahren zu der kleinen Marina und ankern vor der Einfahrt. Mit dem Schlauchboot sehen wir uns die Marina an und können sogar einen Platz reservieren. Bis zum Einbruch der Dunkelheit haben wir unser Boot in der Marina festgemacht. Ein Taxi bringt uns zum Flughafen, wo wir in wenigen Minuten die Einklarierungsprozedur abschließen können.

St. Kitts ist zusammen mit der Nachbarinsel Nevis ein eigener Staat mit insgesamt 50000 Einwohnern. Die Hauptstadt des kleinen Staates ist Basse Terre. St. Kitts ist eine sehr grüne Insel und erinnert landschaftlich etwas an Puerto Rico. Die Haupteinnahmequelle ist zurzeit noch Zuckerrohr. Man will aber möglichst schnell auf den lukrativeren Tourismus umsteigen. Noch legt nur alle paar Tage ein Kreuzfahrtschiff an, aber mit der geplanten größeren Pier und den im Bau befindlichen Läden wird sich das bestimmt bald ändern.

Gleich am ersten Tag unternehmen wir eine Inselrundfahrt. Neben den vielen Zuckerrohrfeldern fällt die große Anzahl von Kirchen auf. Der Höhepunkt der Fahrt ist aber die Festungsanlage Brimstone Hill. Die Anlage wurde von den Briten erbaut und war die größte und modernste ihrer Art in der Karibik. Während der großen Kolonialkriege kämpften 1782 ungefähr 1000 britische Soldaten und entflohene Sklaven in der Festung gegen 8000 Franzosen. Erst nach einem Monat mussten sich die Briten geschlagen geben, durften aber in allen Ehren die Festung verlassen.

Die Stadt Basse Terre ist noch sehr ursprünglich, mit einigen alten Gebäuden aus der französischen und der englischen Kolonialzeit. Sehr schön sind der zentrale Platz, der dem Piccadilly Circus in London nachempfunden wurde, und der Independence Square.

Nach drei Tagen fahren wir weiter zu der Nachbarinsel Nevis und ankern dort vor Charlestown. Nachmittags taucht plötzlich die HEAVY METAL mit Maren und Uwe auf. Wir kennen uns seit den Kapverden und haben uns viel zu erzählen. Dabei regnet es stundenlang in Strömen. Als Maren und Uwe zu später Stunde in ihr Beiboot steigen wollen, müssen sie erst mal kräftig Wasser schöpfen.

Obwohl der Abend etwas länger war, starten wir am nächsten Tag bereits vor 4 Uhr. Wir wollen von Nevis direkt nach Guadeloupe fahren und hoffen, die 75 sm deutlich vor Sonnenuntergang zu schaffen. Leider ist der Wind diesmal schwächer als vorhergesagt, sodass wir nur mit Motor fahren können. Wir entschließen uns deshalb, die Fahrt auf Montserrat zu unterbrechen.

Schon vor 11 Uhr ankern wir in der Little Bay im Norden von Montserrat. Die Insel ist nach dem großen Vulkanausbruch 1995 nur noch im Norden bewohnt. Damals wurde die gesamte Hauptstadt Plymouth zerstört, sie ist seitdem nicht mehr bewohnbar. Nachdem in 2003 der gesamte Dom des Vulkans kollabierte, ist der Vulkan zwar ruhiger geworden, aber immer noch etwas aktiv.

Da der Ankerplatz sehr unruhig ist und wir nicht einklarieren wollen, bleiben wir an Bord. Im Laufe des Tages nimmt der Schwell ständig zu. Nachts erreichen die Wellen eine Höhe von einem Meter und lassen uns kaum noch schlafen. Beim ersten Tageslicht verlassen wir und die beiden anderen Segler den ungemütlichen Platz.

Wir fahren mit Motor dicht an der Küste entlang nach Süden. Die Insel ist grün und landschaftlich schön. Dann nähern wir uns der verlassenen Stadt Plymouth. Auf den ersten Blick ist gar nicht erkennbar, dass die vielen Häuser unbewohnt sind. Aber es liegt Rauch über der Stadt und der Vulkan ist von einer dunklen Wolke umhüllt. Deutlich kann man die erstarrten Lavaströme erkennen. Ein leichter Aschenregen kommt uns entgegen, es ist ein unheimlicher Ort.

Als wir uns von Montserrat entfernen, setzt ein leichter Wind ein. Leider hat er wieder eine Südkomponente, sodass wir kreuzen müssen. Gegen 15 Uhr erreichen wir Deshaies an der Nordwestküste von Guadeloupe. Wir ankern in der geschützten Bucht vor dem malerischen Ort, der uns schon im letzten Jahr beeindruckte.

Am nächsten Tag gehen wir zu Customs und Immigration und können gleichzeitig ein- und ausklarieren. Hier in Frankreich ist alles etwas unbürokratischer. Es liegen auch mehrere deutsche Schiffe in der Bucht, unter anderen die GENESIS mit Beate und Wolfgang und die FLIPPER mit Stefan. Nachmittags laufen Irmgard und Hans mit der KNAATSCHE ein.

Die Überfahrt nach Dominica legen wir auf den 19.03. fest, weil an diesem Tag bei einem Ostwind von 15 bis 20 kn gute Bedingungen vorliegen sollten. Hans schließt sich unseren Überlegungen an, obwohl er eigentlich schon einen Tag früher fahren wollte.

Kurz nach 6 Uhr brechen wir auf, die KNAATSCHE ist schon einige Seemeilen voraus. Hinter der Insel ist der Wind wie immer schwach und wechselhaft, wir fahren mit Motor. Als wir aus der Landabdeckung herauskommen, bläst es mit 25–30 kn. Mit stark reduzierter Segelfläche fahren wir hoch am Wind. Trotz der hohen Wellen können wir den Kurs auf Dominica gut halten. Mehrere Wellen kommen über die Sprayhood herüber, einige steigen seitlich ein. Das Schiff stampft und rollt, aber alles funktioniert. Der Autopilot steuert den vorgegebenen Kurs zum Wind und erhält mehr als genügend Strom vom heulenden Windgenerator. Eigentlich muss man in solchen Situationen nur warten bis es vorüber ist. Kurz vor 15 Uhr ist das Schlimmste vorüber, und eine halbe Stunde später können wir vor Portsmouth im Norden von Dominica ankern. Die KNAATSCHE, die wir aus den Augen verloren hatten, kommt einige Zeit spät an. Irmgard und Hans wollen morgen weiter nach Martinique fahren, obwohl der Wind so stark bleiben soll. Von meinen Prognosen (Windfinder) scheinen sie nicht mehr viel zu halten. Ich kann das gut verstehen.

Am nächsten Morgen gehen wir zusammen mit Stefan von der FLIPPER zu Customs an der Südseite der Bucht. Portsmouth ist noch sehr ursprünglich. Abgesehen von den ankernden Schiffen gibt es hier keinen Tourismus. Die Immigration-Stelle ist neuerdings in der Polizeistation in der Ortsmitte. Nachdem wir alle Formalitäten erledigt haben, gönnen wir uns ein Mittagessen in einem Strand-Restaurant. Es kostet nur wenige Dollar, ist aber gar nicht so schlecht.

Danach treffen wir Jan im Big Papas Restaurant. Er ist inzwischen auch Trans-Ocean-Stützpunktleiter und hat weiter große Pläne, die angeblich vom Minister für Tourismus voll unterstützt werden. Die Voraussetzungen für mehr Bootsservice sind hier sicher gegeben.

Am 21.03. brechen wir und die FLIPPER kurz nach 6 Uhr in Richtung Martinique auf. Der Wind sollte heute etwas schwächer sein als am Vortag. Hinter der Insel ist der Wind tatsächlich sehr schwach und kommt zeitweise sogar aus Westen. Als wir uns der Südspitze Domincas nähern, bläst es mit 30 kn. Es steht uns also wieder eine nasse Überfahrt bevor. Nach einigen Seemeilen pendelt sich der Wind dann aber zwischen 20 und 25 kn ein und die Wellen sind auch nicht so hoch wie auf der letzten Fahrt. Nur eine Welle schafft den langen Weg über die Sprayhood ins Cockpit. Kurz nach 14 Uhr kommen wir in die Landabdeckung von Martinique und damit wieder in ruhiges Wasser, und noch vor 18 Uhr fällt unser Anker nach 72 sm in der Anse Mitan. Auch Stefan schafft es noch bevor es ganz dunkel wird.

Morgens fahren wir gleich mit dem Schlauchboot zur MIMPIMANIS, die am Steg Le Ponton liegt. Die MIMPIMANIS-Crew, Evi, Stephan und Lena, warten hier zusammen mit Stephans Eltern auf Nachwuchs. Auch wir sind gespannt auf das neue Crew-Mitglied und werden es bestimmt bald besuchen.

An der Tankstelle des Stegs können wir Gas bekommen und auch einklarieren. Es ist alles so einfach und unbürokratisch in Frankreich. Aber dann kommt ein Formular, das uns sehr verwundert. Wir sollen die Kranken und ihre Krankheiten, die Toten und die Anzahl der Särge an Bord auflisten. Unser kritisches Nachfragen bringt nichts, wir müssen das Formular ausfüllen. Jetzt fangen die Franzosen auch noch an zu spinnen.

Am 23.03. fahren wir morgens früh weiter nach Le Marin. Es weht wieder kräftig. Zum ersten Mal fahren wir außen am Diamond Rock vorbei und kreuzen nach Le Marin hinein. Mittags haben wir unser Ziel erreicht. Wir ankern auf unserem Stammplatz zwischen Mango Bay Bar und dem Supermarkt Leader Price.

Le Marin ist eines der großen nautischen Zentren der Karibik. Die Marina hat 600 Liegeplätze, und auf den benachbarten Ankerplätzen liegen meistens noch mehr Schiffe. Auf diesen Markt haben sich einige Bootsausrüster eingestellt, die allerdings nicht gerade billig sind. Wir finden diesmal aber nur wenig Brauchbares und melden unseren dringenden Bedarf an Freunde in Deutschland, die uns demnächst besuchen werden.

Am Wochenende fahren wir ins benachbarte St. Anne und ankern dort vor dem Sandstrand. Bei einem Spaziergang durch den Ort treffen wir plötzlich auf Diana und Steve von der INDEPENDENT FREEDOM, die wir von der ARC 2005 kennen. Wir hatten zwar E-Mail-Kontakt, wussten aber nicht, dass wir schon am selben Ort sind. Gleich am nächsten Tag sind wir bei ihnen zum Dinner eingeladen. Es war wie immer ein unterhaltsamer Abend bei gutem Essen.

Am 31.03. verlegen wir uns in die Marina du Marin und bereiten uns auf den Besuch unsere Freunde aus Düsseldorf vor. Dorothee und Peter haben wir beim Segeln in Kroatien kennengelernt. Als wir sie abends vom Flughafen Lematin abholen, regnet und weht es heftig. So bekommen unsere Freunde einen ersten Eindruck von dem Wetter in dieser Region.

Morgens wollten wir ursprünglich gleich nach St. Lucia segeln. Die Windprognose und das aktuelle Pfeifen in der Marina veranlassen uns aber zu einer Planänderung. Wir behalten den Leihwagen und machen eine Inselrundfahrt. Hinter der Hauptstadt Fort de France geht es auf einer schmalen Straße in die Berge. An der Kirche Sacre Coeur, benannt nach dem Pariser Vorbild, halten wir und genießen den Ausblick auf die Stadt und die Bucht, der durch das regnerische und trübe Wetter leider etwas beeinträchtigt ist.

Die nächste Station ist der Jardin du Balata, ein botanischer Garten mit einer Vielzahl tropischer Gewächse in herrlichen Farben und Formen. Dorothee und Peter sind beeindruckt von der üppigen Vegetation und vergleichen sie mit der auf Madeira. Dann geht es weiter durch den Regenwald nach Morne Rouge. Neben den bunten Blumen sind besonders die großen Farne und hohen Bambussträucher beeindruckend.

Der Vulkan Pelee, der 1902 die Stadt St. Pierre vollkommen zerstörte und 30000 Menschen tötete, ist heute vollkommen von Wolken umhüllt. Wir fahren deshalb gleich weiter zu der Rumfabrik Depaz. Diese Rumfabrik ist nicht nur schön gelegen, sondern besitzt auch ein kleines Technikmuseum und gewährt einen guten Einblick in den laufenden Fertigungsprozess. Für mich als Ingenieur ist die laufende Dampfmaschine immer wieder interessant.

Über St. Pierre fahren wir dann an der Westküste entlang zu dem idyllischen Fischerort Case Pilot. Während unsere Freunde und Wilma einen Spaziergang machen, besuche ich Frank Agren vom Volvo Service. Obwohl er uns nie richtig helfen konnte, verbindet uns doch ein freundschaftliches Verhältnis. Es ist bereits dunkel, als wir wieder in Le Marin sind.

Am nächsten Morgen laufen wir kurz nach 9 Uhr in Richtung St. Lucia aus. Der Wind hat deutlich nachgelassen, erreicht auf dem offenen Meer aber noch 20 kn. Auch die Atlantikwellen haben fast die normale Höhe, kommen aber von der Seite und sind damit nicht unangenehm. Für Dorothee und Peter ist das wellige Wasser neu. Als langjährige Segler haben sie damit aber nicht das geringste Problem.

Um 15 Uhr machen wir an einer Boje in der Marigot Bay fest. Die Marigot Bay gilt als eine der schönsten Buchten in der Karibik und ist entsprechend touristisch erschlossen. Die neue Hotelanlage im Süden ist jetzt fertig und ganz gut gelungen. Natürlich wäre für uns die Bucht ohne die Anlage noch schöner. Den Abend genießen wir in einem Restaurant bei gutem Essen und Live-Musik. Dorothee und Wilma lassen sich von der rhythmischen Musik sogar zum Tanzen verleiten.

Nach einem Spaziergang durch die Hotelanlage und einigen Einkäufen fahren wir am nächsten Tag mittags weiter nach Soufriere. Unser Ziel ist einer der begehrten Bojenplätze westlich der Stadt, die über einer schönen Unterwasserwelt liegen und einen herrlichen Blick auf die Pitons erlauben. Lange bevor die Bojen in Sicht sind, werden wir von einem Boat Boy empfangen und zu einer freien Boje geführt. Wir gehen alle gleich ins Wasser und finden eine schöne Landschaft mit sehr vielen unterschiedlichen Korallen vor, insbesondere schönen Fächerkorallen. Die Anzahl und Vielfalt der bunten Fische hält sich allerdings in Grenzen, wenn man von einem großen Schwarm gelbgestreifter Fische absieht.

Morgens segeln wir wieder zurück nach Norden und ankern gegen Mittag in der Rodney Bay, nahe der Einfahrt zur Lagune. Dorothee, Peter und Wilma fahren mit dem Bus in die Hauptstadt Castries, während ich zurück an Bord bleibe. Plötzlich ruft jemand nach mir, es ist John, der Taxifahrer, mit dem wir schon gute und schlechte Erfahrungen gemacht haben. Ich wollte ihn schon anrufen, weil die offiziellen Taxifahrer der Marina mittlerweile

150 USD für eine Inselrundfahrt verlangen. John bietet uns die Fahrt für 100 USD an, allerdings mit seinem alten Bus und „Local Aircondition" (offene Fenster).

Am nächsten Morgen verlegen wir uns in die Marina und gehen pünktlich um 10 Uhr mit John auf die Inseltour. Wir fahren an der Westküste entlang nach Süden. Oberhalb von Castries hat man einen herrlichen Blick auf die Stadt und die Bucht. Etwas später sehen wir die Marigot Bay aus der Vogelperspektive. Dann geht es vorbei an Bananenplantagen weiter nach Soufriere, wo wir in einem netten Strandlokal zu Mittag essen.

Dorothee möchte gern zu der Plantage Morne Coubaril, aber John weiß nicht so recht wo sie ist. Schließlich finden wir die Anlage doch noch und bekommen eine exzellente Führung durch den Besitzer (Franzose) der Plantage. Zuerst beklagt er, dass seine Angestellten sich frühzeitig davongeschlichen haben, doch dann scheint es ihm richtig Spaß zu machen, seine Anlage selbst vorzustellen. Auf der 1723 gegründeten Plantage werden immer noch Kakao und Kokosnüsse angebaut. Wir erfahren viel über die traditionelle Verarbeitung von Kakao, Kokosnüssen und Zuckerrohr und besichtigen auch eine restaurierte Sklavensiedlung. Vom Anbau und der Verarbeitung von Kakao und Kokosnüssen selbst kann der Besitzer heute nicht leben, 80 % seiner Einnahmen stammen von den Kreuzfahrttouristen (Führung: 25 USD/Person). Von uns Mini-Kreuzfahrern will der freundliche Herr aber kein Geld annehmen.

Die nächste Station ist der Vulkan (Soufriere) mit den Sulfatquellen, an die man dicht mit dem Auto heranfahren kann. Wir haben dieselbe lustige Führerin wie im letzten Jahr. Bei der Beschreibung des Vulkans und der kochenden Schlammquellen fügt sie immer wieder lächelnd deutsche Wörter ein, und am Ende singt sie sogar noch für die Filmkamera.

Mittlerweile ist es so spät geworden, dass wir auf die Besichtigung des Botanischen Gartens verzichten müssen. Wir fahren zurück in die Rodney Bay und lassen den interessanten Tag mit einem guten Essen in einem Restaurant der Marina ausklingen.

Kurz vor Mittag verlassen wir am nächsten Tag die Rodney Bay in Richtung Norden. Der Wind ist unter 15 kn und der Atlantik so zahm wie selten. Wir kommen auf über 6 kn Fahrt und können bereits nach 5 Stunden in der Anse Mitan auf Martinique ankern. Es ist Ostersamstag, und Dorothee produziert mithilfe der mitgebrachten Farben viele bunte Ostereier.

Ostersonntag fahren wir nach einem zünftigen Osterfrühstück zuerst zur MIMPIMANIS, um uns die kleine Sophie anzusehen. Sie hat vor einer Woche in Fort de France das Licht der Welt erblickt, und die ganze Crew ist stolz und glücklich über den niedlichen Nachwuchs an Bord. Wir können an dem Geburtsort der kleinen Sophie Dorothee und Peter heute nicht sehr viel zeigen, denn die Hauptstadt Martiniques ist wie ausgestorben. Schnell fahren wir zurück zur Anse Mitan, wo in dem kleinen Ort Pointe du Bout durch den Tourismus ein normaler Betrieb herrscht.

Ostermontag brechen wir morgens in Richtung Le Marin auf. Bei mäßigem Wind und niedrigen Wellen lässt es sich gut segeln. Hinter dem Diamond Rock beginnen wir Richtung St. Anne zu kreuzen. Bei einem Gegenstrom von bis zu 2 kn sehen unsere Kreuzschläge auf dem PC gar nicht gut aus. Deshalb setzen wir schließlich die Maschine ein, um vor St. Anne noch genügend Zeit zum Baden zu haben. Nachmittags fahren wir zurück in die Marina du Marin.

Heute, am 10.04. fliegen Dorothee und Peter zurück nach Deutschland. Wir nehmen uns wieder einen Leihwagen und wollen vor dem Abflug noch den südlichen Teil der Insel erkunden, den wir bislang auch nur zum Teil kennen. Zunächst fahren wir in das kleine Ferienstädtchen St. Anne und an den Strand des Club Med, der mit seinem weißen Sand und den hohen Palmen dem üblichen Karibikbild entspricht. Noch besser gefällt uns der lange Palmenstrand südlich von St. Anne. Da er an der äußersten Südspitze der Insel liegt, sind hier die Wellen allerdings höher. Direkt hinter dem Strand liegt eine Saline, die heute ein Naturschutzgebiet ist. Interessant sind hier unter anderem die vielen Krabben, die nur eine große Zange haben.

Nach dem Ausflug und einer letzten Kaffeepause an Bord der AQUILA bringen wir Dorothee und Peter zum Flughafen. Die Zeit mit ihnen ist wie im Fluge vergangen. Sie haben mit uns nur einen kleinen Teil der Karibik gesehen, aber dabei doch das Leben von Langzeitseglern kennengelernt.

Wir bleiben noch einige Zeit in Le Marin, auch um die Teile zu verarbeiten, die Dorothee und Peter mitgebracht haben. Ich installiere einen neuen GPS-Empfänger am Kartentisch, damit wir in Zukunft mit zwei Geräten fahren können. Außerdem baue ich einen separaten Betriebsstundenzähler für den Motor ein, weil der vorhandene selten funktioniert und auch schlecht ablesbar ist.

Freitags gehen wir regelmäßig zum deutschsprachigen Stammtisch in die Mango Bay Bar. Es gibt viele bekannte und einige neue Gesichter und immer wieder interessante Neuigkeiten und Geschichten aus dem Leben der Karibiksegler. Schön sind auch die „Sundowner" auf den Schiffen, z. B. auf der SEPTEMBER mit Gabi und Hans und der PAUWKE mit Mieke und Bob. Bei der PAUWKE und der AQUILA sind Sundowner meistens auch mit einem leckeren Essen verbunden.

Nach zwei Wochen verlassen wir am 22.04. kurz nach 8 Uhr Le Marin in Richtung St. Lucia. Hinter der Landabdeckung haben wir den üblichen Wind bei mäßigen Wellen. Die AQUILA macht mehr als 7 kn Fahrt, lässt einen größeren englischen Zweimaster deutlich hinter sich und wird zeitweilig von Delfinen begleitet. Wir könnten zufrieden sein, wenn nur das Ruder nicht wieder klopfen würde. Dabei habe ich das obere Ruderlager, das die Ursache für Klopfgeräusche ist, erst vor kurzem richtig nachschmieren können, nachdem mir Stephan von MIMPIMANIS eine größere Injektionsnadel gegeben hat. Über Schlitze, die ich in den Lagerring eingefeilt habe, versuche ich seit einiger Zeit mithilfe medizinischer Spritzen das Lager zu fetten. Aber das von der Werft empfohlene Teflonfett scheint wohl nicht das richtige Schmiermittel zu sein. Ich werde es demnächst mit Silikonfett versuchen.

Kurz vor 13 Uhr ankern wir bereits in der Rodney Bay auf St. Lucia. Der Engländer, der unseren Kurs vor St. Anne kreuzte, kommt fast eine Stunde später an. Da wir am nächsten Tag weiterfahren wollen, verzichten wir auf das Ein- und Ausklarieren und gehen auch nicht an Land. Dafür surfen wir über das kostenlose WLAN ausgiebig im Internet.

Am nächsten Morgen starten wir schon vor Sonnenaufgang, weil wir direkt bis Bequia segeln wollen. In der Landabdeckung von St. Lucia ist der Wind schwach und wechselhaft, sodass wir ausschließlich mit Motor fahren. Nach den Pitons können wir aber wieder mit mehr als 7 kn Fahrt in Richtung St. Vincent laufen. Der Nordteil St. Vincents ist sehr grün und hat eine alpenähnliche Landschaft mit steilen Hängen. Erst aus der Nähe erkennt man die tropische Vegetation. In der Landabdeckung von St. Vincent ist der Wind schwach und wechselhaft, sodass wir wieder den Motor bemühen müssen. Erst die letzten 15 sm bis Bequia können wir wieder in voller Fahrt unter Segel genießen. Noch vor 17 Uhr erreichen wir nach etwas über 70 sm die Admirality Bay von Bequia und lassen zufrieden den Anker fallen.

Bequia ist eine Insel, auf der viele Segler etwas länger bleiben. Das Wasser ist ruhig und sauber, es gibt eine gute Grundversorgung, auch Bootszubehör, und nette Restaurants und Cafés. In einem Internetcafé treffen wir Petra und Roland von der AVALON wieder, und später lernen wir Kurt von der FIETE kennen. Mit Kurt planen und buchen wir einen Ausflug nach St. Vincent.

Der Ausflug beginnt mit einer Fährfahrt nach Kingstown, der Hauptstadt St. Vincents. Hier erwartet uns ein Tour Guide, der uns zu dem Mesopotamia Valley und den Montreal Gardens bringt. Das Mesopotamia Valley ist ein großes fruchtbares Tal, in dem so ziemlich alles angebaut wird, was in tropischem Klima wächst und verspeist werden kann: Bananen, Ananas, Brotfrüchte, Avocados, Mangos, Papayas, Guavas, Grapefruit, Passionsfrüchte, Kartoffeln, Erdnüsse und Christophenen. Im Gegensatz dazu werden in den Montreal Gardens nur die exotischen Schönheiten angebaut, die man in ihrer Vielfalt und Farbenpracht immer wieder bewundern muss. Nach der Tour bleibt uns noch genügend Zeit für einen Spaziergang durch Kingstown. Interessant sind hier insbesondere die Kirchen und der Markt.

Zwei Tage später nehmen wir uns einen Leihwagen, um die kleine Insel Bequia noch etwas näher kennenzulernen. Hier haben sich in den letzten Jahren viele Ausländer niedergelassen, von denen einige kleine Geschäfte betreiben. Ein Bootsausrüster, eine Polsterei und eine Bäckerei sind z. B. in deutscher Hand.

Wir fahren auf engen Straßen auf die Ostseite der Insel und halten an einer ehemaligen Zuckermühle, in der heute Engländer eine Töpferei betreiben. Wilma ist von Tonwaren ganz begeistert und es fällt ihr schwer, auf größere Einkäufe zu verzichten. Dann kommen wir zur Spring Bay. In dem Palmenwald weiden Ziegen und Rinder und an dem Sandstrand laufen die Atlantikwellen sanft auf, da sie durch das vorgelegene Riff stark gedämpft werden.

Die nächste Bucht, die den irreführenden Namen Industry Bay trägt, ist ähnlich, aber kleiner. Es gibt hier ein kleines Gasthaus mit Übernachtungsmöglichkeiten und eine größere vornehme Wohnlage, etwas versteckt in einem großen Garten. Die weiter nördlich liegende Turtle Farm ist heute leider geschlossen, kann aber trotzdem ganz gut eingesehen werden. Der Besitzer, Brother King, nimmt Eier der Schildkröten und lässt die Jungtiere erst ins Meer, wenn sie älter sind und eine höhere Überlebenschance haben. Unsere Rundfahrt beenden wir mit einem kurzen Besuch in der Friendship Bay, die mehr touristisch geprägt ist. Nach dieser Rundreise verstehen wir, warum sich so viele Ausländer auf dieser Insel niedergelassen haben.

Am 29.04. laufen wir um 8 Uhr von Bequia aus, unser Ziel ist die kleine Insel Canouan. Vier größere Segler überholen uns unter Maschine auf dem Weg zur Südspitze von Bequia, wo alle Schiffe Segel setzen. Bei den üblichen Bedingungen mit 15 kn Ostwind zeigt die AQUILA ihre Stärken. Nach 20 sm sind wir kurz vor Canouan und haben drei der Segler deutlich hinter uns gelassen. Um 12 Uhr fällt der Anker in der Charlestown Bay, in der

Nähe eines Hotels. Der kleine Ort hat nicht viel zu bieten, aber es gibt einen kleinen Supermarkt für den Grundbedarf. Das Hotel ist dagegen eine schöne und komfortable Anlage, in der man sogar ofenfrische Baguettes kaufen kann.

Am nächsten Morgen fahren wir weiter in die nur 7 sm entfernten Tobago Cays, die als das Tauch- und Schnorchelparadies der kleinen Antillen gelten. Wir ankern südlich der kleinen Insel Baradel hinter dem Horseshoe Reef (Hufeisen-Riff). Es weht wie bei unserem letzten Aufenthalt mit mehr als 20 kn, und das Wasser ist entsprechend unruhig. Auf dem Sandgrund am Ankerplatz gibt es nur wenige Fische, aber ich sehe doch einen großen gepunkteten Rochen mit einem fast 2 m langen Schwanz. Dann sehe ich auch, dass ein amerikanisches Charterschiff vor uns an einem kleinen, schlecht eingegrabenen Anker mit kurzer Kette liegt. Ich wundere mich etwas, weil ein Crew-Mitglied gleich nach der Ankunft mit einer Maske den Anker inspiziert hat. Kurz entschlossen ankern wir neu in sicherem Abstand, um eine ruhige Nacht zu haben.

Beim Frühstück liegt unser amerikanischer Nachbar schon deutlich hinter uns, aber anscheinend in stabiler Lage. Doch dann sehen wir, wie er immer schneller driftet. Es gelingt mir gerade noch, den Motor ins Schlauchboot zu heben und dann schnell hinterherzufahren, um die schlafende Crew zu wecken. Es dauert einige Zeit bis jemand die Situation versteht und die Maschine startet.

Danach fahren wir mit dem Schlauchboot zum Riff und machen dort an einer Boje fest. Die Unterwasserwelt hat hier wirklich einiges zu bieten. Wir sehen viele unterschiedliche Korallen, insbesondere große Gehirnkorallen, verschiedene Papageienfische und große Schwärme tiefblauer Fische. Gegenüber Bonaire ist das allerdings nicht sehr viel.

Nachmittags fahren wir zu der nahe gelegenen Insel Mayreau und ankern dort in der Saline Bay vor einem schönen Palmenstrand. Es dauert nicht lange, bis wir wieder ein driftendes Charterschiff sehen. Diesmal ist es ein Katamaran, der sich mit seinem Anker langsam aus der Bucht herausbewegt. Einem benachbarten Boot gelingt es, zwei schlafende Crew-Mitglieder zu wecken, die dann aber vollkommen hilflos herumstehen. Aber plötzlich ist am Strand Bewegung. Zwei Männer rennen zu einem Schlauchboot und rasen dann zu dem driftenden Katamaran. Es sind wieder Amerikaner. Das gerettete Schiff fahren sie dann auf den Strand und binden es an einem Baum fest. Diese Art des Festmachens kannte ich bislang nur aus Comics. Nach zwei Stunden liegt der Bug des Katamarans hoch an Land. Aber es gelingt der Crew dann doch noch, das Schiff mit voller Maschinenkraft ins Wasser zu ziehen und auf diesem Wege die Bucht zu verlassen.

Am nächsten Morgen wandern wir durch den kleinen Ort bis auf den Berggipfel. Von hier aus hat man einen herrlichen Blick auf die Riffe und Inseln der Tobago Cays. Mayreau beginnt sich langsam auf Tourismus einzustellen. Nachmittags kommt tatsächlich ein großes Kreuzfahrtschiff und bringt viele Touristen an Land. Wir schnorcheln an der nahen Felsküste und stellen fest, dass es hier unter Wasser fast genau so schön ist wie in den Tobago Cays.

Am 3.05. brechen wir gegen 8 Uhr auf, um in die Tyrrel Bay auf Carricou zu fahren. Das sind zwar nur 15 sm, aber wir müssen in Clifton auf Union Island ausklarieren und in Hillsborough auf Carriacou einklarieren. Dazu ist jeweils das Schlauchboot ins Wasser zu bringen und der Motor zu montieren und anschließend in umgekehrter Reihenfolge alles wieder an Bord zu hieven und festzuzurren. Erst nach 15 Uhr haben wir alles hinter uns und können entspannt in der Tyrrel Bay ankern.

Die Tyrrel Bay ist einer der Orte, an dem sich viele Segler längere Zeit aufhalten. Die Bucht ist einigermaßen geschützt, es gibt kleine Supermärkte, einige Restaurants und einen Boat Yard, von dem man Wasser bekommen kann und neuerdings auch kostenloses WLAN. Das benachbarte Mangrovengebiet gilt als Hurricane Hole. Dirk von der CARPE DIEM, der zurzeit auch hier liegt, hat in den Mangroven bereits einen Hurrikan unbeschadet überstanden.

In der Tyrrel Bay warten wir auf einen günstigen Wind für Tobago. Wind gab es in der letzten Zeit reichlich. Seit St. Lucia haben wir Strom im Überfluss und brauchen weder Benzin noch Diesel zum Nachladen der Batterien. Mit dem überflüssigen Strom betreiben wir am Tage den Wassermacher, und abends sehen wir uns oft Filme (DVD) an.

In diesem Jahr hat der Wind häufig eine Südkomponente. Da Tobago östlich der Windward Islands liegt, sollte der Wind mindestens eine leichte Nordkomponente haben, um das Ziel unter Segel erreichen zu können. Nachdem der Passat innerhalb von zwei Wochen keine Nordkomponente zeigt, entschließen wir uns, wieder über Grenada nach Trinidad zu segeln.

Am 10.05. laufen wir kurz vor 7 Uhr aus der Tyrrel Bay in Richtung Grenada aus. Auf dem offenen Meer rauschen wir bei knapp 25 kn Wind mit über 7 kn Fahrt nach Süden. Den Unterwasser-Vulkan wollen wir diesmal östlich umfahren. Nach langer Zeit versuchen wir mal wieder zu angeln. Schon nach einer halben Stunde scheinen wir Erfolg zu haben. Die Angelrute biegt sich wie nie zuvor, doch ich kann die Schnur nicht einholen, weil die Trommel durchdreht. Schließlich gelingt es mir aber, die Bremse weiter anzuziehen und den Fisch heranzuholen. Es ist ein prächtiger Thunfisch. Aber als wir ihn aus dem Wasser ziehen, zappelt er wild und zerreißt dadurch die Angelschnur (Vorfach). Und wieder geht uns ein Fisch mit Köder verloren.

Jetzt hat uns das Angelfieber gepackt, wir bringen sofort einen neuen Köder aus. Nach genau einer Stunde hängt wieder einen dicken Brocken an der Angel. Diesmal gehen wir überlegter vor und nehmen zuerst etwas Fahrt aus dem Schiff. Dann hole ich die Schnur in kleinen Schritten langsam ein. Vom Heck aus zieht Wilma den Fisch mit einem Gaffhaken ins Boot und betäubt ihn mit reinem Alkohohl. Es ist wieder ein Thunfisch, 60 cm lang und 3,8 kg schwer, unser bislang größter Fang.

Durch die Angelei haben wir die Navigation etwas vernachlässigt. Aber der Unterwasser-Vulkan war ruhig, und von den Felsen in der Nähe hatten wir immer genügend Abstand. Um 13 Uhr erreichen wir die Lagune von St. George's und finden auch gleich einen Ankerplatz. Wilma filetiert den Fisch und bereitet ein köstliches Essen. Einen so zarten Thunfisch hatten wir noch nie.

In der Lagune entsteht eine neue Marina. Deshalb sollen die ankernden Schiffe am nächsten Tag die Lagune verlassen. Aber nur wenige kümmern sich um den Aufruf in der Funkrunde. Auch wir bleiben und fahren zum Bummeln und Einkaufen in die Stadt. In einem Laden für Fischereibedarf will ich mir Angeln ansehen, weil unsere Angelrolle den großen Fang nicht überstanden hat. Aber es gibt keine Rollen für Schleppangeln. Doch dann kramt der Verkäufer einen Ladenhüter hervor, der im Preis stark reduziert ist. Ich handele noch etwas und bekomme schließlich für umgerechnet 100 € eine stabile Metallrolle mit Kugellagern. Als ich die total lädierte Verpackung in die Hand nehme, springt ein Gecko heraus, den wir gern im Laden zurücklassen.

Abends treffen wir uns mit Kurt im Yacht Club. Kurt ist mit seiner FIETE einen Tag nach uns in Grenada angekommen. Vom Yacht Club aus genießen wir bei kühlem Bier den herrlichen Blick auf die Lagune und heute auch auf ein Feuer, das in den Bergen lodert. Solche Feuer sieht man jetzt wegen der Trockenheit leider häufiger.

Am 12.05. verlegen wir uns in die Hartman Bay, die im Süden Grenadas liegt. Auf dem Weg dorthin kreuzen wir gegen den Passat, der wieder mit 20 kn weht. Auf den letzten Seemeilen nehmen wir dann doch die Maschine und fahren durch die Riffe in die geschützte Bucht. Wir ankern direkt vor der Martins Marina, weil es hier ein Dinghy Dock, eine Bar und ein kostenloses WLAN gibt.

Am nächsten Morgen wandern wir über die Halbinsel zu den Coral Cove Cottages. Das ist eine Ferienanlage, in der Christiane und Ralf eventuell einige Tage verbringen wollen. Die Anlage liegt oberhalb eines kleinen Sandstrandes, verfügt über ein Schwimmbad und einen Tennisplatz und hat nett eingerichtete Zimmer mit Meerblick. Sie liegt am Rande eines Wohngebietes, in dem offensichtlich die Wohlhabenden der Insel wohnen. Einige Häuser könnten uns durchaus gefallen.

Nach einem weiteren Tag in der Hartman Bay fahren wir in die benachbarte Prickley Bay, wo wir auf einen günstigen Wind für die Fahrt nach Trinidad warten wollen. Diesmal planen wir für die 80 sm bis zur Scotland Bay auf Trinidad einen Tagestörn. Wegen des starken Gegenstroms müssten wir dann allerdings eine Durchschnittsgeschwindigkeit (Fahrt durchs Wasser) von 7 kn schaffen.

Leider passen die Windprognosen der nächsten Tage überhaupt nicht zu unserem Plan. Nur in der Nacht vom 15. auf 16.05. ist der vorhergesagte Wind von 15 kn aus Ost für uns akzeptabel. Also entscheiden wir uns wieder für eine Nachtfahrt und laufen nach dem Ausklarieren am 15.05. um 17 Uhr in Richtung Süden aus. Der Wind hält sich leider nicht an die Prognose, er hat eine leichte Südkomponente und bläst mit 25 kn. Stark gerefft rauschen wir mit 7 kn in Richtung Trinidad. Trotz der ungünstigen Windrichtung und der starken Strömung können wir den direkten Kurs halten und zeitweise noch etwas Reserve herausfahren.

Mehrere Frachter kreuzen unseren Kurs, und wir erkennen auch einige unbeleuchtete Objekte auf dem Radarschirm. Kurz vor Mitternacht hören wir ein lautes Motorgeräusch, das wir nicht orten können. Wir denken an einen Hubschrauber, aber die fliegen normalerweise mit Licht. Als ich die Reichweite des Radargerätes stark reduziere, erkenne ich auf dem Schirm ein großes Objekt, das in kurzer Entfernung unseren Kurs kreuzt. Es ist verdammt knapp. Wir sind froh, als das Motorgeräusch langsam verschwindet.

Einige Seemeilen vor Trinidad steigt der Gegenstrom auf 3 kn an, und es weht immer noch mit 20 kn. Bei Sonnenaufgang begleiten uns einige Delfine ein Stückchen. Um 8 Uhr machen wir an einer Boje in Chaguaramas fest. Damit waren wir auf dieser Strecke mehr als zwei Stunden schneller als im letzten Jahr.

In Chaguaramas wollen wir unsere AQUILA wieder an Land stellen und während der Hurrikan-Zeit für einige Monate verlassen. Obwohl Trinidad südlich der üblichen Hurrikan-Zugbahnen liegt, kann man nicht ausschließen, dass ein Hurrikan auch mal hier durchzieht. Da in diesem Jahr mit überdurchschnittlich vielen Hurrikans gerechnet wird, wollen wir unser Schiff deshalb an Land zusätzlich sichern.

Bis zu unserem Flug nach Deutschland haben wir noch einen Monat Zeit. Wir legen die Termine für Wartungs- und Reparaturarbeiten und das Kranen fest und pendeln dann mehrmals zwischen Chaguaramas und der Scotland Bay. Nach Chaguaramas fahren wir nicht nur wegen des besseren Internetzugangs, sondern auch wegen der Bootsausrüster, die wirklich sehr gut sortiert sind. Chaguaramas ist bezüglich Service, Ausrüstung und Lagerung der beste Platz in der Karibik. Nicht ohne Grund werden hier jedes Jahr in der Hurrikan- und Regenzeit mehr als tausend Schiffe an Land gestellt, während ihre Eigner in den Heimaturlaub gehen.

Die nur zwei Seemeilen entfernte Scotland Bay ist nicht der übliche Ankerplatz der Karibik mit langem Sandstrand und Palmen oder großen Korallenriffen. Man ankert hier mitten im Dschungel und ist umgeben von einer interessanten Tier- und Pflanzenwelt. Im Wasser gibt es viele Fische, gelegentlich sieht man auch große Rochen, Schildkröten und Landschlangen, die ein Bad nehmen. In der Vogelwelt dominieren Habichte, die oft in großer Höhe über der Bucht segeln, Papageien, die besonders morgens und abends laut kreischen, und sehr zutrauliche Schwalben. Pelikane kommen nur selten in die Bucht, sind dann aber besonders jagdlustig. Ein Schwalbenpaar beginnt bereits am zweiten Tag mit dem Nestbau in unserem zusammengefalteten Großsegel.

Interessant sind auch die Brüllaffen, die morgens und abends kräftig im Chor brüllen. Wenn man das Geräusch nicht kennt, klingt es richtig unheimlich. Gesehen haben wir die Brüllaffen hier allerdings noch nie. Natürlich gibt es auch Menschen in dieser Bucht, überwiegend Segler. Wir treffen hier Ute und Hans von der TAIMADA und Heinz von der GALATHE. Abends sitzen wir oft zusammen beim Sundowner.

Diese Idylle hält aber nur fünf Tage pro Woche an. Am Wochenende, insbesondere sonntags, strömen viele Einheimische in die Bucht, Schwarze, Braune und Weiße. Sie kommen mit Wassertaxis und eigenen leistungsstarken Motorbooten. An den kleinen Stränden bauen sie Lautsprecherboxen auf und betreiben sie mit maximaler Lautstärke. Dazu flitzen Motorboote mit Wasserski durch die ankernden Boote. Für den normalen Mitteleuropäer liegt der Lärm an der Schmerzgrenze. Aber abends wird die Bucht schnell leer und die Geräuschkulisse wieder von den Papageien und Brüllaffen bestimmt. Ihr Gesang ist nicht besonders anspruchsvoll, aber doch wesentlich angenehmer als die laute Soca-Musik.

Am 29.05. wird die AQUILA an Land gestellt. Jetzt können alle Wartungs- und Reparaturarbeiten durchgeführt werden. Das Schlauchboot und die Abdeckung bringen wir in die entsprechenden Werkstätten und ich beginne mit der Motorwartung. Als Erstes baue ich den Impeller aus, der inzwischen 209 Betriebsstunden hinter sich hat. Im letzten Jahr haben die gleichen Impeller nach 5 bis 10 Stunden die ersten Flügel verloren. Jetzt zeigt der Impeller zwar Verschleißspuren, aber keine Beschädigungen, die in absehbarer Zeit zu einem Abriss der Flügel führen würden. Dieses positive Ergebnis wurde mit dem langen dicken Nocken (Volvo/Johnson-Teil) und dem Plexiglasdeckel erzielt.

Das Geheimnis der Impeller ist für mich damit gelüftet. Die Firma Volvo interessiert sich dafür nicht. Ob Johnson die Pumpen nun modifiziert, ist mir nicht bekannt. Tatsache ist, dass die Johnson Pumpe F4B in der Karibik und anderen warmen Regionen mit den derzeitigen Original-Impellern und dem normalen dicken Nocken nicht einsetzbar ist.

Die größte Wartungsarbeit ist der Austausch der großen Saildrive-Dichtung (ca. 40 cm ⌀). Dazu muss der Motor nach vorn geschoben und der Saildrive ausgebaut werden. Die Firma Gittens führt die Arbeiten fachgerecht durch. Ob das große Loch wirklich dicht ist, wird sich aber erst im Herbst zeigen, wenn unser Schiff wieder im Wasser ist.

Die anderen Wartungsarbeiten (Außenborder, Wassermacher, Ankerwinsch/-kette, Anker, Toilette, Ruderlager) führen wir selbst durch. An dem oberen Ruderlager sind keine erhöhten Verschleißspuren erkennbar, obwohl in dieser Saison immer wieder Klopfgeräusche auftraten. Nach der letzten Schmierung mit einem Bosch-Silikonfett gab es allerdings keine Geräusche mehr. Vielleicht ist dieses weiche Fett, das der Werftempfehlung widerspricht, die Lösung unseres letzten mysteriösen Problems.

Da unser Boot nach sieben Jahren immer noch nicht perfekt ist, leisten wir uns auch einige Neuanschaffungen, wie z. B. einen Batterie-Monitor, einen kleinen Schwenkkran am Heck, einen Augbeschlag für Bojen und zwei weitere Bücherregale. Den Batterie-Monitor zur Überwachung des Ladezustandes der Service-Batterien habe ich bereits in der Scotland Bay installiert und seit dem getestet. Es ist wirklich ein sehr sinnvolles Messgerät auf einem Fahrtenschiff.

Das Leben an Land mit einem Schiff ist hart, weil es immer mit viel Arbeit verbunden ist. Dieses gilt besonders für die Tropen, wo man bei jeder Anstrengung nach kurzer Zeit in einer Schweißlache steht, kniet oder liegt. Aber hier in Chaguaramas gibt es auch die angenehmen Seiten. Abends treffen wir uns oft mit anderen Seglern zum Sundowner, meistens im Restaurant des Boat Yards. Wir treffen mehrere alte Bekannte wieder und lernen neue kennen. Mittags gehen wir regelmäßig mit Kurt in der Tropical Marine zum Essen.

Zum Einkaufen fahren wir mehrmals in die Hauptstadt Port of Spain und in das große Einkaufszentrum (West Mall) vor der Stadt. Die Preise für Textilien, Schuhe und Brillen sind etwa halb so hoch wie in Deutschland. Bei solchen Preisen spart man zwar beim einzelnen Produkt, gibt aber in der Summe meistens viel Geld aus.

Am 6.05. gehen wir mit Jesse James, dem beliebten und bekannten Taxiunternehmer der Bootsgemeinde, auf eine Inseltour mit den Schwerpunkten Asa Wright Nature Center und Caroni Swamp. Wir haben eine rein deutsche Gruppe organisiert mit Kurt, Erika von der PLANET und Marina und Klaus von der YELLOWMAN. Jesse erzählt uns wieder viel über Land und Leute und bringt uns zuerst zum Asa Wright Center, das in den nördlichen Bergen Trinidads liegt. Auf der Fahrt durch den Regenwald erklärt er uns die verschiedenen Bäume und Sträucher und ihre Früchte. Bis auf die Cashews ist uns eigentlich alles bekannt. Wilmas Begeisterung für diese Früchte erinnert Jesse an seine erste Begegnung mit einem Apfelbaum in Kanada. Äpfel an Bäumen war für ihn genau so fremd wie für uns Cashews an Bäumen.

Das Asa Wright Center ist eine gemeinnützige Einrichtung, die sich um den Naturschutz im Arima und Aripo Valley kümmert und dabei auch Forschung und Ausbildung betreibt.

Die vielfältige Vogelwelt Trinidads bildet einen Schwerpunkt der Aktivitäten. 160 verschiedene Vogelarten kommen in dem Gebiet des Asa Wright Centers vor. Bei unserem einstündigen Rundgang bekommen wir allerdings nur wenige von ihnen zu sehen. Hören können wir mehr, insbesondere die Bellbirds, die ein sehr lautes Organ haben. Viele Vogelarten kann man besser von der Terrasse des Haupthauses an den Futterstellen beobachten. Sehr interessant sind auch die Kolonien der Blattschneideameisen und ihre Organisation des Arbeitsprozesses. Bei der Anlieferung der Blätter gibt es Polizisten für den Schutz des Transports und Qualitätsprüfer am Eingangstor.

Nachmittags fahren wir durch den Regenwald zurück in das flache sumpfige Land südlich der Hauptstadt Port of Spain an der Westküste Trinidads. Das große Sumpfgebiet um den Fluß Caroni (Caroni Swamp) ist ein Vogelschutzgebiet. Mit einer Piroge (einheimisches Holzboot) fahren wir langsam über die teilweise schmalen Kanäle Richtung Meer. Die Landschaft erinnert uns an den Orinoko, auch wenn die Bäume, überwiegend Mangroven, hier deutlich niedriger sind. An einer breiten Wasserkreuzung halten wir und warten auf die Attraktion des Caroni-Sumpfes: die roten Ibisse (auf deutsch auch Scharlachsigler). Aber zuerst müssen wir einen heftigen Regenguss überstehen, bei dem sich die meisten unter einer Plastikplane verkriechen. Danach können wir die roten Vögel bewundern, die in Gruppen zu ihren Nestern in die Mangroven fliegen. Leider ist der Abstand zu groß, um Details zu erkennen und gute Fotos zu machen. Bei Einbruch der Dunkelheit verlassen wir den Sumpf und fahren mit Jesse zurück nach Chaguaramas.

Drei Tage vor unserem Abflug ziehen wir in ein Appartement auf dem Boat Yard. Die AQUILA ist inzwischen mit zwei Gurten an schwere Betonklötze angeschnallt und mit einer Cockpit-Persenning versehen. Damit sollte sie zumindest einen leichten Hurrikan überstehen. Lufttemperatur und Luftfeuchtigkeit liegen im abgeschlossenen Schiff in einem guten Bereich. Das ist wichtig, weil wir im Gegensatz zu den meisten anderen Schiffen keinen elektrischen Entfeuchter einsetzen.

Am 18.06. fliegen wir zusammen mit Kurt nach Tobago. Nachdem wir Tobago segelnd nicht erreicht haben, unterbrechen wir unsere Reise nach Deutschland hier um zwei Tage. Das Hotel, das wir auf Empfehlung von Jesses Frau gebucht haben, liegt in der Nähe des Flughafens am Crown Point und ist wirklich ein Glücksgriff. Es ist ein kleines Bungalow-Dorf in einem großen Garten mit eigenem Kräuteranbau fürs Restaurant, einem Schwimmbad und vielen Wellness-Angeboten.

Mit einem Leihwagen starten wir am nächsten Tag eine Inselrundfahrt. Die Insel Tobago, die zusammen mit Trinidad einen Staat bildet, ist 60 km lang und hat 50000 Einwohner. Der Tourismus ist mittlerweile die Haupteinnahmequelle der ursprünglich armen Insel.

Wir fahren zunächst nach Norden und dann die Küste entlang bis Plymouth. Hier hat man von den ehemaligen kleinen Forts Bennet und James einen herrlichen Blick auf das Meer. Dann geht es auf einer kurvenreichen Strecke weiter durch den Regenwald, der hier bis zum Meer reicht und sehr üppig ist. Wir kommen durch viele kleine Dörfer in idyllischer Lage. Stellenweise nähert sich die Straße dem Meer und schönen Ankerbuchten wie der Englishman's Bay und der Bloody Bay. Die beliebteste Ankerbucht liegt aber weiter östlich vor dem Städtchen Charlotteville. Heute ankern hier nur vier Segler, und andere Touristen sieht man auch kaum. Nach einem Essen im einzigen Restaurant der Stadt fahren wir auf die Luvseite der Insel und dann die Küste entlang bis zur Hauptstadt Scarborough. Viel hat die Metropole nicht zu bieten, deshalb sind wir schon vor Sonnenuntergang zurück in Crown Point.

Am nächsten Tag können wir ausgiebig den Garten und das Schwimmbad unseres Hotels genießen, bevor wir nachmittags zum Flughafen fahren. Die Maschine fliegt über die Insel Margarita in Venezuela nach Frankfurt und kommt dort viel zu früh an. Aber dann dauert es dreieinhalb Stunden bis wir unsere Koffer bekommen. Es herrscht Chaos in Frankfurt, und keiner weiß warum. Erst beim Abholen des Leihwagens erfahren wir den Grund: tropische Regenfälle. Mit viel Verspätung kommen wir abends zu Hause an. Jetzt hoffen wir nur, dass die Regenzeit in Deutschland kürzer ist als in Trinidad und dass wir hier in den nächsten vier Monaten auch ab und zu mal die Sonne sehen.

Platz (Circus) auf St. Kitts

Soufriere auf St. Lucia mit den Pitons

Marktfrau auf Bequia

Guter Fang vor Grenada

Segeln mit Kindern

Am 24.11.07 landen wir abends in Trinidad. Ein Fahrer von Jesse James erwartet uns am Flughafen und bringt uns zu unserem Boat Yard, wo wir für zwei Tage ein Appartement gemietet haben. Ursprünglich wollten wir diese Saison noch in der Karibik verbringen. Während des Heimaturlaubs haben wir uns aber entschieden, weiter in den Pazifik zu fahren. Da Christiane und Ralf bereits vorher einen Karibikurlaub gebucht hatten, auch um mit uns zu segeln, werden wir nun noch einmal die Inselkette bis Martinique bereisen.

Am nächsten Morgen betreten wir gespannt unser Schiff. Im Innern ist es bei 26 °C und 70 % Luftfeuchtigkeit fast angenehm kühl. Kein Wasser, kein Schimmel, kein Ungeziefer und die Batterien sind noch gut geladen. Außen haben die Leinen und das Teak einige grüne Stellen, und es hat sich viel Schmutz angesammelt. Aber unser Schiff hat die tropische Regenzeit wieder ohne elektrischen Entfeuchter und Abdeckfolie, Dinge für die andere viel Geld ausgeben, gut überstanden.

Bei der Inbetriebnahme unseres neuen Pactor-Modems stelle ich fest, dass eines der mitgelieferten Kabel nicht zu unserem Funkgerät passt. Nach einigen Telefongesprächen mit dem Hersteller des Modems in Hanau wird klar, dass er nicht weiß, wie das Modem an unser Funkgerät (ICOM 710) anzuschließen ist. Zum Glück finde ich bei einer Firma in Chaguaramas einen Experten, der weiß, wie es geht. Das erspart mir einige Stunden Arbeit, kostet aber 60 USD.

Mit dem Pactor-Modem können wir jetzt über Kurzwelle Wetterinformationen einholen und E-Mails senden und empfangen. Das System Sailmail, das wir verwenden, kostet 250 USD/Jahr und bietet praktisch weltweite Abdeckung. Es ist damit wesentlich günstiger als das Satellitensystem Iridium, bei dem man für jede Verbindung nach Zeit zahlen muss. Allerdings hat Iridium den Vorteil, dass man damit auch ganz normal telefonieren kann.

Das Streichen des Unterwasserschiffes und das Reinigen und Polieren des Rumpfes vergeben wir an dieselbe Firma wie im letzten Jahr. Die Arbeiten ziehen sich etwas in die Länge, werden schließlich aber doch rechtzeitig und gut erledigt. Bei einigen Nachbarn und Freunden ist das überhaupt nicht der Fall.

Am 6.01. wird die AQUILA morgens als erstes Schiff ins Wasser gesetzt. Der Mechaniker, der die große Saildrive-Dichtung eingebaut hat, ist mit an Bord, um bei einem Leck schnell reagieren zu können. Aber es ist alles in Ordnung, auch der Motor springt sofort an.

Mit Customs vereinbaren wir eine Sonderregelung für die Ausreise. Wir dürfen um 21 Uhr ausklarieren, obwohl wir erst um 4 Uhr auslaufen wollen. Nach dem Gesetz muss man Trinidad spätestens zwei Stunden nach dem Ausklarieren verlassen. Allerdings wird für das Ausklarieren außerhalb der regulären Zeit ein Überstundenzuschlag fällig.

Am 8.11. legen wir um 4 Uhr von der Boje ab, erreichen um 5 Uhr das offene Meer und setzen bei Sonnenaufgang die Segel. Der Wind kommt genau aus Osten mit 15 bis 20 kn, und so laufen wir mit mehr als 6 kn Fahrt in Richtung Grenada. Zeitweilig hilft ein Strom von fast 2 kn zusätzlich nach. Bereits um 16 Uhr erreichen wir die Prickley Bay im Süden Grenadas. Mit 7 kn Durchschnittsgeschwindigkeit war das eine schnelle Fahrt, allerdings hat der Strom uns auch sehr geholfen.

Nach dem Einklarieren fahren wir am nächsten Tag in die Lagune von St. George's. Trotz der Bauarbeiten an der neuen Marina Port Louis gibt es noch genügend Platz zum Ankern. Wir liegen hier, weil ich bei dem Bootsausrüster Solargeneratoren bestellt habe und wir außerdem hier unsere Tochter Christiane und unseren Schwiegersohn Ralf an Bord nehmen wollen, um mit ihnen nach Martinique zu segeln.

Die bestellten Solargeneratoren sind wirklich da und funktionieren auch. Ich will sie anstelle der flexiblen über dem Bimini montieren. Die beiden neuen Solargeneratoren (Kyocera) haben einen festen Aluminiumrahmen und liefern je 65 W maximal. Das ist fast eine Verdopplung der Leistung gegenüber der bisherigen Anlage.

Die Montage dauert mehr als drei Tage. Abgesehen von einigen Schellen müssen alle Rohre und Blechteile zugeschnitten und gebohrt werden. Ohne Trennschleifer und Edelstahlbohrer wäre das kaum möglich gewesen. Nachdem alles in Betrieb ist, bemerke ich, dass der vorhandene Regler die hohe Leistung nicht einwandfrei regelt. Also kaufe ich einen größeren Regler und bin wieder einen halben Tag mit der Montage beschäftigt.

Am 15.11. kommen unsere Tochter Christiane und unser Schwiegersohn Ralf an Bord. Sie sind seit einer Woche auf Grenada und haben die Insel mit einem Leihwagen erkundet. Jetzt kennen sie sich hier fast besser aus als wir. Ihre Ferienanlage auf der Halbinsel Lana auf Epines hat ihnen gut gefallen, auch weil dort immer ein frischer Wind weht. Das ist auf unserem Schiff im Moment nicht der Fall, dafür regnet es wieder fast den ganzen Tag. Die Regenzeit ist wohl doch noch nicht ganz vorüber.

Kurz nach 8 Uhr laufen wir am nächsten Tag Richtung Carriacou aus. Trotz des günstigen Ostwindes müssen wir am Ende noch einen kurzen Kreuzschlag einlegen, um die Tyrrel Bay unter Segel zu erreichen. Gleich nach der Wende entdeckt Christiane ein großes Tier im Wasser. Wir können es kaum glauben, nur wenige Meter neben uns schwimmt ein Pottwal. Aus dieser Nähe haben wir noch keinen Wal im Meer gesehen.

Gegen 14 Uhr fällt der Anker in Tyrrel Bay auf Carriacou. Christiane und Ralf haben ihren ersten Hochseetörn in atlantischen Wellen gut überstanden. Bei Christiane ist das nicht überraschend, denn sie war bei den vielen Törns in ihrer Kindheit noch nie seekrank. Probleme bereiten ihr hier nur die hohen Temperaturen.

Am nächsten Morgen fahren wir zuerst nach Hillsborough zum Ausklarieren. Danach geht es weiter nach Clifton auf Union Island zum Einklarieren in den Staat St. Vincent and the Grenadines (SVG). Dazu müssen wir jedes Mal ankern, das Schlauchboot ins Wasser bringen und den Motor montieren. Anschließend ist alles wieder an Bord zu bringen und festzuzurren. Außerdem haben die Damen an Land immer etwas einzukaufen, auch wenn es dort eigentlich nicht viel zu kaufen gibt. So vergeht die Zeit, jedenfalls erreichen wir erst nach 17 Uhr das Horse Shoe Reef in den Tobago Cays.

Auf den Tobago Cays, dem wohl schönsten Schnorchelrevier des karibischen Inselbogens, bläst es meistens kräftig, aber heute weht nur eine leichte Brise. Deshalb installieren wir in Christianes Koje einen Lüfter, der den fehlenden Wind elektrisch erzeugt. Wir hoffen, dass damit auch Christiane das karibische Klima angenehm empfindet.

Am nächsten Morgen fahren wir gemeinsam mit dem Schlauchboot zum Schnorcheln an das Riff. Es gibt viele bunte Fische und vielfältige Korallen. Christiane und Ralf meinen aber, dass es an ihrem Hotelstrand genau so viel zu sehen gab. Jedenfalls sind die Tobago Cays ein touristischer Anziehungspunkt, für den inzwischen auch Eintrittsgeld erhoben wird. Heute liegen hier etwa 50 Schiffe vor Anker, davon sind 90 % Charterschiffe, und das sind fast ausschließlich Katamarane.

Nach zwei Tagen verlassen wir das Schnorchelparadies und fahren weiter nach Bequia. Schon mittags haben wir bei den üblichen Winden unser Ziel erreicht und können in der geschützten Admirality Bay ankern. Christiane und Ralf sind von dem beschaulichen Ort Port Elizabeth sehr angetan.

Am nächsten Tag steht eine Inselrundfahrt mit einem Taxi auf dem Programm. Wir besuchen die Turtle Farm, den höchsten Berg der Insel und das kleine Fort an der Admirality Bay. Die Turtle Farm von Brother King, die wir bereits kannten, ist immer wieder interessant.

Unser nächstes Ziel, der Ort Soufriere im Süden St. Lucias, ist zwar weniger als 60 sm entfernt, liegt aber etwas östlicher als St. Vincent. Bei dem vorhergesagten Wind, 15 kn Ostnordost, werden wir wohl nördlich von St. Vincent kreuzen müssen. Deshalb laufen wir schon eine Stunde vor Sonnenaufgang aus.

Als St. Vincent gerade hinter uns liegt, fängt es heftig an zu regnen und sehr böig zu wehen. Die Sicht ist Null, und ich kann kein Instrument ablesen. Ich hoffe nur, dass wir halbwegs nach Norden segeln. Als der Regen nachlässt, stelle ich fest, dass wir sogar etwas nach Osten vorangekommen sind. Der Wind legt ständig zu und erreicht schließlich 25 kn und mehr. Die Wellen sind im offenen Atlantik entsprechen hoch, es kommt aber nur gelegentlich etwas Wasser ins Cockpit.

Plötzlich bricht ein Reffring im Großsegel. Wir starten die Maschine und ich ersetze den Reffring durch zwei Schäkel. Nach 20 Minuten sind wir wieder voll unter Segel. Inzwischen hat der Wind mehr auf Ost gedreht, sodass wir jetzt direkt auf unser Ziel zusegeln können.

Noch vor 15 Uhr machen wir an einer Boje westlich von Soufriere fest. Der Boat Boy Stephen hatte uns lange vorher abgefangen und uns die Boje angeboten. Jetzt bietet er auch eine Taxifahrt zu den Sehenswürdigkeiten der Umgebung an. Christiane und Ralf nehmen das Angebot an.

Stephen kommt morgens mit der landesüblichen Verspätung und bringt uns dann nach Soufriere. Christiane und Ralf starten ihre Taxifahrt, während wir zum Einklarieren und Einkaufen gehen. Christiane und Ralf kommen erstaunlich früh zurück. Sie waren bei dem Vulkan, einem Wasserfall und der Kakao-Plantage, die auch für sie sehr eindrucksvoll war. Da alles sehr dicht zusammenliegt, haben Stephen und der Taxifahrer mit 80 USD gut verdient.

Der Bojenplatz bei Soufriere ist nicht nur wegen Lage mit dem Blick auf die Pitons sehr schön, sondern auch wegen seiner interessanten Unterwasserwelt. Ob es hier mehr und schönere Fische gibt als auf den Tobago Cays, ist an Bord umstritten. Aber die schönsten Fächerkorallen gibt es auf jeden Fall hier bei Soufriere.

Unser nächstes Ziel ist die Rodney Bay im Norden St. Lucias. Auf dem Weg dorthin drehen wir eine Runde durch die Marigot Bay. Übermäßig beeindruckt sind Christiane und Ralf von der Bucht nicht. In der Rodney Bay ankern wir vor dem südlichen Hotelstrand. Hier ist man gut mit WLAN versorgt, muss dafür aber den Lärm des modernen Strandlebens ertragen. Wasser-Scooter und Wasserski sind die unangenehmsten Lärmquellen, und für unbedarft Badende nicht ungefährlich. Am nächsten Morgen verlegen wir uns in die Lagune. Vor der Marina gibt es genügend Platz zum Ankern, mehr als man vermutet.

Christiane, Ralf und Wilma fahren nach Castries und sehen sich dort einen Lehrpfad im Regenwald (Nature Trail) und die Stadt selbst an. Ich beschaffe Gas, Benzin, Brot und diverse Ersatzteile. Abends feiern wir Christianes Geburtstag in einem Restaurant der Lagune. Vorher klarieren wir noch aus, damit wir morgens früh nach Martinique fahren können.

Die Fahrt von St. Lucia nach Martinique ist eigentlich einfach. Aber heute kommt der Wind ungünstig aus Nordost und ist mit 20 kn stärker als erforderlich. Entsprechend hoch sind die Wellen auf dem offenen Meer. Wir schaffen es deshalb nicht ganz, Le Marin unter Segel direkt zu erreichen. Die letzten Seemeilen fahren wir mit Motor nach Le Marin, wo wir schon kurz nach Mittag ankern können.

Wir reservieren einen Leihwagen und lassen noch einmal unseren Liegeplatz in der Marina bestätigen. Als wir zu unserem Schiff zurückkommen, ankert die YELLOWMAN mit Klaus und Marina neben uns. Jetzt kann ich endlich die versprochenen CDs übergeben, bevor die beiden weiter nach Norden segeln.

Wir verlegen uns nach St. Anne, damit Christiane noch einmal auf einem sauberen Ankerplatz baden kann. Morgens fahren wir zurück nach Le Marin und machen in der Marina fest. Christiane und Ralf sehen sich den Ort an, wir erledigen die üblichen Arbeiten bei einem Marina-Aufenthalt.

Am nächsten Morgen übernehmen wir den Leihwagen und starten unsere Inselrundfahrt. Bei Fort de France, der Inselhauptstadt, stehen wir fast eine Stunde in dem hier üblichen Stau. Die Straße durch den Regenwald nach Morne Rouge ist zum Glück weniger stark befahren. Nach der Kirche Sacre Coeur, von der man einen wunderbaren Blick auf die Bucht von Fort de France hat, fahren wir zu dem Botanischen Garten Balata. Er ist mit Abstand der schönste in der Karibik, aber leider wegen der Zerstörungen durch den Hurrikan Dean geschlossen. Das Gleiche gilt auch für das in der Nähe liegende Arboretum. Als Entschädigung finden wir vor Morne Rouge ein Restaurant mit einem sehr schönem Garten und gutem Essen.

Danach fahren wir zu dem Vulkan St. Pierre, der zuletzt 1902 ausgebrochen ist und dabei die damalige Hauptstadt St. Pierre vollkommen zerstört hat. Nur zwei Gefängnisinsassen haben die Katastrophe überlebt.

Vom höchstgelegenen Parkplatz unterhalb des Gipfels genießen wir den Blick auf den blauen Atlantik und den grünen Regenwald. Plötzlich beginnt die Erde heftig zu beben. Das Gebäude am Parkplatz und der Pavillon werden kräftig durchgeschüttelt, bleiben aber stehen. Eine Frau wirft sich zu Boden und betet. Ihr Gebet wird erhört, der Vulkan bricht nicht aus. Trotzdem verlassen wir schnell den etwas unheimlichen Ort.

Unser nächstes Ziel ist die Rumfabrik Depaz vor St. Pierre. Aber auch hier hat uns der Hurrikan Dean einen Strich durch die Rechnung gemacht. Die Straße zur Rumfabrik ist wegen Aufräumungsarbeiten gesperrt. Nach kurzen Aufenthalten am Strand bei St. Pierre und in Case Pilote fahren wir zurück nach Le Marin. In der Mango Bay Bar erfahren wir von Günter (Kaktus) und Marianne, dass nicht nur der Vulkan gebebt hat, sondern die ganze Karibik. Das Epizentrum lag nördlich von Martinique und das Beben hatte eine Stärke von 7,4. Es gab einen Stromausfall, aber keine größeren Schäden an Gebäuden.

Heute am 30.11. fliegen Christiane und Ralf zurück nach Deutschland. Insbesondere Christiane möchte auch noch am letzten Urlaubstag im Meer schwimmen. Wir fahren deshalb zunächst zum Club Med und dann, nach einem Spaziergang durch den Ort St. Anne, zur Grande Anse des Salines. Dieses ist für Christiane ein Traumstrand, an dem sie längere Zeit bleiben könnte. Das geht aber nicht mehr. Gegen 17 Uhr verabschieden wir uns von Christiane und Ralf auf dem Flughafen Lamentin. Ein schöner Familienurlaub ist zu Ende.

Nachdem Christiane und Ralf von Bord gegangen sind, bereiten wir uns auf die Fahrt nach Bonaire vor. Hier wollen uns im neuen Jahr unser Sohn Michael und unsere Enkeltochter Charlotte besuchen. Natürlich nutzen wir auf Martinique die guten Einkaufsmöglichkeiten für Wein, Bier und verschiedene Lebensmittel. Leider ist unser Boot für eine ausreichende Versorgung über mehrere Monate viel zu klein.

Seit Tagen ist der Wind sehr schwach. Nach der Prognose sollte er aber in den nächsten Tagen langsam zunehmen. Wir fahren deshalb von Le Marin nach St. Anne, um von dort aus am nächsten Tag Richtung St. Lucia zu segeln. Nach der kurzen Motorfahrt werfe ich einen Blick auf den Impeller und sehe das bekannte Bild. Ein Flügel ist fast vollkommen abgerissen. Immerhin hat dieser Impeller jetzt mehr als eine Saison und 237 Stunden gehalten. Das ist eigentlich noch zu wenig, aber doch ein gewaltiger Fortschritt gegenüber den früheren 5 bis 10 Stunden. Ich baue einen neuen Impeller vom gleichen Typ ein und bin gespannt, wie lange der nun halten wird.

Am 2.12. brechen wir morgens in Richtung St. Lucia auf. Der vorhergesagte leichte Ostwind bleibt leider ganz aus. Zum ersten Mal erleben wir den offenen Atlantik als ebene Fläche in totaler Flaute. So müssen wir bis St. Lucia mit Motor fahren. Wir ankern in der Rodney Bay, klarieren aber nicht ein, weil wir am nächsten Tag weiter nach Bequia fahren wollen. Nach der Prognose sollte der Wind zum Segeln gerade reichen.

Um 4 Uhr starten wir den Motor und fahren los. Natürlich ist hinter der Insel kein Wind zu erwarten, aber auch als die Südspitze St. Lucias hinter uns liegt, ändert sich nur wenig. Der offene Atlantik ist fast spiegelglatt und es weht kein Wind. Gegen Mittag kommt etwas Wind auf, endlich können wir segeln. Aber nach zwei Stunden ist es schon wieder vorbei. Mit Motor fahren wir dann weiter bis Bequia, wo wir kurz nach 17 Uhr ankommen.

Am nächsten Morgen gehen wir an Land. Das Ein- und Ausklarieren fassen wir diesmal zusammen. Die Anzahl der auszufüllenden Formulare reduziert sich dadurch allerdings nicht. Bei einem Segelmacher kaufen wir einen neuen Reißverschluss für die Segelpersenning, denn der vorhandene wird wohl nicht mehr lange halten.

Unser nächstes Ziel ist Carriacou. Wir starten bei Sonnenaufgang und haben nach zwei Stunden auch genügend Wind zum Segeln. Nach dem Einklarieren in Hillsborough erreichen wir nachmittags die Tyrrel Bay, den beliebten Ankerplatz vieler Dauerlieger. Ich werfe einen Blick auf den Impeller und bin leicht irritiert. Es ist schon wieder ein Flügel eingerissen und das nach nur 20 Stunden. Wenn ich das Impeller-Problem im letzten Jahr nicht intensiv untersucht hätte, würde jetzt wieder das große Rätselraten einsetzen. Nun können wir etwas gelassener sein, auch wenn dieser Frühausfall überhaupt nicht zu den bisherigen Ergebnissen passt.

Ich baue jetzt einen dünneren Nocken ein und verwende eine neue Plexiglasscheibe. Damit beginnt ein neuer Impellertest mit hoffentlich besseren Ergebnissen. Durch den dünneren Nocken wird die Pumpleistung (Wassermenge/Zeit) der Wasserpumpe um 30 % reduziert. Es muss sich nun zeigen, ob der Motor damit noch ausreichend gekühlt wird.

Am nächsten Morgen starten wir Richtung Grenada. Der Wind ist bald ausreichend, um allein unter Genua nach Süden zu segeln. In der Windabdeckung von Grenada starten wir die Maschine. Es zeigt sich bald, dass der Motor bei dem reduzierten Kühlwasserfluss nicht heißer wird als vorher. Der dicke Nocken, der die Impeller extrem quetscht und dadurch schnell zerstört, ist vollkommen unnötig überdimensioniert.

Gegen 13 Uhr ankern wir in der Lagune von Grenada. Von hier aus würden wir normalerweise nach Westen segeln, wenn es den Kiss-Windgenerator nicht gäbe. Auf der Fahrt nach Norden habe ich mich dazu durchgerungen, unseren modernen Windgenerator Air-X Marine durch den primitiven Kiss-Windgenerator zu ersetzen. Die Entscheidung fiel erst, nachdem ich ein Regelkonzept für den ungeregelten Kiss-Generator gefunden hatte, das ich mit vorhandenen Schaltungsteilen (in Deutschland bereits gekauft) realisieren kann.

Der Kiss-Windgenerator wurde von dem kanadischen Kaufmann Douglas Billing entwickelt und wird jetzt unter seiner Leitung in Chaguaramas, Trinidad, von vier schwarzen Arbeitern komplett handgefertigt. Die einfache Werkstatt liegt direkt neben dem Restaurant Wheel House, in dem wir immer regelmäßig mittags gegessen haben. Douglas und sein Hund, den wir zuerst kennen und lieben lernten, waren auch Stammgäste in dem Restaurant. So konnte ich in der Mittagspause nebenbei viele Fragen zu dem Windgenerator klären. Entscheidend waren aber nicht die persönlichen Kontakte, sondern die Eigenschaften des Windgenerators. Er liefert deutlich mehr Strom als alle bekannten Modelle und ist außerdem viel leiser.

Nach einer Nacht in der Lagune von St. George's laufen wir nachmittags gegen 15 Uhr in Richtung Trinidad aus. Bei dem angekündigten Wind von 15 kn aus Nordost sollte es bereits hell sein, wenn wir uns Trinidad nähern. Tatsächlich ist der Wind stärker, aber mit 20 bis 25 kn noch nicht unangenehm. Unser Schiff zieht eine weiße Schaumspur durch das schwarze Wasser und ist wieder einmal schneller als geplant. So müssen wir im Dunkeln durch die schmale wellige Passage Boca de Monas fahren, bevor wir in der Scotland Bay ankern können. Nach einem kurzen Schläfchen und einem guten Frühstück fahren wir nach Chaguaramas und klarieren dort ein.

Dann gibt es ein freudiges Wiedersehen mit Marianne und Reinhard von der DADDELDU, und später auch mit Jörg von der CHILOM. Wir gehen wieder gemeinsam zum Mittagessen ins Wheel House, wo ich auch Douglas treffe, den Entwickler und Hersteller des Kiss-Windgenerators. Wir vereinbaren die Übergabe des Windgenerators für den kommenden Montag.

Nach dem Kauf des Windgenerators bereiten wir uns auf die Weiterfahrt zu der Insel Margarita in Venezuela vor. Wir füllen unsere Dieseltanks für 0,17 € pro Liter auf, obwohl der Diesel in Venezuela noch billiger ist. Der Wind ist seit Tagen schwach, soll aber in der nächsten Zeit deutlich zunehmen. Da ist uns recht, denn nach Margarita haben wir achterlichen Wind, von dem man durchaus etwas mehr vertragen kann.

Am 12.12. laufen wir gegen 11 Uhr bei Regen und unangenehmen Böen aus Chaguaramas aus. Nach der schmalen Passage Boca de Monas sind die Wellen ungewöhnlich hoch und auch der Wind stärker als vorhergesagt. Wir rollen die Genua aus und fahren zunächst in nordwestliche Richtung, um Abstand vom venezolanischen Festland zu gewinnen, das als Piratengebiet gilt. Normalerweise nehmen die Wellen hier mit dem Abstand vom Land ab, aber heute werden sie immer höher und steiler. Plötzlich steigt eine Welle schräg von hinten voll ins Cockpit ein. Es dauert lange, bis das Wasser über die beiden Abflussrohre wieder abgelaufen ist. So etwas haben wir noch nie erlebt.

Nach diesem Schreck versuche ich den mechanischen Windpiloten anstelle des elektrischen Autopiloten in Betrieb zu nehmen. Trotz der hohen Wellen und notwendiger Justierungen gelingt das relativ schnell. Der Windpilot funktioniert danach sofort und reagiert in den hohen Wellen deutlich schneller und besser als der elektrische Autopilot.

Am späten Nachmittag nehmen Wind und Wellen langsam ab. In der Nacht ist der Wind zeitweilig so schwach, dass wir die Maschine einsetzen müssen. Aber es ziehen auch immer wieder Regenböen mit 30 kn über uns hinweg. Gegen 9 Uhr erreichen wir nach 140 sm die Bucht von Porlamar auf der Insel Margarita.

Nach dem Ankern fahren wir mit dem Schlauchboot an Juans Steg. Juan erledigt als Agent das Ein- und Ausklarieren und organisiert kostenlose Busfahrten zu den Supermärkten. In den Supermärkten kann man vieles preiswert einkaufen. Richtig niedrig werden die Preise aber erst, wenn man zu einem günstigen Wechselkurs Geld eingetauscht hat. Uns gelingt das einigermaßen bei einem Boot, das Diesel verkauft. Hier füllen wir auch unseren Tank nach, der allerdings nach 15 l schon wieder randvoll ist. Zahlen müssen wir dafür nichts. Bei diesen kleinen Mengen lohnt sich das Abrechnen einfach nicht. Die Preise in den Supermärkten sind nicht ganz so niedrig, aber bei vielen Produkten doch sehr günstig. Wir decken uns insbesondere mit Bier, Rum und einigen Lebensmitteln ein.

Im Moment ist das Liegen in der Bucht von Porlamar kein Vergnügen. Von dem starken Wind kommt wenig an, aber es läuft ein extrem hoher Schwell in die Bucht hinein. So unruhig soll es hier über längere Zeit noch nie gewesen ein.

Am 17.12. verlassen wir bei Sonnenaufgang Porlamar mit dem Ziel Los Roques. Nur mit Genua segeln wir bei mäßigem Wind die Küste Margaritas entlang. Auf dem offenen Meer weht es bald mit mehr als 25 kn, was bei achterlichem Wind und reduzierter Genua kein Problem darstellt. Unangenehm sind nur die häufigen Regenböen, in denen der Wind jedes Mal kräftig zulegt. Bei Einbruch der Dunkelheit nimmt der Wind deutlich ab, nur die Wellen bleiben relativ hoch. Am frühen Morgen ist der Wind zeitweilig so schwach, dass wir die Maschine einsetzen müssen.

Gegen 11.30 Uhr sind wir kurz vor der südöstlichen Einfahrt (Sebastopol) in das Riffgebiet Los Roques. Eine heftige Regenbö zieht heran. Es gießt in Strömen und die Sicht beträgt nur wenige Meter. Als Brillenträger kann ich in solchen Situationen auch kein Instrument ablesen. Zum Glück sind solche Regengüsse meistens nur von kurzer Dauer. Eine halbe Stunde später passieren wir die schmale Einfahrt in die Roques. Die Navigation ist hier etwas schwierig, weil die Seekarten in diesem Gebiet nicht stimmen. Im letzten Jahr hatten wir uns hier verfahren und brauchten lange, um aus dem Labyrinth von Riffen wieder herauszukommen. Jetzt fahren wir nach der Beschreibung von Doyle immer dicht an der Ostseite des mittleren Riffs entlang, bis wir bei Espanique ins freie Wasser kommen. Gegen 15 Uhr ankern wir nach 180 sm an dem langen Sandstrand hinter der Insel Crasqui.

Los Roques ist ein wunderbares Riffgebiet mit vielen kleinen Inseln, guten Ankerplätzen und einer schönen Unterwasserwelt. Die meisten Segler halten sich hier längere Zeit auf. Wir fahren schon am nächsten Tag weiter, weil wir möglichst schnell nach Bonaire wollen, um dort mehrere Arbeiten durchzuführen und auch in Ruhe die Feiertage zu verbringen. Unser heutiges Ziel ist die Inselgruppe Aves de Sotavento, um von dort aus in einem Tagestörn Bonaire zu erreichen. Der Wind liegt meistens unter 20 kn, aber wir werden mehrmals von heftigen Regenböen überholt. An dem Vogelparadies Aves de Barlavento fahren wir schweren Herzens vorbei.

Gegen 16 Uhr nähern wir uns den Aves de Sotavento und eine Stunde später ankern wir hinter der kleinen Insel Palmeras. Auf der Insel stehen drei Palmen und einige Büsche. Abends ankert ein Fischer neben uns, zwei Yachten ankern in größerer Entfernung hinter dem Riff.

Kurz nach Sonnenaufgang starten wir zu unserem letzten Törn in diesem Jahr. Nach der Prognose soll der Wind zwischen 10 und 15 kn liegen. Außerhalb der Regenböen stimmt das auch ungefähr. Nur zieht heute eine Regenböe nach der anderen mit doppelter Windstärke und heftigem Regen über uns hinweg. Das ist nicht kritisch, aber doch unangenehm. So stellen wir uns das Segeln in nordeuropäischen Gewässern vor.

Noch vor 15 Uhr erreichen wir Kralendijk auf Bonaire. Wir machen an einer Boje bei Karel's Bar fest und fahren zum Einklarieren. Nachdem wir bei Customs die ausgefüllten Formulare abgegeben haben, fragt man uns sehr genau nach Waffen. Ich hatte keine angegeben. Als der Beamte dann von möglichen Kontrollen an Bord spricht, fällt mir doch noch eine Signalpistole ein. Die muss ich dann auch prompt inklusive Munition abliefern.

Am nächsten Tag verlegen wir uns einige Bojen weiter nach Norden, um mehr Abstand von Karel's nächtlicher lautstarker Disco-Musik zu haben. Hier wollen wir bis ins nächste Jahr liegen bleiben. Bonaire bezeichnet sich in der Werbung als Diver's Paradise. Hier ist die Werbung mal nicht überzogen. Wir haben nirgends in der Karibik eine so schöne und vielfältige Unterwasserfauna gesehen wie auf Bonaire. Und jetzt liegen wir mit unserem Schiff wieder mitten drin.

Die Weihnachtsfeiertage nähern sich und wir haben eine lange Aufgabenliste. Jetzt kommt noch eine weitere Position hinzu: Beschaffung eines neuen Schlauchbootes. In Trinidad hatte ich bereits die Verbindung zwischen dem Spiegel (Holz) und den Schläuchen nachgeklebt. Das war oberhalb der Wasserlinie. Aber auch unterhalb der Wasserlinie hatte sich eine Klebestelle leicht gelöst, durch die ständig etwas Wasser ins Boot kam und langsam in das Holz zog. Das Holz wurde an dieser Stelle ganz weich. Ich konnte zwar alles reparieren, aber das Vertrauen in dieses Schlauchboot ist dahin.

Am Heiligen Abend gibt es das Traditionsessen aus Wilmas Familie: Würstchen mit Kartoffelsalat. Dann fahren wir an Land und besuchen in der Protestantischen Kirche den Gottesdienst um Mitternacht. Der Gottesdienst wird in drei Sprachen gehalten, in Holländisch, Englisch und Papiamento, der hiesigen Umgangssprache (vereinfachtes Spanisch). Eindrucksvoll singt ein gemischter Chor: männlich, weiblich, schwarz und weiß. Durch die geöffneten Türen und Fenster weht ein angenehmer Wind. Unwillkürlich denkt man dabei an das Wetter, das an diesem Tage in der Heimat meistens vorherrscht.

Nach den Weihnachtstagen beschäftigen wir uns intensiv mit der Beschaffung eines neuen Schlauchboots. Natürlich hat der örtliche Bootsausrüster Budget, der von einem Deutschen geleitet wird, kein Schlauchboot auf Lager. Es können aber verschiedene Typen von der Budget-Zentrale auf St. Maarten beschafft werden. Unsere Fragen zu den Booten, die per E-Mail an die Zentrale gehen, werden aber nicht beantwortet. Wir ahnen nichts Gutes.

Unser Bootsnachbar Alfred von der ANTARES, der mit seiner Frau Kathrin seit vielen Jahren in Venezuela lebt, nennt uns einen günstigen Händler auf Curacao. Ich nehme Kontakt auf, muss dann aber feststellen, dass das von ihm vertriebene Schlauchboot für unser Vorschiff zu breit ist.

Nachdem Budget auf St. Maarten unsere Fragen auch nach einer Woche noch nicht beantwortet hat und auch nicht die Zeit für eine normale Lieferung per Container nennt, entscheiden wir uns für ein leichtes Schlauchboot mit aufblasbarem Boden, das per Luftfracht geliefert werden kann. Es soll in drei bis vier Tagen auf Bonaire sein. Wir sind skeptisch, denn unsere anderen Bootsnachbarn, Jacqueline und Peter von der AHU, warten schon längere Zeit auf eine Lieferung und werden jeden Tag mit anderen Aussagen vertröstet.

Einen Tag vor Sylvester beschließen die Damen der Schiffe AHU, ANTARES und AQUILA bei einem Spaziergang, den Jahreswechsel gemeinsam auf der ANTARES zu feiern und beschließen auch gleich die Arbeitsteilung für die Zubereitung der Speisen. Die Männer der Schiffe fügen sich ohne Murren der Entscheidung.

Die ANTARES ist ein moderner Katamaran von etwas mehr als 40 Fuß Länge. Katrin hat für die Feier alles festlich vorbereitet. Es gibt ein 4-Gänge-Menü: Schinken mit Melone, Curry und Paprikahähnchen mit Reis, Karotten- und Krautsalat, Rinderfilet mit Kartoffeln und Vanilleeis mit Rhabarber, dazu guten Weiß- und Rotwein und später Champagner.

Anders als in Deutschland beginnen die Feuerwerke und die Knallerei hier lange vor Mitternacht, eigentlich schon mehrere Tage vorher. Aber zwischen 0 bis 1 Uhr ist doch ein deutlicher Höhepunkt. Wir bleiben noch lange zusammen, bevor wir zu unseren Schiffen zurückfahren. Für uns war es der dritte Jahreswechsel in der Karibik.

Am 5.01. verlegen wir uns in die Harbour Village Marina, die am Stadtrand von Kralendijk liegt. Nur in einer Marina kann ich den neuen Windgenerator montieren. Außerdem ist es einfacher, Gäste mit viel Gepäck in einer Marina an Bord zu nehmen als an einer Boje, vor allem, wenn sie nachts ankommen.

Zur Demontage des alten Windgenerators (Air-X Marine) und Montage des neuen Windgenerators (Kiss) stelle ich eine Leiter vom Steg an den Trägermast. Das ist zwar ziemlich wackelig, aber die Arbeiten lassen sich trotzdem ganz gut durchführen. Nach zwei Tagen haben wir einen neuen leisen Windgenerator, der außerdem noch mehr Leistung bringt als der alte.

Inzwischen sollte auch unser neues Schlauchboot in Bonaire angekommen sein. Doch es ist beim Zoll nicht auffindbar. Am nächsten Tag erklärt uns Peter von Budget Marine, dass das Schlauchboot fälschlicherweise nach Curacao geliefert wurde. Nun muss es nur noch nach Bonaire gebracht werden.

Dagegen kommen Michael und Charlotte aus Stuttgart am 8.01. gegen 4.30 Uhr pünktlich auf dem Flughafen von Bonaire an. Charlotte schenkt uns ein müdes Lächeln. Ob sie ihre Großeltern noch kennt, kann sie uns mit ihren 13 Monaten leider nicht sagen. Es ist noch dunkel als wir an Bord gehen und das Gepäck verstauen. Michael und Charlotte ziehen ins Vorschiff und wir belegen den Salon.

Der erste Tag mit unseren Gästen dient zum Eingewöhnen in die neue Umgebung. Wir fahren zum Bummeln und Einkaufen in die Stadt (Kralendijk), die für karibische Verhältnisse sehr gepflegt und holländisch geprägt ist. Es gibt einen schattigen Platz, auf dem Charlotte rennen und mit anderen Kindern spielen kann. Wir fragen bei Budget auch nach unserem Schlauchboot. Morgen soll es nun wirklich auf Bonaire ankommen.

Am nächsten Tag fahren wir in den Washington Slagbaii National Park, der im Norden Bonaires liegt und mehr als 5000 Hektar umfasst. Der Park ist ein Schutzgebiet für Flamingos, Papageien, Sittiche, Leguane und viele andere Vögel und Reptilien. Die Vegetation besteht aus niedrigen Bäumen, Buschwerk und vielen Kakteen und an den Seen aus Mangroven. Die Wege durch den Park sind unbefestigt und mit einem normalen PKW nicht befahrbar. Wir haben deshalb einen Pick-Up gemietet.

Da wir erst gegen 11 Uhr am Parkeingang sind, wird uns von den Parkwächtern dringend die kurze Route empfohlen. Gleich am ersten See sehen wir eine große Anzahl von Flamingos. So viele waren im letzten Jahr nirgends zu sehen. Zum Mittagessen suchen wir uns einen schattigen Platz und setzen uns auf die Ladefläche des Pick-Ups. Auf dem weiteren Weg sehen wir viele Echsen und Leguane ganz aus der Nähe. Im letzten Jahr hatten wir nur einen flüchtenden Leguan gesehen. An einer Wasserstelle treffen wir einen besonders zutraulichen Leguan. Er läuft Wilma, die Charlotte auf dem Arm trägt, hinterher. Doch er hat es wohl nur auf Charlottes Schnuller abgesehen, den er für etwas Fressbares hält.

Ein anderer interessanter Punkt ist die Slagbaii (Schlachterbuch) mit einem schönen Strand, einem See mit Flamingos und dem historischen Schlachtgebäude, von dem früher Vieh nach Curacao verschifft wurde. Danach fahren wir auf dem holprigen Weg langsam zurück zum Ausgang. Unserem Fahrer Michael macht es sichtlich Spaß, uns durchzurütteln, und seine Tochter Charlotte freut sich darüber auch.

Am nächsten Tag fahren wir in den Südteil Bonaires. Im Mangrovenbereich der Lagune Lac Bay gibt es wieder viele Flamingos. In der Nähe des Standes steht ein Windrad aus deutscher Produktion. Nach erfolgreichem Test sollen hier weitere Windräder aufgebaut werden. Wir fahren um die Südspitze der Insel herum und besichtigen die Sklavenhütten. Die kleinen Steinhütten haben nur zwei Öffnungen, und Stehhöhe gibt es nur in der Mitte. Vorbei an den Salinen und den Salzbergen fahren wir zurück nach Kralendijk.

In Kralendijk fragen wir bei Budget wieder nach unserem Schlauchboot. Das machen wir jetzt seit mehr als einer Woche, und jedes Mal heißt es: Morgen kommt es. Aber heute ist es wirklich da. Peter liefert es am späten Nachmittag in die Marina.

Mit zwei Schlauchbooten im Schlepp fahren wir morgens zurück an eine Boje. Unser altes Schlauchboot, das nach der Reparatur wieder dicht ist, möchten wir möglichst schnell verkaufen. Von Peters Interessenten ist nach Auslieferung des neuen Bootes keiner mehr greifbar. Doch wir haben noch Felix Keller, einen Farbigen mit deutschen Namen, der am Strand sein altes Schiff zu einem Restaurant ausbaut. Als wir ihn Weihnachten kennenlernten, zeigte er Interesse an unserem Schlauchboot. Wir einigen uns schließlich auf 50 USD. Er ist glücklich, und wir haben unser altes Schlauchboot nicht einfach weggeworfen.

An der Boje lernt auch Michael die Unterwasserwelt Bonaires kennen. So schön, vielfältig und zahlreich hatte er sich die Fische doch nicht vorgestellt. Die Fische sind so zutraulich, dass sie einem beim Schnorcheln aus der Hand fressen. Der kleinen Charlotte können wir diese schöne Welt leider nicht zeigen. Sie kann sich nur die Fische ansehen, die beim Füttern ans Boot kommen.

Am nächsten Tag machen wir für einige Stunden an einer Tauchboje 3 sm weiter nördlich fest. Hier gibt es noch mehr Fische und vor allen Dingen mehr und schönere Korallen, insbesondere Elchgeweih-Korallen. Wilma beobachtet eine Schildkröte am Grund, und Michael macht viele schöne Unterwasseraufnahmen.

Michael hat der Nationalpark so gut gefallen, dass er noch einmal durchfahren möchte. Also nehmen wir wieder einen Pick-Up, starten diesmal aber wesentlich früher, damit es für die lange Route reicht. Wir besuchen das Blowing Hole, eine Felsformation an der die Atlantikwellen hoch aufspritzen und pfeifende Geräusche erzeugen, den alten Leuchtturm und die Wasserstelle Pos Mangel. Hier treffen wir auf mehrere sehr zutrauliche Leguane. Wilma hat zum Füttern altes Brot und Salatreste mitgenommen, was ihnen offensichtlich gut schmeckt. Sie fressen ihr aus der Hand und laufen ihr immer wieder nach. Zwei Esel, die später ans Auto kommen, wollen dagegen nur Brot haben.

Der Nationalpark ist auch am zweiten Tag wieder ein großes Erlebnis. Neben den Leguanen sehen wir wieder viele Flamingos, verschiedene bunte Vögel und viele Echsen. Es ist uns ein Rätsel, weshalb wir im letzten Jahr so wenige Tiere gesehen haben.

Nach dem Nationalpark bleibt uns noch genügend Zeit für eine Fahrt zu Lagune Lac Bay. In dem flachen Wasser kann Charlotte schön plantschen und im Sand spielen. Es macht ihr sichtlich großen Spaß.

Für mich gibt es noch einiges an Bord zu erledigen. Wilma, Michael und Charlotte nutzen die Zeit für Spaziergänge im Ort. Auf dem schattigen Platz findet Charlotte immer wieder Kinder, mit denen sie sofort Kontakt aufnimmt. Sprachbarrieren gibt es in ihrem Alter noch nicht.

Natürlich schnorcheln wir auch viel, denn eine so schöne und interessante Unterwasserwelt werden wir nicht mehr lange haben. Ein großer Schwarm gelbschwarzer Fische hält sich fast ständig unter unserem Schiff auf und wartet auf Futter. Sie fressen alles, was bei uns über Bord geht. Ich nehme unser Tauchgerät (Freediver) und reinige den Propeller von Seepocken und anderem Bewuchs. Dabei bin ich immer von unserem gelbschwarzen Hausschwarm umgeben.

Am 16.01. klarieren wir aus. Dabei bekomme ich ordnungsgemäß die Seenotpistole und die zugehörige Munition zurück. Danach haben wir noch etwas Zeit für den Fantasy Garden einer lokalen Künstlerin. Hier gibt es Flamingos, Land- und Wasserschildkröten und Krabben aus nächster Nähe, fast zum Anfassen für unsere kleine Charlotte. Lustig sind auch die vielen lebensgroßen Stofffiguren.

Nach dem Frühstück laufen wir in Richtung Curacao aus. Der Wind sollte nach der Prognose unter 20 kn liegen. Tatsächlich weht es bald mit 25 kn und die Wellen werden entsprechend hoch. Wir rauschen bei leicht gereffter Genua mit mehr als 6 kn unserem Ziel entgegen. Charlotte ist die ganze Zeit sehr müde und muss schließlich spucken. Das kleine Mädchen ist seekrank geworden, obwohl es sicher keine Angst hatte.

Kurz nach 13 Uhr umrunden wir die Südspitze Curacaos und kommen in ruhiges Wasser. Eine Stunde später ankern wir in Spanse Water, der weitläufigen Lagune Curacaos mit vielen Ankerplätzen. Wir legen uns wieder auf unseren Stammplatz zwischen der Sarifundi's Marina und dem Fischerhafen, um kurze Wege zu den Dinghy Docks zu haben.

Am nächsten Morgen entdecken wir ganz in unserer Nähe die MAGIC LIFE, mit der wir hier im letzten Jahr Weihnachten und Sylvester gefeiert haben. Sabine informiert uns über Neuigkeiten aus der Region und über alte Dinge, die wir vergessen haben. Dann fahren wir mit dem Stadtbus nach Willemstad zum Einklarieren. Den langen Weg zum Hafenmeister darf ich zweimal gehen, weil das Büro sich vorzeitig in die Mittagspause verabschiedet hat. Zum Mittagessen gehen wir in die Markthalle, wo mehrere Küchen gutes und preiswertes Essen anbieten. Danach bleibt noch viel Zeit für einen Stadtbummel.

Am nächsten Tag stehen vormittags Einkäufe im Supermarkt und nachmittags Baden in der Caracas Baii auf dem Programm. An dem flachen Sandstrand geht aber nur Charlotte ins Wasser. Nachmittags hole ich einen Segelmacher an Bord und übergebe ihm unsere alte Genua zur Reparatur. Die kleinen Mängel an unserer neuen Genua sind seiner Meinung nach unkritisch.

Sonntag gehen wir zum Mittagessen in eine kleine Bodega in der Caracas Baii. Danach treffen wir uns in einer benachbarten Bodega mit anderen Deutschen, die hier auf Curacao leben. Sabine hatte uns zu diesem Treffen eingeladen. So erfahren wir etwas mehr über das Leben auf der Insel.

In den nächsten drei Tagen haben wir einen Leihwagen. Ich bringe Michael, Charlotte und Wilma zu dem Sea Aquarium und fahre dann in die Stadt, um diverse Eratzteile zu kaufen. Das Sea Aquarium ist eine der Attraktionen der Insel. Es gibt die hier lebenden Tiere wie Delfine, Haie, Muränen, Schildkröten, Flamingos, aber auch Seelöwen. Interessant sind auch die Vorführungen mit Haien, Delfinen und Seelöwen. Einige Tiere darf man sogar streicheln, was Wilma mutig bei einem Hai getan hat.

Für den vorletzten Tag mit unseren Gästen haben wir uns eine Inselrundfahrt vorgenommen. Vorher müssen Michael und Charlotte noch ausklarieren. Wer mit einem Schiff reist, muss viel Bürokratie über sich ergehen lassen. Die Rundfahrt führt uns von Willemstad teilweise an der Westküste entlang bis nach Westpunt, dem nördlichsten Ort der Insel. Vorher halten wir in der Cruz Baii, die auch als Ankerbucht geeignet ist. Die Bucht hat einen schönen Sandstrand, der für Charlotte ideal ist. Sie planscht im Wasser und hämmert mit Korallen. Auf der Rückfahrt bleibt uns noch etwas Zeit für einen Stadtbummel in Willemstad.

Der letzte Tag mit Michael und Charlotte ist angebrochen. Michael ist mit dem Packen beschäftigt und wir haben noch etwas Zeit mit unserer kleinen Enkeltochter. Charlotte ist ein reizendes liebenswertes Mädchen, sehr kontaktfreudig und immer neugierig. Sie lächelt fremde Menschen an und geht sofort auf alle Kinder zu. An Bord haben es ihr alle elektrischen Druckknöpfe und Schalter angetan. Am liebsten sind ihr die, bei denen auch etwas passiert, z. B. beim 230V-Inverter und bei der Elektrowinsch.

Nachmittags fahren wir zum Flughafen. Um 17 Uhr verabschieden wir Michael und Charlotte. Wieder ist in schöner Familienurlaub fern der Heimat zu Ende.

Ungemütliche Karibik

Sandstrand auf Martinique

Traditionssegler vor Pitons

Charlotte entdeckt einen Leguan auf Bonaire.

Neugieriger Leguan auf Bonaire

Flamingos auf Bonaire

Blauer Schwarm auf Bonaire

Segeln nach Curacao

Kolumbien, Panama und Galapagos

Nachdem Michael und Charlotte abgereist sind, bereiten wir uns auf die Fahrt nach Cartagena, Kolumbien, vor. Wir wollen die Strecke überwiegend in Tagestörns zurücklegen und den berüchtigten hohen Wellen an den Kaps Gallinas und De Velo nach Möglichkeit aus dem Wege gehen. Das heißt, der Wind sollte beim Umfahren der Kaps nicht zu stark sein. Wir müssen nicht lange auf ein günstiges Wetterfenster warten. Der 26.01.08 ist nach den Prognosen ein geeigneter Starttermin. Wir klarieren aus und laden Sabine von der MAGIC LIFE am Abend vor unserer Abreise zu einem Abschiedsessen auf der AQUILA ein.

Bei Sonnenaufgang verlassen wir Spanse Water und nehmen Kurs auf Aruba. Der Wind ist zunächst schwach, nimmt dann aber auf 15 bis 20 kn zu. Obwohl wir nur mit Genua segeln, kommen wir gut voran, auch weil ein Strom von etwas mehr als 1 kn uns zusätzlich schiebt. Noch schneller als wir ist eine Gruppe von Delfinen, die plötzlich um uns herum auftaucht. Mehr als zwanzig Tiere begleiten uns fast eine halbe Stunde lang. Sie schwimmen oft zurück, um uns dann wieder schnell zu überholen. Vielleicht wollen sie demonstrieren, dass sie viel schneller sind als wir.

Gegen 17 Uhr erreichen wir nach 70 sm die Bucht Nicolaas und können kurze Zeit später in flachem Wasser ankern. An der Einfahrt zur Bucht liegt eine große Raffinerie, aber dahinter stehen schöne Villen an einem langen Sandstrand.

Bei Sonnenaufgang brechen wir wieder auf, um unser Ziel, die Insel Monjes de Sur, bei Tageslicht zu erreichen. Anfangs reicht der Wind gerade zum Segeln, doch mittags ist er so schwach, dass wir mit Maschine fahren müssen. Eine Stunde vor Sonnenuntergang erreichen wir die kleine Insel Monjes de Sur, die zu Venezuela gehört. Es sind eigentlich zwei Inseln, die durch eine Aufschüttung verbunden wurden. So ist eine kleine Bucht entstanden, über die eine Trosse zum Festmachen von kleinen Schiffen gespannt ist. Zwei spanische Yachten und ein Fischer haben bereits an der Trosse festgemacht. Es ist eng, aber wir finden noch einen Platz. Wilma geht mit Flossen ins Wasser und macht unser Schiff mit zwei Vorleinen an der Trosse fest. Es ist ein perfektes Manöver, obwohl Wilma vorher große Bedenken hatte.

Schon nach kurzer Zeit meldet sich die Coast Guard und möchte an Bord kommen. Sie haben aber kein eigenes Boot und wir möchten unser Schlauchboot nur ungern zu Wasser lassen. Zum Glück bietet einer der spanischen Segler sein Schlauchboot für den Transport an.

Die beiden Herren der Coast Guard sind sehr freundlich, müssen aber zum Ausfüllen der Formulare viele detaillierte Fragen stellen. So muss ich z. B. zum ersten Mal auf unserer Reise meinen Bootsführerschein und mein Funkzeugnis vorzeigen. Für wen das in Venezuela von Interesse sein könnte, weiß sicher selbst der große Chávez nicht. Bei Sonnenuntergang ist die Prozedur beendet, die für die beiden Herren bei kaltem Bier und Knabberzeug sicher eine schöne Abwechselung war.

Von Los Monjes wollten wir eigentlich einen langen Schlag von mehr als 200 sm zur Fünf-Finger-Bucht bei Barranquilla, Kolumbien, machen. Doch nach den Windprognosen müssen wir heute und morgen von einer Motorfahrt ausgehen. Deshalb teilen wir die Strecke in kleinere Etappen auf und nehmen uns für heute die knapp 60 sm entfernte Bucht Honda als Ziel vor.

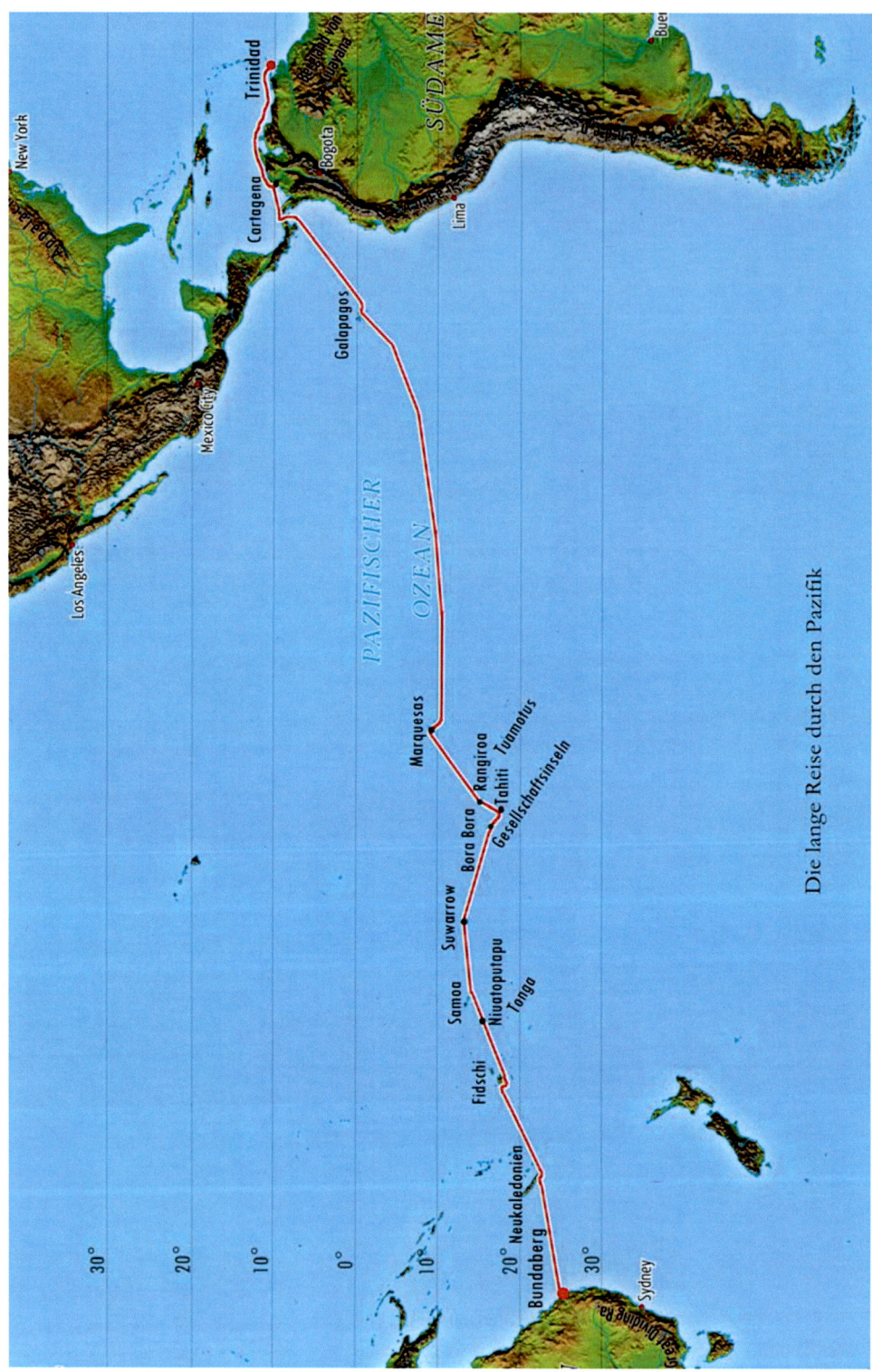

Die lange Reise durch den Pazifik

Der Wind ist tatsächlich sehr schwach, und so fahren wir unter Motor dem Kap Gallinas entgegen, das wegen seiner hohen Wellen berüchtigt und gefürchtet ist. Heute sind die Wellen niedrig. Nur ein gestrandeter Frachter erinnert daran, dass es hier auch anders sein kann. Zum Kap begleiten uns wieder mehrere Delfine. Als wir am späten Nachmittag in die Bahia Honda einlaufen, nimmt der Wind ständig zu und erzeugt unangenehme Wellen in der weitläufigen Bucht. Erst im südlichsten Zipfel der Bucht finden wir in sehr flachem Wasser einen geeigneten Ankerplatz. In der Nacht schläft der Wind fast vollständig ein.

Der kommende Tag soll wieder schwachwindig sein. Deshalb planen wir nur eine kurze Motorfahrt bis hinter Cabo de Vela, wo man nach uns vorliegenden Berichten gut ankern kann. Als wir uns nach knapp 30 sm dem Kap nähern, nimmt der Wind stark zu. Wir können segeln, steuern aber doch den geplanten Ankerplatz südlich des Kaps an. Wegen des flachen Wassers ankern wir weit vom Strand entfernt. Am Strand stehen einfache Holzhäuser und in der ganzen Bucht legen Fischer ihre Netze aus. Zwei Fischer kommen zu uns und fragen nach Essen. Wir geben ihnen unser verfügbares Gebäck und Bier.

Am nächsten Tag brechen wir gegen 11 Uhr mit dem Ziel Fünf-Finger-Bucht auf. Nach zwei Stunden haben wir genügend Wind, um mit Groß und Genua auf etwa 6 kn Fahrt zu kommen. Später legt der Wind auf 20 bis 25 kn zu und es entsteht ein unangenehmer Seegang. Es wird eine unruhige Nacht, wir werden furchtbar durchgerüttelt. Hier haben wir die hohen Wellen, die uns an den Kaps Gallinas und De Velo prophezeit wurden. Bei Sonnenaufgang nehmen Wind und Wellen etwas ab. Aber als wir uns der Bucht Gairaca (3. Fingerbucht) nähern, legt der Wind auf 30 kn zu und die Wellen werden wieder höher. Doch in der Bucht wird das Wasser zunehmend ruhiger, und am Ende bleibt nur ein leichter Schwell übrig.

Die Bucht Gairaca ist unser erster schöner Ankerplatz in Kolumbien. Sie ist umgeben von hohen Bergen und hat am Ende einen breiten Sandstrand, an dem einige Hütten, aber auch bessere Häuser stehen. Abends wird es kalt. Wir ziehen dicke Jacken und lange Hosen an. Damit ist es erträglich, unangenehm sind dagegen die heftigen kurzen Fallböen. Ich messe zwar nur 35 kn, aber in den Spitzen dürfte der Wind wesentlich stärker sein. Unser Bimini, das nach der Atlantiküberquerung versteift wurde, wackelt gewaltig. Am nächsten Morgen stellen wir fest, dass sich auch das Schlauchboot auf dem Vorschiff total verschoben hat. So hat uns die Fünf-Finger-Bucht gezeigt, was es an unserem Schiff noch zu verbessern gibt.

Morgens fahren wir früh weiter in Richtung Cartagena. Da die Strecke von 100 sm bei Tageslicht nicht zu schaffen ist, wollen wir südlich des Kaps Hermosa einen Zwischenstopp in einer Bucht einlegen, die allerdings in den Seekarten nicht existiert. Aus Berichten wissen wir jedoch, dass es diese Bucht gibt und dass man dort gut ankern kann.

Nach dem Auslaufen setzt bald ein guter Segelwind ein und wir segeln nur unter Genua mit mehr als 6 kn der Hafenstadt Barranquilla entgegen. Hier mündet der Fluss Magdalena, der viel Erde und angeblich auch Baumstämme und andere harte Gegenstände ins Meer schwemmt. Wir passieren die Mündung deshalb in 3 sm Abstand. Baumstämme sehen wir nicht, aber das Meer ist im Mündungsbereich über mehr als 10 sm braun gefärbt, und die Wellen sind höher als normal.

Wir sind wieder in klarem Wasser und nähern uns dem Bereich, in dem die Ankerbucht liegen soll. Tatsächlich erkennen wir nach einiger Zeit eine schmale Landzunge, hinter der eine große geschützte Bucht liegt. Wir fahren weit in die flache Bucht hinein und ankern schließlich auf 3 m Wassertiefe. In der Bucht gibt es Badestrände mit Schatten spendenden Hütten, aber kaum Menschen. Zwei Surfer rasen mit hoher Geschwindigkeit mehrmals dicht an uns vorbei. Der Wind ist inzwischen auf 25 kn angestiegen.

Am nächsten Morgen weht es immer noch so stark. Wir entschließen uns deshalb, einen weiteren Tag in der Bucht zu bleiben und hoffen auf ein Nachlassen des Windes. Nach dem Frühstück macht unser Windgenerator eine Notabschaltung, es weht mittlerweile mit 30 kn und ist sehr kalt. Abends erfahren wir von einlaufenden Seglern, dass sie draußen zur gleichen Zeit mit Flaute zu kämpfen hatten. Offensichtlich ist es im Wesentlichen ein Kapeffekt, der diesen starken Wind in der Bucht erzeugt.

Nach zwei Nächten in der windigen Bucht starten wir morgens früh zu unserer letzten Etappe nach Cartagena. Bis Mittag haben wir genügend Wind zum Segeln, dann kommen wir nur noch mit Motor voran. Lange im Voraus ist Cartagena zu sehen, doch so haben wir uns diese Stadt nicht vorgestellt. Wir sehen eine Skyline, die an Manhatten erinnert. Als wir uns weiter nähern, erkennen wir aber auch die Altstadt, die die schönste Südamerikas sein soll und als Weltkulturerbe eingestuft ist.

Gegen 16 Uhr passieren wir die schmale Einfahrt Boca Grande und eine Stunde später ankern wir vor dem Club Nautico, der sich im Norden der großen Lagune befindet. Hier liegen Schiffe aus vielen Nationen, die meisten auf der Durchreise nach Panama. Wir lassen unser Schlauchboot zu Wasser und fahren in den Club. Hier treffen wir uns bekannte Engländer wieder, die gerade mit ihrem Agenten die Ausreise besprechen. Der Agent heißt Manfred, ist TO-Stützpunktleiter und genau der Mann, über den wir einklarieren wollen.

Am nächsten Morgen treffen wir uns mit Manfred und übergeben ihm die Unterlagen zum Einklarieren. Manfred, der seit mehr als 20 Jahren in Cartagena lebt, gibt uns viele Tipps und nimmt uns dann mit in die Altstadt. Hier bekommen wir einen ersten Eindruck von der Stadt und den Menschen, obwohl ich nur auf der Suche nach elektrischen Bauteilen bin. Mittags suchen wir das Restaurant El Bistro auf, das von einem deutschen Koch und einem deutschen Bäcker betrieben wird. Das Restaurant gilt als Geheimtipp und ist immer gut besucht. Man kann hier auch frisches deutsches Brot kaufen.

Auch in einer interessanten Stadt gibt es viel an Bord zu erledigen, die Aufgabenliste sollte abgearbeitet werden. Zu den Aufgaben gehören auch verschieden Einkäufe. Ein Supermarkt ist in unmittelbarer Nähe, ein anderer und ein Baumarkt sind weiter entfernt. Mit dem Taxi, das weniger als 2 € kostet, ist es jedoch kein Problem, die Einkäufe in den entfernten Läden zu erledigen. In einem Fachgeschäft bekomme ich Filter für unseren Wassermacher und unseren Motor, die ich seit Bonaire in unzähligen Geschäften vergeblich gesucht habe.

Jeden Mittwochabend ist Happy Hour im Club Nautico. Wir verabreden uns mit Jacqueline und Peter von der AHU, die einige Tage vor uns in Cartagena angekommen sind, und lernen dann Gisela und Gerhard von der SILVER CURL kennen. In einem nahe gelegenen Restaurant lassen wir den Abend bei gutem Essen und netten Gesprächen ausklingen.

Den Sonntag haben wir nur für die Besichtigung der Stadt und ihrer Sehenswürdigkeiten reserviert. Cartagena de Indias, wie die Stadt richtig heißt, hat heute fast eine Million Einwohner, die in der Mehrheit in bescheidenen Verhältnissen leben. Eine Minderheit muss dagegen sehr wohlhabend sein, denn sonst sind die vielen Neubauten und Hochhäuser auf Boca Grande nicht zu erklären.

Cartagena war eine der ersten spanischen Stadtgründungen (1533) in Südamerika und entwickelte sich schnell zu einem wichtigen Handelshafen. Schiffe aus Spanien brachten Fertigprodukte wie Waffen, Werkzeuge, Textilien und nahmen Gold, Silber und Edelsteine an Bord. Auch der niederländische und englische Sklavenhandel lief zum Teil über Cartagena. Wegen der gelagerten Schätze war Cartagena ein bevorzugtes Ziel von Freibeutern und Piraten. Nach mehreren Piratenüberfällen, unter anderem durch Sir Francis Drake, wurden die Stadt und der Hafen immer mehr befestigt. So entstanden eine 11 km lange Stadtmauer, zwei Festungen an der Einfahrt zur Bucht und die mächtige Wehranlage San Felipe. Danach hat Cartagena alle Angriffe von Piraten und der englischen Armada erfolgreich abwehren können. 1822 erlangte Cartagena zusammen mit der Kolonie die Unabhängigkeit von Spanien.

Wir schlendern durch die Gassen der Altstadt und besichtigen zuerst die Kathedrale und die Kirchen San Pedro Claver und Santo Domingo. Hier gibt es auch schöne Plätze mit Skulpturen. Die meisten Häuser im kolonialen Stil sind renoviert. Sehr interessant ist das Maritime Museum, in dem auch die Entwicklung der Wehranlagen dargestellt ist. Nach einem Besuch des Goldmuseums wandern wir durch den zentralen Park langsam in Richtung San Felipe. In einem Baum entdecken wir zwei Faultiere, sie bewegen sich noch viel langsamer als wir. Die Festungsanlage San Felipe mit ihren mächtigen Mauern und unterirdischen Gängen ist wirklich beeindruckend. Wir genießen aber auch den schönen Blick von Festung und die kühle Brise, die oben über die Mauern weht.

Am 12.02. verlassen wir Cartagena in Richtung Rosario, einer Inselgruppe südlich der Stadt. Wir hoffen, dass wir von hier aus unser Ziel auf den San Blas-Inseln mit nur einer Nachtfahrt erreichen können. Nach der Passage der schmalen Durchfahrt Boca Grande setzen wir Segel und können bei gutem Wind bis kurz vor unseren gewünschten Ankerplatz südlich der Insel Caribaru segeln. Die Einfahrt durch das Riff ist schmal, aber durch die Betonnung unkritisch. Wir ankern direkt neben der SILVER CURL, die hier schon seit zwei Tagen liegt.

Bei Sonnenaufgang brechen wir zusammen mit der SILVER CURL in Richtung Eastern Holandes, San Blas, auf. Es herrscht totale Flaute. Die SILVER CURL fährt unter Maschine schneller als wir, sodass wir uns nach einiger Zeit aus den Augen verlieren. Wir fahren seit Stunden mit knapp 6 kn, haben aber 1 kn Strom gegen uns. Unter diesen Bedingungen ist San Blas morgen bei Tageslicht nicht zu erreichen. Gegen 16 Uhr setzt dann doch ein leichter Nordostwind ein und wir kommen unter vollen Segeln auf eine etwas höhere Geschwindigkeit. Im Laufe der Nacht nimmt der Wind auf 25 kn zu. Stark gerefft laufen wir nun mit 7 kn unserem Ziel entgegen. Auch die Strömung ist nicht mehr gegen uns. Nachmittags nimmt der Wind etwas ab, aber die Wellen bleiben sehr hoch.

Gegen 15 Uhr sind wir hinter der Inselgruppe Eastern Holandes in ruhigem Wasser und suchen einen Ankerplatz. Nachdem wir die Einfahrt zu dem flachen Bereich zwischen den Inseln Ukupsuit und Kalugirdup nicht gleich finden, ankern wir hinter der kleinen Insel Benedup, wo bereits fünf Schiffe vor Anker liegen.

Das Wetter ist trübe und die Sicht schlecht, aber was wir sehen können ist phantastisch. So stellt man sich die Südsee vor: viele kleine Inseln mit Palmen und Sandstrand und fast alle unbewohnt. Nur auf einer kleinen Insel (Tindup) können wir zwei Hütten erkennen. Von dieser Insel kommt auch bald ein Boot mit einem Kuna-Indianer, der von uns 5 USD Liegegebühr kassiert. Wir zahlen ohne zu murren, denn die Gebühr gilt immerhin für einen Monat, allerdings nur für diese Inselgruppe.

Das Inselgebiet San Blas besteht aus 340 Inseln und ist in vieler Hinsicht einzigartig in der Welt. Die Inseln und das zugehörige Festland werden seit Menschengedenken von den Kunas bewohnt und beherrscht. Kuna Yala, so heißt das gesamte Gebiet, ist heute ein Teil Panamas, wird aber von den Kunas autonom verwaltet. Die Kunas sind der Stamm Amerikas, der seine Kultur und seine Traditionen am besten bewahrt hat. Die insgesamt 55000 Einwohner Kuna Yalas führen ein sehr einfaches Leben in Einklang mit der Natur. Es gibt jedoch eine feste Hierarchie mit Wahlen und strikten Regeln. Kriminalität soll es in Kuna Yala praktisch nicht geben.

Die Kokosnuss war lange Zeit das Rückgrat der Wirtschaft und auch eine Art Zahlungsmittel. Heute zahlt man in Dollar, und eine wichtige Einnahmequellen sind inzwischen die Molas, die überall angeboten werden. Molas sind Nähkunstwerke der Kunas, die normalerweise von den Frauen auf der Vorder- und Rückseite ihrer Blusen getragen werden. Sie bestehen aus Stoffteilen, die in mehreren Lagen miteinander vernäht werden und durch Heraustrennen und Umnähen von einzelnen Flächen ein Motiv ergeben. Die Motive waren ursprünglich geometrische Strukturen. Heute findet man alle möglichen Darstellungen, die für verkaufbar gehalten werden.

Wir sind gespannt auf Kuna Yala. Auf den Eastern Holandes bleiben wir noch einen Tag. Die Kunas fahren mit ihren Kanus, die flache Segel tragen, zum Fischen, kommen aber nicht zu den ankernden Schiffen.

Morgens fahren wir weiter zu den nur wenige Seemeilen entfernten Coco Bandero Cays. Wir nehmen die enge südliche Einfahrt und legen uns hinter die dort ankernden Schiffe. Die vier Inseln (Tiadup, Dupwai, Olosiculdup, Guartadup) bilden eine traumhafte Kulisse. Ein Kanu mit einem Mann, drei Frauen und vier Kindern kommt auf uns zu. Pablo ist ein lustiger, aber auch geschäftstüchtiger Mann. Die Frauen bieten nacheinander ihre Molas an. Wir kaufen zwei schöne Exemplare für 15 USD/Stück.

Am nächsten Tag segeln wir weiter zu den Eastern Lemmon Cays, auch weil es dort frisches Brot geben soll. Wir legen uns an den Rand des Ankerfeldes, südlich der kleinen Insel Banadup. Zwischen den 22 ankernden Schiffen entdecken wir die NUKUALOFA mit Renate und Helmut. Eine weitere Überraschung erhalten wir per E-Mail (Sailmail). Heinz von der GALATHE, den wir im Pazifik vermuten, ist auf dem Weg zu uns.

Nachmittags fahren wir mit dem Schlauchboot zu der Insel Nuinudup. Auf der kleinen Insel steht eine Hütte, und davor sind viele schöne Molas ausgebreitet. Wilma kann dem nicht widerstehen und kauft großzügig ein. Danach besuchen wir die Insel Banadup, auf der vier Hütten stehen. In einer Hütte gibt es selbstgebackenes Brot und andere Grundnahrungsmittel. Renate und Helmut sind auch gerade hier. Wir bestellen eine Runde Bier in Dosen und genießen gemeinsam unter Palmen den Sonnenuntergang auf Banadup.

Bei den Eastern Lemmon Cays kommen häufig Kunas und bieten Waren an, meistens Molas. Wilma deckt sich weiter ein. Morgens kommt ein Kuna mit Langusten. Wilma kauft ihm alle sieben Exemplare für 1 USD pro Stück ab und freut sich schon auf das leckere Essen. Am späten Nachmittag ankert die GALATHE mit Heinz und Sylvia neben uns. Wir haben uns viel zu erzählen. Heinz ist insbesondere an meinem Reglerkonzept für den Kiss-Wingenerator interessiert. Er will sich die erforderlichen Teile möglichst schnell von Conrad zuschicken lassen.

Ein besonderes Ereignis in den Eastern Lemmon Cays ist der 50. Geburtstag von Marlies, einer Italienerin schweizerischer Abstammung. Sie und ihr Mann Claudio leben in den Wintermonaten auf ihrem Schiff in der Region San Blas und sind im Sommer im Hotelgewerbe in Italien tätig. Marlies und Claudio haben alle Ankerlieger, ihre Freunde in der Umgebung und viele Kunas zu der Feier auf der Insel Nuinudup eingeladen. Getränke und Speisen sind allerdings mitzubringen.

Wir wollen vorher zusammen mit Sylvia und Heinz auf Banadup essen gehen. Das Essen hatten wir am Vortag bestellt, nachdem wir auf einem Schild den Hinweis Restaurant sahen. Als wir uns dem Restaurant, das aus einem einfachen Tisch mit Bänken besteht, nähern, nimmt keine der anwesenden Kuna-Frauen Notiz von uns. Schließlich erfahren wir, dass der Koch zu einem „Congreso" gefahren ist und erst spät zurückkommen wird. Auch Kunas haben ihre Prioritäten, oder sind sie nur vergesslich? Jedenfalls gibt es kurze Zeit später auf der AQUILA Spaghetti mit Tomatensoße.

Auf Nuinudup hat inzwischen die Geburtstagsfeier begonnen. Marlies und Claudio haben mit ihren vielen italienischen Freunden einiges aufgebaut. Ein Generator erzeugt den Strom für die Musikanlage. Mehr als 50 Leute sind auf die kleine Insel gekommen, darunter viele Kunas, auch Frauen mit Kindern. Es wird gesungen und getanzt. Die Kunas beobachten das Geschehen aus der zweiten Reihe, zum Teil skeptisch, einige aber auch sehr amüsiert.

Am nächsten Morgen fahren wir weiter nach Porvenir. Die kleine Insel verfügt über ein Immigration Office, einen Flughafen, ein Museum (30 m²) und ein Hotel, aber keine Wohnhütten. Hier klarieren wir für Panama ein und Kuna Yala wieder aus. Die Büros sind in einem unbeschreiblichen Zustand, aber die Menschen sind nett und freundlich. Als Doktor der Elektrotechnik werde ich gleich mit Fragen zu einem Generator konfrontiert, der in den nächsten Tagen geliefert werden soll.

Nachmittags fahren wir mit dem Schlauchboot zu der benachbarten Insel Wihubhuala. Die kleine Insel ist vollständig mit Hütten bebaut, die alle ähnlich aufgebaut sind. Die Außenwände bestehen aus dickem Schilfrohr und das Dach aus Palmenblättern. In dem Ort gibt einen kleinen Laden und einen Bäcker, bei dem wir frisches Brot kaufen können. Inzwischen ist man hier auf Tourismus eingestellt. Überall hängen Molas zum Verkauf und für ein Foto wird ein Dollar pro Person verlangt. Das ist ein Festpreis, der auch bei größeren Gruppen gilt. Die Kunas haben feste Regeln und sind auf ihre Art geschäftstüchtig. Sie sind ganz anders als die Waraos, die im Orinoco-Delta ein vergleichbar einfaches Leben führen.

Wir fahren zurück zu unserem Schiff und bereiten uns auf die Abreise aus Kuna Yala vor. Gerne wären wir noch etwas länger in dem Inselparadies geblieben, aber wir müssen weiter, um die anderen Ziele erreichen zu können.

Am 22.02. verlassen wir am frühen Morgen Porvenir in Richtung Panamakanal. Bei schwachem Wind fahren wir mit Motor am Riff entlang ins offene Meer. Dann segeln wir unter Vollzeug mit mäßiger Geschwindigkeit an der Küste entlang nach Westen. Nach langer Zeit versuchen wir mal wieder zu angeln. Es dauert keine halbe Stunde, bis der erste Fisch am Haken hängt. Leider nur eine Makrele, die gerade für zwei Personen reichen würde. Wir wollen mehr und das funktioniert auch. Genau eine Stunde später fangen wir einen Barracuda, 2,7 kg schwer und 80 cm lang. Sein Gebiss ist beeindruckend. Nach der Lektüre unseres Fischbuches kommen uns jedoch Zweifel, ob wir den Genuss des Fisches unbeschadet überstehen würden. Barrakudas dieser Größe können eine Vergiftung (Ciguatera) hervorrufen, unter der man Monate oder Jahren zu leiden hat. Also werfen wir unseren Fang über Bord und stellen für heute das Angeln ein.

Am frühen Nachmittag starten wir nördlich der Insel Linton die Maschine und fahren zu dem geschützten Ankerplatz zwischen der Insel und dem Festland. 26 Schiffe liegen hier bereits vor Anker, darunter auch mehrere Deutsche. Abends essen wir unsere Makrele, eine zweite wäre nicht schlecht gewesen.

Nach dem Frühstück brechen wir zu unserem hoffentlich letzten Törn in der Karibik auf. Bei schwachem Wind fahren wir mit Motor Richtung Panamakanal. Dann kommt doch noch etwas Wind auf, sodass wir uns unter Segel dem berühmten Kanal nähern können. Mittags erreichen wir die breite Einfahrt durch die Wellenbrecher des Hafens von Colon. Überall ankern große Schiffe, die offensichtlich auf die Kanaldurchfahrt warten. Wir bergen Segel und fahren direkt in die Shelter Bay Marina, die am Ende des westlichen Wellenbrechers liegt. Niemand beantwortet unsere Funkrufe, obwohl wir angemeldet sind. Schließlich erscheinen doch zwei Herren und weisen uns einen Platz an dem ersten Dock zu.

Schon nach kurzer Zeit erscheint Doris von der KURTISANE bei uns. Wir waren über E-Mail in Kontakt und wussten, dass wir uns hier treffen würden. Doris und Kurt stehen mit der KURTISANE noch an Land und bereiten sich auf das Kranen vor. Auch die SILVER CURL und die UPPS, die wir schon aus der Türkei kennen, liegen in der Marina.

Mit Doris und Kurt planen wir die Kanalpassage. Wir wollen uns gegenseitig als Leinenhalter unterstützen und deshalb zu verschiedenen Zeiten durch den Kanal fahren. Aber vorher gibt es auf beiden Schiffen noch viel zu erledigen. Ich möchte alle wichtigen Reparaturen und Wartungsarbeiten abgeschlossen haben und die Kurtisane sollte im Wasser sein, bevor wir uns für den Kanaltransit anmelden.

Bei uns sind die wichtigen Reparaturen der Ersatz einer Spannleine im Achterliek der Genua und die Überprüfung der Halterung des Windgenerators. Wir demontieren den gesamten Windgenerator einschließlich der Kabel und stellen dann fest, dass die Halterung in Ordnung ist. Es ist nur ein schlechtes Design. Auch die Genua ist schnell und problemlos repariert. Bei der KURTISANE läuft es ähnlich gut, sie kann ins Wasser gehoben werden.

Den Kanaltransit lassen die meisten Yachten von einem Agenten organisieren. Die Agenten verlangen für ihre Dienste 300 bis 500 USD. Wir wollen zuerst alles in eigener Regie machen, entscheiden uns dann aber für einen inoffiziellen Agenten. Der bekannteste unter ihnen ist Tito. Als wir ihn anrufen, ist er gerade auf dem Weg in die Marina. Kurze Zeit später treffen wir uns mit ihm in der Bar, und nach wenigen Minuten ist der Handel perfekt. Tito, ich nenne ihn Halbagent, wird uns zu allen Behörden fahren und uns bei dem Ausfüllen der Formulare unterstützen. Für diesen Service verlangt er 40 USD. Die erforderlichen vier Leinen (leihweise) und die zehn Autoreifen, umwickelt mit Plastikfolie, sollen insgesamt 90 USD kosten. Ein zusätzlicher Leinenhalter, den wir beide benötigen, kostet 110 USD.

Am 28.02. fahren wir morgens mit dem Marina-Bus nach Colon in das Einkaufszentrum 4 Alto und dann mit dem Taxi weiter in den Panama Canal Yacht Club. Hier treffen wir Tito. Er macht mehrere Kopien von unseren Dokumenten und fährt mit uns dann zu Immigration. Hier bekommen wir zum ersten Mal einen Einblick in die Stadt Colon. Der Zustand der Häuser und die offensichtliche Armut der Menschen sind erschreckend. Aus der Architektur kann man erkennen, dass die Stadt unter den Amerikanern bessere Zeiten erlebt hat. Heute wird uns aus Sicherheitsgründen empfohlen, nicht zu Fuß durch die Stadt zu gehen und auch keine Fotos zu machen.

Im Immigrations-Büro warten viele Leute. Tito geht an allen vorbei, holt Formulare, die wir ausfüllen und mit Fingerabdrücken versehen müssen. Dann geht er mit den Formularen zurück und diskutiert mit den Angestellten. Damit ist die Prozedur abgeschlossen, und wir fahren weiter zum Kontrollgebäude der Kanalbehörde. Hier stellt Tito die Damen den Offizieren vor, während Kurt und ich unsere Schiffe zur Vermessung anmelden. Der Vermesser soll schon morgen Vormittag an Bord kommen.

Die Vermesser kommen leider erst nachmittags, und es ist Freitag. Deshalb können wir erst am Montag bei der City Bank die Kanalpassage bezahlen und danach einen Termin erfragen. Die Vermesser messen nicht nur die Länge des Schiffes, sondern stellen auch Fragen zu den Eigenschaften und der Ausrüstung. Am Ende bedankt sich der Vermesser bei Kurt und mir dafür, dass er so bedeutende Leute kennenlernen durfte. Neben dem Doktortitel ist es bei Kurt der Titel Professor und bei mir der Name Ohm von dem er beeindruckt ist.

Am Sonntag machen wir zusammen mit Doris und Kurt eine Dschungelwanderung. Die Shelter Bay Marina liegt nämlich direkt am Rande des Dschungels, weit entfernt von allen Wohngebieten und Einkaufsmöglichkeiten. Es gibt aber an Werktagen eine kostenlose Busverbindung zu einem Einkaufszentrum in Colon (4 Altro), von dem man mit einem Taxi für 2 USD in jeden anderen Stadtteil fahren kann.

Die Marina befindet sich auf dem Gelände einer ehemaligen amerikanischen Militärbasis, die ursprünglich zur Sicherung der Kanalzone diente. Später wurden hier Soldaten für den Vietnamkrieg ausgebildet. Die von den Amerikanern verlassenen Gebäude sind unbewohnt und größtenteils verfallen. Trotzdem wird das Gelände von Sicherheitskräften bewacht.

Auf einer breiten Teerstraße wandern wir durch den Dschungel. Vögel zwitschern, Grillen zirpen und unsichtbare Tiere knistern im Unterholz und auf den Bäumen. Am Ende der Straße entdecken wir in einem großen Baum eine Gruppe von Brüllaffen, die aber keinen Laut von sich geben. Dafür lärmt eine andere Gruppe von Brüllaffen in einiger Entfernung durch den Wald.

Die vor uns liegende Offizierssiedlung ist normalerweise nicht zugänglich. Ein zufällig anwesender Wächter erlaubt uns jedoch einen Rundgang durch die Siedlung. Hier zwitschert es noch lauter in den Bäumen. Am aktivsten sind die Vögel an den hängenden Nestern in den Palmen. Interessant ist auch ein Nasenbär, der sich voll auf die Nahrungssuche konzentriert und uns kaum beachtet. Später sehen wir noch einige Tukane in den Palmen.

Am Montag, den 3.03., fahren wir morgens zur City Bank in Colon, um die Transitgebühr von 600 USD zu zahlen und die geforderte Kaution von 891 USD zu hinterlegen. Man kann bar oder mit der Visa-Karte zahlen. Von anderen Seglern wissen wir, dass es bei der Visa-Karte oft Probleme gibt. So ist es dann auch, wir können den Betrag nicht zahlen, weil er wie eine Barauszahlung behandelt wird. Ich rufe bei unserer Bank in Stuttgart an und lasse das Cash Limit kurzeitig erhöhen. Es funktioniert, nach einer viertel Stunde kann ich den Betrag mit meiner Visa-Karte zahlen.

Abends erfragen wir bei dem Kanalplaner (Canal Scheduler) unsere Termine. Für beide Schiffe ist der 12.03. der früheste Termin. Die KURTISANE nimmt den 12. und wir wählen den 15., weil wir vorher bei der KURTISANE als Leinenhalter mitfahren wollen. Jetzt haben wir genügend Zeit, um die restlichen Arbeiten durchzuführen und die Proviantbeschaffung für den Pazifik fortzusetzen. Wir fahren oft mit dem Marina-Bus zum Einkaufszentrum 4 Alto und dann mit Taxi weiter zu anderen Supermärkten. Jedes Mal kommen wir schwer bepackt zurück und unser Schiff sinkt tiefer und tiefer. Ich bin nicht sicher, ob wir bei dieser Beladung noch unsinkbar sind.

Unser Platz am ersten Dock der Marina ist bei starken Winden sehr unruhig. Es dauert drei Tage, bis der Manager der Marina meinem ständigen Drängen nachgibt und uns einen ruhigen Platz im hinteren Bereich zuweist. Wilma bedauert das etwas, weil wir von hier aus die Filmaktivitäten für den neuen Bondfilm „Ein Quantum Trost" nicht mehr so gut sehen können. Bei der Szene eines sich überschlagenden Schlauchboots sitzen wir dagegen wieder in der ersten Reihe. Ob wir in dem neuen 007-Film zu sehen sein werden, ist fraglich. Allerdings mussten wir die Gastflagge Panamas herunternehmen, weil der Film in Haiti spielt.

Es ist unvorstellbar, welcher Aufwand für kurze Szenen eines Bond-Films getrieben wird. Vor der Marina ankern mindestens zwei Wochen lang 25 Segler, die als Kulisse dienen und 100 USD pro Tag bekommen. Wir haben aus Zeitgründen auf dieses schöne Zusatzeinkommen verzichtet. Auf dem Marinagelände stehen viele große LKW und Zelte mit technischem Gerät. Bei gefährlichen Szenen steht immer ein Rettungshubschrauber bereit und es ist unglaublich viel technisches Personal im Einsatz.

Am 12.03. fahren wir um 16 Uhr mit der KURTISANE zu den Flats, einem Ankerfeld vor Colon. Hier soll der Lotse (Adviser) um 17 Uhr an Bord kommen. Außer uns ist noch Markus, ein Sohn Titos, als Leinenhalter an Bord. Die Ankunft des Lotsen wird immer wieder verschoben. Erst nach 20 Uhr kommt er an Bord. Nun fahren wir und zwei andere Segelyachten zu den Gatun-Schleusen.

In den Gatun-Schleusen werden die Schiffe in drei Stufen um insgesamt 26 m auf die Höhe des Gatun-Sees angehoben. Jede der drei Schleusenkammern ist 34 m breit und 305 m lang. Der Gatun-See ist künstlich angelegt und mehr als 400 km² groß. Die Transitstrecke durch den See ist etwa 20 sm lang. Danach kommt der Gaillard-Kanal, der durch gebirgiges Gelände führt und sehr aufwändig in der Herstellung war. Am Ende des Kanals liegt die Pedro-Miguel-Schleuse, in der die Schiffe um 9 m abgesenkt werden. Eine Seemeile weiter kommen die Miraflores-Schleusen, die die Schiffe in zwei Stufen schließlich auf den Pegel des Pazifiks absenken, der hier einen maximalen Tidenhub von mehr als 5 m hat. Beide Schleusenseiten sind zweispurig, das heißt, es gibt insgesamt 12 Schleusen-kammern.

Vor den Gatun-Schleusen müssen wir wieder warten. Dann wird ein Päckchen gebildet. Die kleineren Yachten machen an den größeren längsseits fest. Die KURTISANE ist an der Backbordseite des größeren Schiffes festgezurrt. Gegen 21 Uhr fährt das Päckchen, angetrieben durch das größere Schiff in die erste Schleuse ein. Im Schleusenbereich ist alles hell erleuchtet. Von den vorgeschriebenen zwölf Leinenhaltern (4/Schiff) werden in dieser Konfiguration nur vier benötigt. Ich bin einer der Leinenhalter.

Beim Einfahren in die Schleuse werden von beiden Seiten nacheinander dünne Leinen mit so genannten Affenfäusten auf die Schiffe geworfen. Mit diesen Leinen holen die Leinen-halter an Land die dicken Leinen von den Schiffen zu sich und legen sie über Poller. Die Leinenhalter auf den Schiffen müssen die Leinen an den Klampen immer so einstellen, dass das Päckchen in Schleusenmitte bleibt. Das heißt, bei steigendem Wasser sind die Leinen schrittweise dicht zu holen.

Nach dem Schließen der Schleusentore läuft das Wasser durch ein Rohrsystem (nur Schwerkraft) in die Kammer. Es brodelt und strömt furchtbar, aber das Päckchen bleibt gut in der Mitte. Nachdem die Schleusenkammer nach etwa 15 Minuten gefüllt ist, öffnet sich das vordere Tor und das Päckchen kann in die nächste Kammer einfahren. Vorher werden die Halteleinen von den Pollern losgeworfen und zurück an Bord geholt. Sie bleiben aber mit den dünnen Leinen verbunden, mit denen die Leinenhalter an Land zur nächsten Schleusenkammer weitergehen. Diese Prozedur wiederholt sich in jeder Kammer.

Gegen 22.30 Uhr fährt das Päckchen aus der dritten Schleusenkammer heraus und trennt sich wieder auf. Dann fahren die Schiffe einzeln zu nahe gelegenen Festmachertonnen. Die KURTISANE macht zusammen mit der MORNING STAR an einer Tonne fest und die Lotsen gehen von Bord. Plötzlich werden Wilma und ich laut gerufen. Es sind Sylvia und Heinz, die auf der MORNING STAR als Leinenhalter mitfahren. So trifft man sich immer wieder auf dem weiten Weg nach Westen.

Morgens um 7 Uhr kommt ein neuer Lotse an Bord und es beginnt die Fahrt durch den Gatun-See. Wir nehmen die für kleine Schiffe übliche Abkürzung durch den Banana Cut. Vor der Pedro-Miguel-Schleuse bilden die Schiffe wieder ein Päckchen und fahren dann in die Schleuse ein. Das abfließende Wasser erzeugt in der Schleusenkammer wesentlich we-niger Wirbel und Strömungen als das steigende in den Gatun-Schleusen. Gegen 14 Uhr hat die KURTISANE auch die beiden Miraflores-Schleusen hinter sich und schwimmt im Pazifik. Der Lotse wird von einem Schlepper abgeholt und die KURTISANE an einer Boje des nahe gelegenen Balboa Yacht Clubs festgemacht. Kurt öffnet eine Flasche Champagner und opfert Neptun einen kräftigen Schluck. Den Rest teilt er auf die Leinen-halter und die überglückliche Crew auf.

Zusammen mit Markus und den vier schweren Leinen verlassen wir die KURTISANE. Wir fahren mit dem Taxi zum Busbahnhof und von dort mit dem Express-Bus weiter nach Colon. Hier erwartet uns Tito und lässt uns zusammen mit den Leinen zur Shelter Bay Marina bringen. Jetzt haben wir die Leinen und die Autoreifen und können der eigenen Kanalpassage gelassen entgegensehen.

Wilma fährt morgens mit dem Bus zum Supermarkt, um die frischen Lebensmittel für den Kanaltransit zu kaufen. Es sind immerhin zwei warme Mahlzeiten und ein Frühstück für sechs Personen vorzubereiten. Ich rufe gegen 11 Uhr den Kanalplaner (Canal Scheduler) an. Er bestätigt den Transittermin für den nächsten Tag und bittet uns, um 17 Uhr auf den Flats zu sein.

Nachmittags gehen wir im Restaurant ins Internet, weil man hier besser über Skype telefonieren kann. Ich lese nebenher entspannt unsere E-Mails. Doch dann kommt eine E-Mail, die uns schockiert. Wir können nicht durch den Kanal fahren, weil unsere Visa-Karte, von der die City Bank jetzt die Gebühren abbuchen wollte, nicht belastbar ist. Ich rufe sofort die entsprechende Stelle bei der Kanalgesellschaft an. Es ist nichts zu machen. Ich muss den Vorgang mit der City Bank klären. Aber heute ist Freitag und die Bank hat gerade geschlossen. Unser Transittermin am Samstag ist damit nicht mehr zu retten. Vor drei Wochen wäre das noch kein großes Problem gewesen. Aber jetzt betragen die Wartezeiten für den Transit schon 30 Tage.

Das Wochenende wird uns durch verstärkte Aktivitäten bei den 007-Dreharbeiten etwas verkürzt. Im hinteren Teil der Marina werden wiederholt Szenen eines sich überschlagenden Schlauchboots gefilmt, die gewaltigen Schwell erzeugen. In der Einfahrt wird immer wieder eine wilde Verfolgungsjagd gedreht. Das Bond Double ist mittlerweile ein vertrauter Gast in der Marina und der Hauptdarsteller, Daniel Craig, soll auch schon gesehen worden sein. Es ist unvorstellbar, welcher Aufwand in diesen Film gesteckt wird. Inzwischen parken etwa 30 große LKW mit technischem Gerät auf dem Marinagelände.

Am Montag fahren wir morgens zur City Bank in Colon. Der Sachbearbeiterin ist unser Fall bekannt. Sie erklärt uns, dass das erhöhte Cash Limit zeitlich begrenzt war und der erforderliche Betrag am Freitag nicht mehr abgebucht werden konnte. Um jedes weitere Risiko zu vermeiden, zahlen wir jetzt alles bar und hoffen, dass uns die Kaution nach einem problemlosen Transit wirklich per Scheck in Deutschland erstattet wird.

Nach einer kurzen Wartezeit rufe ich den Kanalplaner an. Es ist zu früh, er kann erst nach 18 Uhr einen Termin nennen. Ich informiere Tito über den Stand. Er ist der Meinung, dass er für uns einen frühen Termin aushandeln kann. Also überlassen wir Tito mit seinen guten Beziehungen die Terminvereinbarung.

Gegen 15 Uhr meldet sich Tito triumphierend mit einem neuen Termin. Es ist der kommende Mittwoch, unglaublich. Dienstag bringen Titos Jungs die Leinen zurück und erinnern mich an die Extrazahlung, die ich für einen frühen Termin versprochen hatte. Ich zahle gern und großzügig, denn Tito unterstützt vierzig Jugendliche in den Armenvierteln von Colon. Wilma fährt am nächsten Morgen noch einmal zum Einkaufen und hofft, dass sie das Fleisch nicht wieder einkochen muss.

Am Mittwoch, den 19.03.08, geht es dann wirklich los. Unsere Leinenhalter Doris, Kurt und Eric, ein Sohn Titos, sind frühzeitig an Bord. Um 15.30 Uhr laufen wir aus zu den Flats. Wir ankern an der vorgegebenen Stelle und warten auf den Lotsen. Dabei sind wir über Funk immer in Kontakt mit der Signal Station, die den Verkehr der ein- und auslaufenden Schiffe regelt.

Ein amerikanischer Segler, der offensichtlich mit uns durch den Kanal fahren wird, fährt unruhig hin und her und versucht mehrmals vergeblich zu ankern. Er hat auch nur zwei der empfohlenen Autoreifen als Fender ausgebracht, obwohl bei seiner Länge mindestens sechs angemessen wären. Wir ahnen nichts Gutes.

Um 17.40 Uhr kommt unser Lotse an Bord und die Fahrt zur ersten Schleuse kann beginnen. Auch der amerikanische Segler, die SPECTACLE, hat den Lotsen übernommen, nur das angemeldete dritte Schiff ist nirgends zu sehen. Als wir nach langsamer Fahrt vor der ersten Schleuse angekommen sind, ist auch das dritte Schiff, die holländische Yacht AQUARIUS in Sicht. Wir bilden ein Päckchen mit der SPECTACLE in der Mitte. Natürlich hat die SPECTACLE zu wenig Fender, aber die Crew kümmert sich mehr ums Fotografieren und Telefonieren. Eric versteht sofort meine Bedenken und bringt zusätzlich Fender von uns aus.

Um 19 Uhr fährt das Päckchen in die erste Schleuse, angetrieben von der SPECTACLE. Die beiden seitlichen Schiffe müssen ihre Maschinen auch immer laufen lassen, aber nur bei Bedarf korrigieren. Die Schleusentore schließen sich und das Wasser strömt mit heftigen Wirbeln ein. Der hintere Leinenhalter der AQUARIUS ist etwas langsam, aber das Päckchen bleibt doch einigermaßen in der Mitte. So läuft es auch in den beiden nächsten Schleusen, und der Steuermann der SPECTACLE ist gar nicht so schlecht wie befürchtet. Trotzdem sind wir erleichtert, als wir den Gatun-See erreicht haben und um 20 Uhr an der Tonne festmachen können.

Wilma serviert das obligatorische warme Abendessen. Es gibt Sahnegulasch mit Pilzen und Nudeln. Der Lotse geht von Bord, die Leinenhalter bleiben über Nacht an Bord. Der Lotse hatte sein Essen, das ihm neben kalten Getränken und Sonnenschutz vertraglich zusteht, bereits in der letzten Schleuse bekommen. Die Amerikaner hatten den Vertrag wohl nicht so genau gelesen. Jedenfalls musste ihr Pilot von uns mit kalten Getränken versorgt werden.

Kurz nach 7 Uhr kommt der neue Lotse an Bord. Er drängt mich, durch den Gatun-See mindestens 6 kn zu fahren, später sogar 6,5 kn. So schnell sind wir unter Motor noch nie längere Zeit gefahren. Zeitweise fährt der Lotse selbst und nimmt einige kleinere Abkürzungen. So bleiben alle drei Schiffe dicht zusammen.

Natürlich waren wir zu schnell und müssen vor der Pedro Miguel-Schleuse einige Zeit warten. Schließlich bilden wir wieder ein Päckchen und fahren um 11.45 Uhr in die Schleuse ein. Ich informiere Christiane und Michael, damit sie uns über die Web Camera der Schleuse verfolgen können. Sie sehen tatsächlich die AQUILA, können aber nicht die einzelnen Personen erkennen.

Um 13.15 Uhr fahren wir aus der letzten Schleuse in den Pazifik hinein. Nun liegt der große Ozean vor uns. Doch für heute ist unser Ziel nur der nahe gelegene Balboa Yacht Club. Wir machen an einer Boje fest, öffnen eine Flasche Champagner und feiern mit unseren Leinenhaltern die Ankunft auf der anderen Seite.

Ostern steht vor der Tür, und das Büro des Yacht Clubs ist ab Donnerstagnachmittag nicht mehr besetzt. So können wir die nächsten Tage unbehelligt im Yacht Club bleiben und bequem mit dem kostenlosen Wassertaxi an Land fahren. Die KURTISANE, die in unserer Nähe liegt, hat sich auf ähnliche Weise einen Platz ergattert.

Panama City bietet die letzten guten Einkaufsmöglichkeiten vor der langen Pazifikreise. Wir fahren mehrmals zu den großen Malls (Ahlbrook und Multi Plaza). So große Einkaufszentren haben wir in Deutschland noch nicht gesehen. Wir decken uns weiter mit Lebensmitteln ein und kaufen noch einiges fürs Boot.

Leider gibt es auch immer etwas zu reparieren. Der elektrische Regler unseres Kühlschranks ist ausgefallen. Ich setze sofort den selbstgebauten Ersatzregler ein, der im Gegensatz zum alten eine bessere Einstellung der Kühlleistung ermöglicht. Den alten Regler kann ich auch schnell reparieren, denn es war nur ein klebendes Relais, das den Fehler verursachte.

Am Montag nach Ostern füllen wir unsere Wasser- und Dieselvorräte auf, melden uns im Yacht Club an und ab und klarieren bei Immigration aus. Eigentlich hätten wir beim Ausklarieren eine neue gültige Fahrerlaubnis gebraucht. Aber der Herr bei Immigration ist so sehr mit Fernsehen beschäftigt, dass er sich nicht noch um unsere Fahrerlaubnis (Zarpe) kümmern kann. Wir sparen dadurch eine Taxifahrt zur Hafenbehörde.

Bei Sonnenaufgang verlassen wir am 25.03. den Balboa Yacht Club in Richtung Las Perlas, einer Inselgruppe 40 sm südöstlich von Panama City. Die Perlas bestehen aus 120 Inseln unterschiedlicher Größe, gelten als sehr schön und sind zum Teil unbewohnt. Hier wollen wir in einer ruhigen Bucht auf einen günstigen Wind für die 850 sm lange Strecke zu den Galapagos-Inseln warten. Der Törn zu den Galapagos-Inseln ist nicht einfach, weil er durch die Kalmen führt, in denen oft tagelange Flauten vorherrschen.

Auch heute herrscht Flaute, obwohl es nach der Prognose mit 15 kn wehen sollte. Um Diesel zu sparen, fahren wir den Motor mit niedriger Drehzahl (1400U/min) und begnügen uns mit einer Geschwindigkeit von 4,5 kn. Unser Ziel, die Insel Canas, würden wir so gerade bei Sonnenuntergang erreichen. Doch warum sollen wir den kostbaren Diesel jetzt schon verbrauchen? Wir entscheiden uns deshalb, die nähere Insel Contadora anzulaufen. Nach 10 Uhr kommt dann doch noch ein guter Segelwind auf. Aber wir bleiben bei unserem neuen Ziel Contadora, das wir am frühen Nachmittag erreichen. In der offenen Bucht ankern bereits einige Schiffe, darunter die AHU und die SEPTEMBER. Später kommen noch die NUKUALOFA und die TUULIVEI mit Marya und Axel hinzu.

Die Anhäufung von deutschsprachigen Seglern vor Contadora ist kein Zufall. Alle wollen zu Contadora-Günter, der das Pacific Island Net auf 14,135 kHz betreibt. Heute Abend gehen die Crews der SEPTEMBER, NUKUALOFA, TUULIVEI und AQUILA aber zu Gerald, einem Bayern, der auf Contadora ein Restaurant bewirtschaftet. Es gibt bayrische und österreichische Spezialitäten, z. B. Wiener Schnitzel und Bratwurst mit Röstkartoffeln.

Am nächsten Vormittag gehen wir zu Günter. Er bewohnt mit seiner Frau Susanne ein großzügiges Haus am Hang mit großer Terrasse und Meerblick. Günter erzählt uns viel über Gott und die Welt und natürlich über Kurzwellenfunk. Er betreut in seinem Netz täglich ab 0.00 UTC (ab Mitte April 2.00 UTC) die deutschsprachigen Segler im Pazifik. Die Segler nennen in den Funkrunden ihre Position, ihre Fahrt, die Wetterverhältnisse und sonstige wichtige und unwichtige Ereignisse.

Günter lässt sich unsere Funkanlage beschreiben und weiß sofort, was alles schlecht ist. Als promovierter Nachrichten- und Hochfrequenztechniker höre ich höflich zu und mache einige kritische Bemerkungen. Trotzdem kommen mir Zweifel. Gilt im Amateurfunk nicht die Maxwellsche Theorie der Wellenausbreitung, die ich an der Hochschule gelernt und gelehrt habe?

Nach mehr als einer Stunde verlassen wir Günter und Susanne und gehen in den kleinen Ort zum Einkaufen. Als wir zum Strand zurückkommen, erleben wir eine böse Überraschung. Der aufblasbare Boden unseres neuen Schlauchboots ist platt. An Bord unseres Schiffes sehe ich mir den Boden genauer an. Es ist kaum zu glauben, rund um das Ventil herum haben sich die Klebestellen großflächig abgelöst.

Mit dem Schlauchboot wurden zwei verschiedene Reparatursets geliefert. Welches ist nun der richtige für den Boden? Ich kann es nur raten, denn auf die Antwort des Herstellers Aquapro auf meine E-Mail möchte ich nicht warten. Nachdem die Flächen geklebt sind, hoffen wir, wieder ein voll funktionsfähiges Schlauchboot zu haben.

Abends nehmen die neu angekommenen Yachten zum ersten Mal an Günters Funkrunde teil und sollen sich dabei einem Test unterziehen. Dazu wird eine Verbindung zu einer sehr weit entfernten Yacht hergestellt. Es stellt sich heraus, dass mit unserer Funkanlage (ICOM 710) die Verständigung am besten ist. Günters Kommentar: Du hast eine beschissene Anlage, aber dein Signal ist sehr gut. Nun ist mein Weltbild wieder in Ordnung.

Am nächsten Morgen fahren wir mit unserem reparierten Schlauchboot wieder an Land, um einzukaufen. Das Wichtigste ist uns dabei der Kauf von 10 l Diesel, um unsere Tanks für Galapagos vollständig gefüllt zu haben. Nach zwei Stunden sind wir zurück am Strand und trauen unseren Augen nicht. Der Boden des Schlauchboots ist wieder platt. Der Kleber hat nicht gehalten.

An Bord haben wir inzwischen Antworten auf unsere E-Mails an Aquapro und Budget Marine. Der Boden wird mit deutschem Material in China gefertigt. Eine Garantieverpflichtung hat nur der chinesische Hersteller und es ist fraglich, ob er einen Fehler eingesteht. Es ist wie bei Volvo. Wer ein Produkt der Firma kauft, hat selbst Schuld und sollte sich nicht noch irgendwo beschweren.

Kurz nach 11 Uhr laufen die AHU und die AQUILA in Richtung der größten Perlas-Insel, Isla del Rey, aus. Hier wollen wir auf einem schönen und ruhigen Ankerplatz auf günstige Winde für Galapagos warten. Heute weht nur ein leichtes Lüftchen und so nähern wir uns nur sehr langsam dem uns empfohlenen Ankerplatz zwischen den Inseln Espirito Santo und del Rey. So schön sind der Platz und das Wasser nun doch nicht. Deshalb fahren die AHU und wir am nächsten Morgen gleich weiter zu dem Kanal zwischen den Inseln Canas und del Rey. Dieser Ankerplatz ist sehr geschützt, aber das Wasser ist noch trüber als bei Espirito Santo. Nachmittags kommen noch die SEPTEMBER, die NUKUALOFA und die TUULIVEI. Die Bucht ist nun voll in deutsch-österreichischer Hand.

Renate von der NUKUALOFA hat heute ihren 53. Geburtstag und möchte am Strand eine Grillparty ausrichten. Weil der Strand aber bei Hochwasser fast verschwindet und es dort auch viele Stechmücken gibt, wird die Grillparty auf die NUKUALOFA verlegt. Alle halten das für keine schlechte Entscheidung. Am nächsten Morgen wissen wir, dass es eine sehr gute Entscheidung war. Ein großes Krokodil sonnt sich am Strand, geht nach einiger Zeit ins Wasser und schwimmt dann langsam auf die AQUILA zu. Es hält schließlich aber einen gebührenden Sicherheitsabstand ein. Von jetzt an gehen wir nur noch kurz ins Wasser, wenn das Krokodil gerade ein Sonnenbad nimmt.

Einige hatten schon von einem Krokodil in dieser Bucht gehört. Da Krokodile aber in keinem Führer (z. B. Bauhaus) erwähnt werden, hat man es für eine Fehleinschätzung eines bekannten ängstlichen Seglerpaares gehalten. Wir vermuten, dass das arme Tier durch die Gatun-Schleusen in den Pazifik geraten ist und nun im Salzwasser leben muss.

Alle warten auf günstige Winde für Galapagos. Doch die siebentägigen Prognosen, die wir mit dem Pactor-Modem über Kurzwelle bekommen, lassen kein günstiges Wetterfenster erkennen. Es ist keine positive Entwicklung zu erkennen.

Ich bin zunächst noch mit unserem Schlauchboot beschäftigt. Nachdem ich das Ventil ausgebaut habe, kann ich mithilfe von Schaschlikstäbchen auch in die inneren abgelösten Bereiche Kleber applizieren. Am nächsten Tag blase ich den Boden auf und setze ihn mit dem Schlauchboot der Sonne aus. Die Klebungen scheinen zu halten, das Problem könnte gelöst sein.

Ein anderes Problem bleibt. Wie schafft man die 850 sm zu den Galapagos-Inseln bei den miserablen Windverhältnissen? Die AHU gibt als erstes Schiff das Warten auf. Sie fährt bei schwachem Wind in eine Bucht im Süden der Insel del Rey und dann weiter zu den Galapagos-Inseln.

Ich studiere täglich die Wetterprognosen und komme zu dem Schluss, dass es von Tag zu Tag schlechter wird. Nur morgen gibt es für die ersten zwei Tage ein kleines Fenster, wenn man davon ausgeht, dass die Winde tatsächlich immer etwas stärker sind als vorhergesagt. Deshalb bereiten wir uns auf die Abreise vor. Die NUKUALOFA und die TUULIVEI wollen weiter auf bessere Bedingungen warten. Die SEPTEMBER ist nach Panama gefahren, weil Gabi ihre Zahnprobleme weiter behandeln lassen muss.

Nachmittags meldet sich die GOLDEN TILLA mit Uli und Wolfgang bei uns. Sie sind kurz vor unserem Ankerplatz und laden uns für den Abend zum Bier ein. Wir besprechen die Wetterlage. Für Wolfgang ist das kein großes Thema. Als Adriasegler ist er längere Flauten gewöhnt und weiß damit umzugehen. Ich müsste das mit meiner Adriaerfahrung eigentlich genau so sehen.

Am nächsten Tag, dem 1.04.08, laufen wir um 10 Uhr vom Norden der Insel Canas in Richtung Galapagos aus. Die GOLDEN TILLA ist bereits eine Stunde früher gestartet. Es weht kein Lüftchen, langsam fahren wir unter Motor nach Süden. So hatte ich mir das nicht vorgestellt. Ich wollte mindestens die beiden ersten Tage segeln. Kurz entschlossen gehen wir im Süden der Insel Canas wieder vor Anker.

Nach dem Mittagessen halte ich einen kurzen Mittagsschlaf. Als ich wach werde, weht ein leichter Südwind. Der reicht uns, um 15 Uhr starten wir wieder in Richtung Galapagos. Hoch am Wind erreicht die AQUILA bald 7 kn Fahrt. Im Laufe der Nacht dreht der Wind über Nordwest nach Nord und erreicht schließlich 20 kn. Wir können zwar nicht immer direkt auf unser Ziel zulaufen, kommen aber sehr gut voran. Woher komm dieser Wind? In allen Prognosen lag die Windstärke bei maximal 10 kn.

Am 3.04. stecken wir in der ersten Flaute und fahren 9 Stunden lang mit Motor. Dann kommt nachmittags eine dunkle Front und bringt uns guten Segelwind, anfangs mit bis zu 25 kn. Der Wind hält bis Mitternacht an und geht dann allmählich in eine Flaute über, die aber nur wenige Stunden dauert.

Mehrmals sehen wir in größerer Entfernung Fischerboote. Jacqueline hatte uns bereits per E-Mail vor deren Netzen gewarnt. Mit der GOLDEN TILLA, die 50 bis 70 sm vor uns segelt, halten wir täglich Kontakt über Kurzwelle. Auch an Günters Funkrunde nehmen wir als Segelyacht Nr. 931 regelmäßig teil. So fühlt man sich auf dem weiten Meer nicht ganz allein.

Im Morgengrauen nähern wir uns einem kleinen Fischerboot, das gerade Netze auslegt. Die Fischer dirigieren uns wild gestikulierend um die Netze herum und wollen dann von uns etwas zu essen oder zu trinken haben. Wir kommen ihrem Wunsch nach, unter anderem mit kaltem Bier.

Nachmittags nimmt der Wind immer weiter ab, und es herrscht bald totale Flaute. Wir fahren Diesel sparend mit niedriger Drehzahl und machen dabei 4,5 kn Fahrt. Nach zwei langen Tagen zieht nachmittags eine dunkle Front mit einer Wasserhose auf und bringt viel Wind in die Kalmen, anfangs mehr als 25 kn. Es entsteht schnell eine steile See, und eine Welle steigt sogar in unser Cockpit ein. Bei Einbruch der Dunkelheit geht der Wind auf seine normale Stärke von 10 kn zurück.

Am 7.04. überqueren wir um 22.47 Uhr den Äquator. Bei uns nüchternen Menschen gibt es weder Äquatortaufe noch Champagner, aber immerhin doch ein Glas wohltemperierten Rotwein. Mit dicken Fleece-Jacken sitzen wir im Cockpit und können nicht erkennen, dass sich um uns herum irgendetwas geändert hat.

Morgens kommt Land in Sicht. Es ist die Galapagos-Insel San Cristobal. Bis zu der Hafenbucht Morena sind es jedoch noch einige Seemeilen, die wir bei dem schwachen Wind unter Motor zurücklegen wollen. Kurz vor dem markanten Felsen Leon Dominida kommt eine dunkle Wolkenfront auf uns zu und bringt heftigen Regen und kräftigen Wind aus Südost. Das ist genau die Richtung, in die wir fahren müssen. Wir setzen Segel und kreuzen. Bei der steilen kurzen See sind wir so schneller als unter Motor mit normaler Drehzahl.

Kurz vor 18 Uhr haben wir es geschafft. Nach sieben Tagen und 870 sm ankern wir in der Wreck Bay vor dem Ort Moreno. Viele einheimische Schiffe, überwiegend Fischer, liegen hier vor Anker. Auf den Schiffen tummeln sich Pelikane und Seelöwen. Es ist ein schöner beschaulicher Ankerplatz nach einer langen Reise.

Über das Einklarieren und die Aufenthaltsgenehmigung auf Galapagos wurde viel geredet und geschrieben. Es ist alles widersprüchlich und ändert sich anscheinend täglich. Wir wollen uns hier einfach passiv verhalten.

San Cristobal haben wir hauptsächlich angesteuert, weil ich für die Arbeiten am ausgefallenen Windmessgeber im Masttopp einen ruhigen Ankerplatz brauche, den es auf den anderen Inseln nicht geben soll. Gleich morgens gehe ich in den Masttopp und stelle fest, dass das Lager des Richtungsgebers sehr schwergängig ist. Es ist wahrscheinlich in der zweitägigen Flaute korrodiert. Zum Glück habe ich ein älteres Ersatzgerät, das auch gleich funktioniert.

Kaum bin ich zurück an Deck, kommt schon der erste Besucher. Es ist Fernando, ein Agent, der für uns das Einklarieren durchführen möchte. Wir wollen aber nicht auf San Cristobal einklarieren, weil wir sonst nicht mehr nach Santa Cruz fahren können, wo viele unserer Bekannten sind. Also geben wir Fernando einen kleinen Auftrag über Diesel-beschaffung und Wäschereinigung und hoffen, damit unbehelligt bleiben zu können.

Eine Stunde später kommt ein Uniformierter der Hafenbehörde an Bord und macht uns klar, dass wir ohne Einklarierung die Insel umgehend verlassen müssen. Obwohl wir keine gemeinsame Sprache sprechen, verstehen wir uns ganz gut. Ich drücke mit meinen Fingern beide Augen zu und hoffe, dass er auch das versteht. Um den Entscheidungsprozess zu beschleunigen, drücke ich ihm einige Dollar in die Hand. Nun dürfen wir noch eine weitere Nacht auf San Cristobal bleiben.

Mit einem Wassertaxi fahren wir an Land. Am Steg müssen wir uns erst einen Weg durch die Seelöwen bahnen. Scheu sind die Tiere überhaupt nicht. Im Gegenteil, wenn man ihnen zu nahe kommt, behaupten sie frech ihren Platz.

Der kleine Ort Moreno ist inzwischen auch auf Tourismus eingestellt. Es gibt eine kleine Uferpromenade und mehrere Restaurants und Cafés. Nach dem Essen in einem kleinen Lokal versorgen wir uns mit Lebensmitteln, insbesondere Brot und Angelzeug und fahren dann zurück an Bord.

Abends ziehen wir eine Bilanz unserer Fahrt von Las Perlas nach Cristobal, der ersten Ga-lapagos-Insel. Für die 970 sm durch die Kalmen waren wir nur sieben Tage unterwegs und sind 60 % der Strecke gesegelt. Dabei wurden insgesamt 84 l Diesel verbraucht, davon 7 l zur Stromerzeugung. Bei 1400 U/min bringt der Motor die AQUILA bei ruhiger See auf 4,5 kn und braucht dabei 1,2 Liter/Stunde. Damit können wir bei Flaute notfalls 900 sm mit Motor fahren. Diese Werte sind so gut, dass sie mancher für Seemannsgarn halten wird.

Am nächsten Morgen fahren wir weiter zu der Insel Santa Cruz, die etwa 50 sm entfernt ist. Bei dem schwachen Wind ist es überwiegend eine Motorfahrt. Kurz vor unserem Ziel, Puerto Ayora (Admirality Bay), erwischt uns eine heftige Regenböe. Die Sicht beträgt nur wenige Meter. Wir schleichen auf den Ankerplatz zu. Als der Regen nachlässt, ankern wir neben der KURTISANE und der GOLDEN TILLA. Uli und Wolfgang laden uns gleich zum Abendessen ein. Es gibt hervorragende Wiener Schnitzel mit Kartoffelsalat.

Morgens gehen wir mit Doris und Kurt zum Hafenamt. Die KURTISANE will aus-klarieren und wir wollen einklarieren. Bis vor Kurzem war das nur über einen Agenten möglich. Wir haben Glück und bekommen ohne Agenten eine Aufenthaltsgenehmigung für 10 Tage und zahlen dafür 100 USD. Über einen Agenten kostet die Aufenthalts-genehmigung ein Vielfaches. Auch die Anmeldung bei der Polizei (Immigration) läuft später gegen eine Gebühr von 30 USD problemlos.

Wir machen einen ersten Spaziergang durch den Ort, der das touristische Zentrum der Ga-lapagos-Inseln ist. Es gibt unzählige Souvenirläden, Boutiquen, Cafés, Restaurants und Rei-sebüros. Die einzigartige Tier- und Pflanzenwelt und die geologischen Besonderheiten zie-hen immer mehr Touristen an. Es ist ein anspruchsvoller Ökotourismus, der die Natur weitgehend unberührt lässt.

Die ersten Besucher, die vor 500 Jahren auf die Inseln kamen, fanden sie keineswegs ein-ladend. Trotz der üppigen Vegetation war kaum Wasser zu finden, weil es im porösen Lavaboden sofort versickert. Schließlich fand man doch auf einigen Inseln Wasser und so wurden die Galapagos-Inseln ein Anlaufpunkt vieler Seefahrer, die sich hier vor den langen Pazifikreisen mit Frischfleisch, hauptsächlich von den Riesenschildkröten, eindeckten.

Wir decken uns auf Santa Cruz hauptsächlich mit Diesel, Wasser und Gas ein. Die Riesenschildkröten haben es uns allerdings auch angetan. Wir begegnen ihnen zum ersten Mal im Park der Charles Darwin Research Station, die etwa 1 km vom Stadtzentrum entfernt ist. Wir sehen mehrere ausgewachsene Exemplare. Diese Schildkröten werden bis zu 1,5 m lang, 350 kg schwer und über 100 Jahre alt. Den charakteristischen langen Hals bekommt man allerdings nur aus der Ferne zu sehen. Wenn man sich ihnen nähert, ziehen sie ihn blitzartig ein.

Abends gehen wir mit den Crews der KURTISANE, UPPS und SAPPHO in ein Restaurant der Stadt zum Essen. Die drei Schiffe sind schon einige Tage hier und wollen morgen weiter zu der Insel Isabella fahren. Auch die AHU, die wir nachmittags trafen, will nach Isabella segeln.

Vormittags gehen wir oft in ein Internetcafé und danach zum Essen. Ein Mittagsmenü, bestehend aus Suppe Hauptgericht und einem Getränk, kostet 3 USD. Dafür will Wilma nicht selber kochen. Selbst wenn man die Fahrt mit dem Wassertaxi dazu rechnet, bleibt es extrem günstig.

Mit dem Wassertaxi „Pink Floyd" machen wir zusammen mit anderen Seglern eine Rundfahrt um Puerto Ayora. Bei der Insel Caomano gehen wir mit Schnorchelausrüstung ins Wasser, während „Pink Floyd" in den hohen Wellen ihre Runde dreht. Es herrscht starke Strömung und das Wasser ist nicht besonders klar. Wir sehen einige bunte Fische, an die Seelöwen kommen wir wegen der starken Brandung jedoch nicht heran. Am interessantesten ist der Wiedereinstieg der etwas älteren Personen in das Wassertaxi. Bei den Seelöwen sieht das wesentlich eleganter aus.

An dem nächsten Schnorchelgang im Westteil der Bucht nehmen nur noch wenige teil. Interessanter sind hier die Tiere in der Felswand. Wir sehen Tölpel mit blauen Füßen, Fregattvögel, Kormorane, Reiher und Seeleguane, die es nur auf den Galapagos-Inseln gibt.

Für den letzten Tag unseres Galapagos-Aufenthalts haben wir zusammen mit Uli und Wolfgang eine Highland Tour gebucht. Drei Geländewagen bringen die insgesamt elf Teilnehmer und den Führer ins Hochland. Wir sind beeindruckt von der üppigen Vegetation und überrascht, dass es hier viele Farmen gibt. Weidende Kühe auf dunkelgrünen Wiesen haben wir hier nicht erwartet.

Bei einer Farm halten wir und beginnen mit dem Führer die Wanderung durch die Wildnis. Wir sehen verschiedene Darwin-Finken, essen Guava-Früchte direkt vom Baum und begegnen bald den ersten Riesenschildkröten. Nachdem wir mehrere Riesenschildkröten bestaunen konnten, äußert eine amerikanische Teilnehmerin, dass sie auch noch etwas anderes sehen möchte. Darauf erhöht unser Führer seine Marschgeschwindigkeit noch weiter, sodass die Gruppe ihm nicht mehr folgen kann und schließlich aus den Augen verliert. An einer Weggabelung trifft die Gruppe die richtige Entscheidung und sieht den Führer noch einmal in weiter Ferne. Der schnelle Teil der Gruppe sucht Anschluss zu finden, der Rest folgt schweißgebadet so gut er kann.

Bei einem Lavatunnel trifft sich die Gruppe wieder. Das schweißtreibende Rennen war umsonst, der Führer ist verschwunden. Ein Teil der Gruppe geht in den Tunnel, wir marschieren weiter zu einer Anhöhe, wo wir eine Farm vermuten. Kurz vor der Farm kommt uns unser Führer entgegen und gesteht, dass er sich verirrt hat. Auf der Suche nach dem richtigen Weg hat er offensichtlich vergessen, dass sich die Gruppe in der Wildnis ohne ihn vollkommen verirren kann.

Die Farm ist auch ein kleines Gasthaus und liegt an der anderen Seite des Tunnels. Nach einiger Zeit tauchen auch die Tunnelgänger im Gasthaus auf und genießen wie wir die kalten Getränke. Als uns die Geländewagen abholen, ist die Anspannung bereits gewichen. Aus der dreistündigen Highland Tour ist eine fünfstündige geworden.

Vor Anker in Cartagena

In Cartagena

Insel Banadup in Kuna Yala

Kuna-Frauen mit Molas

Nach Panamakanal im Pazifik

Neugierige Galapagos-Schildkröte

Seeleguane auf St. Cruz

Hochnäsiger Seelöwe auf St. Cruz

Der weite Weg in die Südsee

Von Galapagos in die Südsee sind es ungefähr 3000 sm, wenn man als Erstes die Inselgruppe der Marquesas anläuft. Das ist die längste Strecke auf der so genannten Barfußroute um die Welt. Die Windprognosen studieren wir diesmal nicht sehr genau. Wir gehen einfach davon aus, dass der Wind auf dem Weg nach Südwesten zunächst schwach sein und dann ab 3 bis 5° Süd allmählich in den Südost-Passat übergehen wird.

Am 17.04.08 laufen wir um 8 Uhr zusammen mit der GOLDEN TILLA aus Puerto Ayora, Santa Cruz, in Richtung Marquesas aus. Der Wind ist schwach, reicht aber gerade aus, um die lange Reise unter Segel mit 5 kn Fahrt zu beginnen. Die GOLDEN TILLA, ein Stahlschiff, bleibt hinter uns zurück und ist bald nicht mehr zu erkennen. Wir haben aber Funkkontakt über Kurzwelle (Seefunkfrequenzen) zu festen Zeiten vereinbart. So erfahren wir, dass auch die ANTR'ACTE inzwischen von Santa Cruz ausgelaufen ist. Zu unserer Überraschung meldet sich auch die KURTISANE. Sie ist zusammen mit der SAPPHO und der UPPS um 10 Uhr von Isabella aus in Richtung Marquesas gestartet. Damit sind sechs untereinander bekannte Schiffe etwa zur gleichen Zeit auf die lange Reise in die Südsee gegangen.

Als wir am zweiten Tag unsere Positionen austauschen, wird klar, dass wir Regatta segeln. Die UPPS (16 m) liegt vorn, dicht gefolgt von der AQUILA (11,8 m). Der Wind bleibt schwach, reicht aber gerade zum Segeln aus. Nur einmal setzen wir kurzzeitig die Maschine ein. Am nächsten Tag ist die Situation ähnlich. Wir fahren etwas weiter nach Süden, um früher in die Passatzone zu kommen. Außerdem machen wir auf diesem Kurs deutlich mehr Fahrt als auf dem direkten Weg.

Der 5. und 6. Tag bescheren uns optimale Segelwinde, Südost 15–20 kn und Etmale (in 24 Std. zurückgelegte Stecke) von 150 und 160 sm. Der Abstand zwischen den sechs Schiffen wird immer größer, aber die Reihefolge bleibt unverändert.

An den beiden nächsten Tagen ist der Wind schwächer und die Segel beginnen zu schlagen. Das laute Krachen geht nicht nur auf die Nerven, sondern auch auf das Material. Verhindern könnte man das durch eine stärkere Kursabweichung nach Süden, die außerdem noch eine höhere Geschwindigkeit bringen würde. Am Ende müsste man dann aber einen größeren Kreuzschlag nach Norden machen, um die Marquesas zu erreichen. Ich versuche nun bei minimaler Kursabweichung nach Süden eine Segelstellung zu finden, bei der die Segel gerade nicht schlagen und das Schiff noch gute Fahrt macht. Das gelingt mir auch immer wieder, aber nur mit dem elektrischen Autopiloten (windgesteuert), der auch bei schwachem Wind den vorgegebenen Kurs zum Wind sehr gut einhält. Der mechanische Windpilot ist bei schwachen Winden deutlich ungenauer. Dann haben wir noch ein Erfolgserlebnis. Wir fangen eine Dorade, 56 cm lang und etwas über 1,5 kg schwer, gerade ausreichend für zwei Personen. An den vorhergehenden Tagen hatten wir zweimal dicke Brocken am Haken, die dann aber nach wenigen Sekunden mit Vorfach und Köder verloren gingen.

An den beiden nächsten Tagen ist das Wetter ähnlich. Es ist sonnig, und bei dem schwachen bis mäßigen Passat schaffen wir Etmale von knapp 150 sm. Inzwischen ist Bordroutine eingekehrt, es ist fast wie zu Hause. Nach Sonnenaufgang gibt es Frühstück, mittags ein warmes Essen, nachmittags Kaffe mit Keksen und nach Sonnenuntergang Abendessen. Nur die Zubereitung des Essens und das Essen selbst sind bei der Schaukelei und den oft ruckartigen Bewegungen der AQUILA nicht ganz einfach. Auch die Nächte sind nicht so angenehm, weil immer einer wach bleiben muss. Zur Bordroutine gehören auch die beiden Funkrunden, das kleine Netz der sechs Schiffe und Günters Pacific Island Net. Über Günters Netz erfahren wir auch, wie viel Zeit die Schiffe für die Strecke brauchen. Wir hören von 26 und 29 Tagen. So lange wollen wir nicht unterwegs sein.

Vom 9. bis zum 11. Tag ist das Wetter unbeständig, und es gibt mehrere heftige Regenböen mit bis zu 30 kn Wind. Dazwischen ist der Wind etwas schwächer und unsere Etmale liegen nur noch knapp über 130 sm. Es sind kleinere Reparaturen notwendig. Wilma näht an der Segelpersenning ausgerissene Nähte nach, was bei den hohen Wellen nicht ganz einfach ist. Ich ersetze am Kompass eine ausgefallene Glühlampe durch eine LED.

An den nächsten vier Tagen ist das Wetter beständig, und der Passat weht mit 12 bis 15 kn, überwiegend aus Ost. Unsere Etmale liegen wieder bei 150 sm. Wir sind zufrieden, obwohl wir etwas zu weit nach Süden fahren mussten, um das Schlagen der Segel zu vermeiden.

Am 16. Tag ist es sehr böig und die Wellen sind ungewöhnlich hoch. Nachts begegnet uns zum ersten Mal ein Schiff, ungefähr 2 sm entfernt. Das Gleiche wiederholt sich in der nächsten Nacht.

Ab dem 18. Tag fahren wir Schmetterling (Großsegel und Genua auf verschiedenen Seiten), um nicht noch weiter nach Süden zu kommen. Bei dem vorherrschenden Wind segeln wir nun nur noch leicht nach Süden (260°). Am nächsten Tag tauschen wir die Seiten von Groß und Genua und fahren leicht nach Norden (280°), und am folgenden Tag nach der gleichen Methode wieder leicht nach Süden.

Am Tag vor unserer Ankunft auf den Marquesas bekommen wir noch einmal optimale Segelbedingungen. Der Passat hat eine leichte Südkomponente bei einer Stärke von 15 bis 22 kn. So können wir mit fast 7 kn Fahrt direkt auf unser Ziel Fatu Hiva (südlichste Insel der Marquesas) zulaufen und wieder den mechanischen Windpiloten verwenden. Auch die Angel hängen wir heraus, nachdem ich die Ursache für die vielen Köderverluste gefunden und beseitigt habe. Die gekauften Stahlvorfächer sind mangelhaft und reißen schon bei geringer Belastung. Mit einem selbst hergestellten Vorfach aus dicker Angelschnur und einem der letzten Köder machen wir einen neuen Versuch. Nach weniger als einer halben Stunde hängt ein dicker Brocken an der Angel, und alle Schnüre und Knoten halten bis der Fang an Bord ist. Es ist ein Thunfisch, 65 cm lang und 6 kg schwer.

Eine Stunde vor Sonnenuntergang kommt nach 21 Tagen Land in Sicht. Fatu Hiva liegt vor uns, aber wir können die Insel nicht mehr bei Tageslicht erreichen. Mit unseren elektronischen Seekarten fahren wir zielgerichtet zu der Bucht vor dem Ort Hanavave. Der Mond ist gerade untergegangen und es ist stockdunkel. Die ankernden Schiffe sind sehr schlecht zu erkennen. Doch Tanja und Bernd von der UPPS leiten uns über Funk zu einem Ankerplatz neben ihnen. Um 22.30 Uhr Ortszeit fällt nach 21 Tagen und 15 Stunden der Anker in der Bucht Hanavava auf Fatu Hiva. Mit Tanja und Bernd feiern wir die glückliche Ankunft und die schnelle Überfahrt. Die UPPS ist schon vor zwei Tagen angekommen, sie ist allerdings auch 4 m länger und damit potenziell schneller.

Am nächsten Morgen gehen wir gespannt ins Cockpit und sehen eine einzigartige Kulisse. Steile grüne Berge mit üppiger Vegetation, davor einige spitze Felsen, und dann in der Mitte ein langes tiefes Tal mit einzelnen Häusern. Es ist eine traumhafte Landschaft, fast un-wirklich, aber es ist Realität.

In der Bucht liegen insgesamt 12 Yachten vor Anker. Trotz der langen Fahrt haben wir zunächst kein Bedürfnis an Land zu gehen. Wir ordnen die Dinge an Bord und genießen die herrliche Aussicht. Nach GPS haben wir 3063 sm zurückgelegt und eine Durch-schnittsgeschwindigkeit von 5,9 kn erreicht. Darauf könnten wir uns erst einmal ausruhen. Doch zum Abendessen haben wir schon wieder Gäste an Bord: die Crews der UPPS und der AHU.

Morgens gehen wir an Land und schlendern durch den Ort. Die Menschen sind freundlich, aber zurückhaltend. Die Häuser sind aus Fertigteilen hergestellt, und die Gärten sind ge-pflegt. Vor den meisten Häusern steht ein Auto, obwohl es kaum Straßen auf der Insel gibt. Kriminalität ist hier kaum vorstellbar. Es ist ganz anders als in der Karibik.

Mittags kommen wir in den Genuss eines kostenlosen Essens, das der neue Bürgermeister anlässlich seines Amtsantritts spendiert. Später treffen wir Uli und Wolfgang und Kerstin und Joachim, die heute auf Fatu Hiva angekommen sind. Wir vereinbaren für den nächsten Abend ein Essen bei einer Familie, das uns von dem Sohn des Hauses angeboten wurde.

Das Essen, an dem die Crews der GOLDEN TILLA, SAPPHO, UPPS und AQUILA teil-nehmen, wird im Wohnzimmer der Familie serviert. Es gibt rohen Fisch in Kokossoße, Curryhähnchen, gebackene Bananen, Reis und Brot. Zwei der neun Kinder bedienen uns, während sich der Rest der Familie hinter dem Haus aufhält.

Am nächsten Morgen beginnt Wilma mit der Reinigung unseres stark bewachsenen und verschmutzten Schiffes. Nach der Mittagspause kann sie die ungeliebte Arbeit leider nicht fortsetzen, weil der Boden unseres Schlauchbootes wieder platt ist. Ich klebe einen weiteren Flicken auf, in der vagen Hoffnung, dass der Boden doch noch dicht wird.

Am 13.05. läuft die KURTISANE nach 26 Tagen Fahrt mittags in Hanavave ein. Sie wird von allen bekannten Schiffen laut und herzlich begrüßt und anschließend besucht. Für ein Schiff von 9 m Länge sind 26 Tage eine gute Zeit.

Um etwas mehr von der einzigartigen Landschaft zu sehen, machen wir mit den Crews der GOLDEN TILLA, KURTISANE und SAPPHO eine Wanderung zu dem Wasserfall der Insel. Am Ortsrand sehen wir mehrfach angeleinte Schweine und Pferde. Ziegen gibt es dagegen nur wild an den steilen Hängen der Berge. Der Weg zum Wasserfall ist am Ende schmal und beschwerlich. Einige Teilnehmer geben auf, die meisten erreichen aber den hohen Felsen, von dem ein kleiner Wasserstrom herunterrinnt. Bei Wasserfällen gibt es offensichtlich keinen großen Unterschied zwischen der Karibik und den Pazifischen Inseln.

Abends trifft sich die Seglergemeinde auf dem Katamaran QUE BARBARA. Dabei wird für den nächsten Tag ein Abendessen bei Kathy und Therese geplant. Kathy ist mit dem Dorfpfarrer verheiratet und so beginnt das Essen mit einem Tischgebet. Später wird es von Ukulelen- und Gitarrenmusik begleitet. Die 16 Teilnehmer aus 6 verschiedenen Nationen sind mit dem Essen und dem Ambiente rundum zufrieden.

Bordfunker der AQUILA

Anglerglück auf der langen Reise

Trauminsel Fatu Hiva

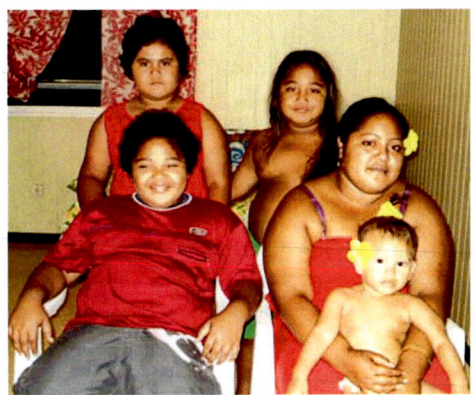

Wanderung auf Fatu Hiva

Wohlgenährte Kinder auf Fatu Hiva

Am 16.05. verlassen wir morgens früh Fatu Hiva in Richtung Hiva Oa. Bei schwachem Hafen von Atuona. Wir ankern kurz hinter der Einfahrt in unangenehmen Schwell.

Am nächsten Tag wollen wir Einklarieren und uns den Ort ansehen, obwohl der Schwell weiter zugenommen hat. Wir lassen das Schlauchboot zu Wasser und fahren an einen Anleger. Wilma schafft es sogar, an Land zu kommen. Ob das Schlauchboot diese Wellen an der Mauer längere Zeit überstanden hätte, ist sehr fraglich, auch bei dem ausgebrachten Heckanker. Deshalb brechen wir das Manöver ab, fahren zu der nur wenige Seemeilen entfernten Insel Tahuata und ankern dort in der Bucht Hane Moe Noa. Diese soll nach Hiscock (bekannter Weltumsegler) eine der drei schönsten Buchten der Südsee sein. Unsere Freunde von der GOLDEN TILLA, der AHU und der UPPS wissen das natürlich auch und ankern hier bereits.

Die Bucht Hane Moe Noa hat einen weißen Sandstrand mit Palmen und anderen Bäumen und kristallklares ruhiges Wasser. Im Laufe des Tages kommen immer mehr Boote aus dem ungemütlichen Atuona in diese geschützte Bucht. Nachdem wir die Bucht einen Tag lang genossen haben, geht es wieder an die Arbeit. Wilma wachst und poliert den Rumpf, während ich die Schaltung der Solargeneratoren modifiziere.

Am nächsten Morgen erhalten wir von Kurt über Funk (Kurzwelle) die Information, dass in Fatu Hiva ein Zollboot von allen Schiffen 200 USD Strafe kassiert, weil sie nicht einklariert haben. Es ist damit zu rechnen, dass das Zollboot nach Norden fährt, um weitere Beute zu machen. Sofort bereiten wir unsere Abreise vor. Kurz nach 14 Uhr laufen wir in Richtung Nuku Hiva aus und segeln bei schwachem Wind langsam nach Norden. Das Zollboot verfolgt uns nicht, dafür aber eine größere Gruppe von Delfinen. Eine halbe Stunde lang schwimmen sie um uns herum, bis wir sie in der Dunkelheit aus den Augen verlieren.

Nach einer ruhigen Nachtfahrt erreichen wir morgens Nuku Hiva und ankern gegen 9 Uhr in der Bucht vor dem Ort Taioha. 38 Segler liegen hier bereits vor Anker, darunter auch die GOLDEN TILLA. Nach dem Einklarieren holen wir uns an einem Automaten zuerst einmal Pacific Francs (XPF, 120 XPF = 1 €). Die Scheine sind sehr bunt und so groß, dass sie nur mehrfach gefaltet in ein normales Portemonnaie passen. Für die ebenfalls sehr großen Münzen legen wir uns einen speziellen Geldsack zu.

Nach mehreren Wochen ohne Einkaufsmöglichkeiten erscheint uns Nuku Hiva wie ein Einkaufsparadies. Es gibt zwei Supermärkte, einen Hardware-Laden und einen Yacht Service. Das Angebot ist erstaunlich breit, nur die Preise sind extrem hoch. Der Yacht Service betreibt ein WLAN-Netz und füllt auch Gasflaschen nach. Auf dem Marktplatz sind für verschiedene Veranstaltungen und Ausstellungen Zelte aufgebaut. Es werden lokale Produkte angeboten, insbesondere Holzschnitzereien. Bei den Holzschnitzereien spielen die Tikis (Götterfiguren) eine besondere Rolle. Hier wollen wir einige Zeit bleiben.

Zusammen mit Uli und Wolfgang machen wir mit einem Leihwagen eine Inselrundfahrt. Zunächst geht es in engen Serpentinen hoch in die Berge. Die steilen Hänge sind üppig bewachsen. Wir sehen Bananen- und Kokosplantagen, Wasserfälle und immer wieder herrliche Buchten. Als wir an einer Kultstelle vorbeikommen, fragen wir uns, ob hier früher wirklich Europäer verspeist wurden. Wir können das diesen freundlichen Menschen einfach nicht zutrauen.

In dem kleinen Ort Hatimeu, im Norden der Insel, finden wir ein schönes Restaurant, in dem man uns ein sehr gutes Fischessen serviert. Danach werden wir auf einer kurven-reichen unbefestigten Straße, die nicht immer als solche zu erkennen ist, furchtbar durch-geschüttelt. Erst in der Nähe des Flughafens kommen wir wieder auf eine normale Straße und in eine ganz andere Landschaft. Die Kiefernwälder und Wiesen sehen aus wie im Schwarzwald. Wir sehen Kühe, Pferde, Ziegen und Schweine und uns ist nicht immer klar, ob es sich um wilde Tiere oder Haustiere handelt.

Das Muttertagsfest ist ein anderer Höhepunkt unseres Aufenthalts auf Nuku Hiva. Mit den Crews der GOLDEN TILLA, der AHU und PALMASK sitzen wir an einem Tisch, den wir reserviert hatten. Nach dem fünfgängigen Menü gibt es mehrere Tanzvorführungen von Mädchen, Frauen und Männern. Die Bewegungen der hüftenschwingenden Frauen und die Kriegstänze der Männer sind sehr beeindruckend. Sie tanzen aus Leidenschaft, nicht für Touristen. Es ist ein Fest der Einheimischen, bei dem mehrere ältere Frauen ge-ehrt werden. Und diese Frauen beherrschen das Hüftenschwingen fast noch genau so gut wie die jungen.

Am 27.05. verlassen wir Nuku Hiva in Richtung Ua Pou. Bei kräftigem Wind erreichen wir schon nach fünf Stunden die Bucht Hakahetau im Westen der Insel. Die Landschaft und der Blick auf die spitzen grünen Berge sind einmalig schön, aber der Schwell in der Bucht ist sehr unangenehm. Wir sehnen uns nach den ruhigen kroatischen Ankerbuchten, in de-nen das Wasser abends oft spiegelglatt ist.

Morgens wollen wir uns in den kleinen Hafen des Hauptortes Hakahau verlegen. Doch nach einem Blick auf die Seekarte bezweifeln wir, dass es dort besser ist. Also bleiben wir, zumal der Schwell etwas nachgelassen hat. Am nächsten Tag kommen die KURTISANE und die GOLDEN TILLA von Hakahau zu uns. Mit Uli und Wolfgang gehen wir in Ha-kahetau zum ersten Mal an Land, was bei dem Schwell nicht ganz einfach ist. Die Häuser des kleinen Ortes liegen verstreut wie in einem Park und es ist alles sehr gepflegt.

Abends sind die Crews der KURTISANE und der GOLDEN TILLA zum Essen auf der AQUILA. Mit Doris und Kurt feiern wir Wiedersehen und Abschied und mit Uli und Wolfgang planen wir die Reise zu den Tuamotus. Es fällt die Entscheidung, am nächsten Tag auszulaufen.

Am 30.05. laufen die AQUILA und die GOLDEN TILLA gegen 8 Uhr aus Hakehetau, Ua Pou, in Richtung Tuamotus aus. Unser Ziel, das Atoll Rangiroa im Norden der Tuamotus, ist 570 sm entfernt. Auf dem offenen Meer hat der Wind die vorhergesagten 15 kn aus Ost, und wir können mit 6 kn Fahrt auf unser Ziel zusteuern. Im Laufe der Nacht nimmt der Wind weiter zu und wir werden noch schneller.

Bereits am zweiten Nachmittag wird klar, dass wir die Fahrt deutlich reduzieren müssen, um nicht nachts auf Rangiroa anzukommen. Zum ersten Mal binden wir ein drittes Reff ins Großsegel ein. Da das von der Werft nicht vorgesehen war, habe ich dafür spezielle Leinen vorbereitet. Trotz der hohen Wellen gelingt das Manöver problemlos.

Nachts nimmt der Wind weiter zu und wir sind froh, dass wir nun stark gereft segeln kön-nen. Plötzlich heult der Windgenerator laut auf. Die Schutzkontakte haben wegen Über-hitzung geöffnet und die Flügel drehen jetzt im Leerlauf rasend schnell. Wir entschließen uns, den Windgenerator zu stoppen und die Flügel festzubinden. Nach guter Vorbereitung ist auch dieses Manöver bald erfolgreich abgeschlossen.

Der nächste Tag bringt anfangs etwas weniger Wind bei gleich bleibenden hohen Wellen, die unangenehm von der Seite anrollen. In der Nacht nimmt der Wind wieder zu, und so haben wir mit den drei Reffs im Großsegel die richtige Segelfläche. Allerdings ist die AQUILA immer noch zu schnell. Mittags bergen wir das Großsegel komplett und fahren nur noch mit einem kleinen Teil der Genua. Das ist auch gut möglich, weil der Wind jetzt mehr von achtern kommt. Das Schiff liegt nun ruhiger, ist aber mit 5,5 kn immer noch zu schnell.

Zwei Stunden vor Sonnenaufgang rollen wir das letzte Stück Genua ein und wundern uns, dass die AQUILA immer noch 4,5 kn Fahrt macht. Bei 20 kn Wind, die in Böen mehrmals auftreten, erreichen wir sogar knapp 6 kn Fahrt.

Um 9 Uhr ist Land in Sicht. Ein schmaler Streifen mit Palmen ist gerade am Horizont erkennbar. Gegen 11 Uhr nähern sich außer uns die GOLDEN TILLA, die PALMASK und die NOMAD dem Pass bei Tiputa auf Rangiroa. Nach unseren Informationen ist eine Stunde nach Niedrigwasser (oder Hochwasser) die Strömung am geringsten. Demnach sollten wir um 11.30 Uhr durch den Pass in das Atoll fahren.

Wir überlassen der PALMASK den Vortritt und wundern uns, dass sie im Pass so langsam vorankommt. Kurze Zeit später wissen wir warum. Das Wasser strömt mit 5 bis 6 kn aus dem Atoll heraus und erzeugt mit den hohen Passatwellen steile kurze Wellen im Pass. Nur mit voller Maschinenkraft gelingt es uns, aus dem Getöse herauszukommen. Wir sind froh, als wir kurz nach 12 Uhr hinter einem Riff in ruhigem Wasser ankern können.

Rangiroa ist das größte Atoll der Tuamotus, 80 km lang und 20 km breit. Der Landstreifen im Norden ist am breitesten und deshalb auch am stärksten besiedelt. Rangiroa hat 2500 Einwohner und im Norden eine Autostraße und einen Flughafen. Die anderen Atolle der Tuamotus (ca. 70) sind wesentlich kleiner und zum Teil unbewohnt.

Die Atolle haben ihren Ursprung in einem Vulkan, der erkaltet und sehr langsam abgesunken ist. An den Rändern des Vulkans sind dann Korallen relativ schnell nachgewachsen. Wenn der Vulkan ganz abgesunken ist, bleibt am Ende ein Ring aus Korallen bestehen, der dann nach einiger Zeit von Pflanzen bewachsen wird.

Auf Rangiroa ist der Landstreifen im Norden bis zu 500 m breit, üppig bewachsen und dicht besiedelt. Hier liegt auch die luxuriöse Hotelanlage Kia Ora mit Bungalows unter Palmen und auf Pfählen im Meer. Wir ankern ganz in der Nähe und können das Dinghy Dock der Anlage benutzen. Gleich am zweiten Abend gönnen wir uns mit Uli und Wolfgang ein Barbecue im Hotel. Das Buffet ist hervorragend, die Tänze der Damen sind anmutig und die Preise polynesisch hoch.

An den nächsten Tagen erkunden wir die nähere Umgebung. Wir trampen zum Hauptort Avatoru, melden uns bei der Gendarmerie an und begutachten den Pass bei Avatoru. Er scheint viel unkritischer zu sein als der bei Tiputa. Inzwischen wissen wir von den Einheimischen auch, warum wir in dem Pass eine so starke Strömung hatten. Die hohen Wellen, die zurzeit vorherrschen, schlagen über die flachen Riffe und erzeugen einen erhöhten Wassertand im Atoll. In solchen Zeiten besteht immer eine starke Strömung nach außen. Diese Selbstverständlichkeit ist in den Handbüchern leider nicht beschrieben.

Bei einer Wanderung lernen wir Hellen und Charly kennen, die als Bootstramper unterwegs sind, zurzeit auf der NOMAD. Hellen hat in der Schule deutsch gelernt und möchte es gern praktizieren. Also laden wir sie zu einem deutschen Filmabend auf der AQUILA ein. Natürlich sind unsere deutschsprachigen Nachbarn Uli und Wolfgang und Andreas von der OUTIS auch dabei. Wir wählen den Film „Meuterei auf der Bounty", um uns auf unser nächstes Ziel Tahiti einzustimmen. An diesem Abend ist es wieder extrem schwellig am Ankerplatz (bei Hochwasser schlagen Wellen über das Riff) und es gehen drei Gläser kostbaren Rotweins verloren. Der Film (Teil 1) ist für uns Seefahrer immer wieder spannend, obwohl wir ihn alle schon mehrmals gesehen haben.

Am Tag vor unserer Abreise besuchen wir die Perlenfarm. Zufällig haben die Crews der anderen ankernden Schiffe den gleichen Termin. Der Chef des Hauses, ein Franzose, führt uns durch die Anlage und erklärt die einzelnen Arbeitsschritte. Etwa 25 Mitarbeiter sind an dem Prozess beteiligt und arbeiten offensichtlich im Akkord. Es dauert mindestens zwei Jahre bis aus einer eingesetzten kleinen Perle eine größere schwarze Perle wird. Wir verstehen jetzt, warum die schwarzen Perlen so teuer sind.

Wilma und die anderen weiblichen Crew-Mitglieder lassen sich aber nicht davon abhalten, mehrere dieser Kostbarkeiten zu kaufen. Die Besichtigung der Farm ist natürlich kostenlos.

Am 10.06. starten wir kurz vor 16 Uhr zusammen mit der GOLDEN TILLA in Richtung Tahiti. Etwa eine Stunde später durchfahren wir den Pass bei Avatoru. Ein Strom von 3 kn schiebt uns hinaus aufs Meer. Dieser Pass ist wesentlich einfacher zu durchfahren als der bei Tiputa. Nur am Ausgang erzeugt der gegen die Passatwellen laufende Strom kurze steile Wellen. Danach rollen wir die Genua aus und fahren zunächst Richtung Westen. Später setzen wir zusätzlich das Großsegel mit den üblichen Reffs und segeln bei knapp 20 kn Wind aus Ostsüdost einen Kurs von 110°. Wir halten etwas nach Osten vor, weil der Wind am nächsten Tag auf Südwest drehen soll. Morgens nimmt der Wind etwas ab, aber wir schaffen immer noch mehr als 5 kn Fahrt.

In der zweiten Nacht dreht der Wind auf Südost und hält sich damit genau an die Prognose. Mit unserer Reserve kommen wir jetzt sogar auf 6 kn Fahrt. Gegen 2 Uhr ist Tahiti bereits als Schimmer am Horizont zu erkennen. Wir sind mal wieder zu schnell, doch dann schwächt sich der Wind ab. Im Morgengrauen sehen wir die markanten Berge Tahitis, die wir aus dem Bounty-Film noch gut in Erinnerung haben. Mit Motor fahren wir an der Insel entlang zu dem Hauptpass bei Papeete. Der Pass ist breit und unkritisch. Wir fahren am Flughafen vorbei zur Marina Taina und ankern dort kurz nach 10 Uhr in unruhigem Wasser. Das kabbelige Wasser entsteht offensichtlich durch gegenläufige Strömungen. Es gibt wohl keine ruhigen Ankerplätze in der Südsee. Die GOLDEN TILLA ankert einige Zeit später neben uns, sie hat auch keinen besseren Platz gefunden.

Erst am nächsten Tag fahren wir in die 10 km entfernte Hauptstadt Papeete. Wir nehmen einen der roten Holzbusse (Holzaufbau auf altem LKW). Sie fahren in kurzen Abständen und sind am preisgünstigsten. Unser erster Weg führ zur Einklarierungsstelle, dann besuchen wir die Bootszubehörläden. Das Angebot ist nicht schlecht, doch die Dinge, die wir brauchen finden wir nur zum Teil. Dagegen findet Wilma im ersten Brillenladen ein Gestell, in das die Gläser ihrer alten Brille passen, die durch Korrosion gebrochen war.

Nach den wichtigsten Erledigungen genießen wir erst einmal die Großstadt mit den vielen Läden, dem Markt, den Bars und den Cafés. Papeete ist die größte Stadt Polynesiens und natürlich stark französisch geprägt. Der berühmte Stadtkai, an dem früher die Weltumsegler lagen, ist in eine kleine Marina umgewandelt worden. Wegen der geringen Nachfrage sind die Preise hier im Moment sogar niedriger als in der Taina Marina.

Wir fahren fast täglich nach Papeete, besuchen das Perlenmuseum, erledigen verschiedene Einkäufe und ich sehe mir die EM-Fußballspiele der deutschen Mannschaft an. Leider ist das letzte Spiel nicht so erfolgreich.

An Bord werden mehrere Wartungs- und Reparaturarbeiten durchgeführt. Das Wasser ist inzwischen ruhig, wie man es an einem guten Ankerplatz erwartet. Es gibt die üblichen gegenseitigen Besuche an Bord und wir sehen uns mit Uli, Wolfgang und Andreas den 2. Teil des Bounty-Films an. Das Ende, bei dem Fletcher Christian (Marlon Brando) durch das Feuer auf der Bounty stirbt, gefällt uns gar nicht, weil es nicht den Tatsachen entspricht.

Am Freitagabend fahren wir mit Uli und Wolfgang nach Papeete und gehen an den Kai, wo viele Buden und Stände aufgebaut sind. Es gibt auch eine große Bühne für verschiedene Vorstellungen. Heute ist sogar das Fernsehen dabei, weil bekannte Sänger und mehrere Tanzgruppen auftreten. Die Tänze ähneln denen auf Nuku Hiva. Es sind aber wesentlich mehr Akteure dabei und es ist alles etwas professioneller. Danach gehen wir noch auf ein Bier in die Brasserie, wo auch noch Tanzgruppen auftreten.

Nach und nach treffen mehrere uns bekannte Schiffe ein. Wilma regt ein deutschsprachiges Treffen zur Happy Hour in der Marina Bar an, und alle kommen: GOLDEN TILLA, OUTIS, BRIO, CONTESSA, SHIVA und UPPS. Das zwanglose Plaudern ist in der Muttersprache immer noch am einfachsten.

Zusammen mit Uli und Wolfgang umrunden wir in einem Leihwagen die Insel. Richtig umrunden können wir allerdings nur den nördlichen Teil der achtförmigen Landfläche, der kleinere südliche Teil besitzt keine durchgehende Straße.

Tahiti und die anderen Gesellschaftsinseln sind von der Natur in vielfacher Hinsicht begünstigt. Sie haben ein angenehmes Klima, eine üppige Vegetation mit vielen essbaren Früchten und sind fast vollständig von einem Korallengürtel umgeben, der als Wellenbrecher wirkt und das Land vor den hohen Pazifikwellen schützt.

Tahiti ist mit rund 2000 km² und 185000 Einwohnern die größte der Gesellschaftsinseln. Die Insel ist sehr gebirgig und im Innern kaum zugänglich. Der höchste Berg ist 2200 m hoch und bis zum Gipfel dicht bewachsen. Die Menschen leben an der Küste, die meisten in Papeete. Größere landwirtschaftliche Flächen gibt es im Südosten des größeren Inselteils. Angebaut werden Bananen, Ananas, Pampelmusen, Papayas, Mangos und Limonen.

Als Erstes halten wir an der Kultstätte Marae Arahurahu, die vollständig restauriert ist. Die Figuren und Steinansammlungen auf den grünen Rasenflächen, umgeben von hohen Bäumen und blühenden Sträuchern, erzeugen in dem Morgenlicht eine wunderbare Stimmung. Diese Kultstätte hat uns bislang am meisten beeindruckt.

Danach sehen wir uns die Maraa-Grotten an und machen einen Abstecher auf den kleinen Inselteil Tahiti Iti. Auf dem großen Inselteil Tahiti Nui fahren wir dann an der Westküste entlang nach Norden bis zu den Faarumai-Wasserfällen. Sie sind tatsächlich höher und größer als die anderen in dieser Region. Das in der Nähe gelegene Blowing Hole (Höhle, in der durch Wellen Wasser pfeifend herausgedrückt wird) ist heute nicht besonders aktiv. Das Meer ist wohl einfach zu ruhig.

Wir fahren weiter die Küste entlang und sehen von einer Anhöhe aus die Bucht, in der die BOUNTY gelegen haben soll. Kein schlechter Ankerplatz. Heute beginnt gleich dahinter die Großstadt Papeete.

Zwei Tage später fahren wir mit dem Bus zum Gauguin Museum, das im Süden von Tahiti Nui liegt. Das Museum gibt einen Überblick über die Werke des Künstlers und stellt seinen Lebensweg dar. Die wertvollen Originale sind leider in alle Welt verstreut.

Unsere Zeit auf Tahiti geht zu Ende. Die Insel ist noch schöner als in dem Film „Meuterei auf der Bounty" dargestellt. Wir haben volles Verständnis für die Meuterer und verstehen, dass die meisten Meuterer zurück nach Tahiti wollten.

Am 1.07. verlassen wir gegen 10 Uhr Tahiti in Richtung Moorea. Die markanten Berge Mooreas haben wir seit mehr als zwei Wochen vor Augen, denn sie sind nur 15 sm entfernt. Wir fahren am Flughafen vorbei und dann über den Pass bei Papeete aufs offene Meer. Ein achterlicher Wind von 15 kn schiebt uns unter Genua dem nahen Ziel entgegen. Um 15 Uhr ankern wir in der Cook Bay in ruhigem, aber etwas trübem Wasser, umgeben von hohen Bergen. Abends weht ein leichter Wind von den Bergen und es wird kalt. Wir ziehen Fleece-Jacken und lange Hosen an.

Obwohl uns die Cook Bay nicht schlecht gefällt, fahren wir am nächsten Tag weiter in die Opunohu Bay. Sie schneidet noch tiefer ein als die Cook Bay und hat am Ende noch einigermaßen sauberes Wasser. Besonders beeindruckend ist die steile Bergwand im Osten der Bucht. Die Bucht sieht unbewohnt aus, ist sie aber nicht. Die Häuser liegen etwas versteckt an der Straße, die um die Bucht herum führt. Wir ankern ganz am Ende der Bucht, in der Nähe der CONTESSA, die hier schon einige Tage liegt. In dieser herrlichen Bucht sind die Deutschen jetzt in der Mehrheit.

Leider gibt es auch in der schönsten Bucht meistens etwas zu reparieren. Heute ist es das Ruder des Windpiloten. Es wackelt in der Halterung und muss neu verklebt und verschraubt werden. Der Entwickler und Hersteller des Windpiloten, Peter Förthmann, hat meine Fragen zur Reparatur innerhalb weniger Stunden per E-Mail beantwortet. Ein solcher Service ist bei anderen Produkten leider nicht die Regel.

Für die nächste Arbeit, den Austausch der Opferanoden am Propeller, fahren wir in das flache klare Wasser am Anfang der Bucht, direkt hinter dem Riff. Hier gibt es auch wieder Internetzugang über WLAN. Mit unserem Freediver unter Wasser kann ich die drei verbrauchten Anoden schnell austauschen.

Der Ankerplatz liegt in der Nähe einer Segelschule und ist deshalb am Tage etwas unruhig. Doch abends kehrt Ruhe ein und man hört fast nur noch das Rauschen des Riffs. An einem Abend wird das Riff übertönt durch polynesische Lieder, die eine Gruppe am Strand singt und spielt. Mehrere Stücke sind uns bekannt. Es ist eine wunderbare Abend-stimmung.

Am nächsten Tag fahren wir mit unserem Schlauchboot am Strand entlang nach Westen. Hier soll es an einer flachen Stelle viele Rochen geben, die sich sogar streicheln lassen. Nach einer Stunde Fahrt finden wir die Stelle, an der inzwischen auch zwei Ausflugsboote ankern. Es gibt hier tatsächlich viele große Stachelrochen, aber auch mindestens genau so viele Haie. Wilma möchte die Rochen streicheln, fürchtet sich aber vor den Haien, die etwas über einen Meter lang sind. Erst als sie sieht, dass die anderen Touristen nicht von den Haien gefressen werden, wagt sie sich mit Maske und Schnorchel ins Wasser und kann einige der neugierigen Rochen tatsächlich streicheln.

Nach drei Tagen am Riff fahren wir zurück an das Ende der Bucht Opunohu. Dieser ruhige Ankerplatz liegt nicht nur in einer herrlichen Umgebung, sondern auch in der Nähe eines kleinen Ladens, in dem man Brot und die anderen wichtigen Dinge zum Leben kaufen kann.

Am nächsten Morgen wandern wir zu dem Aussichtspunkt Belvedere, der in der Mitte der Insel liegt. Wir kommen vorbei an grünen Wiesen mit Kühen und Pferden und sehen im Hintergrund Kiefernwälder. Es geht ständig bergauf und wir sind froh, dass wir bei dem Lycee Agricole eine Pause mit Erfrischungsgetränken einlegen können. Nach einer groß-flächigen Kultstätte kommen wir schließlich zu dem Aussichtspunkt. Von hier aus hat man nach Norden einen herrlichen Blick auf die Buchten Cook und Opunohu und auf das Riff, das die Insel Moorea vollständig umschließt. Hinter uns liegen im Halbkreis die Berge der Insel, die bis zu 1200 m hoch sind.

Am 8.07. verlassen wir nach zwei regnerischen Tagen nachmittags Moorea in Richtung Huahine. Bei der Passdurchfahrt bläst es mit 30 kn, aber danach nimmt der Wind allmählich auf unter 15 kn ab und reicht gerade noch zum Segeln aus. Kurzzeitig helfen wir etwas mit dem Motor nach. Nach einer ruhigen Nacht fahren gegen 11 Uhr durch den südlichen Pass zu dem Ankerplatz bei Fare, dem Hauptort der Insel Huahine.

Fare ist ein beschaulicher Ort mit wenigen Touristen, aber guten Einkaufsmöglichkeiten. Die Häuser sind verstreut, viele stehen mitten im Wald. Huahine soll sich im Gegensatz zu den Nachbarinseln in den letzten Jahren am wenigsten verändert haben. Im Ort treffen wir auch Kerstin von der SAPPHO und Tanja und Bernd von der UPPS, die neben uns geankert haben.

Auf Huahine ist das Leben im Moment durch Heiva bestimmt. Das sind in Polynesien die jährlichen Folklore-Feiern, die von Ende Juni bis Ende Juli dauern und bei denen es verschiedene traditionelle Wettbewerbe gibt. Im Vordergrund stehen aber meistens Musik und Tanz.

Auf Huahine ist für die Heiva-Aktivitäten ein großes Zelt am Ortsrand aufgebaut worden. Wir finden für die Veranstaltung am Freitagabend einen guten Platz auf der Tribüne und sind schon zu Beginn beeindruckt von dem Anblick der acht Tanzgruppen in ihren traditionellen Kostümen und dem Getrommel, das lange vorher beginnt.

Zu Beginn der Veranstaltung wird die Heiva-Königin in einem Kanu in den Saal getragen, gefolgt von dem Heiva-König. Das Ganze erinnert etwas an Karneval. Danach beginnt der

Wettbewerb der Tanzgruppen, moderiert von Transvestiten, die in der polynesischen Gesellschaft eine große Rolle spielen. Die Tänze der Frauen und Männer haben natürlich viele wiederkehrende Elemente, bleiben für uns aber über die drei Stunden immer spannend. Die Begeisterung dieser Menschen beim Tanz und ihre Lebensfreude sind überwältigend. Es ist für uns ein unvergessliches Erlebnis.

Am nächsten Morgen leihen wir uns Fahrräder und erkunden den Norden der Insel Huahine. Nach dem Flughafen kommen wir durch ein Gebiet mit mehreren landwirtschaftlichen Betrieben. Angebaut werden Bananen, Tomaten, Kokos und Vanille. Später können wir uns bei einer Familie ansehen, wie die wertvollen Vanilleschoten getrocknet und sortiert werden.

Wir sehen uns auch zwei Kultstätten an, von denen eine direkt am Wasser liegt und über Informationstafeln verfügt. Menschenopfer waren hier zu bestimmten Anlässen üblich. Das bleibt für uns genau so fremd wie die Gräber in den Vorgärten, die hier sehr häufig zu sehen sind.

In der Nacht werden wir durch einen harten Schlag gegen unser Schiff geweckt. Es regnet in Strömen und bläst sehr stark. Die ARIES TOR aus Kanada, die dicht neben uns geankert hat, hat uns gerammt und bewegt sich immer wieder auf uns zu. Ihr Anker ist gerutscht und lässt sich jetzt wegen der Korallenköpfe offensichtlich nicht bergen. Also starten wir die Maschine, um den Ankerplatz zu verlassen und weitere Kollisionen zu vermeiden. Doch dann ist die ARIES TOR in der Dunkelheit verschwunden und wir können bleiben.

Der Schaden lässt sich schon im Dunkeln erkennen. Der Bugkorb ist stark verbogen und an einer Stelle gebrochen, die Seereling hängt schlaff herunter und das Topplicht ist ausgegangen. Noch im Morgengrauen finde ich heraus, dass das Topplicht selbst noch funktioniert. Ein vorübergehender Kurzschluss hat den von mir eingebauten Vorwiderstand ausgelötet.

Später sehen wir, dass die ARIES TOR offensichtlich den Anker zurückgelassen und mit einer Boje markiert hat. Es dauert auch nicht lange bis der Skipper der ARIES TOR mit seiner Begleitung in einem Schlauchboot kommt, um den Anker zu bergen. Sie beachten uns nicht. Als ich sie anspreche behaupten sie, von der Kollision nichts bemerkt zu haben. Dann bergen sie ihren Anker und verschwinden.

Etwas später rufe ich die ARIES TOR über Funk und sage ihnen, dass ich zur Polizei gehen werde, wenn sie sich nicht umgehend den Schaden ansehen und bereit sind, ihn zu bezahlen. Der Skipper kommt tatsächlich, sieht sich den Schaden aber nur flüchtig an. Er ist der Meinung, dass der Schaden nicht sehr groß ist und so etwas bei schlechtem Wetter passieren kann. So viel Frechheit haben wir lange nicht erlebt.

Also gehen wir zur Polizei, die hier Gendarmerie heißt. Die Herren sind sehr freundlich und protokollieren den Vorgang. Unternehmen können sie allerdings nichts, weil nur Sachschaden entstanden ist. Es ist hier in Polynesien wie in Deutschland. Der Geschädigte hat praktisch keine Möglichkeit, seinen Schaden ersetzt zu bekommen.

Am nächsten Tag segeln wir morgens nach Raiatea. Wir hoffen, dass man hier unseren Bugkorb reparieren kann. Über den Pass Tevapiti fahren wir in die große Lagune, in der die Inseln Raiatea und Tahaa liegen. Vor der Carenage (Reparaturwerft) machen wir an einer Boje fest, direkt neben der CONTESSA, die auch zu Schweißarbeiten hier hergekommen ist.

Schon am nächsten Tag haben wir einen Termin bei der Firma Raiatea Carenage Services für die Reparatur des Bugkorbes. Dazu müssen wir in ihre Kranbucht fahren. Das Zurückbiegen des Bugkorbs ist aber schwieriger als erwartet. Erst mit einem Flaschenzug und einem starken Gurt, jeweils an Land befestigt, gelingt es, den Bugkorb einigermaßen zurückzubiegen. Die mittlere Stütze, die inzwischen ganz abgebrochen ist, kann separat geradegebogen werden. Nach dreieinhalb Stunden ist der Schaden halbwegs behoben. Zurück bleiben eine klobige Schweißstelle und ein leicht deformierter Bugkorb.

Abends sind wir auf der DESERT EAGLE eingeladen, einem Katamaran unter britischer Flagge mit den deutschen Eignern Arnd und Constanze und ihren Kindern Nadja und Daniel. Die Familie lebt seit mehr als 20 Jahren in Namibia und ist jetzt auf einer Reise von Südafrika nach Australien.

Am nächsten Morgen wollen wir von Raiatea nach Tahaa fahren und dort in der Bucht Hameene ankern. Als es auf der Fahrt mit mehr als 20 kn weht, ändern wir unser Ziel und laufen die Bucht Apu an, die gegen den Ostwind besser geschützt ist. Vor dem Taravana Yacht Club finden wir eine freie Boje, an der wir festmachen können. Später stellt sich heraus, dass wir wie vorher in Raiatea an einer privaten Boje liegen, die der Eigentümer gerade nicht nutzt. Nur deshalb ist sie kostenlos.

Der Wind nimmt im Laufe des Tages auf 30 kn zu und bleibt auch nachts so stark. Einen so starken Wind hatten wir außerhalb des Mittelmeers noch nie über einen längeren Zeitraum in einer Bucht. An den beiden folgenden Tagen nimmt der Wind ab, aber es regnet praktisch den ganzen Tag. Ein deutsches Boot, das wir noch nicht kennen, macht neben uns an einer Boje fest. Beim Kaffee auf der AQUILA lernen wir Denise und Wolfgang von der MOONY etwas näher kennen.

Nach drei Tagen hat sich das Wetter normalisiert, und wir fahren weiter in die Bucht Hameene, unser ursprüngliches Ziel auf Tahaa. Am Ende einer tief einschneidenden Bucht liegt ein kleiner Ort mit dem gleichen Namen. Hier gibt es zwei kleine Supermärkte, eine Apotheke, eine Bank und ein College. Die Häuser und Gärten des Ortes sind überwiegend schön und gepflegt. Es ist ein ansprechender Ankerplatz umgeben von hohen grünen Bergen, nur das Wasser ist durch den einmündenden Fluss ziemlich trübe.

Nach zwei Tagen fahren wir zurück nach Raiatea, um in der Carenage unsere leere Gasflasche aufzufüllen. Wir machen wieder an der privaten Boje fest und spendieren dem freundlichen Eigentümer eine Flasche Rotwein. Nachdem die Gasflasche gefüllt ist, sollte unser Gasvorrat (3 kleine Flaschen) bei sparsamem Verbrauch knapp drei Monate reichen.

Am 24.07. starten wir morgens von Raiatea in Richtung Bora Bora. Wir verlassen die Lagune über den südlichen Pass und können mit einem Südwest-Wind wunderbar bis Bora Bora segeln. Seit Tagen kommt der Wind aus Südwest bis West, obwohl wir im Bereich des Südost-Passats sind. Das Wetter spielt verrückt, auch der Dauerregen in der Trockenzeit ist nicht normal.

Schon am frühen Nachmittag laufen wir in die Lagune von Bora Bora ein und ankern kurz nach der Einfahrt hinter dem Motu Toopua, direkt neben der CONTESSA. Sieglinde und Klaus laden uns gleich zum Kaffee ein und versorgen uns mit nützlichen Informationen über die Insel.

Bora Bora hat im Vergleich zu den Nachbarinseln die größte Lagune und sieht aus der Luft wirklich spektakulär aus. Die verschiedenen Blautöne der Lagune, die mit dem Sonnenstand und dem Untergrund variieren, stehen im Kontrast zu dem satten Grün der Berge Okmanu und Pahia. So viel Naturschönheit und die guten Tauch- und Schnorchelmöglichkeiten lassen sich natürlich touristisch gut vermarkten. Es dominieren große Hotels an den Rändern der Lagune, die allerdings bei Weitem nicht ausgelastet sind.

Wir verlassen am nächsten Morgen unseren Ankerplatz, um die Insel etwas zu erkunden. Beim Bora Bora Yacht Club gibt es nur noch wenige Bojen, und die sollen nicht besonders zuverlässig sein. Schließlich ankern wir vor dem Hauptort Vaitape auf 25 m Tiefe, was auch nicht optimal ist. Vaitape ist ganz auf Tourismus eingestellt. Es gibt viele Boutiquen, Schmuckläden, insbesondere für Perlen, und die üblichen Souvenirgeschäfte. Wir finden aber auch zwei Supermärkte und einen Laden für Bootszubehör. Schön und gepflegt ist Vaitape allerdings nicht.

Mittags fahren wir weiter nach Süden und ankern vor dem Riff in flachem Wasser auf weißem Sandgrund. Nicht weit von unserem Ankerplatz entfernt gibt es mehrere größere Korallenköpfe mit vielen bunten Fischen, auf dem Sandgrund auch Stachelrochen.

In der Nähe unseres Ankerplatzes liegt ein Bojenfeld, das von dem berühmten Restaurant Bloody Mary's zur Verfügung gestellt wird. Die Bojen sind kostenlos und deshalb sehr begehrt Die KURTISANE, mit der wir uns hier treffen wollen, findet durch Zufall eine freie Boje, die MOONY liegt dort schon mehrere Tage. Wir wollen neben dem Bojenfeld ankern und dabei ein ausreichendes WLAN-Signal fürs Internet haben. Ich fahre langsam die möglichen Ankerbereiche ab und Wilma prüft innen am PC die Stärke des WLAN-Signals. Plötzlich sehe ich flaches Wasser vor mir, obwohl das Echolot 22 m anzeigt. Ich reiße das Ruder herum. Zu spät, wir hängen im Krallenriff fest. Ich versuche es vorwärts und rückwärts. Es knirscht, aber das Schiff bewegt sich nicht mehr.

Wilma ruft Kurt über Funk um Hilfe. Ich gehe mit Maske und Flossen ins Wasser. Es sieht schlecht aus. Der Kiel hängt zwischen Korallenblöcken fest und auch das Ruder hat Grundberührung.

Inzwischen ist Kurt mit seinem Schlauchboot eingetroffen. Kurze Zeit später kommt auch Wolfgang von der MOONY, der das Malheur mitbekommen hat. Kurt will mit Wilma unseren Anker seitlich ausbringen. Doch das ist schon allein wegen der großen Wassertiefe nicht hilfreich.

Schließlich finde ich eine Lücke zwischen den Korallenblöcken, durch die unser Schiff frei kommen könnte. Ich stelle mich auf die Korallen und drücke das Heck so weit zurück, bis das Ruder frei ist. Unter diesem Winkel müssen wir unsere AQUILA herausziehen. Kurt und Wolfgang binden ihre Schlauchboote ans Heck, Wilma legt den Rückwärtsgang ein und ich steuere unter Wasser das Ruder durch die Lücke zwischen den Korallenköpfen hindurch. Es knirscht und staubt am Kiel, aber die AQUILA bewegt sich langsam zurück ins tiefe Wasser.

Nach dem Ankern sehe ich mir das Ruder und den Kiel an. Das empfindliche Ruder ist nur an den Seiten und unten angekratzt. Der Kiel (Blei) hat tiefere Kratzer, er musste schließlich auch einiges von den Korallen wegräumen. Wir sind also mit dem Schrecken davon gekommen. Abends sind die Crews der KURTISANE und der MOONY an Bord der AQUILA. Die Rettungsaktion vom Vormittag ist dabei schon fast vergessen.

Im Bojen- und Ankerfeld liegen mehrere uns bekannte Schiffe, unter anderem KIRA VON CELLE, DESERT EAGLE, CUTTY WREN und QUE BARBARA. An einem Abend treffen sich die Crews der deutschen Schiffe an der Bar von Bloody Mary's. Das vornehme Restaurant hat einen Sandfußboden und ist bis auf letzten Platz besetzt. Viele Prominente haben hier schon gespeist. Ihre Namen sind auf Holztafeln eingraviert. Einige sind sogar mir bekannt, wie z. B. Prinz Hussein, Rockefeller, Bill und Melinda Gates, Jonny Depp, Marlon Brando, Charlton Heston, Roman Polanski, Jane Fonda, Harrison Ford, Diana Ross und Racquel Welch.

Zwei Tage später gönnen auch wir uns zusammen mit Denise und Wolfgang ein Essen in dem berühmten Lokal. Die verschiedenen Fischsorten, die wir gewählt haben, schmecken alle sehr gut. Aber ins Schwärmen, so wie unsere amerikanischen Freunde, kommen wir bei diesem Essen nicht.

Inzwischen haben wir von der KURTISANE, die auf die Ostseite der Insel gefahren ist, den Bojenplatz übernommen. Damit liegen wir jetzt näher am Dinghy Dock von Bloody Mary's. Der Weg zum Einkaufen in Vaitape bleibt aber weit. Wir trampen oder fahren mit den Holzbussen, von denen keiner weiß, ob und wann sie fahren.

Ein kleiner Supermarkt liegt am Ende der Bucht. Auf dem Weg dort hin lernen wir eine der Schattenseiten der Insel kennen. Es gibt hier viele ärmliche und heruntergekommene Häuser und dazwischen vereinzelt eingezäunte moderne Wohnanlagen. Slums dieser Art haben wir auf den pazifischen Inseln bislang nirgends gesehen.

Die schöne Seite der Insel Bora Bora können wir nach einer kurzen Wanderung zu einem Aussichtspunkt bewundern. Von hier überblickt man den gesamten südlichen Teil der Insel mit der großen Lagune. Es ist wirklich so schön, wie man es von den Luftbildaufnahmen her kennt.

Andreas von der OUTIS erkundigt sich auf dem Weg nach Bora Bora über Funk nach den Ankerplätzen. Zwei Stunden später fährt er langsam an uns vorbei und zeigt uns einen großen Fisch, den er unterwegs gefangen hat. Nach dem Ankern bietet er uns den Fisch an. Die Bordfrauen der Schiffe MOONY, KIRA VON CELLE und AQUILA sind sich schnell einig: Der Fisch wird noch heute gebraten und verzehrt. Denise und Wilma übernehmen das Braten und Beate stellt ihren Salon zum Abendessen zur Verfügung. Der Fisch schmeckt hervorragend, über die Art können wir uns allerdings nicht ganz einigen.

Ankerbucht Taiohae auf Nuku Hiva

Pazifische Tänzerinnen auf Nuku Hiva

Kriegstänzer auf Nuku Hiva

Tahiti: Ankerplatz der Bounty

Rochen im flachen Wasser

Opunohu Bay auf Moorea

Polynesisches Auslegerkanu

Heiva auf Huahine

Bora Bora

Trauminseln im Pazifik

Auf Bora Bora weht jetzt der seit Tagen angekündigte starke Wind. Alle Schiffe haben sich von den schönen Riff-Ankerplätzen zurückgezogen und Landabdeckung gesucht. Ob an unserem Bojenplatz vor dem Restaurant Bloody Mary's der Wind wirklich abgeschwächt wird, ist wegen der hohen Berge sehr fraglich. Jedenfalls erreichen die Böen 35 kn, manchmal auch noch etwas mehr. Bei diesem Wetter will keiner auslaufen. Auch wir warten mit unserer Weiterreise und studieren regelmäßig die Wetterprognosen.

Unser nächstes Ziel, das Atoll Suwarrow, liegt auf dem direkten Weg nach Samoa und ist 660 sm entfernt. Als die Prognosen ein Nachlassen des Windes für mehrere Tage ankündigen, laufen wir am 6.08.08 morgens in Richtung Suwarrow aus. Kurz vor uns sind die MOONY und die KIRA VON CELLE mit dem gleichen Ziel gestartet. Gleich nach dem Pass rollen wir die Genua aus. Doch der Wind ist viel schwächer als vorhergesagt, wir gleiten nur langsam dahin. Mehrmals setzen wir auch die Maschine ein. Am nächsten Tag zeigen die Prognosen ein vollkommen neues Bild: Es soll günstigen Segelwind geben.

Mit der MOONY und der KIRA VON CELLE sind wir in regelmäßigem Funkkontakt über Kurzwelle. Hauptthema ist immer das Wetter auf den jeweiligen Positionen. Inzwischen hat sich ein Südwind eingestellt, der uns unter Groß und Genua genügend Fahrt in Richtung Suwarrow beschert. Doch allmählich dreht der Wind auf Südost und nimmt ständig zu. Wir laufen nur noch unter stark gerefter Genua. Am späten Nachmittag erreicht der Wind 30 kn, und es beginnt heftig zu regnen. Wir machen alle Schotten dicht und werfen nur ab und zu einen kurzen Blick nach draußen. Dabei sehen wir Wellen von 5 bis 6 m Höhe. So hohe Wellen hatten wir bislang noch nie. Doch unser Windpilot steuert zuverlässig, nur bei den Talfahrten weicht er manchmal stark vom Kurs ab. Nachts steigen mehrmals Wellen ins Cockpit ein. Aber es kommt nur wenig Wasser über, das dann schnell wieder abfließt.

Wir fragen uns mal wieder, wie dieser Ozean zu seinem Namen gekommen ist: Pazifischer Ozean, Stiller Ozean. Friedlich und still haben wir ihn eigentlich nur von Panama bis Galapagos erlebt, zeitweise auch auf dem Weg zu den Marquesas. Danach gab es fast immer hohe Wellen und oft starken Wind mit viel Regen. Das ist wohl nicht immer so gewesen. Jedenfalls wäre die Geschichte der BOUNTY bei diesen Wetterbedingungen anders ausgegangen. Captain Bligh hätte mit seinem kleinen Boot nie Land erreicht und die Meuterer der BOUNTY wären nicht verfolgt worden.

Im Laufe des Tages nimmt der Wind etwas ab, aber die Wellen bleiben unangenehm hoch. Wir stellen die Genua so ein, dass wir 6,5 kn Fahrt machen. Dabei ist die AQUILA angenehm stabil und sollte so in zwei Tagen Suwarrow erreichen. Wenn wir die Geschwindigkeit nicht halten können, müssen wir eine weitere Nacht auf See verbringen. Denn nachts kann man nicht in das Atoll einlaufen.

Auch am nächsten Tag nimmt der Wind weiter ab. Jetzt wird es knapp, aber notfalls können wir die Maschine einsetzen, um Suwarrow bei Tageslicht zu erreichen. Gegen 16 Uhr ist ein schmaler Landstreifen in Sicht. Eine Stunde später fahren wir durch den Pass in das Atoll und kurz darauf ankern wir hinter Anchorage Island. Das ist die Insel, auf der der Neuseeländer Tom Neale mehr als 15 Jahre als Einsiedler lebte.

Morgens läuft auch die MOONY ein. Sie musste nachts die Fahrt reduzieren, um bei Tageslicht anzukommen. Die KIRA VON CELLE hat ihre Pläne geändert und fährt weiter in Richtung Samoa. Insgesamt ankern jetzt fünf Schiffe hinter Tom Neale's Trauminsel.

„Südsee-Trauminsel" heißt die deutsche Übersetzung des Buchs, das Tom Neale über sein Leben auf der Insel geschrieben hat. In den 60er Jahren war das Buch ein Südsee-Klassiker, weil es der Sehnsucht der zivilisationsmüden Gesellschaft entsprach, und für viele Segler ist Suwarrow heute noch eine Art Wallfahrtsort.

Das unbewohnte Atoll wurde 1814 von der Mannschaft des russischen Schiffes „Suvorov" entdeckt. Während des Zweiten Weltkriegs waren Marinebeobachter auf der Insel stationiert, unter ihnen der Schriftsteller Robert Dean Frisbie. Er war von dem Atoll fasziniert und schrieb darüber den Roman „The Island of Desire". Das Buch und Frisbies Erzählungen weckten in Tom Neale, der die Südsee als Seemann bereits gut kannte, den Wunsch, sich auf dieser Insel allein niederzulassen. 1952 setzte er seinen Traum in die Wirklichkeit um und ließ sich mit einigen Kisten und einer Katze auf Anchorage Island, der größten Insel im Suwarrow-Atoll, absetzen. Die Insel ist 800 m lang, 300 m breit und überwiegend von Kokospalmen bewachsen.

Im Gegensatz zu anderen Südsee-Romantikern wie Gauguin, Thor Heyerdal und Marlon Brando hat Tom Neale auf seiner Trauminsel glücklich gelebt und es dort auch lange ausgehalten. Zweimal musste er die Insel wegen Krankheit einige Zeit verlassen. 1977 war der Abschied endgültig. Tom Neale starb wenige Monate nach dem Verlassen der Insel mit 75 Jahren in Rarotonga an Krebs.

Nun ankern wir neben der Trauminsel, die zu den Cook Islands und damit zu Neuseeland gehört. In den Sommermonaten lebt jetzt ein Ranger mit seiner Familie auf der Insel und nimmt dabei die hoheitlichen Aufgaben war. Das heißt, auch auf diesem einsamen Atoll, das seit 30 Jahren ein Nationalpark ist, müssen wir erst einmal einklarieren.

Wir fahren mit unserem Schlauchboot an die kleine Mole und gehen an Land. Es ist wirklich eine Trauminsel: weißer Sandstrand, Palmen und zwei kleine Häuschen. Auf dem Weg zu den Häusern kommen wir an einer Büste Tom Neales vorbei. Gleich danach werden wir von Veronica, der Frau des Rangers, freundlich begrüßt. Nach und nach kommen auch ihre vier Söhne hinzu: Jeremia, Jonathan und die Zwillinge Augustin und Giovanni. Wir nehmen auf der Terrasse des zweistöckigen Ranger-Hauses Platz. Veronica trägt unsere Daten in ein großes Buch ein. Damit sind wir offiziell in die Cook-Inseln einklariert. Schließlich taucht auch der Ranger John auf. Wir unterhalten uns über ihr Leben auf der Insel und die besuchenden Yachten. Jährlich suchen fast 100 Yachten das entlegene Atoll auf.

Am nächsten Morgen wandern wir mit Denise und Wolfgang über die Insel. Den schönen Sandstrand mit Palmen gibt es allerdings nur auf der Westseite. Die Ostseite ist felsig und windig. Wilma und Denise vereinbaren mit Veronica ein Barbecue für den Nachmittag.

Inzwischen weht es wieder kräftig, und es gibt kurze Regenschauer. Deshalb findet das Barbecue nicht am Strand, sondern vor dem Ranger-Haus statt. Von der Crews der Yachten CLOUD 9, MOONY und AQUILA werden Salate, Nachtisch und Getränke auf die Insel transportiert. Die Ranger liefern Fisch, Pfannkuchen aus Kokosnüssen und andere Leckereien. Den Fisch, überwiegend Grouper, hat John kurz vorher mit seinen Söhnen gefangen. Er wird gegrillt und gebacken serviert. Beide Varianten und die Pfannkuchen schmecken hervorragend.

Es ist eine gesellige Runde und John erzählt uns viel über Suwarrow und das Leben auf den Cook-Inseln. Tom Neale bewundert er nicht, aber ohne ihn würde kaum jemand das abgelegene Atoll besuchen. Bei Sonnenuntergang fahren wir zurück zu unseren Schiffen. Wir sind beeindruckt von den Menschen und ihrer kleinen Insel im großen Pazifik.

Eigentlich sollten wir hier mehrere Tage bleiben und das Atoll über und unter Wasser erkunden. Aber bei dem starken Wind ist das kein Vergnügen. Beim Segeln stören uns die 20 kn, die auch in den nächsten Tagen vorherrschen sollen, überhaupt nicht. Deshalb beschließen wir weiterzusegeln und verlassen am nächsten Morgen zusammen mit der MOONY das Atoll Suwarrow in Richtung Samoa. Die Ranger-Familie steht winkend am Strand, einer der Söhne bläst auf einer Conch (Muschel). Diese Insel werden wir nie vergessen.

Im Pass schiebt uns ein Strom von 3 kn nach draußen. Der Strom erzeugt steile Wellen, die aber nicht sehr hoch sind. Der Wind ist so schwach, dass wir zeitweilig mit Maschine fahren müssen. Nachmittags nimmt der Wind zu und wir können mit guter Fahrt nach Westen segeln. Am nächsten Tag weht es wieder mit mehr als 20 kn, und die Wellen werden unangenehm hoch. Nach zwei Tagen nimmt der Wind mehr und mehr ab und es wird klar, dass wir unser Ziel, Pago Pago auf American Samoa, nicht mehr bei Tageslicht erreichen können. Die MOONY fährt mit Motor und will in Pago Pago noch vor Sonnenuntergang einlaufen. Wir segeln langsam dahin, müssen am Ende aber auch die Maschine starten.

Die Einfahrt nach Pago Pago ist betonnt, doch wir finden in der Dunkelheit die erste Tonne nicht. Später fahren wir dicht an der Tonne vorbei, ihr Licht ist ausgefallen. Nun wissen wir, dass unsere elektronischen Seekarten nicht stimmen. Obwohl wir nach der Karte mitten in der breiten Einfahrt sind, liegt dicht neben uns ein brandendes Riff, und unser Echolot zeigt mehrmals Untiefen an, die es hier nicht geben kann. Sehr langsam fahren wir durch den großen Naturhafen an das Ende der Bucht. Kurz nach Mitternacht haben wir nach 440 sm das Ankerfeld erreicht und können erleichtert den Anker fallen lassen.

Zusammen mit Denise und Wolfgang gehen wir morgens zum Einklarieren. Die Wege sind lang, aber die Prozeduren sind einfach und die Menschen sehr freundlich. Nach unserem USA-Visum, das man nach den Einreisebestimmungen braucht, fragt niemand. American Samoa, das seit 1929 zu den USA gehört, ist nicht nur geografisch weit von seinem Mutterland entfernt.

Pago Pago gefällt uns von Anfang an ganz gut. Die Straßen, Anlagen und Gebäude sind gepflegt, es gibt viele Geschäfte und die Menschen sind freundlich und hilfsbereit. Viele Männer tragen Röcke, auch die Polizisten, und sind sehr füllig. Bei den Frauen ist es allerdings ähnlich. In den bunten Holzbussen kommen viele Reisende mit einem Sitzplatz nicht aus.

Auch die Preise gefallen uns auf American Samoa. Im Vergleich zu Französisch Polynesien kostet hier vieles nur noch einen Bruchteil. Mittags gehen wir immer essen, weil sich das Kochen an Bord bei den Preisen einfach nicht lohnt. Leider weht seit Tagen ein starker Wind, der hohe Wellen in der langen Bucht erzeugt. Jede Fahrt mit dem Schlauchboot an

Land ist deshalb mit einer kleinen Salzwasserdusche verbunden. Manchmal kommt auch noch Süßwasser von oben hinzu.

Neben der Versorgung mit Lebensmitteln ist uns hier die Füllung unserer leeren Gasflasche wichtig. Außerdem möchte ich Adapter beschaffen, die es erlauben, unsere europäischen Flaschen durch amerikanische Flaschen zu füllen (Schwerkraftfüllung). Bei dem ersten Besuch der Gasfirma stellt sich heraus, dass unsere Flaschen mit ihren Einrichtungen nicht gefüllt werden können. Es gelingt mir dann aber, mit vorhandenen und gekauften Teilen einen Anschluss zu schaffen, über den unsere Flasche gefüllt werden kann. Schließlich bekommen wir bei der Gasfirma noch einen Adapter, über den wir unsere europäischen Flaschen aus der amerikanischen Flasche füllen können. Damit dürfte unser leidiges Gasproblem endgültig gelöst sein.

Es bläst jeden Tag mit 20 kn, in Böen mit 30 kn. Die Treffen mit Denise und Wolfgang finden immer auf der AQUILA statt, weil die MOONY das größere Schlauchboot hat, in dem man bei den hohen Wellen nicht ganz so nass wird. Wir sehen uns gemeinsam mehrere Filme (DVD) an. Strom gibt es bei diesem Wind im Überfluss.

Mit einem Leihwagen erkunden wir Tutuila, die Hauptinsel American Samoas. Ungefähr 60000 Menschen leben auf dieser Insel. Haupterwerbszweig ist das Fangen und Eindosen von Thunfisch. Tourismus gibt es auf der Insel praktisch nicht. Viele Menschen leben ohnehin nur von dem, was ihnen die Natur kostenlos bietet. Aber es gibt auch Ansätze zur Tourismusförderung. So zeigen Frauen in der Stadt im Auftrag einer Tourismusbehörde das traditionelle Flechten von Matten.

Wir fahren zuerst in den Ostteil der Insel und besuchen die Orte Vatia und Sailele an der Nordküste. Die Straße führt durch einen üppigen Regenwald und erlaubt herrliche Blicke auf tiefe Täler und das Meer. Beeindruckend sind für uns auch die Ortschaften mit den vielen offenen Versammlungshäusern, die hier „Fale" genannt werden. In diesen Häusern, die im Wesentlichen aus einem Dach auf Säulen bestehen, sitzen die Menschen zu verschiedenen Anlässen in Gruppen zusammen. Die Gärten sind oft mit bemalten Kokosnüssen oder Blumenschmuck zur Straße abgetrennt.

Nachmittags fahren wir in den Westteil der Insel. Hier gibt es sogar einen Golfplatz und Wohngebiete mit einem höheren Standard. Die Straße führt größtenteils am Meer entlang und endet in dem Ort Fagamalo. Der Ort besteht nur aus wenigen einfachen Häusern, besitzt aber eine große Kirche. Das ist nicht selten auf den pazifischen Inseln, aber hier ist es extrem. Wir erfahren schließlich, dass die Kirche trotzdem oft gefüllt ist, weil die Leute aus den verstreuten Ansiedlungen der Umgebung hierher kommen. Rund um den Äquator spielt die Kirche offensichtlich eine größere Rolle als in der westlichen Welt.

Unser nächstes Ziel, die Insel Niuatoputapu, ist etwas über 200 sm entfernt und liegt auf dem direkten Weg nach Fidschi. Niuatoputapu ist die nördlichste Insel Tongas. Wir laufen gegen 16 Uhr aus, um unser Ziel nach zwei Nächten sicher bei Tageslicht erreichen zu können. Der Wind ist günstig, aber auf dem offenen Meer erwarten uns hohe Wellen, die von der Seite anrollen. Gegen Morgen lassen die Wellen nach, und wir segeln mit leichtem achterlichen Wind gemütlich nach Westen. In der Nacht ist der Wind so schwach, dass wir die Maschine einsetzen müssen.

Um 12 Uhr nähern wir uns der Einfahrt zur Lagune von Niuatoputapu. Der Pass ist sehr schmal. Wir müssen uns genau an die Peilung über zwei Baken halten. Nach wenigen Minuten liegt der Pass hinter uns, und wir können in ruhigem Wasser den Ankerplatz vor dem kleinen Ort Falehau ansteuern, wo bereits mehrere uns bekannte Schiffe liegen. Wir erfahren, dass die Behörden am nächsten Tag die neu eingelaufenen Schiffe, MALAIKA, IRIS und AQUILA, besuchen wollen.

Kurz vor Mittag steht die vierköpfige Mannschaft von Customs, Immigration, Agriculture und Health an der Pier und wartet auf den Transfer zu den Schiffen. Ein eigenes Boot oder ein Funkgerät besitzen die Behörden nicht. Chris von der MALAIKA holt sie ab und bringt sie später auch zu uns. Wir verwöhnen die Damen und Herren mit kleinen Snacks und Getränken. Nach einer halben Stunde sind alle Formulare ausgefüllt und auch die nachgelieferten Snacks aufgegessen. Chris übernimmt wieder den Transfer und wir können später mit dem Behörden-Van in den Hauptort Vaipoa fahren, um unsere Gebühren zu bezahlen. Dazu müssen wir zuerst Pa'angas erstehen, so heißt die nationale Währung Tongas.

Mit dem eingetauschten Geld besuchen wir die beiden kleinen Läden des Ortes. Die wenigen angebotenen Waren sind auf Kisten und Kartons ausgebreitet. Wir finden einige brauchbare Konserven, die preisgünstig und, wie sich später herausstellt, sehr gut sind. Kühltruhen sucht man in diesen Läden vergebens, denn es gibt keinen Strom auf der Insel.

Niuatoputapu hat 1400 Einwohner (Tonga 100000) auf einer Fläche von 18 km². Der Hauptort Vaipoa ist als solcher nicht zu erkennen, denn es gibt keinen Ortskern. Die einfachen Häuser und Hütten sind weit verstreut. Vor einigen Häusern stehen alte Autos, Hühner und Schweine sieht man dagegen bei allen Häusern. Auch mitten im Wald und am Strand treffen wir auf Schweine und Hühner, die hier vollkommen frei herumlaufen.

In Falehau kommen wir mit zwei Frauen ins Gespräch. Sie zeigen uns in ihrem Haus die Herstellung von Matten aus bastähnlichem Material. Diese Matten, die auch von Männern und Frauen als Rock getragen werden, sind die einzige Einnahmequelle der Einwohner von Niuatoputapu. Wir erfahren noch mehr über das Leben auf dieser Insel und werden zum Abschied mit Bananen und Papayas beschenkt.

Inzwischen sind die schweizerischen Schiffe SHIVA und BRIO angekommen und mit ihnen schlechtes Wetter. Es weht mit über 20 kn und regnet häufig. Als es an einem Tag etwas besser ist, laden die Behörden alle ankernden Schiffe zu einem Picknick auf einer kleinen Insel ein. Das Picknick war schon einmal wegen schlechten Wetters verschoben worden. Marianne und Jürg von der BRIO nehmen uns in ihrem großen Schlauchboot mit zu der Insel. Wir sind überrascht, was uns die freundlichen Insulaner hier anbieten. Es gibt zwei Spanferkel, gegrillten und rohen eingelegten Fisch mit Algen frisch vom Riff, Hähnchen in verschiedenen Soßen, Corned Beef in Taoblättern in Kokosmilch gegart, Bananen und verschiedene Knollen im Erdofen gebacken. Und zu unserer Unterhaltung werden noch einige Tänze aufgeführt. Das alles bekommen wir kostenlos als Dank für den Besuch ihrer Insel. Soviel Gastfreundschaft erlebt man selten.

Als wir den Rückweg antreten wollen, weht uns ein kräftiger Wind entgegen. Ohne Unterstützung der einheimischen Männer käme hier keiner mehr weg. Sie stehen bis zum Hals im Wasser und halten die Schlauchboote bis der Motor läuft. Auch wir kommen so gut von den Korallen weg, aber dann wird es unangenehm. Die Wellen sind so hoch, dass sie uns ins Gesicht schlagen. Wilma schöpft laufend Wasser. Nach einer halben Stunde haben wir die nasse Fahrt hinter uns und steigen erleichtert auf unser Schiff um. Mittlerweile bläst es mit 30 kn.

Als der Wind nach zwei Tagen nachgelassen hat, wandern wir nach Vaipoa zum Ausklarieren. Die Damen von Immigration verabschieden sich von uns mit zwei riesigen Papayas, und später schenkt uns ein junger Mann zwei Kokosnüsse, die er gerade von einer Palme geholt hat. Dann begleiten uns wieder einige Kinder, natürlich auch mit dem Hintergedanken, einige Lollos zu bekommen.

Abends sind Lilian und Rudy von der SHIVA und Marianne und Jürg von der BRIO an Bord der AQUILA. Eigentlich wollen wir uns von ihnen verabschieden. Aber nach einem Gewitter mit nachfolgendem Starkwind von bis zu 30 kn bezweifeln wir, dass es sinnvoll ist auszulaufen, obwohl die meisten Schiffe den Ankerplatz bereits verlassen haben. Auch die Prognosen zeigen etwas zu starke Winde.

Wir bleiben in Niuatoputapu, und ich mache einige Wartungs- und Kontrollarbeiten. Dabei muss ich feststellen, dass ein Impellerflügel abgerissen ist. Genau 400 Stunden hat der Impeller gehalten. Das ist nicht schlecht, aber immer noch zu wenig. Ich baue einen neuen Impeller ein und starte damit den nächsten Test.

Nachmittags kommen die Schiffe SAPRISTI und MATAHARI zurück, die am Vortag in Richtung Vavau ausgelaufen sind. Bei beiden ist in den hohen Wellen der Autopilot ausgefallen. Über Funk erfahren wir, dass es die amerikanische Yacht IRIS noch schlimmer getroffen hat. Bei 50 kn Wind und 6 m hohen Wellen sind ein GPS-Empfänger und ein PC ausgefallen und das Bimini und die Sprayhood stark beschädigt worden. Dieses Wettergeschehen wird in dem Rechenmodell GFS, dessen Ergebnisse wir über Kurzwelle oder Iridium beziehen, praktisch nicht dargestellt. Wir werden uns in Zukunft noch mehr um zusätzliche Wetterinformationen bemühen müssen.

Geduldig warten wir nun darauf, dass der starke Wind etwas nachlässt. Unser nächstes Ziel, Suva auf Fidschi, ist 500 sm entfernt. Da wir Suva bei Tageslicht erreichen wollen, planen wir eine Fahrt mit vier Nächten ein. Als die Prognosen Winde von maximal 20 kn aus Ost bis Südost ankündigen, bereiten wir uns auf die Abreise vor.

Am 5.09. fahren wir gegen 11 Uhr durch den engen Pass aufs Meer hinaus. Bei 20 kn Wind Ostsüdost stellen wir mit der Genua eine Fahrt von etwas über 6 kn ein. Die Wellen sind zunächst moderat, werden dann aber immer höher und kommen mehr von der Seite. Auch der Wind nimmt weiter zu. In der Nacht sind es meistens 25 kn, in Böen über 30 kn. Nach zwei Tagen nehmen Wind und Wellen allmählich ab und das Segeln wird wieder halbwegs komfortabel.

Gegen Abend des dritten Tages erreichen wir die Lau-Gruppe, ein Gebiet mit vielen kleinen Inseln und unzähligen Riffen. Wir wählen keine der üblichen breiten Passagen, sondern den kürzesten Weg durch das Insel- und Riffgewirr. Mit GPS und elektronischen Seekarten sollte das heute problemlos möglich sein. Trotzdem sind wir froh, dass bei Sonnenuntergang das Malevuva-Riff hinter uns liegt. Das Riff können wir nur schwach erkennen, aber zwei Wracks auf ihm sind weit sichtbar und erinnern daran, dass man hier höllisch aufpassen muss.

Der Wind nimmt weiter ab, aber mit voller Genua sind wir noch schnell genug. Am späten Nachmittag nähern wir uns der Durchfahrt zwischen der Insel Gau und dem Riff Makulici. Auch dieses Riff ist durch ein Wrack markiert. Bei Sonnenuntergang liegen Riff und Wrack hinter uns. Wir reduzieren die Fahrt, um nicht vor Sonnenaufgang in Suva anzukommen. Heute macht uns der Wind das langsame Segeln leicht. Mit voller Genua gleiten wir gemächlich dahin.

Nach Sonnenaufgang setzen wir die Maschine ein. Der Pass nach Suva ist breit, aber nicht gerade gut betonnt. Große Schiffe nehmen vor der Einfahrt einen Lotsen an Bord. Wir müssen den richtigen Weg selbst finden, was hier kein Problem ist und auch sonst nie ein Problem wäre, wenn die elektronische Seekarten stimmten. Hier stimmen die Karten, und wir können kurz vor 11 Uhr vor dem Royal Suva Yacht Club ankern.

Nicht weit von uns entfernt liegt die SILVER CURL. Gerhard kommt sofort mit dem Schlauchboot zu uns und versorgt uns mit ersten Informationen und einigen Fidschi-Dollars. Abends treffen wir uns mit Gerhard und Gisela im Yacht Club. Der Club ist eine schöne Anlage im englischen Stil mit einer Bar und einem preisgünstigen Restaurant. Gegen eine akzeptable Gebühr können wir alle Einrichtungen benutzen und haben auch WLAN am Ankerplatz.

Morgens läuft die MOONY ein und ankert neben uns. Auch ihnen wurde über Funk mitgeteilt, dass die Behörden (Customs, Immigration, Agriculture, Health) zum Einklarieren an Bord kommen wollen. Wir warten schon seit einem Tag vergeblich auf die Mannschaft und dürften eigentlich nicht an Land gehen. Bei den Funkgesprächen mit der Hafenbehörde bekommen wir widersprüchliche Aussagen. Schließlich wird unser Vorschlag akzeptiert, die Behörden auf dem Werftgelände aufzusuchen.

Zusammen mit Denise und Wolfgang nehmen wir uns ein Taxi zu den Behörden. Da wir uns im Gegensatz zur MOONY nicht ordnungsgemäß angemeldet haben (Formular, 48 Std. vor Ankunft), müssen wir nach den Gesetzen des Landes mit einer Geldstrafe von 200000 Fidschi-Dollar (2,4 FJD = 1 €) oder zwei Jahren Gefängnis rechnen. Das Gefängnis liegt gegenüber dem Yacht Club und macht von außen keinen schlechten Eindruck. Doch niemand interessiert sich für das fehlende Anmeldeformular. Aber wir müssen bei den verschiedenen Stellen viele Formulare ausfüllen.

Inzwischen hat ein großes Kreuzfahrtschiff angelegt, das die Mitarbeiter der Behörden mehr interessiert als unsere Einklarierung. Eine Kapelle empfängt die Kreuzfahrer mit Blasmusik. Dabei tragen die Musiker die traditionelle Uniform mit gezackten Röcken. Leider wird bei dem Spektakel übersehen, dass wir bei der Gesundheitsbehörde nicht einklariert haben. Das wird uns am nächsten Tag über Funk mitgeteilt. Also müssen wir noch einmal zu den Behörden, um den Akt der Einklarierung endgültig abzuschließen.

Inzwischen haben wir Suva, die Hauptstadt Fidschis, etwas näher kennengelernt. Suva ist eine moderne Großstadt mit 75000 Einwohnern. Es gibt viele Läden und ein großes Einkaufszentrum. Der überdachte Markt bietet ein breites Angebot an heimischen Produkten zu sehr günstigen Preisen. Beeindruckend ist auch der Präsidentenpalast, der in einem großen Park am Stadtrand liegt und von einem Militärposten im englischen Stil bewacht wird.

In der Nähe des Palastes liegt der Botanische Garten und das Museum, das einen sehr guten Überblick über die Geschichte und Kultur des Landes gibt. Es gibt viele interessante

Ausstellungsstücke wie z. B. verschieden Boote, Waffen, Geschirr und Bestecke, auch spezielle für Menschenfleisch. Bei dem Thema Menschenfleisch wird uns immer wieder versichert, dass die Fidschianer heute ihr Fleisch aus der eigenen Tierhaltung beziehen oder im Supermarkt kaufen.

Auf Fidschi ist vieles anders als auf den Inseln, die wir bislang im Pazifik besucht haben. Fidschi ist ein unabhängiger Staat mit einer gewissen Wirtschaftskraft. Die 830000 Einwohner leben auf insgesamt 110 Inseln, die meisten aber auf den beiden großen Inseln Viti Levu und Vanua Levu. Die größten Städte, Suva (75000 Einw.) und Lautoka (44000 Einw.), gibt es auf Viti Levu. Die Bevölkerung des Landes ist gemischt, 57 % sind Melanesen, und 37 % sind indischer Abstammung. Die Inder wurden im 19. Jahrhundert zum Anbau von Zuckerrohr ins Land geholt und sind heute die Besitzer der Zuckerrohrfelder. Aber auch die übrigen Wirtschaftszweige werden von den Indern dominiert.

In der Landwirtschaft spielt neben dem Zuckerrohr der Anbau von Ananas, Ingwer, Kakao und Kaffe eine gewisse Rolle. Weitere wichtige Einnahmequellen sind der Tourismus, das Fidschiwasser mit dem Namen „The Taste of Paradise", Thunfisch und die Bekleidungsindustrie. Die Einnahmen aus dem Tourismus sollen größer sein als in Französisch Polynesien.

Angenehm ist für uns, dass überall Englisch gesprochen oder zumindest verstanden wird. Untereinander sprechen die Leute meistens Fidschi oder Hindustani.

Der Ankerplatz vor dem Yacht Club gefällt uns gut. Wir fahren häufig mit dem Taxi in die Stadt (ca. 1,50 €), essen aber meistens im Restaurant des Clubs. Die Preise sind so niedrig, dass sich das Kochen an Bord nicht lohnt. Als ein stärkerer Südwind einsetzt, verlegen wir uns in eine kleinere Bucht, die 3 sm weiter nördlich liegt. Hier ankern wir direkt vor dem Hotel Tradewind in ruhigem Wasser. Es regnet viel, aber von dem Wind spüren wir in der geschützten Bucht nur noch wenig.

Nach drei Tagen ist der Südwind vorbei, und wir fahren zurück zu dem Ankerplatz vor dem Yacht Club. Schön ist der Platz eigentlich nicht, denn er liegt am Rande des Industriehafens. Aber der Club bietet alles, was die ankernden Yachten brauchen. Es gibt sogar einen Laden für Bootszubehör. Trotzdem zieht es uns weiter in den Norden der Insel.

Vor dem Auslaufen müssen wir in Suva ausklarieren, obwohl wir im Land und sogar auf der gleichen Insel bleiben. Die Bürokratie nimmt im Pazifik von Osten nach Westen ständig zu. Nachdem wir ausklariert und uns mit Gas, Wasser, Diesel und Benzin versorgt haben, laufen wir am 19.09. mittags Richtung Norden aus. Unser Ziel ist die kleine Insel Malolo, die innerhalb des Riffs im Nordteil Viti Levus liegt. Denise und Wolfgang haben Malolo von ihrer letzten Weltumsegelung in guter Erinnerung.

Bei schwachem Wind segeln wir an der Außenseite des Riffs langsam nach Nordwesten. Gegen Abend schläft der Wind ganz ein und wir müssen mit dem Motor fahren. Es regnet häufig und die Sicht ist schlecht. Morgens fahren wir durch den Navula-Pass in die große Lagune im Norden Viti Levus ein. Kurz nach 9 Uhr können wir an einer Boje des Resorts Musket Cove festmachen. Kaum haben wir mit Motorkraft unser Ziel erreicht, setzt ein schöner Segelwind ein, der im Laufe des Tages immer stärker wird. So werden wir beim ersten Landgang mit unserem Schlauchboot wieder klitschnass.

Auch in den nächsten Tagen bleibt der Wind stark und erzeugt unangenehme kurze Wellen in der Bucht. Mit Denise und Wolfgang wandern wir über die Insel Lailai (Teil von Malolo), die durch das bekannte Resort Musket Cove beherrscht wird und sogar einen kleinen Flughafen besitzt. Die Wege führen vorbei an kleinen Seen und hübschen Häusern. Vom höchsten Punkt der Insel hat man einen herrlichen Blick auf das Meer und das Resort. Abends nehmen wir an einem Barbecue des Resorts teil.

Am 23.09. verlassen wir den windigen Bojenplatz auf Malolo und fahren Richtung Vuda Point. Hoch am Wind zeigt sich unsere AQUILA von ihrer besten Seite. Nach drei Stunden haben wir in der Marina Vuda Point festgemacht. Die Marina ist kreisrund und sehr geschützt. Von dem Wind merkt man an unserem Platz kaum noch etwas.

Gleich am nächsten Morgen fahren wir mit dem Bus nach Lautoka. Für die 12 km braucht der Bus eine Stunde, weil ständig Leute zu- und aussteigen. Auf diese Weise lernen wir auch die Wohngebiete kennen. Zu den einfachen Häusern der Inder gehört meistens auch ein Nutzgarten, in dem verschiedenes Gemüse angebaut wird.

In Lautoka gehen wir zuerst zum Einklarieren. Dabei kommen wir an der Zuckerfabrik vorbei, vor der viele LKW und Züge voll beladen mit Zuckerrohr stehen. Es gibt ein breites schmalspuriges Schienenetz, das bis zu den Feldern reicht. Die Männer erklären uns neugierigen Touristen gern die Fracht und geben uns auch einige süße Kostproben zum Kauen.

Nach dem Einklarieren schlendern wir durch die Innenstadt. Lautoka ist eine indische Stadt. Man trifft kaum jemanden, der nicht indischer Abstammung ist. Es gibt unzählige Läden mit einem breiten Angebot. Sehr interessant ist der Markt, auf dem die heimischen Produkte zu extrem günstigen Preisen angeboten werden. Auch die Taxifahrt zurück nach Vuda Point ist günstig, zumal wir solche Kosten immer mit der MOONY-Crew teilen können.

Am nächsten Tag nehmen wir uns zusammen mit Denise und Wolfgang einen Leihwagen. Wir wählen einen geländegängigen Wagen mit Vierradantrieb, weil wir ins Landesinnere wollen und die Straßen dort sehr schlecht sein sollen. Von Nadi aus fahren wir zuerst nach Bukuya. Gleich hinter Nadi geht die Teerstraße in eine schmale Schotterstraße über. Wir fahren durch eine bergige Landschaft, die teilweise trocken ist. In den bewaldeten Bereichen überwiegen Kiefern, aber es gibt auch Bambus, Farnbäume und gelegentlich Bananen und Papayas.

Bukuya ist ein einfaches Dorf mit den üblichen Wellblechhütten. Eine große Schar von Kindern und Jugendlichen treibt mit einem Lehrer Schulsport. Nachwuchsprobleme scheint es hier nicht zu geben. Kurz vor Navala halten wir an einer Lodge. Man bietet uns Obst und Getränke an und wir können uns die Einrichtungen ansehen. Es ist alles sehr einfach. Gäste gibt es im Moment nicht und wir sind froh, dass wir hier nicht nach einer Unterkunft suchen müssen.

Navala ist ein sehr ursprüngliches Dorf. Die Hütten sind hier nur aus Naturmaterial hergestellt. Die Dächer bestehen aus Palmenwedeln und die Wände aus geflochtenem Bambus. Wir halten am Dorfrand und überlegen, ob und wie wir mit dem Dorfältesten in Kontakt treten sollen, um ihm das übliche Gastgeschenk in Form von Kavawurzeln zu übergeben. Doch schon bald nähert sich uns ein Mann und nimmt uns die Entscheidung ab. Er fordert für die Besichtigung des Dorfes 25 Dollar pro Person. Wir sind enttäuscht, insbesondere Denise und Wolfgang. Sie haben das vor einigen Jahren hier noch ganz anders erlebt. Wir machen einige Aufnahmen und fahren dann weiter in Richtung Ba.

Die Straße verläuft oft auf den Bergrücken und bietet einen wunderbaren Blick auf das weite Bergland, das kaum bewohnt ist. Erst vor der Stadt Ba sieht man vereinzelt Häuser und dann viele Zuckerrohrfelder. Die Zuckerrohrfelder liegen zum Teil an steilen Hängen, und der Abtransport des Zuckerrohrs mit den LKW sieht abenteuerlich aus. Aber auch eine Schmalspurbahn führt in dieses entlegene Gebiet.

Die Stadt Ba ist wieder rein indisch. Es gibt viele Läden und auch einige Restaurants und Cafés, die aber nicht besonders einladend sind. Der Verzicht auf das längst fällige Essen fällt uns trotzdem schwer. Auf einer Teerstraße fahren wir dann über Lautoka weiter nach Vuda Point.

Am nächsten Tag ist das abgelegene Dorf Abaca, 20 km östlich von Lautoka, unser Ziel. Gleich hinter Lautoka ist die Teerstraße zu Ende und es geht auf einer holprigen Schotter-straße nur langsam voran. Mehrmals müssen wir nach dem Weg fragen. Bei zwei Fluss-durchfahrten kommt unser Vierradantrieb voll zum Einsatz. Nach knapp zwei Stunden Fahrt erreichen wir Abaca. Am Dorfeingang werden wir von einer Frau empfangen, die wohl den Auftrag hat, sich um die Besucher zu kümmern. Sie heißt Kuna und verlangt für die Besichtigung des Dorfes 8 Fidschi-Dollar pro Person. Sie begleitet uns auch zu einer Lodge, die oberhalb des Dorfes liegt. Die Lodge ist sehr einfach und zurzeit ohne Gäste. Wir würden uns bei aller Liebe zur Natur hier auch nicht wohlfühlen.

Kuna und ihre kleine Tochter begleiten uns dann zu einem Aussichtspunkt auf einem Hü-gel. Der schmale Pfad dorthin führt über ein felsiges Flussbett mit kleinen Wasserfällen. Es ist ein kühles Tal mit üppiger Vegetation, insbesondere riesigen Farnen. Von dem Aus-sichtspunkt hat man einen herrlichen Blick in das weite Tal und auf die Berge. Eine Gruppe von Touristen zieht mit Pferden in die Berge. Von Kuna erfahren wir, dass jähr-lich tausend Touristen in das abgelegene Dorf kommen und von dort aus Touren unter-nehmen. Am Ende unserer Tour möchte Denise endlich ihr Bündel Kavawurzeln an den Mann bringen. Sie übergibt die Wurzeln an Kuna mit der Bitte, das Gastgeschenk an den Dorfältesten weiterzugeben.

Die Fahrt zurück ist einfach, weil wir die Strecke jetzt kennen. Doch bei der ersten Fluss-durchfahrt versperrt uns ein LKW den Weg. Er hat sich im Flussbett festgefahren und sackt bei jedem Versuch freizukommen tiefer ein. Das Wasser steht schon bis zu den Batterien. Wir ahnen nichts Gutes. Die LKW-Mannschaft versucht es weiter, aber es wird immer aussichtsloser. Wir stellen uns schon auf eine Übernachtung in der Wildnis ein. Doch dann greift einer der Männer zu einem Mobiltelefon. Wer hätte das gedacht? Es gibt hier Mobilfunk. Nach einer Stunde kommt ein kräftiger Geländewagen und zieht den LKW mühelos heraus. Trotz des aufgewühlten Flussbetts haben wir mit unserem Vierrad-antrieb kein Problem, die andere Seite zu erreichen.

Nach der unerwartet schnellen Rettung bleibt uns noch genügend Zeit, nach Nadi zu fah-ren. Zuerst sehen wir uns in Denaran um. Es ist ein Gebiet mit vielen luxuriösen Resorts, einem Golfplatz, einer Marina und entsprechenden Läden, Restaurants und Cafés. Das ist der totale Gegensatz zu der Welt, in der wir noch vor wenigen Stunden waren.

Danach fahren wir in das Stadtzentrum von Nadi. Im Gegensatz zu den anderen Städten ist Nadi auf Tourismus eingestellt und es gibt die typischen Souvenirläden. Eine Frau bringt uns zu einer Schnitzerwerkstatt. Der redegewandte Meister lädt uns gleich zu einer Kava-Zeremonie ein. Etwas zögernd willigen wir ein. Das Kava-Getränk wird uns auf dem Boden sitzend in einer Kokosschale gereicht. Die graue Brühe schmeckt so wie sie aussieht und hinterlässt eine leichte Lähmung auf der Zunge. Ansonsten spüren wir keine besondere Wirkung, was sicher an der geringen Menge liegt. Der Meister erzählt uns noch viel über Fidschi und wir sind froh, dass wir durch einen Zufall auf ihn gestoßen sind. Eigentlich hatten wir eine solche Zeremonie in einem der Dörfer erwartet.

Nach unserer Besichtigungstour warten wir auf eine günstige Wetterlage für die Fahrt nach Neu-Kaledonien. Inzwischen sind auch die BRIO, die SHIVA, die DESERT EAGLE und die GRACE in die Marina Vuda Point gekommen. Dann lernen wir noch die deutschen Schiffe LIBERTEE und DAKOTA kennen, die sich schon seit mehreren Jahren in dieser Region aufhalten und in der Wirbelsturmzeit immer zurück nach Neuseeland segeln. Man trifft sich häufig im Yacht Club oder im nahe gelegenen Resort First Landing. Die MOONY fährt zurück nach Malolo und will demnächst weiter nach Neuseeland segeln. Damit geht die lange gemeinsame Zeit mit Denise und Wolfgang zu Ende, schade.

Seit mehreren Tagen analysieren wir die Wetterprognosen für unseren 700 sm-Törn nach Neu-Kaledonien. Eine gut passende Wetterlage will sich einfach nicht einstellen. Als die Prognosen einigermaßen passabel sind, entschließen wir uns zur Abreise. Die SHIVA und die BRIO wollen ebenfalls fahren.

Am 6.10. laufen wir morgens aus der Marina Vuda Point aus. Allerdings müssen wir zuerst zum Ausklarieren nach Lautoka fahren. Um 13 Uhr haben wir den bürokratischen Akt hinter uns und können mit einem leichten Westwind Richtung Navula-Pass segeln. Kurz vor dem Pass ist der Wind so schwach, dass wir die Maschine einsetzen müssen. Kaum sind wir auf dem offenen Meer, setzt ein passabler Südwind ein, und wir können wieder segeln. Kurz vor Sonnenuntergang sehen wir noch eine dunkle Front von Süden heranziehen. Dann bläst es plötzlich mit 30 kn. Wir bergen das Großsegel und fahren mit einem kleinen Fetzen Genua weiter. Im Laufe der Nacht nimmt der Wind auf 25 kn ab und dreht auf Südost. Diese Front war in der Prognose (NOOA, GFS Model) nicht enthalten. Offensichtlich kann das Rechenmodell die lokalen Störungen, die für uns durchaus unangenehm sein können, nicht auflösen.

Während des Tages nimmt der Wind weiter ab und dreht auf Ost. Nachts ist der Wind so schwach, dass wir die Maschine einsetzen müssen. Erst am nächsten Abend haben wir wieder einen brauchbaren Segelwind, der aber leider nur bis zum Morgen anhält. Während der Fahrt haben wir regelmäßig Funkkontakt mit der SHIVA und der BRIO, die drei Stunden vor uns durch den Navula-Pass gefahren sind. Die DESERT EAGLE und die GRACE sind einen Tag später ausgelaufen und beteiligen sich auch an der Funkrunde.

Ab Mittag sind wir wieder unter Segel. Mit Groß und Genua schafft die AQUILA mehr als 6 kn. In der Nacht legt der Wind kräftig zu und dreht auf Südost. Wir bergen das Großsegel und fahren mit reduzierter Genua weiter. So können wir bei achterlichem oder raumem Wind einiges vertragen.

Wenn der Wind so bleibt, sollten wir nach zwei Tagen nachmittags die Havannah-Passage im Süden Neu-Kaledoniens erreichen. Obwohl die Passage sehr breit ist, sollen in ihr bei

starkem Passat, den wir gerade haben, gefährliche Wellen entstehen. Man sollte bei Stillwasser oder steigender Tide einlaufen. In den Funkrunden vergleichen wir unsere Tiden-
kalender. Unser Tidenprogramm (WxTide) liefert offensichtlich falsche Daten, während
die Werte aus unserem Navigationsprogramm zu stimmen scheinen. Wenn wir die
Havannah-Passage am nächsten Nachmittag bei steigender Tide erreichen wollen, müssen
wir jetzt eine Durchschnittsgeschwindigkeit von etwas über 6 kn einhalten.

Während des Tages bleibt der Wind bei 25 kn. In der Nacht schwächt er sich etwas ab, ist
aber immer noch mehr als ausreichend für unsere Zielgeschwindigkeit. Am nächsten Morgen legt der Wind wieder zu und erzeugt entsprechend hohe Wellen. In Böen weht es mit
mehr als 30 kn. Doch dann kommt von Rudy über Funk eine entspannende Nachricht.
Die SHIVA konnte die Passage zwei Stunden vor Hochwasser problemlos durchfahren,
und es gab trotz des starken Passats keine gefährlichen Wellen.

Kurz nach 15 Uhr fahren wir unter Segel in die Havannah-Passage ein, zwei Stunden vor
Hochwasser und eine Periode nach der SHIVA. Ein Strom von 2,5 kn beschleunigt unsere
Fahrt auf 8 kn. Gefährliche Wellen sind zu diesem Tidenzeitpunkt nirgends zu sehen. Die
Angaben in den Handbüchern scheinen mal wieder nicht zu stimmen.

Wir segeln weiter zur Anse Bonne, einer großen Bucht mit mehreren kleineren Ein-
schnitten. Schließlich ankern wir in der kleinen Bucht Majic, in der bereits zwei Yachten
liegen. Es ist seit langem mal wieder einer Bucht nach unserem Geschmack: wind-
geschützt, ruhiges Wasser, bewaldet und viele Vogelstimmen.

Morgens fahren wir weiter in Richtung Noumea. Es weht ein kräftiger Passat, sodass wir
praktisch die ganze Strecke segeln können. In der Woodin Passage haben wir zeitweilig einen Strom von 3 kn gegen uns. Kurz nach 14 Uhr ankern wir vor der Marina Port Moselle,
ganz in der Nähe der BRIO. Die BRIO ist in der Nacht durchgefahren und liegt hier nun
schon einige Zeit.

Mit der Crew der DESERT EAGLE wandern wir am nächsten Morgen zum Einklarieren
in den Industriehafen. Drei Stellen (Customs, Immigration, Agriculture) wollen bedient
werden, und wir bekommen einen Termin für die Inspektion unseres Schiffes. Ähnlich wie
in Australien und Neuseeland gibt es in Neu-Kaledonien strenge Vorschriften über die
Einfuhr von pflanzlichen und tierischen Produkten. Natürlich haben wir uns darauf eingestellt und unser Obst und Gemüse weitgehend verzehrt und die letzten Eier gekocht.

Nachmittags kommt eine junge Quarantäne-Mitarbeiterin an Bord. Sie beschlagnahmt am
Ende nur eine Kokosnuss. Zwiebeln, Knoblauch, Kartoffeln, Kürbiskerne und Kohl dürfen wir behalten. Allerdings sind wir nicht ganz sicher, ob die junge Frau auch alles gesehen hat.

Es ist seit Tagen regnerisch und mit 20 °C relativ kalt. Wir sind deshalb froh, dass wir nach
zwei Tagen einen Platz in der Marina Port Moselle bekommen. Die Marina liegt praktisch
in der Stadt Noumea, sodass man alles leicht zu Fuß erreichen kann.

Noumea ist die Hauptstadt Neu-Kaledoniens, das zu Frankreich gehört. Man sieht hier
auffallend viele Franzosen (Europäer) und Mischlinge. Der Anteil der Urbevölkerung, der
Kanak, liegt im Land insgesamt etwas unter 50 %. Die Stadt ist deshalb französisch geprägt
und verfügt über eine gute Infrastruktur. Besonders schön sind die Parkanlagen. Am An-

fang interessieren uns aber mehr die Einkaufsmöglichkeiten, denn man hat unterwegs immer einiges zu beschaffen. In den Supermärkten gibt es die üblichen französischen Produkte, und auch die anderen Läden bieten ein breites Angebot.

Eigentlich wollen wir uns in Neu-Kaledonien nicht lange aufhalten. Es gibt einige Reparatur- und Wartungsarbeiten, die relativ schnell erledigt sind. Inzwischen haben wir auch WLAN an Bord, allerdings extrem schlecht und teuer. Ein Internetzugang ist aber die Voraussetzung für eine detaillierte Analyse des Wettergeschehens und der Prognosen.

Am Wochenende scheint sich ein geeignetes Wetterfenster für die 800 sm lange Strecke nach Australien zu öffnen. Also klarieren wir und viele andere Schiffe am Freitag aus. Am Samstag sind die Prognosen schon nicht mehr so günstig und am Sonntag ist ein Tiefdruckgebiet zu erkennen, das auf der Strecke zu starken Winden aus verschiedenen Richtungen führen wird. Die SHIVA und mehrere andere Schiffe laufen trotzdem aus, die BRIO und die AQUILA bleiben in Noumea.

Ich nehme Kontakt mit dem Australier Paul von der CUTTY WREN auf, der mir auf Bora Bora als Wetterexperte aufgefallen war. Paul und Lyn haben ihre Abreise auch verschoben, weil sie nicht bewusst in schlechtes Wetter fahren wollen. Wir vereinbaren, uns täglich um 16 Uhr zur Wetterdiskussion auf der AQUILA zu treffen und laden dazu auch Marianne und Jürg von der BRIO ein.

Die tägliche Kaffee- und Wetterrunde kommt bei allen gut an. So fällt uns das Warten gar nicht schwer, auch weil wir bequem in Stadtnähe liegen. Andere, die sich für die Regatta nach Bundaberg angemeldet haben und die Veranstaltungen am Ziel nicht versäumen möchten, werden ungeduldig und fahren nach zwei Tagen los, obwohl sie auf der Strecke schlechtes Wetter zu erwarten haben. Über das Regatta-Funknetz erfahren wir, dass zwei Katamarane bei starkem Gegenwind beidrehen mussten und an einem Tag um 50 sm zurückgetrieben wurden. Wir warten gern noch etwas, um solche Situationen zu vermeiden.

Veronica beim Unterricht auf Suwarrow

Grillen auf der Trauminsel

American Samoa

Handarbeit auf Samoa

Glückliche Kinder auf Niuatoputapu, Tonga

Zufriedene Schweine auf Tonga-Insel

Tongalesisches Picknick

Blasmusiker auf Fidschi

Traditionelles Verkehrsmittel auf Fidschi

Flussbett mit üppiger Vegetation auf Fidschi

Der fünfte Kontinent

Nach acht Tagen stellt sich die gewünschte Wetterlage für die Fahrt zum fünften Kontinent ein. So laufen wir am 27.10.08 um 8 Uhr in Richtung Australien aus. Die CUTTY WREN und die BRIO sind schon etwas früher gestartet. Der Wind ist in Landnähe noch schwach, reicht aber schon bald zum Segeln aus. Nach zweieinhalb Stunden fahren wir durch den Pass Dumbea aufs offene Meer. Der Wind kommt aus Ostsüdost und hat zugenommen. Allein mit der Genua machen wir jetzt fast 6 kn Fahrt. Am späten Nachmittag haben wir schon mehr als 20 kn Wind und unangenehme steile Wellen aus Südost. In der Nacht legt der Wind weiter zu, und es ist so kalt, dass ich zwei Jacken und ein Kopftuch trage. Der nächste Tag ist angenehmer, weil Wind und Wellen etwas schwächer sind.

Während der Fahrt sind wir in regelmäßigem Funkkontakt mit der CUTTY WREN und der BRIO. Die CUTTY WREN liegt etwas vor uns und die BRIO etwas hinter uns. Allerdings will die CUTTY WREN nicht nach Bundaberg, sondern nach Brisbane segeln, wenn die Wetterlage es zulässt.

Am dritten Tag ist der Wind so schwach, dass wir gerade noch 4 kn Fahrt schaffen. Über Grund sind wir noch langsamer, weil ein merklicher Gegenstrom eingesetzt hat. Erst am nächsten Morgen erreicht der Wind wieder die angesagten 20 kn und es geht zügig voran. Der Gegenstrom ist allerdings noch etwas stärker geworden.

Auf der direkten Linie zwischen Noumea und Bundaberg liegt die Kelso Bank, die an der flachsten Stelle 30 m tief ist. Man muss hier keine Grundberührung befürchten, aber es können gefährliche hohe Wellen entstehen, weil die Umgebung wesentlich tiefer ist. Wir legen unseren Kurs deshalb so an, dass wir die Bank nördlich mit genügendem Abstand passieren.

In der Nacht nimmt der Wind ab, aber der Strom dreht und schiebt uns jetzt zusätzlich an. So können wir noch einige Zeit segeln. Ein Frachter kommt uns entgegen. Nach unserer Radaranzeige ist er voll auf Kollisionskurs. Ich spreche ihn über UKW auf Kanal 16 an, erhalte aber keine Antwort. Also ändere ich den Kurs nach dem Motto: Der Schwächere gibt nach.

Am frühen Morgen ist der Wind so schwach, dass wir schließlich die Genua einrollen und nur mit Motor weiterfahren. Das Meer ist so eben wie wir es im Pazifik noch nie gesehen haben. Nachmittags macht ein Tölpel mehrer Landeversuche auf der oberen Saling, kann sich aber nie längere Zeit halten. Auf der unteren Saling ist er dann aber erfolgreich. Bis zum Sonnenuntergang putzt er sein Federwerk und nimmt von uns kaum Notiz. Ob er sich wohl nach Australien fahren lassen will? Nein, frühmorgens verlässt er uns und hinterlässt dabei eine Menge Dreck.

Der Wind bleibt schwach und wir fahren weiter mit Maschine. Erst kurz vor Mitternacht können wir die Maschine ausschalten und unter Segel in die Hervy Bay einlaufen. Die BRIO ist inzwischen auf Sichtweite an uns herangekommen, weil sie unter Motor schneller fährt als die AQUILA. Die CUTTY WREN hat sich vor zwei Tagen endgültig für Brisbane entschieden und ist deshalb nicht mehr in unserer Nähe.

Im Laufe der Nacht nimmt der Wind ab und beim Morgengrauen ist er so schwach, dass wir wieder die Maschine starten müssen. Aber Australien ist in Sicht. Bei regnerischem

Wetter und trüber Sicht nähern wir uns der Einfahrt in den Burnett River. Gegen 10 Uhr fahren wir an einen Quarantäne-Steg der Bundaberg Port Marina. Geoff, der Marina-Manager, nimmt unsere Leinen an und verspricht uns einen Liegeplatz, obwohl die Marina wegen der Regatta eigentlich ausgebucht ist.

Nach einer halben Stunde kommen zwei Mitarbeiter von Customs und Immigration an Bord. Sie sind sehr freundlich und füllen die Formulare zum Teil selber aus. Detaillierte Angaben, die die Formulare eigentlich erfordern, werden nicht erwartet. Danach kommt die Quarantäne-Mitarbeiterin an Bord. Sie sieht sich um und stellt mehrere Fragen. Dabei erklärt sie immer worauf es ankommt und warum sie fragt. Nebenbei plaudern wir über alles Mögliche. Am Ende beschlagnahmt sie Zwiebeln, Muskatnüsse, Sahne aus Kolumbien und Honig. Als Entschädigung bekommen wir von ihr ein kleines Begrüßungspaket mit einer Mütze und verschiedenen Anhängern.

Über die Einreise nach Australien kursieren viele Horror-Geschichten. Tatsächlich sind die Einreisebestimmungen, die man im Internet nachlesen kann, sehr streng. Aber in Bundaberg werden sie mit Augenmaß ausgelegt und man spürt, dass man als Gast willkommen ist.

Die nächste positive Überraschung ist der Empfang durch Lilian und Rudy. Sie überreichen uns zur Begrüßung eine Tüte mit Obst und Brötchen, versorgen uns mit Australischen Dollars und laden uns und die BRIO-Crew zum Sundowner ein.

Auch die Marina gefällt uns sehr gut. Sie ist eine moderne gepflegte Anlage mit grünem Rasen und Palmen. Es gibt einen Bootszubehörladen, ein Restaurant und im Büro einen kleinen Verkauf von Lebensmitteln und Getränken. Im Bereich der Landstellplätze findet man zwei Bootsbauer, einen Segelmacher und eine Motorwerkstatt. Nachteilig ist eigentlich nur die große Entfernung zur Stadt Bundaberg (18 km). Aber es gibt einen Busverkehr und sehr preisgünstige Leihwagen.

Gleich am nächsten Morgen fahren wir mit dem kostenlosen Marina-Bus in die Stadt. Auf der Fahrt wird uns bewusst, dass wir wieder in der Ersten Welt angekommen sind. Straßen, Häuser und Felder sehen hier bei gleichem Klima ganz anders aus als auf den pazifischen Inseln. Es ist alles so groß und geordnet. Das Gleiche gilt natürlich auch für die Stadt, hier kann man wieder alles kaufen. Sogar ALDI ist hier vertreten.

An Bord laufen die Reparatur- und Wartungsarbeiten an. Außerdem gibt es viel zu beschaffen. Sperrige und schwere Teile wollen wir nicht von Deutschland mitbringen. So geben wir eine neue Segelpersenning in Auftrag und bestellen eine Ankerwinsch, die wir in Reserve mitführen wollen. Bei der Ankunft auf den Marquesas schienen unsere Ankerwinsch und unsere Batterien kurz vor dem Ende zu sein. Nun haben sich beide auf dem langen Pazifiktörn so gut erholt, dass ein Austausch im Moment nicht notwendig ist. Offensichtlich gibt es auch bei technischem Gerät Selbstheilungskräfte, leider viel zu selten.

In der Marina ist durch die Regatta noch viel Betrieb. Man trifft sich mit Freunden und Bekannten im Restaurant oder auf den Schiffen. Zum Teil sind es auch Abschiedsessen wie auf der DESET EAGLE und später auf der SHIVA. Natürlich feiern wir auch den erfolgreichen Abschluss einer interessanten Segelsaison. In zwölf Monaten sind wir von Trinidad bis nach Australien gesegelt und haben dabei 10300 sm zurückgelegt. Es gab keine größeren Probleme, nur gelegentlich ungemütliche Ankerplätze und unbequeme Fahrten. Mithilfe der Wetterprognosen ist es uns auch gelungen, richtigen Stürmen auf dem Meer aus dem Wege zu gehen.

Am 8.11. wird die AQUILA aus dem Wasser gehoben und an Land gestellt. Dabei arbeiten Tony, der Hardstand Manager, und seine Crew sehr professionell. Die Gestelle sind speziell für die Marina angefertigt worden und machen einen sehr stabilen Eindruck. So gut war unser Schiff an Land noch nie abgestützt. Damit wir auf unserem Schiff wohnen können, haben wir einen Platz mit Betonboden und Strom- und Wasseranschluss gewählt.

Das Unterwasserschiff ist nach der Reinigung praktisch ohne Bewuchs. Allerdings sind die Spuren unserer Grundberührung in Bora Bora am Kiel und am Ruder deutlich zu erkennen. Bei der Überprüfung des Ruders stelle ich ein geringes Spiel fest, das ich auf die Lager zurückführe. Etwas irritierend ist für mich nur ein Wasserfleck unter dem Ruder. Als der Wasserfleck nach einer Stunde nicht kleiner geworden ist, sehe ich mir das Ruder genauer an und erkenne zwei Risse im Ruderblatt. Unser Ruder ist offensichtlich angebrochen. Wenn wir das gewusst hätten, wären wir in den hohen Pazifikwellen nicht so entspannt gesegelt.

Ich hole den Bootsbauer Colin zur Begutachtung. Er kann das Ruder reparieren, wenn es ausgebaut ist. Leider muss die AQUILA dazu noch einmal angehoben werden. Nachdem das Ruder ausgebaut ist, trennt Colin in kurzer Zeit die beiden Schalen des Ruderblattes mithilfe von Keilen voneinander. Jetzt ist erkennbar, was passiert ist. Die Klebung zwischen der Metallstruktur und den beiden Schalen hat sich teilweise gelöst. Nach Meinung von Colin ist die Grundberührung nicht Ursache des Bruchs. Collin verspricht mir, das Ruder so zu reparieren, dass es stabiler ist als vorher.

Drei Tage vor unsere Abreise ziehen wir von der AQUILA in ein Appartement in dem Badeort Bargara um. Unsere Sitz- und Schlafplätze sind mit anderen Dingen belegt. Das Cockpit wird mit einer speziellen Persenning abgedeckt. Wir arbeiten jeden Tag voll an unserem Schiff und bereiten unsere Reise nach Deutschland vor.

Am 23.11. fahren wir mit einem Leihwagen nach Brisbane, und am nächsten Tag beginnt unser Rückflug nach Deutschland. Nach 26 Stunden landen wir morgens um 5 Uhr in Frankfurt, wo der Winter mit einer dünnen Schneedecke Einzug gehalten hat. Gegen 10 Uhr sind wir zu Hause in Sulzbach. Auch hier ist es winterlich weiß und kalt. An dieses Klima müssen wir uns erst wieder gewöhnen, aber wir haben ja auch mehr als drei Monate Zeit.

Natürlich gibt es nach mehr als einem Jahr zu Hause viel zu erledigen. Aber es bleibt auch genügend Zeit für Besuche von und bei Freunden und Verwandten. Nach drei Jahren feiern wir wieder Weihnachten in Sulzbach im Kreise der Familie. Freude bereitet uns dabei immer wieder unsere kleine Enkeltochter Charlotte, die sich allerdings für sehr groß hält. Ein größeres Familienfest ist der 90. Geburtstag meiner Mutter, der in Adelebsen gefeiert wird. Danach geht unser Winterurlaub allmählich zu Ende.

Am 12.03.09 fliegen wir von Frankfurt über Singapur zurück nach Australien und hoffen, dass der Cyclone Harnish, der inzwischen in die Kategorie 5 eingestuft wurde, nicht weiter in Richtung Bundaberg zieht. Beim Zwischenstopp in Singapur gehe ich ins Internet. Wir haben großes Glück: Harnish dreht zurück aufs Meer und schwächt sich langsam ab.

Dafür hält uns auf dem Flug von Sydney nach Brisbane eine andere Hiobsbotschaft gefangen: das Blutbad von Winnenden. Noch vor wenigen Tagen hatten wir uns mehrmals in Winnenden aufgehalten.

In Brisbane nehmen wir uns einen Leihwagen und fahren die Küste entlang nach Norden. In Mooloolaba suchen wir nach der CUTTY WREN und der DESERT EAGLE. Wir finden beide in benachbarten Marinas, aber bei der DESERT EAGLE ist niemand an Bord. Auf der CUTTY WREN gibt es ein freudiges Wiedersehen mit Lyn und Paul. Leider drängt die Zeit, weil wir noch ein Hotel suchen müssen. In Noosa finden wir ein schönes Hotel, das an der Hauptstraße liegt, aber an der anderen Seite einen direkten Zugang zum Strand hat. Hier könnte man gut Urlaub machen.

Am nächsten Tag sind wir am frühen Nachmittag in Port Bundaberg. Unsere AQUILA steht unversehrt an ihrem Platz. Später erfahren wir, dass der Cyclone Hamish immerhin schon 55 kn Wind gebracht und viel Regen hinterlassen hat.

Von den uns bekannten Schiffen ist bislang nur die Crew der SHIVA in der Marina. Nach wenigen Tagen treffen auch die Crews der BRIO und der SILVER CURL ein. Zu unserer Überraschung finden wir eines Tages eine Nachricht von Gisela von der GAMMEL DANSKER an unserem Schiff. Die GAMMEL DANSKER steht in der Midtown Marina an Land, während sich Holger für einige Zeit in Deutschland aufhält.

An allen Schiffen wird intensiv gearbeitet. Bei uns ist die erste größere Aktion der Einbau des reparierten Ruders. Der Bootsbauer Colin meint, dass es jetzt zehnmal so stabil sei wie vorher. Wenn es nur doppelt so stabil ist, sollte es für den Rest unserer Reise reichen.

Noch im letzten Jahr hatten wir das Großsegel reparieren und eine neue Segelpersenning (Lazy Bag) anfertigen lassen. Der Motor hat eine neue Wasserpumpe bekommen und wurde komplett gewartet. Nur die Überprüfung und Einstellung des Ventilspiels muss ich jetzt noch vornehmen.

Wilma putzt und poliert das Schiff mit großer Ausdauer. Das Unterwasserschiff überlassen wir allerdings wieder den Profis. Das Anschleifen dauert einen Tag, das Auftragen des Antifoulings geht dagegen sehr schnell, weil es gespritzt wird. Den Wasserpass lassen wir noch mal etwas höher ziehen.

Eine größere Neuinstallation ist der AIS-Empfänger. Das ist ein Gerät, das im VHF-Bereich Signale von großen (ausrüstungspflichtigen) Schiffen empfängt und auswertet. So erhält man unter anderem den Schiffsnamen, die Position, die Geschwindigkeit und den Kurs. Das ist insbesondere nachts sehr hilfreich.

Am 31.03. wird die AQUILA morgens um 6 Uhr ins Wasser gesetzt. Wir fahren an einen Marinasteg, alles funktioniert problemlos. Hier setze ich die Reparaturarbeiten am Teakdeck fort. Das Fugenmaterial (Sikaflex) hat sich teilweise herausgelöst und ist klebrig geworden. Jetzt wende ich das professionelle Verfahren an, das mir Colin empfohlen hat: altes Material entfernen, Holz und Boden anschleifen, Primer streichen und dann Sikalfex 290 einpressen. Insgesamt verbringen wir über 30 Stunden am Teakdeck und haben dann ungefähr 15 % der äußeren Flächen repariert. Es steht uns also noch einiges bevor.

Andere mühsame Arbeiten vergeben wir. Colin baut uns einen separaten Kettenkasten im Ankerkasten, in dem eine Ersatzkette gelagert werden soll. Er braucht fast dreimal so lange wie abgeschätzt. Trotzdem bleibt er bei dem ursprünglich angegebenen Preis. Auch der Einbau eines zusätzlichen Blocks im Masttopp ist überraschend preisgünstig. Kitt, ein Rigger aus Burnett Heads, führt die Arbeiten mit seinem Sohn durch. Er verlangt 25 AUD (13 €) pro Stunde, ohne die Vorarbeiten zu berechnen.

Unsere Zeit in Bundaberg geht allmählich zu Ende. Wir tanken Diesel und wollen unsere Gasflaschen nachfüllen lassen. Doch in der Marina ist man nicht bereit, europäische Flaschen zu füllen, weil es die Sicherheitsbestimmungen verbieten. In der Stadt finden wir jemanden, der grundsätzlich bereit wäre, unsere Flasche zu füllen. Doch als der Mann die Flasche sieht, schüttelt er nur den Kopf. Die Flasche, die wir auf Tahiti im Tauschverfahren bekamen, ist 23 Jahre alt, ziemlich verrostet und für ihn eher eine Bombe.

In einem Camping-Geschäft kaufen wir schließlich zwei neue australische Flaschen (2 l) und den zugehörigen Regler, nachdem ich vorher die Einbaumöglichkeiten geprüft hatte. Nun kann endlich der für diesen Tag geplante Großeinkauf von Lebensmitteln und Getränken beginnen.

Die Abreise verschieben wir um einen Tag auf Samstag, weil der Einbau der neuen Gasflaschen einige Zeit benötigt und andere Arbeiten auch noch nicht ganz abgeschlossen sind. Unser Schlauchboot wird mit dem neuen Boden getestet und an Deck festgebunden. Der neue Boden wurde von dem chinesischen Hersteller schon vor Wochen an die Marina geliefert, nachdem ich mehr als 30 E-Mails geschrieben und den Transport bezahlt hatte.

Abends treffen wir uns mit Gisela und Holger, der gerade aus Deutschland zurückgekommen ist, im Restaurant der Marina. Wir feiern Abschied, denn die GAMMEL DANSKER will noch ein Jahr in Australien bleiben. Vor zwei Wochen haben sich unsere Freunde von der SILVER CURL hier auf die gleiche Weise verabschiedet, und die BRIO ist heute Morgen ausgelaufen.

Am Tag vor unserer Abreise fahren wir noch einmal in der gewohnten Weise mit dem Courtesy Bus der Marina in die Stadt und dem Linienbus zurück. Wir wollen ein letztes Mal in Ruhe durch die Innenstadt schlendern und beim Chinesen in der Bourbong Street (Hauptstraße) das Mittagsbuffet genießen.

Bundaberg ist eine sympathische Kleinstadt (55000 Einw.) mit guten Einkaufsmöglichkeiten. Es gibt zwei Einkaufszentren und mehrere Baumärkte. Schön sind die Bourbong Street mit den Cafés und Läden und den schattigen Bäumen und der Park am Ende der Straße. Stolz ist man in Bundaberg auf den berühmten Flieger Bert Hinkler, der hier geboren wurde und als erster allein von England nach Australien flog. Berühmt ist auch der Bundaberg Rum, der hier hergestellt wird. Der größte Teil des Zuckers, der aus den Zuckerrohrplantagen der Umgebung stammt, wird allerdings verschifft. Mindestes einmal im Monat fährt ein großer Frachter in den Burnett River und lädt im Hafen die süße Last.

Am 18.04. laufen wir um 6 Uhr aus der Bundaberg Port Marina aus. Es hat uns hier sehr gut gefallen, auch auf dem Stellplatz an Land. Nirgends gibt es so stabile und sichere Gestelle, und auch die Arbeiten werden hier sehr professionell durchgeführt. Bundaberg ist für uns jetzt vor Trinidad der beste Platz, um ein Schiff liegen zu lassen und zu überholen.

Das Ziel unseres ersten Törns in diesem Jahr ist Lady Musgrave Island, ein Atoll am südlichen Ende des Great Barrier Reefs. Das Great Barrier Reef ist das größte Korallenriffsystem der Welt. Es erstreckt sich über 2300 km vom Golf von Papua über die Ostküste Queenslands bis zum Wendekreis des Steinbocks. Das System umfasst fast 3000 einzelne Riffe, über 600 Landinseln sowie 300 Koralleninseln (tiefliegende Sandriffe) und verdankt seine Existenz winzigen Korallentieren verschiedenster Art. Gemeinsam ist allen Korallentieren, dass sie in Kolonien leben und am Fuß Kalk abscheiden, den sie aus dem Meerwasser entnommen haben. Auf diese Weise wächst der Korallenstock langsam nach oben und bildet ein schützendes Skelett für die Tiere.

Das heutige Great Barrier Reef hat sich auf diese Weise in über 10000 Jahren gebildet. Die Rifffauna umfasst über 1500 Fischarten, mehr als 4000 Weichtierarten und etwa 350 riffbildende Korallenarten. Seine Sandbänke sind die einzigen Brutplätze für Seevögel, die wegen der Menschen und anderer Feinde auf dem Festland nicht mehr brüten können. Inzwischen ist das Great Barrier Reef ein Nationalpark, der in mehrere Zonen mit unterschiedlicher Nutzungsmöglichkeit eingeteilt ist.

Lady Musgrave gilt als besondere Attraktion im Great Barrier Reef, weil es ein Atoll mit fast vollständig geschlossener Lagune ist. Es ist 50 sm von Bundaberg entfernt und wird häufig von hier angelaufen. Heute sind wir offensichtlich allein auf dieser Strecke unterwegs. Der Wind ist schwach und kommt aus wechselnden Richtungen. Wir fahren mit Motor und erreichen kurz nach 16 Uhr unser Ziel. Da es hinter dem Riff (westlich) sehr ruhig ist und wir am nächsten Tag weiterfahren wollen, laufen wir nicht in die Lagune ein. Der Ankerplatz bleibt auch in der Nacht sehr ruhig.

Noch vor Sonnenaufgang brechen wir auf in Richtung North West Island. Wir müssen wieder mit Motor fahren, weil der Wind zu schwach ist. Kurz vor 17 Uhr erreichen wir unseren Ankerplatz hinter der kleinen Insel, die von einem großen Korallenriff umgeben ist.

Der dritte Tag verläuft ähnlich, allerdings schaffen wir jetzt schon einige Seemeilen ohne Motor. Oft fahren wir mit Genua und Motor. Unser heutiges Ziel, Great Keppel Island, soll im Norden eine schöne Sandbucht mit klarem Wasser haben. Dort wollen wir zwei Nächte bleiben. Gegen 15 Uhr erreichen wir die Bucht und ankern auf 5 m Wassertiefe. Es ist kein Grund zu sehen. Hat sich der Autor unseres Cruising Guides geirrt, oder sind hier die Ansprüche an klares Wasser nicht so hoch. Bislang haben wir im Great Barrier Reef jedenfalls nur trübes Wasser gesehen, meistens grünlich, manchmal auch bräunlich.

Also fahren wir schon am nächsten Morgen weiter in Richtung Island Head Creek. Der Wind ist wieder sehr schwach und wir schaffen nur wenige Seemeilen allein unter Segel. Unterwegs stellen wir fest, dass die Pearl Bay auch ein guter Ankerplatz wäre. Kurz vor 15 Uhr sind wir in der Einfahrt zu der Bucht und werden durch eine starke Strömung praktisch hineingezogen. Es ist ein schöner Ankerplatz mit Sandstrand, Wald und Vogelgezwitscher.

Inzwischen haben wir uns an die starken Strömungen, die durch den großen Tidenhub entstehen, gewöhnt. Der Tidenhub beträgt hier an einigen Stellen bis zu 7 m. Man muss deshalb beim Anlaufen eines Ankerplatzes immer den genauen Gezeitenstand kennen, um nicht später auf dem Trockenen zu liegen. Ich hole diese Information aus dem Programm WxTide oder aus dem Navigationsprogramm MaxSea.

Auch die fünfte Fahrt beginnt wieder kurz vor Sonnenaufgang. Das Ziel South Percy Island ist 50 sm entfernt. Doch heute weht ein leichter Wind aus Süd, später aus Südost, der schon bald 15 kn erreicht. Endlich können wir wieder segeln. Gegen 16 Uhr sind wir auf der Höhe South Percy Island. Da der Wind am nächsten Tag wieder schwächer sein soll, entschließen wir uns, weiter bis nach Mackay zu segeln.

Vor Mackay liegen mehr als 20 große Schiffe vor Anker und warten wohl auf Lotsen. Unser AIS-Empänger erfasst diese Schiffe am Anfang nur zu einem kleinen Teil. Es dauert lange bis ich eine Einstellung gefunden habe, bei der alle Schiffe erkannt und angezeigt werden.

Inzwischen ist es hell geworden und wir können mit der Marina Kontakt aufnehmen. Kurz nach 9 Uhr machen wir an dem zugewiesenen Steg fest. Es ist eine große moderne Marina, in der überwiegend Motorboote liegen. Es gibt viele Restaurants und einen Wohnkomplex mit Hochhäusern.

Mittags fahren wir mit dem Bus in die Stadt. Wir gehen die Hauptstraße entlang bis zu der großen Mall am Stadtrand. Mackay hat 80000 Einwohner und erinnert im Stadtbild etwas an Bundaberg. Am nächsten Tag schließen wir unsere Einkäufe in der Stadt ab. Ich finde auch einiges an Bootszubehör. In der Marina füllen wir unsere Tanks mit Wasser und Diesel und bereiten die Weiterreise zu den Whitsunday Islands vor.

Noch vor Sonnenaufgang laufen wir aus der Marina Mackay aus. Der Wind ist wieder so schwach, dass wir nur mit Motor fahren können. Kurz nach 14 Uhr haben wir die südlichste Insel der Whitsunday-Gruppe erreicht. Wir ankern in der südwestlichen Bucht der Insel Shaw.

Die Inselgruppe der Whitsundays ist vulkanischen Ursprungs und heute ein beliebtes Ziel von Urlaubern aus aller Welt. Die meisten Inseln sind zerklüftet und stark bewaldet, haben felsige Küsten, schöne Buchten und vereinzelt weiße Sandstrände. Die Inseln sind nach der Nordpassage benannt, die James Cook 1770 an einem Pfingstsonntag (Whit Sunday) durchsegelte.

Am nächsten Morgen fahren wir weiter in Richtung Whitsunday Island. Wieder regt sich kein Lüftchen, und der Gegenstrom erreicht zeitweise 2 kn. Unter diesen Umständen wäre James Cook hier rückwärts gesegelt.

Mittags ankern wir in der Sawmill Bay auf Whitsunday Island. Dieses soll die beliebteste Ankerbucht der Region sein. Abends liegen hier tatsächlich insgesamt 18 Schiffe vor Anker. So viele Schiffe haben wir in Australien noch nie an einem Ankerplatz gesehen. Die Bucht mit den bewaldeten Hügeln ist wirklich schön, aber das Wasser ist auch hier grünlich und trübe. Von den ankernden Schiffen geht niemand ins Wasser, obwohl man eine Abkühlung jetzt gut gebrauchen könnte. Wir fragen uns, vor welcher der tödlichen Gefahren sich die Leute am meisten fürchten. Sind es die Quallen (Box Jellyfish), die Haie oder die Krokodile?

Am folgenden Morgen verlegen wir uns in die 7 sm entfernte Bucht Nara auf Hook Island. Der tiefe Einschnitt hat einen fjordähnlichen Charakter und ist ebenfalls stark bewaldet. Bei Sonnenuntergang melden sich die verschiedenen geflügelten Bewohner der Bucht zu Wort, einige sehr lautstark. Wir lauschen dem Abendkonzert bei einem Sundowner.

Nach einer Nacht verlassen wir Hook Island am 28.04. bei Sonnenaufgang in Richtung Townsville. Wir wollen die Strecke von 135 sm in einem Stück segeln. Nach zwei Stunden stellt sich tatsächlich der lange angekündigte Südostpassat ein, und wir erreichen allein mit der Genua unsere Zielgeschwindigkeit von 5 kn.

Jetzt haben wir nur noch ein Problem mit unserem Zielort. Die Breakwater Marina in Townsville hat nach der Seekarte in der Einfahrt eine Wassertiefe von 0,5 m. Das ist der niedrigste Wert in der Springzeit. Wir sind nahe der Nippzeit, bei der der niedrigste Stand höher, aber der höchste auch niedriger ist. Nach dem Tidenverlauf von MaxSea würde der höchste Wasserstand gerade unserem Tiefgang entsprechen, nach WxTide hätten wir bei Hochwasser gerade noch 50 cm Wasser unter dem Kiel.

Mit der Marina bin ich in E-Mail-Kontakt. Die Wassertiefe von 0,5 m in der Einfahrt wurde bestätigt. Auf meine Frage, ob wir mit 2,1 m Tiefgang morgen einlaufen können, habe ich noch keine Antwort. Es bleibt also spannend.

Die Fahrt ist bei dem konstanten Passat, der inzwischen 20 kn erreicht hat, relativ gemütlich. Nur um 3 Uhr nachts zeigt unser AIS-Empfänger einen Frachter in 15 sm Entfernung an, der voll auf Kollisionskurs ist. Das ändert sich auch nicht als er immer näher kommt, weil wir beide mit Autopiloten fahren. Bei einem Abstand von 3 sm leite ich eine kräftige Kurskorrektur ein. Unser AIS-Empfänger hat sich zum ersten Mal voll bewährt.

Kurz nach 7 Uhr umrunden wir Cape Cleveland und sind nur noch 11 sm von der Einfahrt zur Marina entfernt. Um 10.30 Uhr, eine Stunde vor Hochwasser, möchte ich die Einfahrt in die Marina wagen. Wir müssen jetzt sehr langsam segeln und brauchen dazu nur noch einen kleinen Fetzen Genua. Schließlich erreiche ich per Mobiltelefon den Manager der Marina. Er bestätigt mir, dass wir zu diesem Zeitpunkt bei unserem Tiefgang kein Problem haben sollten.

Gespannt fahren wir langsam durch den schmalen Kanal zur Marina. Doch es wird nirgends so flach wie es nach der Seekarte und dem Tidenstand sein sollte. Die flachste Stelle ist 2,70 m tief. Erleichtert machen wir kurz vor 11 Uhr an der Tankstelle der Marina fest, wo wir bereits erwartet werden. Nach der Anmeldung im Büro und dem Tanken verlegen wir uns an den zugewiesenen Steg.

Die Breakwater Marina ist nicht weit vom Stadtzentrum Townsville entfernt ist. Direkt an die Marina grenzt der Memorial Park, der im Norden in die Strandpromenade (The Strand) übergeht. Der Memorial Park ist eine sehr schöne Anlage mit grünem Rasen, riesigen Gummibäumen und einer Gedenkstätte für gefallene Soldaten. Am Strand ist gerade Badeverbot wegen der tödlichen Quallen (Box Jellyfish). Nur in einem kleinen Bereich, der durch Netze abgetrennt ist, darf man ins Wasser gehen.

Neben Lebensmitteln und Getränken steht diesmal ein GPS-Empfänger auf unserer Einkaufsliste. Auf Empfehlung eines Stegnachbarn fahren mit einem Linienbus zu einem Bootsladen am anderen Ende der Stadt. Wir bekommen das gewünschte Gerät (Garmin GPS 72) und schaffen es sogar, mit demselben Bus zurück in das Stadtzentrum zu fahren. Das lässt uns genügend Zeit für einen Besuch des Museum of Tropical Queensland.

Das Museum stellt das Leben in den Tropen dar und hat darüber hinaus die Schwerpunkte Regenwald, Dinosaurier und Pandora. Das Wrack der Pandora, die 1791 im nördlichen

Great Barrier Reef sank, wurde mit großem wissenschaftlichem Aufwand untersucht. Die ausgestellten Funde, die Nachbildungen des Schiffes, wie z. B. die berühmte Büchse der Pandora, in der die Meuterer der Bounty angekettet waren, und die ausführlich beschriebene Geschichte des Schiffes sind sehr beeindruckend.

Ein anderer Höhepunkt unseres Aufenthalts in Townsville ist der Besuch des Aquariums. Gleich nach dem Eingang hält uns die Unterwasserwelt des Great Barrier Reefs, die hier dargestellt und ausführlich erläutert wird, gefangen. In verschiedenen Becken, die zum Teil sehr groß sind, findet man wunderschöne bunte Landschaften mit unterschiedlichen lebenden Korallen, Fischen, Seepferdchen, Schildkröten, Schlangen, Seesternen und Muscheln. Eine besondere Attraktion sind natürlich immer die großen Fische wie Haie, Schwertfische, Rochen und Barsche. Wir nehmen an mehreren Führungen teil und lernen auch viel über die gefährlichen giftigen Riffbewohner: Box Jellyfish, Steinfisch, Seeschlange und Kugelschnecke. Am meisten beeindrucken uns aber die Erläuterungen zu den Korallen, die mit ihren über 300 Arten die Grundlage für die Riffe bilden.

Nach vier Tagen in Townsville laufen wir am 3.05. kurz vor Sonnenaufgang aus der Breakwater Marina aus. Unser Ziel ist die 165 sm entfernte Stadt Cairns. Von dem angekündigten Südost-Passat von 20 bis 25 kn ist noch nicht viel zu spüren, also fahren wir mit Motor. Erst am frühen Nachmittag erreicht der Passat mit 20 kn eine Stärke, bei der wir allein unter Segel (Genua) gut fahren können. Nachts legt der Wind auf 25 kn zu und es entstehen kurze ruppige Wellen. Bei Sonnenaufgang zieht eine erste Regenböe mit über 35 kn über uns hinweg. Es folgen noch einige, bevor wir die Einfahrt in den Trinity River erreichen. Mit der Marlin Marina nehmen wir über Funk Kontakt auf und bekommen auch einen Liegeplatz zugewiesen. Mike, ein Kanadier den wir aus Bundaberg kennen, hat das Funkgespräch mitgehört und erwartet uns am Steg. Seine Hilfe können wir bei dem starken Wind wirklich gut gebrauchen.

Cairns (120000 Einw.) wurde 1876 als Hafen für die Goldfelder im Landesinnern gegründet und ist heute eine moderne Stadt zwischen den Regenwaldhügeln und der Trinity Bay. Die Stadt ist jetzt nicht mehr durch Gold, sondern durch Tourismus geprägt. Man sieht auffallend viele Asiaten, insbesondere Japaner. Sehr schön ist die weitläufige Parkanlage, die sich von der Marina bis zur Innenstadt erstreckt, und in der sich ein kostenloses Freibad befindet. Cairns ist vor allen Dingen aber Ausgangspunkt für Reisen in die interessante Umgebung.

Den ersten Tag unseres Aufenthalts in Cairns widmen wir aber ganz der Bürokratie. Unser Elektronisches Visum (ETA) läuft Mitte Juni aus. Wir könnten einfach ein neues beantragen, wenn wir außerhalb Australiens wären. Wenn man im Land ist, kann der Aufenthalt aber nur über ein Touristen-Visum verlängert werden, das 240 AUD pro Person kostet. Nachdem jeder von uns ein Formular mit vielen Fragen ausgefüllt hat und wir einen Nachweis über unser Einkommen und unsere Kreditlimits erbracht haben, erhalten wir von der Immigrationsbehörde auch sofort unsere Visa. Wir haben den Eindruck, dass Australien heute in der Bürokratie weltspitze ist. Die Amerikaner könnten noch viel von ihnen lernen.

Abends besuchen uns Hannelore und Günter von der FREYJA, die wir gestern kennengelernt haben. Sie liegen vor der Marina vor Anker. Wir plaudern über Gott und die Welt und über die strenge australische Bürokratie.

Am zweiten Tag fahren wir mit einem Leihwagen nach Daintree und Kuranda. In Daintree machen wir mit einem Elektroboot eine Flussfahrt. Der Daintree River kommt aus dem Regenwald, führt relativ klares Wasser und ist sehr flach. Wir sehen verschiedene Vögel, mehrere Schlangen in den Bäumen, darunter eine grüne Python, und zwei der berüchtigten Salzwasserkrokodile. Diese Krokodile werden sehr groß und sind extrem aggressiv. Sie halten sich überwiegend in den Flussmündungen auf, werden aber auch auf entfernten Inseln angetroffen.

Kuranda ist ein Dorf im Regenwald, das inzwischen voll auf Tourismus eingestellt ist. In einem Tierpark amüsieren wir uns über Koalabären und Kängurus, die sehr zutraulich sind. Die hier lebenden Süßwasserkrokodile sind dagegen eher scheu. Sie sollen auch in freier Natur nicht sehr gefährlich sein.

Im Regen wandern wir durch den Regenwald zu einem Aussichtspunkt an der historischen Bahnlinie. Von hier aus sollte man einen herrlichen Blick auf das weite Tal und die Barron Falls haben. Bei dem Regen und dem starken Dunst ist von dem Tal nichts zu sehen, nur die weißen Flächen des Wasserfalls sind gerade sichtbar.

Am 8.05. laufen wir bei leichtem Regen kurz vor 7 Uhr aus der der Marlin Marina in Cairns aus. Wir wollen von jetzt an nach Möglichkeit in Tagestörns durch das Riffgebiet bis zur Torres Strait fahren. Unser erstes Ziel sind die Low Islets. Bei einem Südwind von etwas über 20 kn kommen wir gut voran. Die vom australischen Wetterdienst angekündigten 30 kn werden selbst in den Regenböen nicht erreicht. Noch vor 14 Uhr können wir nördlich der Low Islets ankern. Der Ankerplatz ist bei dem starken Wind unruhig, aber noch erträglich. Da der nächste Ankerplatz schlechter sein soll und der Wind so stark bleiben soll, entschließen wir uns, hier zu bleiben. Es gibt auch wieder einiges zu reparieren und zu nähen.

Nach zwei Tagen verlassen wir bei Sonnenaufgang den etwas unruhigen Ankerplatz und segeln Richtung Hope Island. Die Starkwindwarnung ist immer noch in Kraft. Tatsächlich ist der Wind um einiges unter 20 kn und zum bequemen Segeln unter Genua gerade richtig. Allerdings ziehen mehrere Regenschauer über uns hinweg, und die Sicht beträgt zeitweise nur 50 m.

Mittags entscheiden wir uns, Hope Island nicht anzusteuern, sondern die Nacht durchzusegeln. Der Wind hat inzwischen 25 kn erreicht und wir rauschen mit mehr als 6 kn Fahrt Richtung Norden. Zusätzlich schenkt uns die Strömung auch noch einen Knoten. Nachts legt der Wind weiter zu. Unser neues Törnziel können wir noch einmal weiter nach Norden verschieben. Schon kurz nach 14 Uhr haben wir es erreicht. Wir ankern zwischen Flinders Island und Stanly Island in der Nähe eines Motorbootes. Ansonsten sind die Inseln und das Land hier menschenleer.

Durch die Nachtfahrt haben wir in einem Stück die Strecke von vier geplanten Tagestörns (180 sm) geschafft. Unter Seglern herrscht immer noch die Meinung vor, dass man das Great Barrier Reef nur am Tage durchfahren sollte, zumindest den nördlichen Teil mit den kurzen Riffabständen. Diese Ansicht ist nicht mehr zeitgemäß, weil die meisten Yachten heute kaum schlechter ausgerüstet sind als die großen Schiffe. Mit elektronischen Seekarten, Radar und AIS kann man jedes Seegebiet auch nachts befahren, wenn die Seekarten ausreichend genau sind. Ein großer Nachteil ist bei den kleinen Yachten die kleine Mannschaft, die bei Nachtfahrten stärker gefordert ist.

Unser nächste Ziel, Morris Island, ist 60 sm entfernt. Wir starten wieder kurz vor Sonnenaufgang. Der Wind ist schwach und kommt aus Süd. Mit Großsegel und Genua kommen wir bei dem anfänglich westlichen Kurs gut in Fahrt. Später dreht der Wind auf die normale Südost-Richtung, bleibt aber so schwach, dass wir zeitweise den Motor zur Unterstützung einsetzen müssen. Mehrere Regenböen überholen uns. Gegen 17 Uhr sind wir an unserem Ziel Morris Island, das nach der Seekarte an einer Palme zu erkennen sein soll. Man kann nur hoffen, dass die Palme als Seezeichen noch lange erhalten bleibt. Die übrige Vegetation ist flach und wenig markant. Allerdings leben sehr viele Vögel auf dieser kleinen Insel.

In der Nacht weht und regnet es kräftig. Trotzdem entscheiden wir uns, eine Stunde vor Sonnenaufgang auszulaufen. Mit stark gereffter Genua eilen wir unserem nächsten Ankerplatz entgegen, die ersten Stunden im Dauerregen. Wir fahren am Rande der vorgegebenen Schifffahrtsstraße mit dem elektrischen Autopiloten nach festgelegten Wegpunkten. Heute passieren uns zwei Frachter, gestern hatten wir keinen Schiffsverkehr auf der Route. Durch den starken Wind, zeitweise bis zu 30 kn, sind wir schon kurz nach 16 Uhr an unserem Ziel Portland Road. Es ist ein schöner Ankerplatz mit einigen Häusern an Land und einem kleinen Palmenstrand. In einiger Entfernung ankern noch ein Katamaran und zwei Motorboote.

Kurz vor Sonnenaufgang geht die Reise weiter Richtung Norden. Der Südost-Passat ist heute etwas schwächer, aber für eine schnelle Fahrt unter Genua immer noch ausreichend. Auf zwei Teilstrecken setzen wir auch das Großsegel ein, weil der Kurs leicht nach Osten führt. Heute regnet es nur wenig. Die Route führt uns relativ dicht an dem unbewohnten Land vorbei, das durch viele lang gezogene weiße Sanddünen gekennzeichnet ist. Schon am frühen Nachmittag fällt der Anker in der Margaret Bay, in der Nähe eines Fischerbootes. Etwas später treffen auch die beiden Motorboote ein, die gestern mit uns bei Portland Road lagen.

Unser nächstes Ziel, der Escape River, liegt an der Nordspitze des australischen Festlands und ist 70 sm entfernt. Um deutlich vor Sonnenuntergang am Ankerplatz zu sein, brechen wir schon um 4 Uhr auf. Ein Südost-Passat von 25 kn erlaubt uns wieder eine schnelle Fahrt. Trotz der schützenden Riffe bauen sich in einigen Gebieten erhebliche Wellen auf. Eine Welle schlägt sogar ins Cockpit.

Gegen 16 Uhr fahren wir mit Motor langsam in die breite Mündung des Escape River hinein. Wir halten uns etwas nördlich von der Mitte, wo es nach der Seekarte und dem Handbuch (Alan Lucas) überall tief sein sollte. Doch plötzlich wird es sehr flach. Ich fahre volle Kraft rückwärts. Zu spät, der Kiel setzt hart auf. Dann dreht das Steuerrad wild in beide Richtungen. Hat es uns in dieser einsamen Gegend jetzt endgültig erwischt?

Die AQUILA wird von den Wellen heftig geschüttelt. Dann legt sie sich zur Seite und scheint plötzlich wieder frei zu schwimmen. Ganz langsam fahre ich in Richtung Flussmitte und dann weiter in den Fluss hinein. Große Flächen des Flusses sind von einer Perlenzuchtanlage belegt. Der Perlenfarmer überholt uns mit seinem schnellen Boot, begrüßt uns in seinem Fluss und warnt uns davor, ins Wasser zu gehen.

Nach etwas über 2 sm ankern wir in dem Flussdelta. Trotz der Größe ist es ein ruhiger und geschützter Ankerplatz. Wir inspizieren den Schiffsboden im Bereich des Ruders und des Kiels. Es ist weder eine Beschädigung noch ein Wassereinbruch zu erkennen. Der genaue

Zustand des Ruders lässt sich jedoch nur feststellen, wenn man es unter Wasser inspiziert. Doch wo ist das in Australien ohne akute Lebensgefahr möglich?

Es weht kräftig im Escape River, trotz der Landabdeckung zeitweise mit 30 kn. Wir beschließen deshalb hier so lange zu bleiben, bis der Wind etwas nachgelassen hat. Leider bekommen wir zu dem Sailmail-System keinen Zugang mehr. Die australische Station Firefly liegt zu weit im Süden und Brunei zu weit im Norden. Wir steigen deshalb auf das Satellitensystem Iridium um und müssen jetzt jede Verbindung nach Zeit bezahlen (1,77 USD/min). Gute Wetterprognosen sind uns das aber wert.

Nach zwei sehr windigen Tagen soll der Wind auf 20 bis 25 kn abnehmen. Das ist das Signal zum Aufbruch. Am 18.05. fahren wir kurz nach Sonnenaufgang langsam aus dem Escape River heraus. Wir brauchen Tageslicht, um die vielen Bojen der Perlenzuchtanlage sicher umfahren zu können. Die Barriere vor der Mündung ist noch flacher als in der Seekarte angegeben. Es ist kein gutes Gefühl, wenn man in hohen Wellen so wenig Wasser unter dem Kiel hat. Doch es reicht, und wir können uns schon bald von dem kräftigen Südost-Passat (20–25 kn) nach Norden schieben lassen.

Gegen 16 Uhr sind wir bereits östlich von Horn Island und passieren die enge Durchfahrt bei der Hornwell Barriere. Auch hier ist es flacher als es nach der Seekarte unter Berücksichtigung der Tide sein sollte. Kurz vor 17 Uhr ankern wir vor dem Ort Wasaga auf Horn Island. Wir legen uns direkt vor das Wongai Hotel, weil es hier Internetzugang geben soll. Es ist ein schöner ruhiger Ankerplatz mit bewaldetem Strand und viel Vogelgezwitscher. Es erinnert uns an die schönen Plätze im östlichen Mittelmeer, nur das Wasser ist hier nicht so klar. Warum es bei der Howell Barriere so flach war, erkennen wir jetzt auch. Es ist Niedrigwasser, obwohl nach WxTide fast Hochwasser sein sollte.

Am nächsten Morgen gehen wir gleich an Land. Die dunkelhäutigen Menschen sind sehr freundlich und erinnern uns an den Pazifik. Tatsächlich sollen die Bewohner der Inseln in der Torres Strait vor etwa 2000 Jahren aus Polynesien und Melanesien eingewandert sein. Sie unterscheiden sich in der Kultur und dem Aussehen deutlich von den Aborigines. Im Wongai Hotel klären wir den Internetzugang (5 AUD/Std.) und erfahren einiges über die Krokodile, die hier am Strand zwischen den Mangroven leben. Sie sollen bis zu 6 m lang und im Wasser sehr schnell sein und manchmal auch weit aufs Meer hinausschwimmen. Man sollte hier in Strandnähe niemals ins Wasser gehen, worauf auch die verschiedenen Warnschilder hinweisen. Also kann ich das Ruder wieder nicht inspizieren.

Der kleine Laden des Ortes überrascht uns mit seinem breiten Angebot. Hier bekommen wir alles, was wir brauchen, sogar einen richtigen Benzinkanister (ohne Sicherheitsblödsinn), den ich in der Großstadt Cairns vergeblich gesucht hatte.

Mit einer Fähre fahren wir nach Thursday Island (3700 Einw.). Die Insel ist das administrative Zentrum der Torres Strait und hat eine bewegte Geschichte hinter sich. Wir schlendern durch die Hauptstraße, besuchen das Kulturzentrum, das Green Hill Fort und den historischen Friedhof.

Vom Green Hill Fort, das 1893 zur Abwehr einer befürchteten russischen Invasion gebaut wurde, hat man einen herrlichen Blick auf die umliegenden grünen Inseln. Die drei restaurierten Kanonen sollen im Zweiten Weltkrieg noch in Betrieb gewesen sein.

Der historische Friedhof zeigt die multikulturellen Ursprünge der Inselbewohner. Es gibt mehr als 700 japanische Gräber. Ein Ehrenmal erinnert an die vielen japanischen Perlentaucher, die hier bei ihrer Arbeit ums Leben gekommen sind. Heute werden die Perlen in ungefährlicher Weise aus dem flachen Wasser der umliegenden Farmen geborgen.

Auf unserem Ankerplatz vor Horn Island fühlen wir uns bei dem schwachen Wind richtig wohl. Inzwischen sind wir in Wagaga überall bekannt, im Laden, im Hotel (Internet) und bei den Bootsnachbarn. Von Sandy und Trevor, die direkt neben uns ankern, erfahren wir, dass die Untiefe im Escape River bei Australiern bekannt ist. Uns durchreisenden Seglern hilft das allerdings wenig, wenn sie weder im Handbuch noch in der Karte eingezeichnet ist.

Unser nächstes Ziel, die Stadt Darwin, ist ungefähr 700 sm entfernt. Nach etwa 600 sm wollen wir einen Zwischenstopp auf der Insel Croker oder der Halbinsel Coburg einlegen. Nach den Prognosen sollte sich ab Montag wieder ein Südost-Passat einstellen, der auf der ganzen Strecke gute Segelbedingungen liefern müsste. Also bereiten wir uns auf die Abreise vor.

Am 25.05. laufen wir gegen 9 Uhr aus, kurz vor Stillwasser. Vorsichtig umfahren wir die verschiedenen Untiefen bis zum Normanby Sound. Hier strömt es bereits mit mehr als zwei Knoten in Richtung Westen. Hinter Booby Island fahren wir noch etwas nach Süden, um den Hocking Patches auszuweichen. Danach haben wir endlich freies Wasser vor uns.

Bei dem schwachem Wind fahren wir zeitweise mit Motor. Nachmittags setzt schließlich der angekündigte Passat ein. Mit leicht gereffter Genua machen wir 5 bis 6 kn Fahrt in Richtung Westen. Die Wellen sind manchmal chaotisch, und es kommt auch etwas Wasser ins Cockpit. Insgesamt ist die Arafura See hier aber wesentlich angenehmer als ihr Ruf.

Am zweiten Tag nimmt der Wind langsam, aber stetig ab. Nach Mitternacht rollen wir die Genua ganz ein und fahren bis zum Morgen nur mit Motor im Sparbetrieb. Danach versuchen wir es wieder mit Segeln. Es geht gerade so, weil die Wellen abgenommen haben. Aber über 4 kn Fahrt kommen wir nie hinaus. Erst gegen Abend setzt wieder der normale Passat ein und bringt uns auf die normale Reisegeschwindigkeit.

Gegen 21 Uhr spricht uns Customs Coast Watch über Funk von einem Flugzeug aus an und stellt die üblichen Fragen: Name of vessel, port of registration, last port of call, next port of call. Wir kennen das aus Berichten und wissen es von anderen Schiffen. Für uns ist es aber der erste Kontakt dieser Art.

In der zweiten Nachthälfte nimmt der Wind wieder ab und wir kommen nur noch sehr langsam voran. Nach Sonnenaufgang frischt der Wind etwas auf, aber 5 kn Fahrt erreichen wir nur selten. Nachmittags stellt uns die Air Force die bekannten Fragen. In diesem Seegebiet können wir nicht verloren gehen.

Bei Sonnenuntergang zieht eine dunkle Wolkenfront heran. Sie bringt zuerst Regen in Böen und dann guten Segelwind. Der Wind ist beständig, nimmt aber am nächsten Tag auf 25 bis 30 kn zu. Nun wird das Meer etwas ruppig. Bei reduzierter Fahrt mit kleiner Genua ist es jedoch noch erträglich.

Heute werden uns von Maritime Control die Standardfragen gestellt. Wir fragen uns, wie viele Stellen das Seegebiet überwachen und ob sie in irgendeiner Form zusammenarbeiten. Nachts geht der Wind auf 20 kn zurück, und die Fahrt wird wieder angenehm.

Gegen 11 Uhr ändern wir den Kurs in Richtung Coral Bay auf der Halbinsel Coburg. Vor dem Ankern müssen wir noch einmal die üblichen Fragen beantworten, diesmal wieder an ein Flugzeug von Customs Coast Watch. Danach fällt der Anker in der Coral Bay, fast genau 600 sm und 5 Tage nach dem Aufbruch von Horn Island in der Torres Strait. Es war eine angenehme Reise bei überwiegend leichtem Wind und mäßigen Wellen. So ungefähr hatten wir uns die Fahrt durch den Pazifik vorgestellt.

Die Coral Bay ist an den Landstrukturen praktisch nicht zu erkennen. Von zwei Riffen ist nur eins sichtbar. Wir müssen uns deshalb voll an den elektronischen Seekarten orientieren. Obwohl wir nicht im ganz flachen Bereich ankern, ist das Wasser einigermaßen ruhig. Doch als nachts der Wind nachlässt, läuft von Norden Schwell in die Bucht hinein, und wir werden heftig durchgeschüttelt.

Am nächsten Morgen fahren wir weiter in Richtung Alcora Bay. Als Wilma merkt, dass heute Pfingstsonntag ist, wird das Mittagessen um eine Suppe als Vorspeise ergänzt. Der Wind reicht gerade zum Segeln aus, obwohl wir zeitweise einen Strom von 2,5 kn gegen uns haben. Nachmittags ankern wir in der großen Alcora Bay in flachem Wasser. Ein Motorboot eines Resorts kommt auf uns zu. Man fragt, ob wir uns verfahren haben, denn hier hat seit Wochen kein Schiff mehr geankert.

Hinter Cape Hotham soll unser letzter Ankerplatz vor Darwin liegen. Wir starten wieder kurz vor Sonnenaufgang und haben überwiegend guten Segelwind. Als wir uns gegen 17 Uhr dem Ziel nähern, zieht eine dunkle Front vom Kap herauf. Doch nichts deutet auf ein Gewitter oder starken Wind hin. Schließlich verdunkelt sich die Sonne, es wird etwas unheimlich. Nach einer Stunde sind wir am Ziel. Wir vermuten, dass der frühe Sonnenuntergang durch Rauchwolken eines Waldbrandes entstanden ist.

Am nächsten Morgen ist der Spuk vorbei. Sehr früh fahren wir in Richtung Howard Channel, um eine günstige Strömung zwischen den Inseln zu nutzen. Die Strömung ist unterschiedlich, aber wegen der Nipptide selten über 2 kn. Obwohl der Wind schwach ist, versuchen wir immer wieder Richtung Darwin zu segeln. Letztlich müssen wir doch überwiegend mit Motor fahren.

Einige Seemeilen vor Darwin werden wir vom Lock Master der Cullen Bay Marina, die wir von Horn Island aus gebucht hatten, über Funk gerufen. Er empfiehlt uns, mit Fishery (Fischereibehörde) die Freigabeprozedur für den Zugang zur Marina zu besprechen.

In Darwin sind wegen des großen Tidenhubs von bis zu 7 m alle Marinas durch Schleusen vom Meer getrennt. Man kann in die Marinas aber erst einlaufen, wenn eine Freigabe von Fishery vorliegt. Bei ausländischen Schiffen sind dazu oft eine Untersuchung des Unterwasserschiffes und eine entsprechende Behandlung erforderlich.

Über Mobiltelefon erreiche ich einen freundlichen Herrn bei Fishery. Er stellt mir mehrere Fragen und kommt dann zu dem Schluss, dass unser Schiff frei von schädlichen Pflanzen und Tieren sein müsste (3 Monate an Land, neues Antifouling, nur 4 Tage in Cairns). Also könnten wir noch heute in die Marina geschleust werden.

Gegen 18 Uhr machen wir bei der Schleuse fest. Doch bevor sich die Tore für uns öffnen, müssen erst noch die Versicherungsunterlagen geprüft werden. Drei Formulare mit vielen Antworten und einer Kreditkartennummer hatten wir der Marina bereits vorab zugeschickt. Obwohl unsere Versicherungsunterlagen nicht neuesten Datums sind, darf uns der Lock Master nach Rücksprache mit seinem Chef doch in die Marina schleusen. Es ist schon dunkel, als wir an dem reservierten Steg festmachen können.

Mit Darwin haben wir unsere letzte Station in Australien erreicht. Von hier aus wollen wir weiter nach Indonesien segeln. Insgesamt haben wir von Bundaberg bis Darwin 1900 sm entlang der australischen Küste zurückgelegt und doch weniger als ein Drittel des Landes umrundet.

Die Cullen Bay Marina liegt am Rande von Darwin. Aber es gibt hier einige Läden, Cafés und Restaurants. In die Stadt kann man mit einem Linienbus fahren. Zusätzlich fährt noch Courtesy Bus zu dem Einkaufszentrum Casuarina im Norden der Stadt.

Am wichtigsten ist mir am Anfang jedoch die Inspektion unseres Ruders. Hier in der Marina soll es nur kleine Haie und die gefährlichen Quallen (Box Jellyfish) geben, aber keine Krokodile. Ich ziehe einen Anzug (Stinger Suit) an und gehe mit Maske und Flossen ins Wasser. Die Sicht beträgt weniger als einen halben Meter. Nach mehreren Tauchgängen komme ich zu dem Schluss, dass das Ruder in Ordnung sein müsste. Es ist nur unten stark angekratzt. Erleichtert beende ich das erste Bad in einem australischen Gewässer.

Nachdem wir verschiedene Einkäufe erledigt und die Visa und die Fahrerlaubnis für Indonesien vom Konsulat bekommen haben, machen wir uns mit einem Campingbus auf den Weg in die Nationalparks der Umgebung. Der Kakadu National Park, der von der UNESCO aufgrund seiner kulturellen und natürlichen Werte zum Weltkulturerbe erklärt wurde, ist unser erstes Ziel.

Über den Arnhem Highway fahren wir bis an das nordöstliche Ende des Parks. Der Weg führt überwiegend durch eine trockene, verbrannte und brennende Savannen-Landschaft. Die Brände sind nach der Tradition der Aborigines zu einem großen Teil künstlich gelegt und sollen eine Regeneration der Vegetation bewirken. Die meisten Bäume, überwiegend Eukalyptus, überstehen die Brände ohne größere Schäden.

Kurz vor Ubirr übernachten wir auf einem Caravan-Platz. Am nächsten Morgen besichtigen wir die berühmten Felszeichnungen in Ubirr. Einige Zeichnungen der Aborigines, die hier seit 50000 Jahren leben, sollen 2000 Jahre alt sein und Geschichten von vor 20000 Jahren erzählen. Es gibt aber auch Zeichnungen aus jüngerer Zeit, die z. B. die Ankunft der Europäer darstellen. Die Zeichnungen und die Erläuterungen zu der Geschichte sind sehr beeindruckend. Das Gleiche gilt für den Blick von einem Hügel in die weite Landschaft: grünes Sumpfland, etwas Regenwald, Savanne und große Felsplateaus.

In dem Bowali Visitor Centre und dem Warradjan Aboriginal Cultural Centre lernen wir noch mehr über die Fauna und Flora der Region, die jährlichen Klimaunterschiede und die Kultur und Geschichte der Aborigines. Es gibt im Kakadu-Park 68 verschiedene Säugetiere, 120 Reptilienarten, 26 verschiedene Frösche und 290 Vogelarten. Gesehen haben wir davon allerdings nur sehr wenig. Sehr amüsant war für uns ein Kakadu, der in einem Baum Pandanüsse pflückte und in einem anderen genüsslich verzehrte.

Die Aborigines führten und führen ein sehr einfaches Leben in und mit der Natur. Für sie sind das Land, seine Formation, die Tiere und Pflanzen von großer spiritueller Bedeutung. Nur wenigen Außenstehenden sind das komplexe System und die Philosophie der Aborigines verständlich. Wir wissen nicht, wie ursprünglich die Aborigines heute noch in ihren selbst verwalteten Communities leben. Die Aborigines in den Städten leben größtenteils am Rande der westlichen Gesellschaft.

Nachmittags fahren wir den Kakadu Highway weiter nach Süden und übernachten auf dem Caravan-Platz beim Mary River Roadhouse. Hier gibt es sogar Stromanschluss. Mobilfunk ist in seiner Standardversion (GSM) in abgelegenen Gebieten nirgends verfügbar. Man hat sich beim Ausbau des Netzes in Australien gleich auf die Version Next Generation konzentriert, die wir nicht installiert haben.

Am nächsten Morgen fahren wir weiter zum Litchfield National Park, den wir am frühen Nachmittag erreichen. Wir durchfahren den Park bis zu den Wangi Falls und finden gerade noch einen freien Platz im Caravan-Park. Es bleibt auch noch Zeit, zu den Wasserfällen zu wandern. Der breitere der beiden Fälle ist der größte, den wir bislang in den Tropen aus der Nähe gesehen haben. Doch noch schöner als die beiden Wasserfälle ist das kühle Bad in ihrem großen Becken. Klares Wasser, einige Fische, das haben wir in Australien noch nirgends gesehen.

Morgens fahren wir früh zurück in Richtung Tolmer Falls. Auf der Strecke sehen wir viele Wallabies (kleinere Känguruart) und zwei Dingos. Die Tolmer Falls kann man nur von einer Plattform aus betrachten. Nach einer einstündigen Wanderung fahren wir weiter zu den Magnetic Termite Mounds (magnetische Termitenhügel). Die Besonderheit dieser Termitenhügel liegt in der flachen Form und der genauen Nord-Süd-Ausrichtung, durch die ein günstiger Thermalhaushalt im Innern erzeugt wird. Neben den unzähligen ausgerichteten Hügeln gibt es hier auch die normalen Hügel (cathedral mounds), die man in dieser Region überall sehen kann. Beide Arten werden bis zu 5 m hoch.

Wir verlassen den Litchfield National Park in Richtung Darwin. Kurz vor Darwin besuchen wir noch den Crocodylus Park, wo wir die Fütterung der riesigen Salzwasserkrokodile miterleben können. Diesen Tieren sollte man wirklich aus dem Wege gehen. Jungtiere mit zugeklebtem Maul kann man dagegen ohne großes Risiko auf Händen tragen, wovon sich Wilma selbst überzeugt. Neben den vielen Krokodilen verfügt der Park auch über ein kleines Museum und einen Minizoo mit Raubkatzen, Affen und verschiedenen exotischen Vögeln.

Abends sind wir wieder auf unserem Schiff. Es ist natürlich alles komfortabler als in dem Campingbus. Trotzdem hat uns diese Art des Reisens gut gefallen.

Inzwischen ist auch die BRIO in Darwin angekommen und in der Fannie Bay vor Anker gegangen. Marianne und Jürg besuchen uns auf der AQUILA, wo wir uns viel zu erzählen haben. Am nächsten Abend gehen wir gemeinsam auf den Mindil Market, der in einem Park am Strand stattfindet. Hier wird Handwerkskunst aus verschiedenen Kulturen angeboten, besonders viel von den Aborigines. Beim Essen ist das Spektrum noch breiter, nur Bier ist nirgends zu bekommen (Alkoholverbot). Dafür sehen wir einen schönen Sonnenuntergang.

Die Stadt Darwin ist uns inzwischen sehr vertraut. Wir stellen fest, dass man das Zentrum von der Marina aus in einer halben Stunde auch gut zu Fuß erreichen kann. In Darwin gibt es viele Touristen und auffallend viele junge Deutsche. Bei einem Rundgang sehen wir uns das Government House, das Parliament House, den Supreme Court und den Brown Mart an. Das Parliament House, das erst 1994 fertig gestellt wurde, ist von interessanter Architektur und Technik. Es ist ganz dem tropischen Klima angepasst. Das Dach und die Fassaden reflektieren 90 % des Sonnenlichts und das ganze Gebäude ist wirbelsturmsicher.

Auf der AQUILA gibt es mehrere Reparatur- und Wartungsarbeiten. Wilma näht verschiedene Taschen und ich installiere einen neuen Regler für den Windgenerator und ein neues Schaltsystem für die großen Solargeneratoren. Ansonsten bereiten wir uns allmählich auf die Reise nach Indonesien vor.

Marina Bundaberg

Schönheiten des Great Barrier Reefs

Exoten des Great Barrier Reefs

Gefährliches Salzwasserkrokodil

Harmloser Koalabär

Unterwegs im Kakadu-Nationalpark

Von Australien nach Malysia

Über indonesische Inseln nach Malaysia

Unsere Zeit in Darwin geht zu Ende. Die Windprognosen zeigen seit einer Woche nur schwache Winde auf der Strecke nach Indonesien, und auch in den nächsten zehn Tagen soll sich daran nicht viel ändern.

Unser erstes Ziel, die Stadt Ende auf der Insel Flores, ist 600 sm von Darwin entfernt. Nach 450 sm könnten wir bei der Insel Roti (gegenüber Timor) einen Zwischenstopp einlegen. Da die Windverhältnisse in absehbarer Zeit nicht besser werden, entschließen wir uns, Ende der Woche auszulaufen und informieren Customs entsprechend (mindestens 3 Tage vorher).

Zum Abschluss gehen wir Mittwochabend in die Sky City, wo wir schon letzte Woche mit Marianne und Jürg waren. Sky City ist ein großes Casino mit mehreren Restaurants und einem Hotel. Das gut besuchte Casino scheint so viel Geld abzuwerfen, dass man in einem der Restaurants ein extrem preisgünstiges Buffet von hervorragender Qualität anbieten kann. Bei Live-Musik genießen wir auf dem Balkon den Meerblick und die angebotenen Köstlichkeiten.

Den nächsten Tag beginnen wir mit einer Wanderung zu Customs zum Ausklarieren. Zum ersten Mal bekommen wir dabei Geld und müssen nichts zahlen. Die Steuer (GST: 10 %) auf einen Rechnungsbetrag von über 300 AUD wird uns auf einer Kreditkarte gutgeschrieben. Im Casuarina-Einkaufszentrum schließen wir unsere Einkäufe für die bevorstehende lange Flautenfahrt ab. Erst am späten Abend sind auch die anderen Vorbereitungen abgeschlossen.

Am 26.06.09 werden wir um 10 Uhr wieder ins offene Meer geschleust. Es ist Hochwasser, fast 7m über Null. Ein Strom von 3,5 kn beschleunigt unsere langsame Motorfahrt nach Norden. Der Wind ist verschwindend gering und das Meer spiegelglatt. Ein Polizeiboot fordert uns auf, einem großen Kriegsschiff auszuweichen, das offensichtlich den gleichen Kurs fährt. Als kleinere geben wir natürlich nach, obwohl wir eigentlich Vorfahrt hätten. Nach der letzten Boje nehmen wir Kurs auf Indonesien.

Nachmittags kommt etwas Wind auf, aber leider direkt von vorn. Also fahren wir weiter mit Motor. Nachts nimmt der Wind geringfügig zu und dreht etwas nach Süd und dann nach Nord. Auch am nächsten Tag bleibt der Westwind bestehen, obwohl nach der Prognose ein leichter Südwind wehen sollte. Als nachmittags der Wind eine etwas stärkere Südkomponente bekommt, setzen wir Segel. Den direkten Kurs können wir zwar nicht segeln (20–40° Abweichung), aber wir erreichen hoch am Wind 4 bis 5 kn Fahrt.

Auch am dritten Tag bleibt der schwache Westwind (6–10 kn) bestehen. Um einem Bohrfeld auszuweichen, machen wir einen Kreuzschlag von 20 sm nach Süden. Danach dreht der Wind langsam auf Südwest und wir können den direkten Kurs segeln. Es ist erstaunlich, mit wie wenig Wind man segeln kann (8 kn Wind, 5 kn Fahrt), wenn die Wellen nicht so hoch sind. In der zweiten Nachthälfte schläft der Wind endgültig ein. Wir bergen die Segel und fahren mit Motor langsam weiter.

Bei Sonnenaufgang ist das Meer spiegelglatt. Einige Delfine begleiten uns ein Stück des Weges. Mittags kommt ein leichter Südwind auf. Wir setzen Segel und schaffen sogar 4 kn Fahrt, aber nur zwei Stunden lang. Dann fahren wir wieder langsam mit Motor weiter.

Ein indonesisches Fischerboot taucht auf. Es ist ein massives Holzboot mit eigenartigen Aufbauten. Später sehen wir noch mehrere Fischerboote dieser Art, auch nachts. Sie haben keine Positionslampen, sind aber hell erleuchtet.

Nach Sonnenuntergang kommt der leichte Südwind zurück. Wir setzen Segel und gleiten langsam durch die Nacht. Doch der Wind hält die Nacht nicht durch. Noch vor Sonnenaufgang müssen wir wieder die Maschine bemühen. Nach den neuen Prognosen soll erst in der kommenden Nacht ein brauchbarer Südost-Passat einsetzen.

Mittags kommt Timor am Horizont in Sicht, und es setzt ein leichter Ostwind ein. Wir segeln wieder, kommen aber nur sehr langsam voran. Bis Mitternacht dreht der Wind allmählich auf Südost und nimmt die angekündigte Stärke an. Endlich können wir mit der Genua allein bequem und ausreichend schnell segeln.

Wir durchfahren die Passage zwischen den Inseln Timor und Roti. Auf Timor sind einige Lichter zu erkennen und am Himmel ein heller Schimmer, der von Kupang stammen müsste. Auf Roti blinkt ein Leuchtfeuer, sonst ist alles dunkel. Nördlich von Timor nehmen wir direkten Kurs auf die Stadt Ende auf der Insel Flores.

Morgens nimmt der Wind wieder ab, reicht zum Segeln aber gerade noch aus. Nur die relativ hohen und chaotischen Wellen machen die Fahrt etwas ungemütlich. Erst im Laufe der Nacht nimmt das Meer wieder seinen Normalzustand an. Nachts fahren wir überwiegend mit Motor, weil der Wind einfach zu schwach ist.

Bei einem Segelversuch versagt der Autopilot. Die Ursache ist schnell gefunden. Wir haben bei geringer Fahrt eine starke Querströmung, die der Autopilot nicht mehr kompensieren kann. Unter Motor funktioniert der Autopilot wieder einwandfrei. Die starke Strömung ist sicher auch Ursache für die chaotischen Wellen.

Wir nähern uns dem Ziel dieser Reise und müssen die Fahrt reduzieren, damit wir bei Tageslicht ankommen. Bei Sonnenaufgang fahren wir langsam auf die Stadt Ende auf Flores zu. Die steilen grünen Berge und das klare Wasser erinnern uns etwas an die Marquesas. Vor der Stadt liegen viele Fischerboote vor Anker und an Bojen. Es herrscht ein reges Kommen und Gehen. Einige sind mit sehr kleinen Booten unterwegs.

Wir ankern in der Nähe einer Mole (südliche Mole) und sind froh, dass wir die 600 sm bei dem schwachen Wind in knapp 6 Tagen geschafft haben. Allerdings sind wir auch fast die Hälfte der Strecke mit Motor gefahren.

Jetzt warten wir auf Nyoman. Das ist der Touristenführer, der für die SILVER CURL alles bestens organisiert hat. Aber Nyoman kommt nicht, und es kommt auch sonst niemand, der uns seine Dienste anbietet. Also lassen wir unser Schlauchboot zu Wasser und fahren zur Mole. Die scharfkantigen Muscheln an den Pfählen wollen wir unserem dünnwandigen Schlauchboot bei dem starken Schwell nicht zumuten. Deshalb bereiten wir eine Landung am Strand in der Nähe des Marktes vor, wo Einheimische mit einem kleinen Boot gerade gut gelandet sind. Eine Welle schiebt uns an Land. Doch als Wilma aussteigt, wird das Boot zurück ins tiefe Wasser gezogen. Wilma klammert sich fest und ich kann sie mit ihrem Rucksack schließlich wieder ins Boot ziehen. Einige Wellen später sind wir dann mit Unterstützung mehrerer junger Männer wirklich an Land.

Über den Markt gehen wir in die Stadt, die mit 8200 Einwohnern die größte der Insel ist. Es ist wie auf einem Basar. Nur so viele Mopeds haben wir noch nie wild durch die Gassen fahren sehen. Knapp tausend Kilometer von Australien entfernt sind wir in einer anderen Welt angekommen. Wilma kauft sich im ersten Laden eine neue Hose, weil sie mit der nassen nicht durch die Stadt gehen will. Wir kommen an einigen Moscheen vorbei und fühlen uns ein bisschen wie in der Türkei. Nur ist hier alles noch viel einfacher und schmutziger.

Wir fragen an mehreren Stellen, wo man in Ende einklarieren kann. Aber auch die Wenigen, die etwas Englisch können, verstehen die Frage nicht. Daraufhin beschließen wir, am nächsten Morgen ohne Einklarierung auszulaufen. Auf das Auffüllen unserer Dieselkanister verzichten wir wegen des schwierigen Landungsmanövers auch.

Kurz nach Sonnenaufgang verlassen wir Ende in Richtung Labuan Bajo auf der Westseite der Insel. Bei schwachem Wind fahren wir mit Motor an der Südseite von Flores entlang. Grüne Berge und kleine Ansiedlungen bestimmen das Bild. Wir versuchen mehrmals zu segeln, müssen aber immer wieder abbrechen, weil wir zu langsam sind, oder die Segel bei den relativ hohen Wellen schlagen. Erst nach Sonnenuntergang kommt ein Nordostwind auf, der uns einige Zeit segeln lässt. Im Morgengrauen haben wir Kollisionskurs mit einem Fischer. Ich stoppe die Maschine und lasse ihn kurz vor unserem Bug durchfahren.

Mit dem Tageslicht nimmt der Wind wieder zu und wir können segeln. Am westlichen Ende der Insel Flores, wo wir den Kurs nach Norden ändern weht es mit 20 kn. Mit zwei Reffs im Großsegel und kleiner Genua rauschen wir dem Molo-Kanal entgegen, der die Inseln Rinca und Flores trennt. Den Kanal wollen wir aber erst morgen durchfahren, weil dann die Strömung günstiger ist.

Gegen Mittag ankern wir im Schutz der Insel Rohbong. Auf dem Weg zum Ankerplatz sind wir nach unserer elektronischen Seekarte über Land gefahren und ankern jetzt auf einem Korallenriff. Die Karte ist um 0,2 sm nach Süden und Westen verschoben, wie ich durch Peilungen ermitteln kann.

Zwei Frauen und ein junger Man besuchen uns mit ihrem Auslegerkanu. Wir laden sie zum Tee ein. Unser bescheidenes Boot ist für sie eine Luxusyacht, die sie interessiert betrachten und kopfschüttelnd bestaunen. Später kommt ein Mann und bietet uns Fisch an. Wir kaufen ihm einige Exemplare ab. Mit dem kleinsten Schein, den ich finden kann, ist er mehr als zufrieden.

Am nächsten Morgen durchfahren wir den Molo-Kanal. Die Strömung ist wesentlich schwächer als nach unserem Handbuch zu erwarten war. Auf spiegelglattem Meer fahren wir weiter nach Labuan Bajo auf Flores. Der kleine Ort (7500 Einw.) hat einen relativ großen Hafen, weil er Ausgangspunkt für den Komodo National Park ist.

Wir ankern bei den vorgelagerten Inseln, nicht weit von den Hafenanlagen entfernt. Mit dem Schlauchboot können wir bequem an einer Kaimauer festmachen und dann die Stadt erkunden. Obwohl Sonntag ist, haben fast alle Läden geöffnet. Es gibt viele kleine Restaurants. Wir ziehen dann aber doch ein Hotelrestaurant vor, von dem man auch noch einen herrlichen Blick auf den Hafen und die Bucht hat. Das Essen ist gut, und an die niedrigen Preise (2 Essen, 4 Getränke, ca. 5 €) könnten wir uns auch gewöhnen.

Der zweite Tag in Labuan Bajo ist für verschiedene Arbeiten und Beschaffungen vorgesehen. Der längst fällige Ölwechsel beim Motor ist schnell und problemlos erledigt. Die Beschaffung des reichlich verbrauchten Diesels dauert dagegen etwas länger. Zuerst müssen wir den geschäftstüchtigen Besatzungen zweier Boote klar machen, dass wir ihre Dienste für Diesel nicht in Anspruch nehmen wollen. Dann fahren wir mit zwei großen Kanistern zur Tankstelle. Nachdem ich die gewünschte Menge bezahlt habe, beginnt der Tankwart mit dem Füllen der Kanister in einer für Mitteleuropäer ungewohnten Art. Mit einem Gefäß, das gleichzeitig als Messbecher dient, schöpft er aus einem Behälter Diesel und schüttet ihn über einen Trichter in den Kanister. Da das Schöpfgefäß keinen Griff hat, muss er voll in die ölige Flüssigkeit greifen. Wenn der Dieselbehälter leer ist, wird er von einem großen Tank über eine Rohrleitung nachgefüllt.

Ich beobachte den Vorgang mit Skepsis, muss aber feststellen, dass der Diesel sauber ist. Unsere Kanister sind allerdings rund herum eingeölt. Wir reinigen sie notdürftig und fahren zurück an Bord. Bei der zweiten Fahrt kommen wir mit vier Kanistern, eingeseiften Lappen, Papiertüchern und Wasser. Die Leute sind verwundert und beeindruckt. Aber auf diese Weise ist für uns auch das Tanken in Labuan Bajo kein Problem.

Nach der erfolgreichen Dieselbeschaffung gönnen wir uns ein Mittagessen in einem Restaurant, das auf einer Anhöhe liegt und einen Blick auf den Hafen mit den exotischen Booten und Schiffen erlaubt. Besonders beeindruckend sind die Fischerboote mit den langen Auslegern an beiden Seiten. Über die Ausleger sind dünnwandige Netze gespannt, auf denen die Fische getrocknet werden können.

Auch von unserem Ankerplatz aus lässt sich das Treiben auf dem Wasser gut beobachten. Schon vor dem ersten Tageslicht setzt ein reger Verkehr ein. Wasserfahrzeuge in verschiedener Form und Größe ziehen an uns vorbei. Einige kleine paddeln oder segeln, die meisten fahren aber mit Motor, wobei der langsam tuckernde Diesel die Geräuschkulisse bestimmt. Beängstigend wird das Geräusch, wenn ein Boot zwei Motoren besitzt und sich die Töne zu einer Schwebung überlagern. Schiffe und Boote sind in dem Inselstaat Indonesien nach wie vor ein wichtiges Verkehrsmittel.

Indonesien ist mit 13677 Inseln und einer Landfläche von fast 2 Millionen km² der größte Inselstaat der Welt und hat 190 Millionen Einwohner. Es ist auch der Staat mit der größten islamischen Bevölkerung, aber trotzdem kein islamischer Staat. Es gibt auch Christen und Hindus. Auf Flores sind z. B. 60 % der Bevölkerung Christen, und Bali ist überwiegend hinduistisch.

An unserem letzten Tag in Labuan Bajo versorgen wir uns mit Obst, Gemüse, Wasser, Bier (Bintang, indonesisch) und Geld (Bankautomat) und essen mittags in einem Restaurant mit kostenlosem WLAN. Wir hätten nie gedacht, dass man in diesem kleinen Ort alles Notwendige so einfach und günstig bekommen kann.

Am 8.07. verlassen wir morgens Labuan Bajo in Richtung Rinca. Bei dem schwachen Wind können wir nur ein kleines Stück segeln. Kurz vor Mittag ankern wir vor dem Steg des Nationalparks auf Rinca. Als ein großes Ausflugsboot die Bucht verlässt, wollen wir uns etwas näher zum Steg verlegen. Doch unsere Ankerwinsch schafft nur die Hälfte der Kette, dann rattert sie und kommt nicht weiter. Nach einigen Versuchen ist mir klar, dass im Getriebe irgendwo ein Zahn fehlt. Die Ankerwinsch ist nun endgültig ausgefallen.

Inzwischen weht es mit 20 kn und 30 m Kette liegen noch auf 15 m Wassertiefe. Wir könnten warten bis der Wind nachlässt und dann den Anker von Hand hoch holen. Doch ich möchte schon jetzt nach Labuan Bajo zurückfahren, damit wir noch bei Tageslicht ankommen. Nur in Labuan Bajo können wir in Ruhe die Ankerwinsch tauschen und notfalls Unterstützung bekommen. Eine neue Winsch hatte ich bereits in Bundaberg gekauft, weil der Ausfall bei dem lauten Geräusch irgendwann zu erwarten war.

Immer wenn der Wind etwas nachlässt, ziehe ich ein bis zwei Meter Kette an Bord. Bei 20 m Restlänge beginnen wir zu driften. Ich steuere in die Mitte der Bucht und der Wind treibt uns langsam in tieferes Wasser. Es dauert eine halbe Stunde, bis ich den Rest der Kette und den Anker geborgen habe. Eine Stunde vor Sonnenuntergang liegen wir wieder auf unserem alten Ankerplatz in Labuan Bajo.

Noch am Abend bereiten wir den Austausch der Ankerwinsch vor. Der Ausbau beginnt am frühen Morgen. Die beiden Teile der Winsch (Kettenrad, Getriebe/Motor) sind mit vier Bolzen verschraubt. Wenn ich die vier Muttern lösen kann, sollten sich die beiden Teile trennen und herausnehmen lassen. Die vier Muttern sind tatsächlich schnell gelöst, aber es bewegt sich nichts. Drücken, Hebeln und Schlagen hat keine Wirkung. Schließlich erkenne ich über einen Spiegel, dass Material von dem Aluminium-Flansch an den Bolzen aus Edelstahl aufgewachsen ist. Es sieht aus wie eine Schweißverbindung. Diese vier gewachsenen Verbindungen können wir mit unserem Bordwerkzeug nicht lösen.

Wir fahren in den Ort und fragen nach einem Mechaniker. Sinyo wird uns als Spezialist genannt, aber wir können ihn nicht finden. Stephan, ein junger Mann aus einem der vielen Reisebüros führt uns schließlich zu ihm und betätigt sich als Dolmetscher. Sinyo packt etwas Werkzeug ein und kommt zusammen mit Stephan zu uns an Bord. Nach einer Stunde ist es ihm gelungen, eine der vier Verbindungen zu brechen, aber zum Ausbau reicht das noch lange nicht.

Sinyo will nun eine Abziehvorrichtung bauen und vielleicht noch am Nachmittag zurückkommen. Ich spreche die Kosten an und denke dabei an die niedrigen Preise in Indonesien. Doch Sinyo verlangt 3 Millionen Rupien (210 €) als Festpreis. Schließlich können wir uns auf 2,5 Millionen einigen, die im Erfolgsfall fällig sind.

Gegen 15 Uhr kommt Sinyo mit Dolmetscher, Fahrer und einer gewaltigen Abziehvorrichtung zurück. Aber die Ankerwinsch lässt sich auch mit diesem Werkzeug kaum bewegen. Jetzt bleibt nur noch die totale Zerstörung. Ich würde mit dem Trennschleifer arbeiten, aber Sinyo will bohren und meißeln. Ich stelle den Generator auf und Sinyo beginnt mit der Zerstörung. Es ist schon dunkel, als die Winsch endlich in zwei Teile zerfällt und herausgenommen werden kann.

Morgens fahren wir zuerst zu Sinyo, um eine Montageplatte abzuholen, die noch gerichtet werden musste. Dann beginnen wir mit dem Einbau der neuen Winsch ohne fremde Hilfe. Die Hebevorrichtung mit einer Leine funktioniert wie vorgesehen. Nach kurzer Zeit ist die Winsch an ihrem Platz und kann montiert werden. Alles funktioniert, die AQUILA ist wieder voll einsatzfähig.

Am nächsten Morgen fahren wir ein zweites Mal nach Rinca, überwiegend mit Motor. Wir ankern wieder vor dem Steg des National Parks. Der Komodo National Park umfasst die

Inseln Komodo und Rinca und ist besonders bekannt durch die Komodo-Drachen. Das sind Warane, die nur in dieser Region leben und bis zu 4 m lang werden können.

Nachmittags gehen wir mit dem Schlauchboot an Land und erfahren von den Einheimischen auf einem Ausflugsboot, dass die Ranger Station noch 500 m entfernt ist. Sie erzählen uns auch, dass die Komodo-Drachen überall anzutreffen und nicht ganz ungefährlich sind. Man sollte sich auf jeden Fall mit einem langen Stock bewaffnen. Daraufhin verzichten wir auf den Abendspaziergang und beschäftigen uns noch etwas mit den Affen, die in der Nähe des Stegs herumtollen.

Am frühen Morgen gehen wir mit Machete und langem Stock bewaffnet wieder an Land. Auf dem Weg zur Ranger Station sehen wir tatsächlich die ersten Drachen und halten respektvoll Abstand. Im Büro der Station wird uns Bruno, ein siebzehnjähriger Schüler, als Führer zugeteilt. Wir machen uns auf den Weg und sehen schon bald fünf Drachen, die müde in der Sonne liegen. Einige bewegen sich dann langsam auf neue Ruheplätze zu.

Auf dem Weg durch den Busch erzählt uns Bruno mehr über die Drachen. Sie ernähren sich von Büffeln, Wildschweinen und Hirschen, die sie aber nur im Schlaf angreifen können. Durch den Biss eines Drachens sterben die Tiere nach kurzer Zeit an einer bakteriellen Vergiftung. Die Drachen können dann ihre Beute in aller Ruhe verzehren.

Bei der Wahl ihre Beute sind die Drachen nicht wählerisch. Sie verzehren auch ihren eigenen Nachwuchs, wenn sie ihn erwischen. Deshalb wandern die jungen Drachen sofort in die Bäume, wenn sie aus dem Ei geschlüpft sind.

Büffel, Wildschweine und Hirsche sehen wir bei unserer Wanderung nicht. Doch auf dem Rückweg versperrt uns der größte Drache der Insel (King of the Dragons) den Weg. Er ist etwa 4 m lang und bewegt sich im Moment noch langsamer als wir. In einem großen Bogen überholen wir ihn und sind dann schon bald zurück an der Ranger Station.

Gegen 11 Uhr fahren wir weiter in Richtung Komodo. Inzwischen weht es mit 30 kn und es entstehen steile Wellen durch die Strömungen zwischen den Inseln. Bei schneller Fahrt mit stark gereffter Genua haben wir unser Ziel, die Bucht Gili Lawa im Norden von Komodo, nach knapp vier Stunden erreicht.

Schon bald nähert sich ein Boot mit vier Männern, die uns Fisch, Perlen und geschnitzte Drachen anbieten. Wir kaufen den größten Fisch und den kleinsten Drachen. Als die Männer dann nach Kleidung fragen, teilen wir großzügig aus. Am Ende bekommen sie noch eine neue Leine, die wir nicht gebrauchen können, und einige Dosen alkoholfreies Bier, das Wilma nicht schmeckt. Die Männer sind überglücklich und verlassen uns singend und winkend.

Unser nächstes Ziel ist ein Ankerplatz an der Westseite Sumbawas. Die 160 sm sollten wir am zweiten Tag nachmittags geschafft haben. Um etwas Reserve aufzubauen, brechen wir am 13.07. schon eine Stunde vor Sonnenaufgang auf. Nur unter Genua kommen wir gut voran. Gegen 9 Uhr weht es mit 25 kn. Den starken Wind können wir gut gebrauchen, denn wir müssen einen Gegenstrom von 2 kn überwinden. Zwischen den Inseln Sangiang und Komodo erreicht der Gegenstrom fast 4 kn, aber auch der Wind hat auf 30 kn zugelegt. Es entstehen steile und relativ hohe Wellen, die von der Seite anrollen. So heftig wurden wir noch nie durchgeschüttelt.

Nach Sangiang nehmen Strom und Wellen allmählich ab. In der Bucht von Bima, der wir uns am frühen Nachmittag nähern, bläst es aber wieder kräftig mit 30 bis 35 kn aus Südost. Die Wellen sind jetzt aber erträglich, und der Gegenstrom ist auf weniger als 2 kn zurückgegangen. Später und in der Nacht nimmt der Wind bei hohem Land mehrmals so stark ab, dass wir mit Motor fahren müssen. Bei flachem Land bläst es dann wieder mit 20 bis 25 kn.

Als morgens nach der Insel Moyo nach einer Flaute wieder etwas Wind aufkommt, segeln wir mit Großsegel und Genua hoch am Wind. Mit abnehmender Landabdeckung nimmt der Wind ständig zu und wir machen bald 8 kn Fahrt. Auch die Strömung ist jetzt nur noch gering. Unter diesen Bedingungen können wir den angestrebten Ankerplatz doch noch bei Tageslicht erreichen.

Nachdem der Wind auf 30 bis 35 kn zugenommen und auf Ost gedreht hat, bergen wir das Großsegel und fahren mit einem kleinen Fetzen Genua weiter. Im Laufe des Tages nimmt der Wind nach und nach ab, reicht aber immer noch zum schnellen Segeln aus. Erst nachmittags müssen wir auf den letzten Seemeilen den Motor einsetzen. Gegen 17 Uhr ankern wir zwischen der Inselgruppe Serrengit und der Insel Sumbawa. Einer unserer härtesten Törns endet auf einem ruhigen Ankerplatz vor einem Palmenstrand in der Nähe des Ortes Labupadi.

Am nächsten Tag fahren wir nachmittags weiter in Richtung Lombok. Wir haben uns für einen Nachttörn entschieden, weil unser Ziel, die Insel Gili Air an der Westseite Lomboks, in einem Tagestörn nicht zu erreichen ist. Der Wind ist schwach, wir fahren mit Motor. Vor Sonnenuntergang müssen wir mehreren Fischernetzen ausweichen. Bei Sonnenuntergang suche ich noch einmal den Horizont vor uns nach Netzbojen ab und finde auch eine in der Nähe der untergehenden Sonne. Doch dann konzentriere ich mich auf die Sonne, die am wolkenlosen Himmel untergeht. Kurz bevor die Sonne ganz versinkt, entsteht kurzzeitig ein grünes Licht. Jetzt habe ich endlich auch einen Green Flash gesehen.

Später kommt etwas Wind auf. Wir können segeln, aber nur sehr langsam. Nach zwei Stunden ist der Wind wieder so schwach, dass wir den Motor bemühen müssen. Bei Sonnenaufgang können wir die drei Inseln Trewangan, Meno und Air gut erkennen. Da unsere Seekarte hier sehr ungenau ist, umfahren wir die Inselgruppe an der Westseite. Südlich von Gili Air sehen wir mehrere kleine Boote, aber keine Segelyachten. Dagegen sind auf der gegenüberliegenden Seite vor Lombok bei dem Ort Pamenang mehrere Masten zu erkennen. Also entscheiden wir uns für den Ankerplatz bei Pamenang, den wir gegen 10 Uhr erreichen.

Die durch ein Riff geschützte Bucht gefällt uns gut, obwohl ein reger Bootsverkehr zu der Insel Gili Air herrscht. Abends wird es dann etwas ungemütlich, weil immer wieder Fallböen mit bis zu 35 kn über das Wasser fegen. Deshalb beschließen wir, am nächsten Morgen weiter nach Bali zu segeln.

Eine Stunde vor Sonnenaufgang lichten wir Anker und umfahren vorsichtig die in der Nähe liegende Perlenzuchtanlage. Beim ersten Tageslicht setzen wir Segel und rauschen schon bald mit mehr als 7 kn Fahrt in Richtung Benoa, das im Süden Balis liegt. Eine große Gruppe kleiner Fischerboote mit bunten Segeln kreuzt unseren Kurs. Wir müssen mehrmals ausweichen. Inzwischen hat auch der Strom zugenommen, und wir erreichen eine Geschwindigkeit von 8 bis 9 kn über Grund. Mittags sind wir schon bei der Insel

Lembongan. Bei einem Strom von 4,5 kn kommen wir jetzt auf über 10 kn Fahrt. Plötzlich sehen wir vor uns steile brechende Wellen. Was ist das? Hier kann kein Riff sein. Allmählich begreifen wir, dass hier starke Ströme gegeneinanderlaufen und dadurch diese unheimlichen Wellen entstehen.

Nördlich der Halbinsel Serangan sollen nach unserem Handbuch zwei geschützte Ankerplätze liegen, die in unserer Seekate nicht eingezeichnet sind. Wir nähern uns der Einfahrt zu dem angegebenen Wegpunkt. Es gibt keinerlei Seezeichen, aber wir erkennen überall flaches Wasser. Im letzten Moment bremse ich ab und drehe um. Wir fahren weiter in den Hafen Benoa, der gut betonnt ist.

Auf der Suche nach einem Ankerplatz fahren wir langsam an der Bali Marina vorbei. Die FREYJA liegt an der Außenseite. Plötzlich werden wir in die Marina hineingewunken. Es ist kaum zu fassen, dass wir sofort einen Platz in der kleinen Marina bekommen. Die meisten Segler haben das erst nach längerer Wartezeit geschafft.

Die FREYJA kann am nächsten Morgen an einen Steg neben uns umziehen. Hannelore und Günter lagen längere Zeit vor Gili Air und sind erst in der Nacht nach Bali gefahren. Wir haben ihr Schiff vor Gili Air offensichtlich übersehen.

Bei dem Versuch einzuklarieren, werden wir überall abgewiesen, weil Samstag ist. Mustafa, der Dockmaster der Marina kann das nicht glauben. Er hat bei den Stellen auch etwas zu erledigen und nimmt mich auf seinem Moped mit. Tatsächlich kann ich mit seiner Hilfe überall einklarieren (Harbour Master, Quarantine, Customs) außer bei Immigration. Bei Immigration bekomme ich dank Mustafa einen Sondertermin am Sonntag, und das alles ohne die angeblich üblichen Sonderzahlungen (Schmiergeld). Es hat uns auch niemand gefragt, warum wir von Darwin (last port of call) bis Bali so lange unterwegs waren.

Nach dem erfolgreichen Einklarieren fahren wir mit einem Taxi nach Kuta, dem touristischen Zentrum Balis. Die langen Sandstrände und die vielen Läden und Restaurants sind nicht gut besucht. Bei den Touristen dominieren die Asiaten, deutsche Laute hören wir nirgends.

Abends vereinbaren wir mit Roman, einem Kellner im Marina-Restaurant, eine Tagestour über die Insel. Seinen Vorschlag modifizieren wir etwas nach den Angeboten, die wir in Kuta bekamen. Schon vor 8 Uhr fahren wir mit Roman in Richtung Gianyar, wo wir uns die traditionellen Balinesischen Tänze ansehen wollen. Dabei überraschen uns der starke Verkehr und die dichte Besiedlung in dieser Region.

Die Tanzvorführung findet vor einigen Hundert Zuschauern statt, die in der großen Mehrheit Indonesier sind. Vorgeführt wird der Barong-Tanz. Der Barong ist ein mythisches Wesen, das die auf der Erde existierenden guten Kräfte repräsentiert. Daneben gibt es Rangda, die Königin der Hexen, die das Böse verkörpert. In sieben Akten wird der Kampf zwischen Gut und Böse tänzerisch dargestellt. Am Ende soll es keinen Sieger geben, was wir allerdings so nicht erkennen können.

In der Nähe von Ubud, das wegen seiner Handwerkskunst und der vielen Gold- und Silberläden bekannt ist, besuchen wir die Elephant-Tempelanlagen. Sie sollen von Buddhisten und Hindus benutzt worden sein.

Auf dem weiteren Weg nach Norden kommen wir an Reisfeldern vorbei. Mittags erreichen wir den Ort Kintamani am Rande des Vulkans Batur (1717 m). Von einem Restaurant genießen wir den Blick auf den Vulkan, das weite grüne Tal und den Batur-See. Auf das Essen (Buffet) hätten wir verzichten können. Es war nicht gut, aber extrem teuer. Nach einem Abstecher an den See fahren wir zurück in den Süden der Insel, wo wir den Garuda-Wisnu-Kulturpark besuchen.

Wisnu ist der Gott der Weisheit und Garuda ein mythischer Vogel, den Wisnu zum Reiten benutzt. Die besondere Attraktion des Kulturparks sind die riesigen Statuen von Wisnu (Stein) und Garuda (Bronze). Außerdem hat man von den Statuen einen herrlichen Blick auf Bali und seine Strände. Bei kühlem Bier und kleinem Imbiss lassen wir den interessanten Tag im Park ausklingen.

Ein Kontrastprogramm zu den vielen kleinen Läden und mit Müll beladenen Straßen findet man im Galeria-Einkaufszentrum. Die Außenanlagen sind ansprechend und relativ gepflegt, und in den Geschäften kann man so gut wie alles kaufen. In einem Komplex werden alle noblen und teuren Markenprodukte dieser Welt angeboten. Die Kunden sind hier überwiegen Japaner und Chinesen. Für uns sind der große Supermarkt und die Restaurants mit WLAN interessanter.

Von Benoa auf Bali wollen wir nach Borneo segeln. Auf dem Weg dorthin kann man Bali östlich oder westlich umfahren. In beiden Passagen herrscht zu der dieser Jahreszeit eine starke Strömung nach Süden, die wir überwinden müssen. Nach der Lektüre einiger Beschreibungen und einem Gespräch mit einem ortskundigen amerikanischen Segler entscheiden wir uns für die östliche Passage (Lombok-Kanal).

Am 27.07. laufen wir kurz vor 7 Uhr bei Niedrigwasser aus der Bali Marina aus. Wir wollen relativ dicht an Land fahren, weil die Strömung dort am geringsten ist. Nach einer Stunde haben wir bereits einen Gegenstrom von 4 kn. Kurze Zeit später fahren wir über Grund rückwärts, obwohl wir unter Großsegel und Genua eine Fahrt von 8 kn durchs Wasser machen. Neben uns brechen die Wellen, das Meer kocht. So extreme Strömungen haben wir noch nie erlebt. In den nächsten zwei Stunden kämpfen wir uns mit 0,5 bis 2 kn Fahrt langsam nach Norden (nördlich Seregan). Ohne den günstigen Wind hätten wir keine Chance, die starke Strömung zu überwinden. Allmählich geht der Strom auf 3 kn zurück und wir kommen besser voran. Immer wenn der Wind etwas nachlässt, setzen wir zusätzlich die Maschine ein. Mehrmals durchfahren wir Bereiche mit chaotischen Wellen.

Bei Sonnenuntergang sind wir an der Nordseite Balis angekommen und erwarten ein Nachlassen der Strömung. Das ist jedoch nicht der Fall, ein Gegenstrom von 2 kn bleibt bestehen. Ein kräftiger Wind von 30 kn hilft uns, den Strom zu überwinden, erzeugt aber auch extrem steile und hohe Wellen. Es ist ein Höllenritt durch die Nacht.

Morgens lässt der Wind etwas nach, aber die Wellen bleiben steil und hoch. Erst nachmittags, als wir bei der Insel Kamudi in flaches Wasser kommen, wird das Meer allmählich ruhiger.

Abends durchfahren wir ein Feld von etwa 50 Fischerbooten, die auf 80 m Wassertiefe vor Anker liegen und heftig stampfen. Bei Einbruch der Dunkelheit schalten die Fischer ihre hellen Lampen ein. Das Ankerfeld sieht jetzt aus wie eine Stadt auf dem Meer.

Bis zum frühen Morgen ziehen zwei Fronten mit kräftigem Wind und Regen über uns hinweg. Danach stellen sich wieder Passatbedingungen mit 12 bis 20 kn Wind aus Südost ein. Mit leicht reduzierter Genua segeln wir zufrieden Richtung Kumai auf Borneo.

Auch in der Nacht ändert sich der Wind nur wenig. Um uns herum sehen wir in der Ferne wieder viele Lichter. In vielen Fällen ist es auch nur ein Schimmer, weil die Lichtquellen unterhalb des Horizonts liegen. Nach Sonnenaufgang sind die Fischerboote meistens nur noch als kleine Punkte zu erkennen

Nachmittags überholt uns eine Regenfront mit heftigen Schauern und wenig Wind. Aber schon nach zwei Stunden stellt sich wieder der normale Südost-Passat ein. Gegen Mitternacht umrunden wir Kap Puting. Danach reduzieren wir die Fahrt, um in der Bucht von Kumai bei Tageslicht anzukommen. Die in der Seekarte eingezeichneten Feuer bei den Untiefen Sangora und Baras Basah sind nicht in Betrieb. Natürlich braucht man bei der Verwendung von elektronischen Seekarten eigentlich keine Feuer. Aber wenn sie fehlen, ist man bei stockdunkler Nacht doch etwas verunsichert. Das gilt insbesondere dann, wenn nur wenige Meter Wasser unter dem Kiel sind.

Zwei Stunden nach Sonnenaufgang ist der Wind so schwach, dass wir den Motor einsetzen müssen. Fast vier Tage lang haben wir ihn nicht benutzt. Langsam fahren wir auf die erste Tonne der Einfahrt nach Kumai zu. Unsere elektronische Seekarte ist hier sehr grob, scheint aber einigermaßen zu stimmen. Etwas mehr Information enthält die indonesische Papier-Seekarte, die ich auf Bali für Kumai gekauft hatte. Aber noch hilfreicher ist jetzt die verbale Beschreibung, die uns die SILVER CURL per E-Mail geschickt hat.

Wir fahren nach der Tonne bei guter Wassertiefe den langen Sandstrand entlang und erwarten nach der Papier-Seekarte zwei Seezeichen, die die Untiefen der insgesamt sehr flachen Bucht markieren. Doch diese Seezeichen sind nirgends zu sehen. Es gibt sie offensichtlich nur auf indonesischem Papier.

Als wir weniger als 1 m Wasser unter dem Kiel haben, kehren wir um und fahren auf dem vom GPS-Empfänger mitgeschriebenen Weg zurück in tieferes Wasser. Nun orientieren wir uns wieder an unserer elektronischen Seekarte und finden damit auch bald den Weg in das Flussbett des Kumai Rivers, das ausreichend tief ist.

Gegen 15 Uhr suchen wir gegenüber dem Ort Kumai einen Ankerplatz zwischen großen Frachtern. Zwei junge Männer in einem kleinen Motorboot empfehlen uns einen Platz etwas weiter im Norden, den wir dann auch anlaufen. Gleich nach dem Ankern bieten die Herren, Adi und sein Fahrer Anang, ihre Dienste an: Touren in den Nationalpark und Beschaffung von Diesel und Wasser. Wir verschieben alles auf den nächsten Tag.

Morgens fahren wir früh an Land und finden Dank Adis Hilfe schnell einen günstigen Platz für unser Schlauchboot. Als Erstes gehen wir zum Harbour Master. Die Herren sind sehr freundlich und schlagen vor, das Ein- und Ausklarieren zusammenzufassen und vor der Abreise zu erledigen.

Wir schlendern durch die Hauptstraße Kumais und meinen, dass hier alles etwas ordentlicher und sauberer ist als in den anderen Orten Indonesiens. Auf jeden Fall sind die Leute hier noch freundlicher. An der Straße gibt es viele kleine Läden, mehrere Werkstätten, einen Markt und mehrere hohe Gebäude mit kleinen Öffnungen, die wir für Lagerhallen halten. Es stellt sich aber bald heraus, dass in den hohen Gebäuden viele fleißige Schwalben Nester bauen, die nach China und Japan teuer verkauft werden. Schwalbennester stehen in diesen Ländern für verschiedene Zwecke (Suppen, Verjüngungsmittel) hoch im Kurs.

Von Adi haben wir inzwischen akzeptable Angebote für Touren zu den Orang-Utans im Tanjug Puting National Park. Um uns die Entscheidung zu erleichtern, lädt er uns zu einer Testfahrt mit Anang auf seinem kleinen Motorboot (Speedboat) ein. Wir fahren weiter flussaufwärts und sehen in den Bäumen am Ufer viele Affen. Es sind zwei Arten: Lang-schwanz- und Nasenaffen (Longtail Macaque und Proboscis). Obwohl uns die Testfahrt nicht ganz überzeugt hat, entscheiden wir uns für das klapprige, aber schnelle Motorboot. Damit ersparen wir uns eine Übernachtung auf einem Holzboot (Klotok) mit etwas zwei-felhaften sanitären Einrichtungen.

Pünktlich um 7.30 Uhr holt uns Anang zusammen mit Desy von der AQUILA ab. Desy, eine ehemalige Mitarbeiterin des Nationalparks, ist unsere Führerin. Mit 40 km/h jagt Anang das kleine Boot den schmalen Sekonyer River flussaufwärts. Nur wenn er Booten oder anderen Hindernissen ausweichen muss, oder uns Schlangen, Affen oder besondere Vögel zeigen will, fährt er etwas langsamer. Wohl ist uns bei der Fahrt auf diesem Fluss, der voller Krokodile sein soll, wirklich nicht.

Nach einer Stunde halten wir an der ersten Station des Tanjung Puting National Parks. Ei-ne besondere Attraktion des 450000 ha großen Parks sind die Orang-Utans, die hier unter einem besonderen Schutz stehen und erforscht werden. Im Park werden auch Orang-Utans reintegriert, die z. B. aus einer Gefangenschaft befreit wurden. So gibt es in der Nähe der Stationen immer einige Tiere, die an Menschen gewöhnt sind.

Nach einer kurzen Wanderung kommen wir zu einem Platz, wo den Orang-Utans Bananen angeboten werden. Es dauert einige Zeit, bis sich in den Wipfeln etwas bewegt. Eine Orang-Utan-Dame mit Baby schwingt sich elegant von Baum zu Baum und lässt sich dann an einem Stamm zu den Bananen herunter. Großen Hunger hat sie heute nicht, denn sie zieht sich schnell wieder zurück.

In wilder Fahrt geht es dann auf einem noch schmaleren Fluss weiter zum Camp Leakey. Hier können wir mehrere Orang-Utans aus nächster Nähe beobachten. Ein Ranger er-mutigt Wilma, sich neben eine schwangere Orang-Utan-Dame zu setzen. Die stark be-haarte Dame bleibt friedlich und reicht Wilma sogar die Hand.

Im Informationszentrum sehen wir einen interessanten Film über einen Orang-Utan, der als Waisenkind in Gefangenschaft geriet und nach der Reintegration bis zum König auf-stieg. Heute ist einer seiner Söhne König der Orang-Utans in der Region.

Auf der Rückfahrt besuchen wir ein Dorf am Fluss. Es ist alles sehr einfach und nicht ge-rade sauber. Die Leute leben von den Feldern, die hinter ihren Häusern liegen, und von Handwerksprodukten, die sie an Touristen verkaufen.

Dann haben wir das Glück, dass Anang seine schnelle Fahrt rechtzeitig stoppt und wir se-hen können, wie Affen den Fluss überqueren. Sie springen von hohen Bäumen weit in den Fluss hinein und legen den Rest der Strecke blitzschnell schwimmend zurück. Auch eine Mutter mit Kleinkind erreicht das andere Ufer auf diese Weise. Angeblich schwimmen die Affen so schnell, weil sie Angst vor den Krokodilen haben.

Die aufregende und interessante Fahrt schließen wir nachmittags mit einer gemütlichen Kaffeerunde auf der AQUILA ab. Dabei erfahren wir mehr über den Park und Kalimantan, den indonesischen Teil Borneos. Neben Kalimantan gibt es auf Borneo das kleine Königreich Brunei und ein Gebiet, das zu Malaysia gehört. Brunei ist durch Ölvorkommen der wohlhabende Teil auf der sonst sehr armen Insel.

Am nächsten Tag fahren wir mit einem Sammeltaxi (Bemo) in die 20 km entfernte Stadt Pangkalanbun. Es ist die Verwaltungszentrale von Zentral-Kalimantan und für uns der erste Ort Indonesiens mit einigermaßen staubfreien Straßen. Wir finden auch ein Restaurant mit gutem warmem Essen und können an einem Geldautomaten wieder 1,2 Millionen ziehen. Es ist allerdings fraglich, ob dieser Betrag für die verbleibende Zeit in Indonesien ausreicht.

Die indonesischen Inseln vor Singapur sind unser nächstes Ziel. Beim Harbour Master wollen wir ordnungsgemäß für Batam ausklarieren. Wir werden herzlich begrüßt, bekommen kalte Getränke und unterhalten uns mit dem Chef und einem seiner Mitarbeiter über Indonesien und Europa. Nebenbei fülle ich ein Formular aus und bekomme nach kurzer Zeit das Dokument für den nächsten Hafen (Batam) gegen die offizielle Gebühr von umgerechnet 0,50 €.

Dieser Vorgang steht im totalen Widerspruch zu den Berichten anderer Segler. Aber wir haben in Indonesien bislang nie etwas anderes erlebt.

Am 6.08. lichten wir vor Kumai bei Sonnenaufgang den Anker und fahren flussabwärts. Vor dem Ankerlichten musste ich einige Zeit den Motor laufen lassen, weil die Batteriespannung trotz normalen Verbrauchs sehr niedrig war. Vor uns fahren zwei Frachter, denen wir durch die flachen Bereiche der Einfahrt folgen können.

Mittags setzt ein Südwind ein, mit dem wir hoch am Wind aus der Bucht heraussegeln können. Nachmittags segeln wir bei raumem Wind nur mit der Genua weiter. Bei 20 kn Wind und 10 m Wassertiefe sind kurze steile Wellen entstanden, die uns stark rollen lassen. In der Nach nimmt der Wind ab, aber die Wellen bleiben unangenehm. Ein Gegenstrom bremst uns auf 3 kn Fahrt über Grund ab.

Am Tage frischt der Wind wieder auf und wir schaffen meistens 4 kn Fahrt durchs Wasser. Über Grund sind wir durch die Strömung zeitweise 2 kn schneller.

Abends stelle ich fest, dass eine der parallel geschalteten Service-Batterien (2 x 150 Ah) schlecht ist. Ich schalte sie ab und glaube, damit das Problem gelöst zu haben. Es zeigt sich aber bald, dass auch die zweite Batterie sehr schwach ist. Sie ist nicht mehr in der Lage, den Kühlschrank zu betreiben. Ich schalte den Kühlschrank ab und lade die Batterie nachts mehrmals mit dem Motor auf, um die Navigationsinstrumente und -lichter betreiben zu können.

Morgens schalte ich auf die Reservebatterie um und kann dann auch wieder den Kühlschrank betreiben. Die Sonne und der Wind sorgen dafür, dass die kleine Batterie geladen bleibt. Mit dem Kühlschrank im Sparbetrieb ist auch nachts keine zusätzliche Ladung mit dem Motor erforderlich.

Nachts begegnen uns mehrere Frachter. Auf dem AIS-Empfänger können wir vorher erkennen, wie dicht sie an uns vorbeifahren werden. In zwei Fällen, in denen uns der Abstand zu gering erscheint, nehme ich Funkkontakt auf. Beide Schiffsführer leiten sofort Kurskorrekturen ein. Bei den Gesprächen erfahre ich auch, dass unser Licht nicht sichtbar ist (Mondschein, 2–3 sm), wir aber auf dem Radar-Gerät erkennbar sind.

Der dritte Tag auf See ist angebrochen und wir haben immer noch die gleichen Wetterbedingungen: leichter Südost-Passat (12–20 kn) bei fast wolkenlosem Himmel. So hatten wir uns den Pazifik vorgestellt, nicht aber die Java-See. Der Windpilot muss gelegentlich im Kurs korrigiert werden, sonst gibt es beim Segeln nichts zu tun.

Nach den Windprognosen soll in zweieinhalb Tagen eine längere Flaute einsetzen. Deshalb haben wir den geplanten Zwischenstopp bei der Insel Serutu nicht eingelegt. Wir hoffen, dass der Wind uns bis in die Nähe der Inseln Lingga oder Bintan bringt.

In der Nacht haben wir Kollisionskurs mit dem Motorschiff PAC AQUILA. Ich versuche Funkkontakt aufzunehmen, doch der Wachhabende scheint nicht wach zu sein. Nach einer Weile meldet er sich ziemlich verschlafen und leitet dann eine Kursänderung ein. So kann die Kollision zweier ungleicher AQUILAS gerade noch vermieden werden.

Der vierte Tag ist bei gleich bleibendem Wind ohne besondere Ereignisse. Am Morgen des fünften Tages streichen wir den geplanten Zwischenstopp bei den Lingga-Inseln und nehmen direkten Kurs auf die Ostseite der Insel Batam. Mittags verdunkelt sich der Himmel und der Wind geht stark zurück. Wir rollen die Genua ein und starten die Maschine. Plötzlich dreht der Wind und kommt mit 25 kn direkt von vorn. Schnell bauen sich kurze steile Wellen auf, die dann von dem heftigen Regen wieder etwas gedämpft werden. Nach zwei Stunden ist alles vorüber und das Meer wieder einigermaßen eben. Damit haben wir unseren ersten Sumatra, so heißen diese Gewitterstörungen, gut überstanden.

Gegen 14 Uhr überqueren wir den Äquator und hätten es ohne GPS bestimmt nicht bemerkt. Bei schwachem Wind fahren wir weiter unter Motor. Nachts passieren wir ein Blitzlicht und sind danach plötzlich in einem Feld von kleinen Bojen. Ich schalte auf Leerlauf und fahre dann in kurzen Schüben langsam aus den Netzen heraus, ohne irgendwo hängen zu bleiben.

Mittags ankern wir westlich der kleinen Insel Pelanduk, die zwischen den Inseln Batam und Rempang liegt. Etwas mehr als fünf Tage haben wir für die 570 sm von Kumai hierher gebraucht. Es war eine langsame, aber angenehme Fahrt.

Obwohl uns der Ankerplatz vor dem kleinen Palmenstrand nicht schlecht gefällt, fahren wir weiter an die Nordseite der Insel Batam. Dort liegt die Nongsa Point Marina, die wir bislang weder über E-Mail noch über Telefon oder Funk erreichen konnten. Wenige Seemeilen vor der Einfahrt kommt es dann doch zu einer Funkverbindung mit der Marina und wir erhalten die Bestätigung, dass es noch freie Plätze gibt.

Ein Boot holt uns an der gut betonnten Einfahrt ab und führt uns zu dem vorgesehenen Liegeplatz. In der Marina stehen fünf Männer bereit, um die Leinen anzunehmen. So aufwändig wurden wir noch nirgends empfangen.

Auch sonst überrascht uns die Nongsa Point Marina sehr positiv. Die Steganlagen (schwimmende Fingerstege) sind neu und die Ferienanlage mit Restaurant, Bar und großem Schwimmbad ist komplett renoviert. Es ist eine schöne und gepflegte Anlage, nur die Gäste fehlen. Die Marina ist zu 15 % ausgelastet, die Ferienanlage noch geringer. Nur am Wochenende ist etwas mehr Betrieb.

Uns gefällt die Anlage so gut, dass wir uns gleich auf einen Aufenthalt von einer Woche festlegen. Karin und Jürgen von der KRIOS war das viel zu wenig. Sie liegen mit ihrem Schiff schon seit elf Jahren in dieser Marina. Am Samstagabend gehen wir mit ihnen zu einem Barbecue am Strand. Es ist nicht schlecht, aber für indonesische Verhältnisse viel zu teuer, wie alles in dieser Anlage. Trotzdem sind die Preise immer noch niedriger als in Deutschland.

Zwei Tage lang haben wir holländische Stegnachbarn: Paul und seine Frau Mable. Sie leben seit acht Jahren in Singapur und segeln in dieser Region. Paul erzählt uns viel über das Revier bis Thailand. Auch seine Internetseite (www.lighthouse.com.sg) enthält viele Informationen über das Gebiet von Singapur bis Phuket.

Wir genießen das Leben in einer Ferienanlage, gehen täglich Schwimmen und ab und zu essen im Restaurant. Bei einer Wanderung am Strand entlang kommen wir zu einer anderen Ferienanlage, die auch sehr schön gelegen und offenbar gut besucht ist. Die meiste Zeit verbringen wir allerdings mit Reparatur- und Wartungsarbeiten am Boot.

Am 19.08. verlassen wir morgens Batam in Richtung Singapur. Die Stadt mit den Hochhäusern ist für uns seit Tagen sichtbar, wenn es nicht zu diesig ist. Bei wenig Wind fahren wir mit Motor zunächst nach Westen. Neben uns liegt das am meisten befahrene Verkehrstrennungsgebiet der Welt, das wir an einer vorgegebenen Stelle kreuzen müssen. Viel Platz ist zwischen den schnell fahrenden großen Frachtern wirklich nicht. Doch schließlich ist die Durchfahrt gar nicht so kritisch. Nur einmal müssen wir stoppen, um einen Frachter passieren zu lassen.

Kurz vor Mittag erreichen wir den Immigration-Ankerplatz und melden über Funk unsere Ankunft an. Es dauert einige Zeit bis ein Boot von Immigration kommt, unsere Papiere übernimmt und einige Formulare übergibt, die auszufüllen sind. Nach knapp zehn Minuten wechseln die Papiere wieder die Richtung, und wir dürfen nach Singapur einreisen.

Nach einer halben Stunde erreichen wir bei einem Gegenstrom von 3 kn die One-15 Marina (1° 15' N) und können an dem reservierten Steg festmachen. Die One-15 Marina liegt auf der Insel Sentosa und betrachtet sich als die vornehmste Anlage Asiens (Asia's finest Marina Club). Tatsächlich ist alles sehr modern, großzügig und gepflegt. An den Stegen dominieren die großen Motorboote mit Personal. Es gibt Restaurants, Bars und ein großes Schwimmbad mit verschiedenen Einrichtungen (Dampfbad, Fitness-Raum). Störend sind allerdings der Baulärm und der starke Schwell durch vorbeifahrende Schiffe.

Am nächsten Morgen besuchen wir zuerst die SILVER CURL, die schon längere Zeit in der Marina liegt. Gisela und Gerhard versorgen uns mit ersten Informationen über Singapur. Wir wollen uns heute aber nur auf den Kauf neuer Bootsbatterien konzentrieren.

Mit einem der kostenlosen Busse fahren wir zur Waterfront, wo es zwei große Einkaufszentren und einen Fähranleger gibt. Dann geht es mit der U-Bahn, die hier MRT (Mass Rapid Transit) heißt, weiter zum Sim Lim Square. Das U-Bahn-System ist beeindruckend: hochmodern, effizient, sauber und sehr preisgünstig. Auch beim Sim Lim Square staunen wir nur. Auf fünf Etagen werden in unzähligen Läden alle möglichen elektronischen Produkte angeboten. Im benachbarten Sim Lim Tower findet man mehr die kommerziellen elektrotechnischen Produkte. Es ist ein Einkaufsparadies für Verbraucher und Fachleute, aber passende Bootsbatterien finden wir nirgends.

Dann fahren wir zu zwei Industrieparks, in denen es Batterien geben soll. Dabei lernen wir die Taxis Singapurs kennen. Sie sind zwar nicht so modern wie die U-Bahn, aber auch sehr preisgünstig. In den Industrieparks gibt es Batterien, doch keine, die so richtig passen. Enttäuscht fahren wir am späten Nachmittag zurück, zuerst mit einem Bus. So haben wir schon am ersten Tag alle Verkehrsmittel Singapurs kennen und schätzen gelernt.

Am nächsten Morgen frage ich im Marina-Büro nach Batterielieferanten. Man nennt mir die bereits bekannten Adressen und einen Jonny, den ich kurze Zeit später treffe. Jonny meint, dass er die Batterien beschaffen kann, vielleicht sogar genau den bisherigen Typ. Nach einer Stunde bestätigt Jonny, dass er die Batterien (2 x 150 Ah, AC Delco, wie bisher) beschaffen kann und nennt auch den Preis. Er ist niedriger als vor drei Jahren in Trinidad. Zwei Stunden später bringt Jonny die neuen Batterien und nach einer weiteren Stunde habe ich sie eingebaut.

Jetzt können wir uns wieder anderen Einkäufen und der faszinierenden Stadt Singapur zuwenden. Es scheint hier alles zu geben, man muss nur wissen wo. Und mit der MRT sind viele Orte schnell erreichbar, meistens für weniger als einen Euro.

Eines Morgens entdecke ich Dieselöl in der Motorbilge. Es ist schnell klar, dass der Glaszylinder im Vorfilter gebrochen ist. Ich rufe zwei Volvo-Händler an. Keiner hat das Teil auf Lager, aber einer kann das gesamte Filter in sieben Tagen beschaffen. Dann frage ich Jonny. Diesmal braucht er etwas länger, aber nach vier Stunden bringt er einen passenden Zylinder, allerdings in Kunststoff. Ich bestelle noch einen weiteren Zylinder zur Reserve und einen Filtereinsatz.

Abends sind wir auf der SILVER CURL. Gisela und Gerhard haben Besuch von ihrem Sohn Robert und seiner Freundin. Es wird ein langer Abend, denn es gibt so viel zu erzählen über die Erlebnisse auf den Fahrten und über Singapur.

Singapur wurde 1819 von Raffles gegründet mit dem Ziel, die englischen Besitzungen in der Straße von Malakka zu sichern. Die Stadt hat sich sehr schnell entwickelt und ist heute das wirtschaftliche Zentrum der Region. Seit 1965 ist der Stadtstaat Singapur vollkommen selbstständig.

Die Bevölkerung ist multikulturell. Die stärksten Gruppen sind die Chinesen (76 %), die Malayen (14 %) und die Inder (8 %). Die Chinesen sind überwiegend Buddhisten und Taoisten, die Malayen Moslems und die Inder Hindus. Alle leben friedlich miteinander. Es gibt auch Gebiete, in denen praktisch nur eine Volksgruppe lebt, z. B. in Little India oder China Town. Die Religion scheint bei allen Volksgruppen eine große Rolle zu spielen. Es gibt viele gut besuchte Tempel und Moschen und wenige Kirchen.

Von den vier offiziellen Sprachen, Englisch, Mandarin, Malay und Tamil, dominiert Englisch in der Schrift. Auf der Straße hört man Englisch eher selten. Und wenn es gesprochen wird, ist es wegen der starken Akzente oft gar nicht erkennbar.

Morgens tausche ich den Zylinder des Vorfilters aus und versuche danach den Motor zu starten. Beim Austausch des Feinfilters hat der Motor die eingebrachte Luftmenge bislang immer verkraftet und ist nach längerem Anlassen angesprungen. Doch dieses Mal schafft er es nicht. Die Kraftstoffpumpe ist offensichtlich vollkommen leer und liefert keinen Tropfen Diesel an die Einspritzdüsen. Ich rufe in Deutschland unseren Bootshändler Jakob und einen Volvo-Händler an. Der Rat ist eindeutig: Die Luft muss raus, vollständig. Nur über die Art der Entlüftung gehen die Meinungen auseinander.

In der Nacht habe ich eine Idee zur Entlüftung, die ich gleich am nächsten Morgen umsetze. Mit der Ölabsaugpumpe sauge ich am Feinfilter (Belüftungsschraube) die Luft heraus. Dann betätige ich die Handpumpe und schließe die Belüftungsöffnung. Nach dem Handbuch sind nun noch die Leitungen zu den Einspritzdüsen zu belüften. Ich löse eine der drei Leitungen und Wilma startet den Motor. Der springt auf zwei Zylindern sofort an und läuft nach dem Anziehen der gelösten Leitung weiter, als wäre nie Luft in dem System gewesen.

Abends gehen wir mit unseren Freunden von der SILVER CURL in ein Restaurant an der Sentosa Bridge. Das Restaurant befindet sich auf einer drehenden Plattform in einem Turm. So hat man einen herrlichen Blick auf die Insel Sentosa, die Waterfront, den Berg mit der Seilbahn und den Hafenbereich. Die servierte Peking-Ente ist riesig und extrem preisgünstig. Das Geld verdienen die Chinesen bei den Beilagen.

Nachdem die wichtigen Einkäufe und Reparaturen abgeschlossen sind, können wir uns endlich voll auf die interessante Stadt konzentrieren. Wir fahren nach Little India und China Town und besichtigen dort mehrere buddhistische und indische Tempel. Im totalen Kontrast zu diesen Vierteln steht die Orchad Road, eine breite Allee mit hohen Bäumen, vielen Hochhäusern und Geschäften, in denen alle edlen und teuren Markenprodukte dieser Welt angeboten werden. Auch die Architektur der verschiedenen Bauten und Einrichtungen ist beeindruckend. Dagegen sind die großen Einkaufszentren im Großraum Stuttgart, das sind die, die wir am besten kennen, doch sehr bescheiden. Wir fragen uns allerdings, wie die vielen Geschäfte existieren können, wenn in den Räumen immer mehr Verkäufer als Kunden sind. Dieses ist wohl eines der vielen asiatischen Geheimnisse, die wir Europäer nur schwer ergründen können.

Eine besondere Attraktion Singapurs ist der Zoo, der abseits der Wohngebiete im Norden der Insel liegt. Es werden überwiegend Tiere aus den tropischen Regionen gehalten, die hier im Regenwald in natürlicher Umgebung leben. Viele Tiere können sich scheinbar frei bewegen. Die Barrieren wie Wassergräben, Drähte, Metallspieße in den Bäumen (für Affen) sind meistens kaum erkennbar. So entsteht der Eindruck, dass man die Tiere in der freien Natur beobachtet. Von den vielen Tieren haben uns die Raubkatzen, die Giraffen, die Dickhäuter (Elefanten, Rhinozeros) und die vielen Affenarten am meisten beeindruckt. Wir sehen auch den Komodo-Drachen, an dem ein Backnanger Chemiker herausgefunden hat, dass er seine Opfer nicht durch Bakterien, sondern mit seinen Giftzähnen tötet. Interessant ist auch die Fütterung der Borneo-Orang-Utans. Diese Wesen haben so viele menschliche Züge, über die man sich köstlich amüsieren kann.

Am letzten Tag unseres Singapur-Aufenthalts besuchen wir den Colonial District am Singapur River. Hier stehen mehrere klassische Bauten aus der englischen Regierungszeit: Old Parliament, City Hall, St. Andrew's Cathedral, Supreme Court. Aber auch moderne Hochhäuser und das neue Parlament findet man in diesem Bezirk. Am Clarke Quay machen wir eine gemütliche Kaffeepause bevor wir zurück nach Sentosa fahren.

Die Insel Sentosa ist ein Wohn- und Urlaubsgebiet der Wohlhabenden, an dem noch kräftig gebaut wird. Es gibt Zugangskontrollen wie an einer Staatsgrenze, die man nur mit einer Genehmigung durchfahren kann.

Am 31.08. laufen wir bei Sonnenaufgang aus der One-15 Marina aus. Unser Ziel, die Admiral Marina bei Port Dickson in Malaysia, ist 140 sm entfernt. Da das Log nicht funktioniert, ankern wir gleich in der Nähe der Sister Islands, nicht weit vom Ankerplatz der Immigration-Behörde entfernt. Nachdem die kleinen Tierchen vom Loggeber entfernt sind, melden wir uns bei Immigration an. Doch die Herren sind nicht bereit, uns an dieser Stelle zu bedienen, obwohl wir nur eine viertel Seemeile von der vorgegebenen Position entfernt sind. Also fahren wir genau auf den gewünschten Platz und werden dort auch gleich bedient. Bei der Rückgabe der Papiere bremst das Immigration-Boot zu spät und rammt uns voll auf der Backbordseite. Es rappelt furchtbar, aber der Schaden hält sich in Grenzen. Eine Stütze des Windgenerators ist verbogen und eine Schelle für die Leinen des Windpiloten gebrochen.

Bei wenig Wind fahren wir weiter durch ein Feld von ankernden Frachtern. Erst nach 12 Uhr haben wir das Feld der vielen Ankerlieger weitgehend hinter uns. Von den unzähligen Schiffen zeigt unser AIS-Empfänger nur die dicht benachbarten an. Die Ursache ist bald gefunden: Der automatische Umschalter zwischen Funkgerät und AIS-Empfänger ist defekt. Ich installiere eine Notantenne, und wir haben wieder normalen AIS-Empfang.

Der Wind bleibt schwach, und wir fahren mit Motor in die Nacht. Kurz nach 2 Uhr bleibt der Motor plötzlich stehen. Die Ursache ist sofort erkennbar. Der neue Plexiglaszylinder des Diesel-Vorfilters ist gebrochen. Zum Glück weiß ich jetzt genau, was zu tun ist. Allerdings brauchen wir fast eine halbe Stunde, um die Koje leer zu räumen und Zugang zu dem Vorfilter zu bekommen. Der gebrochene Plexiglaszylinder ist schnell ersetzt. Dann wird das Kraftstoffsystem in der kürzlich geübten Weise entlüftet. Nach insgesamt einer Stunde ist der Motor wieder betriebsbereit.

Beim Motorausfall hatten wir die Genua ausgerollt, und jetzt machen wir mit ihr schon mehr als 4 kn Fahrt. Also können wir den Motor noch etwas schonen. Doch schon nach einer halben Stunde ist der Wind so schwach, dass wir mit Motor weiterfahren müssen.

Ein Gewitter zieht auf, es regnet heftig und weht uns mit 20 kn entgegen, allerdings nicht sehr lange. Um 10 Uhr kommt uns wieder eine dunkle Front entgegen. Es regnet heftig, der Wind erreicht bald 30 kn aus Nordwest und baut schnell kurze und steile Wellen auf. Ich muss auf Handsteuerung übergehen, weil der Autopilot die Steuerung bei der geringen Fahrt in den hohen Wellen nicht schafft. Regen und Seewasser schlagen mir ins Gesicht. Ich kann kaum etwas sehen. Nach einer halben Stunde ist das Schlimmste vorüber. Wir können unsere Fahrt nach dem Sumatra fast normal fortsetzen.

Am frühen Nachmittag legen wir in der Admiral Marina bei Port Dickson in Malaysia an. Beim Abbremsen schüttelt sich die AQUILA heftig. Es muss sich etwas im Propeller verfangen haben. Bei diesem Törn bleibt uns auch nichts erspart.

Der Empfang in der Marina ist sehr freundlich. Veronica, die Büroangestellte, bereitet gleich die Einklarierung vor, sodass uns die Behördengänge erspart leiben. Dann bittet uns Veronica mit einem koreanischen Hochzeitspaar, das einen einstündigen Segeltörn gebucht hat, noch einmal auszulaufen. Wir lehnen ab, denn der ereignisreiche Nachttörn ohne Schlaf hat uns doch etwas erschöpft. Nachdem Veronica uns noch mehrmals angesprochen hat, sagen wir den Segeltörn schließlich für den nächsten Morgen zu, unter der Voraussetzung, dass der Propeller wieder funktioniert.

Nach dem Frühstück tauche ich zum Propeller und kann mit wenigen Handgriffen das Problem beseitigen. Eine dicke Plastiktüte hatte sich im Propeller verfangen und das Öffnen im Rückwärtsgang verhindert. Nun steht dem Hochzeitstörn, für den wir 400 Ringgit (80 €) bekommen sollen, nichts mehr entgegen.

Bei totaler Flaute laufen wir mit dem koreanischen Paar und ihrem Reiseagenten aus. Die beiden jungen Leute sind begeistert und sehen sich das Boot genau an, insbesondere den Wohnbereich. Wilma serviert den AQUILA-Cocktail, der etwas Rotwein enthält. Dabei erfahren wir, dass die junge Frau schwanger ist. Bei der Rückfahrt wird ihr dann auch übel, obwohl das Meer immer noch spiegelglatt ist. Trotzdem war die Fahrt für das junge Paar wohl ein besonderes Erlebnis.

Nachmittags fahren wir mit einem Taxi nach Port Dickson. Außer einem indischen Tempel finden wir nichts besonders Sehenswertes. In einem Kaufhaus versorgen wir uns mit Lebensmitteln und Getränken und fahren dann zurück zur Admiral Marina. Für die Taxifahrten über 20 km zahlen wir bei der Hinfahrt umgerechnet 2 € und bei der Rückfahrt 3 €.

Den nächsten Tag bleiben wir in der Admiral Marina, die Teil einer großen Club- und Hotelanlage ist. Es gibt ein großes Schwimmbad unter Palmen und anderen schattenspendenden Bäumen, einen Tennisplatz, eine Sporthalle, eine Bar und ein großes und gutes Restaurant. Nur an Gästen mangelt es sehr. Im Schwimmbad sind wir mit der Badeaufsicht, die extra für uns anrücken muss, immer allein. Nur im Restaurant gibt es abends mehrere Gäste. Bei dem hervorragenden Buffet ist das auch verständlich. Als über 50-Jährige zahlen wir während des Ramadans dafür nur 2,80 € pro Person. Aber auch bei dem normalen Preis von 5,60 € würden wir auf dieses Buffet nicht verzichten.

Am 4.05. verlassen wir frühmorgens die Admiral Marina bei Port Dickson in Richtung Port Klang, dem größten Hafen Malaysias. Port Klang liegt in der Nähe von Kuala Lumpur, der Hauptstadt Malaysias. Unser Ziel ist aber nicht die Hafenstadt selbst, sondern eine Flussmundung (Selat Lumut) südlich der Stadt, in der wir nachts ankern wollen.

Der Wind ist sehr schwach, wir fahren mit Motor. Nach einer Stunde sind wir in einem Gewitter mit leichtem Regen und mäßigem Wind. Gegen 16 Uhr sind wir an unserem Ziel im Selat Lumut und ankern in der unbewohnten Flussmündung. Nur die Kräne hinter dem Wald erinnern uns daran, dass wir in der Nähe einer Hafenstadt liegen. In der Ferne ist auch eine neue Marina zu sehen, die vermutlich noch nicht fertig gestellt ist. Jedenfalls können wir nur ein Schiff an den Stegen erkennen. Als abends Süßwasser-Delfine vorbeischwimmen, erinnert uns der Ankerplatz im Dschungel doch sehr an den Orinoko.

Morgens fahren wir schon kurz vor Sonnenaufgang weiter. Unser Ziel, die Insel Penang, wollen wir nach einer Nachtfahrt am nächsten Abend erreichen. Obwohl von Nachtfahrten in der Straße von Malakka wegen der vielen Fischerboote abgeraten wird, ziehen wir es vor, durch die Nacht zu fahren, anstatt auf einem ungeschützten Ankerplatz unruhig zu liegen. Die oft beschriebene Piratengefahr soll es heute in diesem Gebiet, zumindest für kleine Yachten, nicht mehr geben.

Der Wind ist schwach, das Meer ist ruhig, wir fahren langsam mit Motor die Küste entlang nach Norden. Um 22.30 Uhr ist es mit der Ruhe vorbei. Plötzlich weht es mit 45 kn (9 Bft) aus West-Nord-West. Ich gehe auf Handsteuerung über und denke, dass der Wind bald nachlassen wird. So steht es in allen Büchern und so war es bislang auch. Doch dieser Sumatra hält sich nicht an die Regeln. Es regnet auch nicht. Der Wind bleibt bei 40 kn und die Wellen werden immer höher. Die AQUILA taucht mit dem Bug tief ein, und die Wellen schlagen mir über die Sprayhood ins Gesicht. Nach zwanzig Minuten gebe ich auf und lasse die AQUILA vor dem Wind treiben. Anfangs machen wir dabei ohne Segel 6 kn Fahrt.

Nach zweieinhalb Stunden ist der Wind unter 15 kn und das Meer etwas ruhiger. Wir starten die Maschine und fahren wieder Richtung Norden. Unser ursprüngliches Ziel Penang können wir nach diesem Zwischenspiel natürlich nicht mehr bei Tageslicht erreichen. Die Insel Pangkor oder die Stadt Lumut in dem Fluss Dindings ist nun unser neues Ziel.

Ein dumpfes Schlaggeräusch irritiert uns, wir können es uns aber nicht erklären. Erst als ich im Vorschiff nachsehe, begreife ich, dass der Anker die Ursache sein muss. Ich drehe vor den Wind, und Wilma geht aufs Vorschiff. Der Anker hat sich gelöst. Er hängt einen Meter unter der Rolle und schlägt gegen den Bug. Die Bremse war für den starken Seegang offensichtlich nicht fest genug angezogen. Der Anker ist schnell hochgeholt und festgezogen. Aber die Löcher im Bug werden uns wohl noch einige Zeit an diesen üblen Sumatra erinnern.

Ab 6 Uhr reduzieren wir die Fahrt, um bei der Insel Pangkor nicht im Dunkeln anzukommen. Beim ersten Tageslicht erreichen wir den empfohlenen Ankerplatz zwischen den Inseln Pangkor Laut und Pangkor. Er ist nur wenig geschützt und auch sehr unruhig, sicher auch wegen des nächtlichen Sumatras. Wir fahren deshalb weiter nach Lumut und ankern dort vor dem Yacht Club zwischen einem Frachter und einem Kriegsschiff. Hier im Fluss liegt man bei jedem Wind absolut geschützt.

Nach der unangenehmen Nacht gönnen wir uns einen Tag Pause und planen die Weiterfahrt für den nächsten Nachmittag. Bei der routinemäßigen Überprüfung des Motors stelle ich fest, dass sich eine Befestigungsschraube der Lichtmaschine gelöst hat, und der Keilriemen nun an ihr scheuert. Da der Keilriemen noch wenig beschädigt ist, lässt sich das Problem schnell beheben.

Gegen 15 Uhr laufen wir in Richtung Penang aus. Nördlich der Insel Pangkor beschert uns ein Südwest-Wind 5 kn Fahrt unter Genua. Das Vergnügen dauert leider nur zweieinhalb Stunden. Dann ist der Wind wieder so schwach, dass wir den Motor einsetzen müssen. Im Morgengrauen nähern wir uns der Insel Penang. Der Himmel ist dunkel und es regnet leicht. Aber ein Sumatra bleibt uns auf dieser Fahrt wohl erspart. Wir fahren an der Ostseite Penangs entlang und dann unter der großen Brücke hindurch. Solche Brückendurchfahrten sind immer spannend, weil man wegen der optischen Fehleinschätzung glaubt, dass der Mast an der Brücke hängen bleibt.

Gegen 10 Uhr machen wir vor George Town in der Tanjung City Marina fest. Es ist kein guter Platz: starke Strömung, viel Unrat und extremer Schwell von dem benachbarten Fährhafen. Wir binden die AQUILA mit acht Leinen zwischen zwei Schwimmstegen fest. Trotzdem wird sie immer noch ruckartig hin und her geworfen. Die anderen Einrichtungen der Marina sind dagegen sehr gut, und die Nähe zum Stadtzentrum von George Town ist ideal.

George Town wurde 1786 von Mitgliedern der British East India Company gegründet und nach König George III benannt. Die Stadt entwickelte sich sehr schnell und ist heute mit knapp 250000 Einwohnern eine der größten Städte Malaysias.

Malaysia hat insgesamt 28 Millionen Einwohner und besteht aus zwei Teilen: dem Westteil auf der malaiischen Halbinsel, der an Thailand grenzt, und dem Ostteil, der auf Borneo liegt. Die Bevölkerung besteht zur Hälfte aus Malaien, zu einem Viertel aus Chinesen und die drittgrößte Gruppe ist indischer Abstammung. Die Malaien bekennen sich größtenteils zum Islam, der auch Staatsreligion ist. In der Wirtschaft spielen die Chinesen eine große Rolle.

Nachmittags verschaffen wir uns einen ersten Überblick über die Stadt George Town. Es gibt chinesische und indische Viertel mit vielen kleinen Läden, Restaurants und Werkstätten. Die Preise sind unglaublich niedrig.

Am nächsten Tag fahren wir mit verschiedenen Buslinien durch die Stadt. Es gibt viele klassische Bauten aus der Kolonialzeit. Leider ist der Komtar Tower, von dem man einen herrlichen Blick auf die Stadt und die Insel haben muss, wegen Renovierung geschlossen. Sehr beeindruckt sind wir auch von den beiden Tempeln in Lorong Burma.

In dem thailändischen Tempel Wat Chayamangkalaram ist der liegende Buddha die Hauptattraktion. Die mit Gold beschichtete Statue ist 33 m lang und soll in dieser Art die drittgrößte der Welt sein. In dem direkt gegenüberliegendem birmanischen Tempel gibt es eine 8 m hohe Buddha-Statue, viele interessante mythische Figuren und schöne Gartenanlagen.

Wenn der Liegeplatz in der Marina nicht so unruhig wäre, würden wir sicher längere Zeit in dieser interessanten Stadt bleiben. Doch bei dem starken Schwell hält es uns hier nicht länger. Nach zwei Tagen laufen wir am 10.09. bei Sonnenaufgang in Richtung Langkawi aus.

Bei schwachem Nordost-Wind fahren wir am Rande der Schifffahrtsstraße mit Motor aufs offene Meer. Hier begegnet uns ein alter Bekannter: der Frachter PAC AQUILA. Doch bei Tageslicht besteht heute keine Kollisionsgefahr, obwohl wir sehr dicht aneinander vorbeifahren.

Mittags dreht der Wind auf Nordwest und einige Zeit später reicht er sogar zum Segeln aus, leider nur knapp drei Stunden. Dann starte ich die Maschine, aber der Faltpropeller öffnet sich nicht vollständig und lässt die AQUILA vibrieren. Nach mehrmaligen Vor- und

Rückwärtsfahren ist der Propeller wieder weitgehend frei, und wir erreichen fast die volle Fahrt.

Eine Stunde vor Sonnenuntergang verdunkelt sich der Himmel und wir wissen, was uns erwartet. Doch es ist nicht ganz so schlimm: 35 kn Wind und der übliche Regen. Nach einer halben Stunde liegt der Sumatra hinter uns und das Meer beginnt sich zu beruhigen. Bei Sonnenuntergang sind wir kurz vor den südlichen Inseln Langkawis. Eine Stunde später fällt der Anker östlich der Insel Singa Besar in ruhigem Wasser.

Morgens tauche ich als Erstes zum Propeller. Es hängt nur noch ein kleiner Teil einer Plastiktüte zwischen den Flügeln, der sich schnell entfernen lässt. Dann fahren wir weiter zu der nur 7 sm entfernten Insel Rebak, dem Ziel unserer diesjährigen Reise. Rebak liegt westlich der Hauptinsel Langkawi und ist dem Meer voll ausgesetzt. Aber die Marina im Inneren der Insel ist absolut geschützt. Sie ist nur über eine schmale Einfahrt zu erreichen.

Kurz vor Mittag machen wir in der Rebak Marina fest. Der Manager Rizal nimmt persönlich die Leinen an. Das kann man eigentlich auch erwarten, wenn man den gesamten Preis einschließlich Kranen und Hochdruckreinigung schon bei der Reservierung (2 Monate vorher) bezahlen muss. Die Marina ist praktisch voll belegt. Auch an Land gibt es kaum noch freie Stellplätze.

Die Rebak Marina wurde uns auf Batam von mehreren Seglern empfohlen. Wir haben daraufhin sofort einen Stellplatz an Land gebucht und damit auf die ursprünglich geplante Fahrt nach Phuket in Thailand verzichtet.

Nach der Anmeldung in dem Marina-Büro verschaffen wir uns einen ersten Überblick über den neuen Standort. Die Marina ist Teil eines Fünf-Sterne-Resorts (Taj Hotel) mit entsprechend großzügigen Einrichtungen: Schwimmbad mit Bar in Strandnähe, Fitness-Raum, Tennisplatz, Laden für das Notwendigste, Restaurants und Wanderwege durch den Dschungel. Für die Segler gibt es einen kleinen Laden für Bootszubehör, einen Service-Betrieb und ein spezielles Restaurant mit vernünftigen Preisen (reasonable prices). Dass die Preise in dem Hotel-Restaurant für gleiche Gerichte und Getränke drei bis fünf Mal höher sind als in dem Segler-Restaurant, bemerken wir erst später.

Für die Fahrt auf die Hauptinsel gibt es eine kostenlose Fährverbindung nach Langasaka, wo man für 8 bis 10 € einen Leihwagen bekommen kann. Bei der ersten Fahrt mit der Fähre lernen wir Vera und Norbert kennen, die mit ihrem Schiff STURMVOGEL auch an unserem Steg liegen. Sie bringen uns zum Autoverleiher, erläutern uns den Weg in die Stadt Kuah und beschreiben die verschiedenen Einkaufsmöglichkeiten in der Stadt. Vor allen Dingen müssen wir in Kuah erst mal einklarieren, was sich im Fährhafen schnell und unbürokratisch erledigen lässt.

In den nächsten Tagen lernen wir auch die Crews der anderen deutschen Schiffe kennen: Joana und Klaus von der BOOMERANG und Ulla und Klaus-Dieter von der CHEZ NOU. Später kommen noch Dagma und Peter von der ILTIS hinzu. Alle sind mit irgendwelchen Arbeiten an ihren Schiffen beschäftigt. Bei uns stehen die üblichen Wartungsarbeiten, mehrere Reparaturen und Neuanschaffungen an. Auf das tägliche Bad im Hotel Pool verzichten wir aber nie.

Der Weg zum Bad führt an der Fütterungsstelle der Warane vorbei, die hier Monstar heißen. Mehrmals können wir die scheuen Tiere beobachten. Im Gegensatz zu den uns bisher bekannten Waranen haben sie einen sehr breiten Rumpf und einen schmalen Kopf.

Weniger scheu sind die Affen, die sich oft in der Nähe des Schwimmbads aufhalten. An einem Tag turnen sie in den Palmen herum und werfen Kokosnüsse herunter. Das ist sehr amüsant, aber auch extrem gefährlich. Offensichtlich hat das Hotel-Management die Gefahr erkannt und die übermütigen Tiere vertrieben. Jedenfalls sind nach dieser Aktion nie mehr Affen in der Nähe des Schwimmbads aufgetaucht.

Einmal im Monat gibt es ein Buffet für die Segler. Da man eigene Getränke mitbringen kann, ist es eine kostengünstige Angelegenheit, die von vielen angenommen wird. Für die deutsche Fraktion organisiert Vera immer einen runden Tisch, an dem man gemütlich sitzen und plaudern kann.

Am 29.09. wird die AQUILA an Land gestellt. Nun kann Wilma den Rumpf reinigen und ich die Schäden an Ruder, Kiel und Bug beseitigen. Das Getriebe des Außenborders bringen wir zur Reparatur in eine Werkstatt in Kuah. Für Ersatzteile und Arbeitslohn berechnet der Chinese insgesamt 75 Ringgit (15 €). In Deutschland hätten wir dafür mindestens das Fünffache bezahlt.

Für die Reparatur unseres defekten Radar-Geräts finde ich keine geeignete Werkstatt. Aber ich bekomme von der Furuno-Vertretung in Deutschland auf meine Fehlerbeschreibung gute Hinweise auf mögliche Fehlerursachen. Tatsächlich kann ich den Fehler dann auch schnell finden und beheben. Es war ein rein mechanisches Problem: Ein Zahnrad am Antennen-Motor hatte sich gelöst.

Unsere Arbeiten am Boot werden oft durch heftige Regenschauer unterbrochen. Jetzt bewährt sich der neue Sonnenschutz, den wir uns hier zugelegt haben, auch als guter Regenschutz. Die mühsamen Arbeiten bei dem tropischen Klima unterbrechen wir meistens zweimal pro Woche durch Fahrten nach Kuah. Es gibt immer irgendetwas einzukaufen oder zu erledigen.

Bei einer Rundfahrt wollen wir endlich mehr von der Insel sehen, auf der wir schon über einen Monat leben und arbeiten. Langkawi ist der Name der Hauptinsel und zugleich die Bezeichnung der Inselgruppe von fast hundert Inseln. Der Name leitet sich aus den alten malaysischen Wörtern helang (Adler) und kawi (rotbraun) ab, und der Adler (lateinisch Aquila) ist auch das Wahrzeichen der Insel. In Kuah, dem mit 5000 Einwohnern größten Ort Langkawis, kann man einen 18 m hohen Adler aus Marmor bewundern.

Die Mehrheit der Bevölkerung besteht aus Malaien, die überwiegend Moslems sind. In der Wirtschaft spielen auch hier die Chinesen eine große Rolle. Inzwischen ist der Tourismus neben der Landwirtschaft der wichtigste Erwerbszweig der Insel. Schöne Sandstrände, interessante Mangroven-Landschaften und gebirgiger Regenwald bieten dafür gute Voraussetzungen.

Der Touristenort Telaga ist die erste Station auf unserer Fahrt. Hier gibt es eine Marina, mehrere Restaurants und kleinere Läden. Für Wasserliegeplätze ist die Marina eine Alternative zu Rebak, aber die Umgebung ist längst nicht so schön wie auf unserer kleinen Insel.

Etwas weiter westlich liegt das neue Touristenzentrum Oriental Village, von dem eine Seilbahn auf den Berg Mat Cincang führt. Aus knapp 700 m Höhe soll man von hier einen herrlichen Blick auf die Inseln und die Andamanensee haben. Leider ist die Seilbahn heute wegen Wartungsarbeiten außer Betrieb. Wir fahren deshalb gleich weiter zu dem Black Sand Beach im Norden der Insel. Es ist ein schöner Strand, aber badende Touristen sind hier nirgends zu sehen.

Viel Betrieb herrscht dagegen am Kilim River, auf dem man Bootsfahrten durch die Mangroven-Landschaft machen kann. Zusammen mit zwei Schweizern lassen wir uns durch die Flussarme fahren. Zuerst halten wir bei einer Höhle, in der es unzählige Fledermäuse gibt. Vor der Höhle halten sich einige Affen auf, die ungewöhnlich zutraulich sind. Die Adler, die wir im nächsten Flussarm beobachten können, bleiben dagegen sehr auf Distanz.

Bei der Fahrt nähern wir uns auch dem so genannten Hole in the Wall. Das ist eine schmale Öffnung zwischen steilen Felsen, durch die der Kilim River ins Meer mündet. Man kann sie gut mit Segelbooten durchfahren und findet dann im Fluss überall absolut sichere Ankerplätze. Viele Boote ankern in der Nähe der Fischfarm, oder liegen dort an Bojen. Die Fischfarm, zu der auch ein Restaurant gehört, ist sehr auf Tourismus ausgerichtet. Außer einigen exotischen Fischen gibt es dort aber nicht viel zu sehen.

Über Kuah fahren wir zurück nach Langasaka und dann mit der Fähre nach Rebak. Als wir bei unserem Boot ankommen, finden wir den Platz sehr unordentlich vor. Offensichtlich waren die Affen bei uns auf der Suche nach Essbarem. Dabei haben sie auf dem Boot Wäsche abgenommen und eine Plastiktüte mit Kunststoff-Härter angebissen. Geschmeckt hat ihnen der Härter wohl nicht, denn es fehlt kaum etwas von der roten Masse. Mehr Essbares haben sie im Mülleimer gefunden, der zur Hälfte geleert ist. Einige leere Tüten liegen auf dem Weg zum Wald. Nach diesem Ereignis wird der Mülleimer immer zugebunden.

Zwei Tage vor unserer Abreise nach Deutschland ziehen wir ins Rebak Hotel um. Wir haben Glück und bekommen ein Zimmer mit Meerblick. Zum Abschied laden wir die deutschen Segler zu einem Essen im Restaurant ein. Am 17.10. fliegen wir abends von Langkawi über Kuala Lumpur und Dubai nach Frankfurt. Mit Zwischenaufhalten dauert der Flug 24 Stunden. Ralf holt uns in Frankfurt ab, und nachmittags sitzen wir mit der gesamten Familie am Kaffeetisch in Sulzbach.

Teestunde auf der AQUILA

Indonesisches Auslegerboot

Gefährlicher Komodo-Drache

Barong auf Bali

Reisfeld auf Bali

Vorsichtige Annäherung auf Borneo

Marina in Singapur

Liegender Buddha auf Penang

AQUILA auf Rebak

Schwimmbad auf Rebak

Große Flaute und unglückliche Piraten

Am 11.12.09 sind wir nach einem langen Flug über Dubai und Kuala Lumpur abends wieder auf Rebak Island, Langkawi. Nach einer Nacht im Hotel ziehen wir auf unser Boot um. Es ist alles in Ordnung, aber es gibt viel zu tun, bis die AQUILA für die kommende Saison wieder einsatzfähig ist.

Bei unserem ersten Gang zum Schwimmbad treffen wir Juana und Klaus. Sie sind gerade in die Rebak Marina zurückgekommen und laden uns spontan für den nächsten Abend zum Essen auf die BOOMERANG ein. Es gibt selbst gefangenen Fisch in leckerer Suppe.

Die Arbeiten am Schiff sind in der etwas kühleren Trockenzeit immer noch schweißtreibend. Wilma putzt und ich installiere die neue AIS-Antenne und beginne mit den Arbeiten am Unterwasserschiff.

Bei unserer ersten Fahrt nach Kuah treffen wir uns mit Marianne und Jürg von der BRIO. Die BRIO ist vor einigen Tagen auf Langkawi angekommen und liegt jetzt in der Stadt-Marina. Unser letztes Treffen liegt Monate zurück, und so gibt es viel zu erzählen.

In den nächsten Tagen bin ich durch eine Grippe nur eingeschränkt einsatzfähig. Trotzdem kann ich den Unterwasseranstrich abschließen und einen Krantermin festlegen.

Am 20.12. wird die AQUILA ins Wasser gesetzt. Wir gehen wieder an denselben Steg, an dem wir vorher lagen. Zwei Stunden später macht die CONTESSA mit Sieglinde und Klaus neben uns fest. Es ist ein freudiges Wiedersehen nach mehr als einem Jahr. Jetzt liegen zwei Stuttgarter Schiffe direkt nebeneinander.

Eine Überraschung erleben wir auch an Wilmas Geburtstag. Der Marina-Manager Rizal überreicht Wilma eine Schokoladentorte und eine Flasche Rotwein. Spontan beschließen wir, die Crews der CONTESSA, der STURMVOGEL und der BOOMERANG zum Geburtstagskaffee einzuladen.

Den Heiligen Abend verbringen wir mit Sieglinde und Klaus auf der CONTESSA. Sieglinde serviert einen köstlichen Sauerbraten mit selbst gemachten Spätzles. So ist es für uns sehr schwäbisch an diesem Abend auf Rebak.

Am ersten Weihnachtstag gibt es für die Segler abends ein Buffet mit Musik (Live) und Tanz. Inzwischen sind so viele Deutsche in der Marina, dass ein Tisch nicht mehr ausreicht. Nach Weihnachten kommen auch Gisela und Gerhard (SILVER CURL) zurück nach Rebak Island. Sie wollen wie wir in diesem Jahr durchs Rote Meer ins Mittelmeer segeln. So gibt es immer wieder deutsche Treffen in den Restaurants und auf den Schiffen.

Am 30.12. laufen wir morgens zu einer Testfahrt aus. Wir wollen den ersten größeren Törn nicht ohne eine Überprüfung der wesentlichen Systeme starten. Gleich nach der Ausfahrt aus der Marina erleben wir eine Überraschung: Es bläst mit 25 kn und unser Navigationsprogramm, das jetzt auf einem kleinen 12"-Notebook installiert ist, hat sich ausgeschaltet. Auch auf dem schnell eingeschalteten Ersatzrechner läuft das Programm zunächst nicht. Ohne Seekarten laufen wir den ersten geeigneten Ankerplatz an. Bei dem Ersatzrechner ist das Problem schnell gelöst. Aber der kleine PC arbeitet mit dem Programm höchstens 2 bis 10 min, bevor er es abschaltet. Alles andere scheint bei der AQUILA zu funktionieren.

Zurück in der Marina versuche ich stundenlang, die Programmabschaltung zu analysieren und zu beseitigen. Es gelingt mir nicht. Die Lösung liefert Wolfgang von der ORION am nächsten und letzten Tag des Jahres mit einer anderen Softwareversion.

Das von der Marina angebotene Sylvester-Buffet wird kurzfristig abgesagt, weil angeblich alle Kräfte für die große Party am Strand gebraucht werden. Aber Segler können improvisieren. In diesem Fall ist es Norbert, der die Initiative ergreift und eine Musikanlage aus dem Resort beschafft. So gibt es eine zünftige Sylvester Party der Segler mit Musik und Tanz, die bis zum frühen Morgen dauert.

Seit längerem beobachte ich das Wetter auf der Strecke nach Sri Lanka. Das kräftige Tief östlich von Nord-Sumatra hat sich aufgelöst. Wir beschließen deshalb, in den nächsten Tagen aufzubrechen, obwohl die Winde von der Stärke und Richtung her immer noch nicht optimal sind.

An den letzten drei Abenden feiern wir mit unseren Freunden Abschied von Rebak: zuerst mit Gisela und Gerhard, dann mit den Crews von STURMVOGEL und BOOMERANG und schließlich mit den Freunden von der CONTESSA und der BRIO.

Am 6.01.10 laufen wir mittags aus der Rebak Marina in Richtung Sri Lanka aus. Knapp 1200 sm liegen vor uns bis zu der Hafenstadt Galle im Süden Sri Lankas. Es ist Flaute, das Meer ist fast spiegelglatt und wir fahren langsam mit Motor Richtung Westen. Nach zwei Stunden kommt ein mäßiger Südwest-Wind, mit dem wir hoch am Wind schnell segeln können. Doch das Vergnügen dauert nur eine Stunde, dann herrscht wieder Flaute.

Inzwischen ist auch die SILVER CURL aus Telaga (10 sm nördlich Rebak Island) ausgelaufen. Wir haben vereinbart, täglich Kontakt zu halten, zunächst über UKW-Sprechfunk und später über Satellitentelefon.

Bis zum nächsten Morgen regt sich kein Lüftchen. Dann setzt ein leichter Südwest-Wind ein, mit dem wir langsam segeln können. Aber nach vier Stunden ist schon wieder Flaute.

Als ich den Wassermacher in Betrieb nehmen will, stelle ich fest, dass die Vorpumpe defekt ist. Natürlich haben wir eine Ersatzpumpe an Bord, die auch schnell gefunden ist. Leider hatte ich übersehen, dass die Ersatzpumpe eine gebrauchte ist und nur mangelhaft funktionierte. Heute funktioniert sie überhaupt nicht. Da ich inzwischen herausgefunden habe, dass der Wassermacher nur bei der ersten Inbetriebnahme (nach Wartung) eine Vorpumpe braucht, ist schnell eine Lösung gefunden. Mit einem Pumpball, der in Kraftstoffleitungen eingesetzt wird, lässt sich das Wasser hochpumpen. Nach einer kurzen Entlüftung ist der Wassermacher wieder betriebsbereit.

Bei unserem Kurzwellen-Funkgerät bin ich weniger erfolgreich. Der Sender schaltet bei der Frequenz des Indian Ocean Net (8188 MHz) ständig ab. Möglicherweise ist der Tuner oder das Signal an den Tuner fehlerhaft. Wir können deshalb an dem Netz, das die Segler auf dem Weg von Malaysia/Thailand ins Rote Meer begleitet, nur als Hörer teilnehmen.

In der zweiten Nacht kommt etwas Wind aus Nordost auf, und wir kommen mit der Genua auf 4 kn Fahrt. Aber nach 25 sm ist der Wind so schwach, dass wir wieder den Motor bemühen müssen. Am dritten Tag ist es ähnlich.

Der dritte Tag bringt aber eine andere Überraschung. Die Windmessanlage (Raymarine ST 60) zeigt nichts mehr an. Auch ein Ersatzgeber liefert keine Anzeige auf dem Display. Demnach muss die Anzeigeeinheit defekt sein. Einen Ersatz haben wir für dieses Gerät leider nicht an Bord, aber immerhin einen einfachen Handwindmesser, mit dem wir uns nun behelfen müssen. Zusätzlich bringe ich an mehreren Stellen Bänder aus dünnem Segeltuch an, um die Windrichtung, aber auch die Windstärke bei schwachem Wind, abschätzen zu können. Außerdem haben wir noch den traditionellen Windrichtungspfeil im Masttopp (Verklicker) mit den 30°-Marken.

Trotzdem möchte ich möglichst schnell wieder eine genaue Windmessanlage haben. Ich rufe unseren Sohn Michael über Satellitentelefon an und bitte ihn, verschiedene Informationen zu beschaffen. Ich denke an den Kauf bei einem Händler in Sri Lanka, Indien oder Oman, oder an die Lieferung von einem deutschen Händler in diese Länder.

Abends kommen die Nicobaren in Sicht, eine Inselgruppe, die zu Indien gehört. Auf UKW hören wir ein Funkgespräch mit, in dem ein Mann ein Schiff dringend um die Lieferung von Wasser bittet. Ihr Wasservorrat ist auf eine Flasche zusammengeschrumpft. Wie klein sind dagegen unsere Probleme. Wir dürfen die Nicobaren nicht anlaufen, weil sie ein striktes Sperrgebiet sind.

Am vierten Tag stellt sich morgens ein leichter Nordwind ein. Wir setzen Segel und kommen auf 3 kn Fahrt durchs Wasser. Über Grund sind es fast 5 kn, weil uns ein kräftiger Strom nach Westen schiebt. Diese Verhältnisse bleiben drei Tage lang etwa so bestehen. Der Wind ist meistens unter 10 kn und kommt aus Nordnordwest bis Nordnordost. Die Westkomponente des Stroms schwankt zwischen 0,3 und 1,8 kn. Einige Regenböen und mehrere Delfingruppen sorgen für etwas Abwechselung.

An den beiden nächsten Tagen ist der Wind etwas stärker und kommt überwiegend aus Nordost. Es herrschen also gute Segelbedingungen. Nur in der Nacht des achten Tages ist es sehr ungemütlich. Ein Strom von knapp 1 kn läuft gegen einen Wind von 20 kn und erzeugt chaotische Wellen, die uns furchtbar durchschütteln.

In der nächsten Nacht dreht der Wind auf Nordnordwest und erreicht 30 kn. Wir fahren mit stark reduzierter Genua hoch am Wind und können so einigermaßen Kurs halten. Aber die Wellen schlagen gelegentlich über die Sprayhood ins Cockpit. Im Laufe des Tages nähern wir uns der Küste Sri Lankas und der Wind nimmt so stark ab, dass wir mit Motor fahren müssen.

Als wir uns dem Hafen von Galle nähern, gießt es in Strömen. Wir ankern vor der Hafeneinfahrt und warten auf die erste Inspektion unseres Schiffes durch Harbour Control. Bei dem nächsten heftigen Regenguss kommen die Herren mit einem Beiboot zu uns. Ein Offizier kommt an Bord, prüft die Papiere und schlägt das angebotene Bier nicht aus. Nachdem seine im Regen wartenden Kollegen auch ein Bier bekommen haben, dürfen wir die schmale Öffnung des abgesperrten Hafens passieren.

Wir fahren zu dem Schwimmsteg, an dem die Segler festmachen sollen. Wolfgang von der SLEIPNIR hatte uns über Funk gehört und erwartet uns bereits am Steg. Kurz vor Sonnenuntergang haben wir es geschafft. Wir liegen vor Buganker an dem Schwimmsteg, der allerdings sehr wackelig ist.

Nach wenigen Minuten sind zwei junge Männer der Agentur Windsor an Bord und bereiten das Einklarieren vor. Wir hatten uns bei ihnen über E-Mail angemeldet. Die Prozeduren bei Health and Immigration können wir noch an diesem Abend abschließen. Danach nehmen wir gern die Einladung von Gisela und Gerhard zu einem Bier auf der SILVER CURL an, die einen Tag vor uns hier angekommen ist.

Der Hafen von Galle ist nach einem Anschlag der Tamil Tiger militärisch extrem stark abgesichert. Der größte Teil der Einfahrt ist durch eine Kette blockiert. Das ist für uns nicht störend. Unangenehm ist nur der starke Schwell, der extrem an den Leinen der Schiffe und an dem Schwimmsteg zerrt.

Am nächsten Morgen kommen zwei Herren von Customs an Bord und interessieren sich insbesondere für unsere Alkoholvorräte. Die Menge ist ihre Meinung so groß, dass sie unter Verschluss genommen werden muss. Nachdem wir ihren Wunsch nach einer Flasche Wein und Zigaretten nachgekommen sind, muss unser Alkohol nicht mehr verschlossen werden.

Als wir mit den Herren von Customs entspannt im Cockpit sitzen, erleben wir die nächste positive Überraschung. Die Windmessanlage funktioniert wieder. Für die Selbstheilung gibt es eine plausible Erklärung. Bei der Fehlersuche an dem Kurzwellen-Funkgerät muss ich Leitungen der Windmessanlage berührt und dadurch den Ausfall verursacht haben. Natürlich habe ich die Windmessanlage nach dem Ausfall ausgeschaltet, aber die Ausschaltdauer war offensichtlich zu kurz.

Wir sind sehr erleichtert, dass sich die Beschaffung einer neuen Windmessanlage erledigt hat. Auf ungefähr zwanzig E-Mails an verschiedene Stellen in Sri Lanka und Indien haben wir nur eine Antwort erhalten. Die Deutsche Botschaft in Bombay hat nach zwei Tagen geantwortet und uns eine Lieferadresse in Indien genannt.

Neben den Reparatur- und Wartungsarbeiten (Lenzpumpe, Schranktür, Ruderlager) wollen wir natürlich Galle und die nähere Umgebung kennenlernen. Joseph Tours hat uns ihre Dienste angeboten. Joseph, der eigentlich Manoj heißt, und sein Bruder Batu sind geschäftstüchtig, aber auch angenehme Begleiter. Batu stellt uns einen USB-Stick zur Verfügung, mit dem wir kostenlosen Internetzugang an Bord haben.

Am ersten Tag machen wir mit ihrem Tuc-Tuc eine Rundfahrt durch die Stadt. Ein Tuc-Tuc ist ein dreirädriges Fahrzeug, das auf einem Motorrad basiert und einen überdachten Aufbau mit drei Sitzplätzen hat. Zuerst fahren wir zu dem Fort, einer weitläufigen Anlage mit historischen Gebäuden aus der portugiesischen, holländischen und britischen Besatzungszeit. Die Edelsteinmine und die Seidenfabrik, die wir anschließend besuchen, sind in Wirklichkeit Läden für Touristen. Wilma ist von den Produkten der Seidenfabrik sehr angetan und bestellt gleich eine größere Menge Kissen.

Für eine Tagesfahrt in die Umgebung von Galle mietet Joseph einen Geländewagen (4WD) mit Fahrer. Batu ist unser Reiseleiter. Wir besichtigen den buddhistischen Tempel südlich des Hafens und fahren dann noch einmal zum Fort, wo wir am Strand entlang zum Leuchtturm wandern. Dann geht die Fahrt nach Süden. Wir besichtigen einen Spice Garden, in dem die verschiedensten Gewürze und Heilkräuter angebaut, erklärt und verkauft werden. Beim Kauf der Produkte sind wir zurückhaltend, aber eine kostenlose Massage lässt sich Wilma nicht entgehen.

Nach der Besichtigung eines Tempels mit der größten Buddha-Statue Sri Lankas geht die Fahrt auf einer unbefestigten Straße ins Landesinnere. Ziel ist eine Teeplantage mit zugehöriger Fabrik. Obwohl wir die Fabrik nicht von innen besichtigen können, gewinnen wir einen Eindruck von der sehr einfachen Arbeitsweise bei der Teeherstellung. Auf dem Weg zurück nach Galle winken uns mehrmals Teepflückerinnen freundlich zu. Am späten Nachmittag sind wir wieder auf unserem Schiff und bereiten uns auf die Abreise nach Indien vor.

Am 20.01. laufen wir morgens von Galle, Sri Lanka, in Richtung Cochin, Indien, aus. Nur 350 sm liegen vor uns. Ein Teil dieser Strecke kann allerdings sehr unangenehm werden, weil es in der Düse zwischen Sri Lanka und Indien meistens kräftig bläst. Nach der Prognose haben wir auf der windigen Strecke mit 20 kn aus Nordost zu rechnen.

Bei schwachem Westwind fahren wir zunächst mit Motor die Küste Sri Lankas entlang nach Norden. Nördlich von Colombo dreht der Wind allmählich auf Nordnordost und nimmt ständig zu. Mit der Genua können wir jetzt direkt auf die Südspitze Indiens zulaufen. Nachts weht es mit 25 kn, am Tage legt der Wind noch etwas zu und erreicht häufig 30 kn. Die Wellen kommen von der Seite und schlagen mehrmals über die Bordwand ins Cockpit. Erst als wir am dritten Tag in die Landabdeckung Indiens kommen, wird es ruhiger. Nach einiger Zeit nimmt der Wind so stark ab, dass wir mit Motor fahren müssen.

Mehrere Fischerboote begegnen uns. Von einem Boot wird uns Fisch angeboten, unter anderem ein prächtiger Red Snapper. Den nehmen wir gern und bezahlen mit Bier und Zigaretten. Andere Fischer fragen auch nach Bier, Zigaretten und Essen, bieten selbst aber nichts an.

Mittags setzt eine Seebrise ein, mit der wir bis zum Abend segeln können. Dann schwächt sich der Wind ab und dreht in der ersten Nachthälfte über Nord auf Ost. Mit dieser Landbrise können wir wieder segeln.

Zwei Stunden nach Sonnenaufgang ist die Landbrise so schwach, dass wir den Motor starten müssen. Vor Cochin nimmt der Schiffsverkehr stark zu. Wir erreichen die betonnte Einfahrt und nehmen Kurs auf die Stadt. Gegen 14 Uhr ankern wir vor dem Hotel Taj Malabar auf Wellingdon Island, wo wir von Customs bereits erwartet werden.

Ein Herr von Customs kommt an Bord, lässt uns einige Formulare ausfüllen und weist darauf hin, dass das Einklarieren erst am Montag, also in 2 Tagen, abgeschlossen werden kann, weil das Büro des Harbour Masters bis dahin geschlossen ist. Mich stört das im Moment wenig, weil ich durch eine Grippe stark angeschlagen bin.

Am nächsten Tag fahren wir mit einem Tuc-Tuc zum Immigration-Büro. Die Formalitäten sind für hiesige Verhältnisse schnell erledigt. Wir versorgen uns mit Rupien und gönnen uns dann einen Imbiss im Hotel Taj Malabar zu europäischen Preisen.

Inzwischen liegen fünf Schiffe auf dem Ankerplatz und warten auf das Einklarieren. Montagmittag kommt ein Herr in schneeweißer Uniform und führt die Crews der fünf Schiffe zum Harbour Master. Hier sind mehrere Formulare auszufüllen. Dann wandert die Gruppe zu Customs. Wegen der Mittagspause müssen beide Stellen zweimal besucht werden.

Als wir an der Kantine vorbeikommen, bietet man uns dort ein Mittagessen an. Wir schlagen das Angebot nicht aus, haben dann aber doch etwas Schwierigkeiten mit den Essgewohnheiten. In Indien isst man mit den Fingern und Bestecke gibt es hier nirgends. Jeder von uns löst das Problem auf seine Art. Ich kann mit der Nagelfeile und dem Flaschenöffner meines Taschenmessers ein gabelähnliches Instrument formen und damit ganz gut essen.

Nach viereinhalb Stunden sind die Formalitäten bei Customs und Harbour Master abgeschlossen. Was wir hier gesehen und erlebt haben, ist unglaublich. Die Büros sind voller Menschen und vergilbter Akten. Es herrscht eine extreme Bürokratie und Hierarchie. Die Formulare müssen von mehreren Personen in verschiedenen Räumen unterschrieben werden. Um unser kleines Schiff zwei Seemeilen zu verlegen, müssen wir einen schriftlichen Antrag an den Harbour Master stellen und einen zweiten an seinen Stellvertreter. Von beiden bekommen wir dann eine schriftliche Erlaubnis, das Schiff zu verlegen.

Die Fahrt zu unserem endgültigen Ankerplatz zwischen Bolgatty Island und dem Stadtteil Ernakulam führt teilweise durch sehr flaches Wasser und ist nirgends richtig beschrieben. Joost von der HAFSKIP, ein Holländer, der mit uns einklariert hat, will vorausfahren und uns über Funk die Wassertiefen durchgeben. Bei 2 m Wassertiefe müssten wir eigentlich Grundberührung haben. Aber es passiert nichts, wir fahren langsam weiter. Wahrscheinlich ist der Grund so weich, dass der Kiel sich einfach eine Furche graben kann. Kurz vor Sonnenuntergang ankern wir erleichtert in dem Flussarm östlich des Bolgatty Hotels.

Am nächsten Morgen erkunden wir die Stadt (Ernakulam). Obwohl ein Feiertag ist, haben die meisten kleinen Läden und Stände geöffnet. Es herrschen ein reges Treiben und ein chaotischer Verkehr. Ich finde einen Laden, in dem ich eine SIM-Karte für einen speziellen Internetdienst (Flat Rate) kaufen kann. Aber für den Kauf ist ein Antrag zu stellen mit Reisepass, Visum und Passfoto. Nachdem wir alles beigebracht haben, wird uns erklärt, dass die Freischaltung wegen des Feiertags erst am nächsten Tag erfolgen kann. Indien ist einfach spitze in Sachen Bürokratie.

Das Internet funktioniert dann aber wirklich gut und hilft uns bei der Planung der langen Reise nach Oman. Nazar und Ibrahim, die uns ihre Dienste bereits bei unserer Ankunft anboten, liefern Diesel und Bier an Bord zu durchaus akzeptablen Preisen. Obst, Gemüse und Brot kaufen wir in der Stadt. Der Tidenhub wird in zwei Tagen so groß sein, dass wir bei Hochwasser gut über die flachen Bereiche der Zufahrt kommen sollten.

Einen Tag vor der geplanten Abreise fahren wir morgens mit Nazar nach Wellindon Island zum Ausklarieren (Customs, Harbour Master, Immigration). Die Prozedur hätten wir fast in einer Stunde geschafft, wenn nicht Immigration auf einen späten Termin am Abend bestanden hätte. Wir einigen uns schließlich auf 16 Uhr und nutzen die Zeit bis dahin zu einer Besichtigung der Altstadt, die wir ohnehin vorgesehen hatten.

Rashin, den wir vom ersten Tag her kennen, fährt uns mit seinem Tuc-Tuc durch die Gassen der Stadt und kommt immer wieder zu noblen Touristenläden. Er will einfach nicht begreifen, dass wir uns dafür nicht interessieren. Allerdings gibt es auch sonst nicht so viel zu sehen. Die klassischen Gebäude sind in einem miserablen Zustand und unterscheiden sich damit nicht von dem Rest der Altstadt. Interessant sind die großen Fischernetze (Chinese Fishing Nets), die über ein Gestänge ins Wasser gelassen werden.

Abends planen wir abschließend die Fahrt nach Salalah im Oman. Wir wollen zunächst etwa 300 sm an der indischen Küste entlang nach Norden fahren, um so einen besseren Winkel für den zu erwartenden Monsun zu bekommen. Nach der Prognose sind an der Küste Land- und Seebrisen zu erwarten und danach zunächst schwacher Monsun aus Nordost. Bei der gewählten Route liegen ungefähr 1400 sm im Arabischen Meer vor uns.

Am 29.01. lichten wir um 10 Uhr den Anker und fahren langsam durch das flache Wasser in Richtung Wellingdon Island. Überraschenderweise ist es jetzt hier einen halben Meter tiefer als bei unserer Einfahrt. Wir sind erleichtert und wissen nun, dass unser Tidenprogramm (WxTide) hier mal wieder total daneben liegt.

Mittags liegt die betonnte Einfahrt von Cochin hinter uns und wir können mit Großsegel und Genua Richtung Norden segeln. Beim Wechsel von See- auf Landbrise kreuzen wir eine Zeit lang. Nachts geht es dann mit der Landbrise weiter auf diesem Kurs. So fahren wir drei Tage an der Küste Indiens entlang nach Norden. Nur wenn der Wind von Norden kommt, setzen wir für wenige Stunden den Motor ein.

Am dritten Tag nimmt der Wind immer weiter ab und wir müssen nach der Kursänderung auf Salalah (280°) ständig mit Motor fahren. Erst nach einem Tag setzt ein schwacher Wind aus Nordwest ein, mit dem wir hoch am Wind wieder segeln können. Drei Tage lang bleiben diese Bedingungen etwa so bestehen, nur die Windrichtung schwankt zwischen Nordwest und Nord. Zeitweilig ist der Wind aber so schwach, dass wir mit Motor fahren müssen.

Bei einer der Motorfahrten stelle ich fest, dass die Belüftung des Motorraums nicht mehr funktioniert. Der Lüfter ist ausgefallen. Da ich im letzten Jahr einen Ersatzlüfter gekauft habe, ist der Schaden schnell behoben.

Etwas länger brauche ich bei der Fehleranalyse unseres zeitweise ausfallenden Kühlschranks. Erst als mir auffällt, dass der Kühlschrank nur beim Segeln ausfällt, ahne ich die Ursache. Die Spannung am Kühlschrank bricht nach dem Einschalten so stark ein, dass der Kühlschrank gleich wieder abschaltet. Nur bei Motorfahrt (Batterieladung) wird die Abschaltschwelle nicht erreicht.

Da ich den schlechten Kontakt in der Zuleitung nicht finden kann, verlege ich einfach eine zusätzliche Leitung auf kürzestem Weg zur Batterie. Die Leitung liegt auf dem Salonboden und ist, wie in den indischen Büros, mit Paketband überklebt. Der Kühlschrank funktioniert damit wieder einwandfrei.

Am achten Tag dreht der Wind auf Nordost. Das ist die Richtung des Monsuns, der hier mit 15 bis 20 kn vorherrschen sollte. Doch das Lüftchen (5 kn), das jetzt weht, reicht zum Segel bei Weitem nicht aus. Wir fahren mit Motor und versuchen hin und wieder zu segeln. Aber es sind immer nur wenige Seemeilen, die wir unter Segel schaffen.

Es ist deprimierend, wir sind in einer Monsunregion und es gibt keinen Monsun. Nach der Prognose ist erst in drei Tagen mit brauchbarem Wind aus Nordost zu rechnen. Reicht der Diesel, wenn wir so lange weiter mit Motor fahren? Bei der Abreise hatten wir insgesamt 230 l an Bord, davon 110 l in Kanistern. Hat der Einbautank wirklich 120 l wie es im Datenblatt steht? Um die Zweifel zu beseitigen, baue ich alle Verkleidungen ab und messe das Tankvolumen. Es stimmt: Der Tank fasst 120 l. Jetzt bleibt nur noch die Unsicherheit der

Tankanzeige, die immer viel zu wenig anzeigt. Zuverlässiger sind die Verbrauchswerte, die ich ermittelt habe: 1,2 l bei 1400 U/min und 4,5 kn Fahrt bei Flaute. Wir brauchen unbedingt Wind, um nach Salalah zu kommen. Aber wir können auch noch mehr als drei Tage mit Motor fahren.

Am neunten Tag ist das Meer spiegelglatt und es regt sich kein Lüftchen. Das Wasser ist voller Plankton. Nachts gibt es große Lumineszenzfelder, die so hell sind, dass sie das Schiff beleuchten.

Der elfte Tag bringt dann nachmittags tatsächlich den lange angekündigten Wind. Nur kommt er nicht wie vorhergesagt aus Nordost, sondern aus Nordnordwest. Mit Großsegel und Genua kommen wir jetzt schnell voran. Im Laufe der Nacht nehmen Wind und Wellen ständig zu. Nach Sonnenaufgang wird es uns am Wind dann doch zu hart. Wir bergen das Großsegel, fallen ab und fahren mit gereffter Genua weiter. Zum Glück dreht der Wind allmählich auf Nord, sodass wir nachmittags schon wieder direkten Kurs auf Salalah nehmen können.

Am zwölften und dreizehnten Tag gibt es dann endlich Monsun aus Nordost. Zeitweise ist er jedoch so schwach, dass wir wieder mit Motor fahren müssen. Aber 100 sm vor Salalah beunruhigt uns das nicht mehr. Jetzt müsste der Diesel bis zum Ziel reichen.

Am 12.01. erreichen wir mittags den Hafen von Salalah. Es ist ein großer und moderner Container-Hafen, der in unseren Handbüchern so nicht beschrieben ist. Wir werden in den hinteren Bereich des Hafens dirigiert, in dem schon viele Segler liegen. Gisela und Gerhard von der SILVER CURL kommen uns im Schlauchboot entgegen und leiten uns zu einem Ankerplatz in ihrer Nähe. Allerdings ist es hier so eng, dass wir zusätzlich einen Heckanker ausbringen müssen. Den Heckanker verwenden wir ungern, doch Gisela und Gerhard nehmen uns die Arbeit schnell und gekonnt ab.

Von den zwanzig Yachten, die hier dicht nebeneinanderliegen, wollen die meisten mit einem Konvoi am 18.02. nach Aden fahren. Auch wir haben uns für diesen Konvoi angemeldet, in der Hoffnung, damit etwas sicherer durch das Piratengebiet zu kommen.

Nachmittags fahren wir mit Mohammed, dem Yacht-Agenten von Salalah, zu den Behörden. Es sind wie immer viele Formulare auszufüllen, nur diesmal alles in Arabisch. Eine englische Version gibt es nicht. Das gesprochene Wort wird in Arabisch aufgeschrieben. Dabei wird laut und heftig diskutiert, aber nach einer halben Stunde ist alles erledigt.

Abends sind wir mit Carola und Stefan von der BLUE PEARL und Julia und Horst von der PACIFIC STAR auf der SILVER CURL. Die BLUE PEARL ist erst vor zwei Jahren zur Weltumsegelung gestartet, der PACIFIC STAR sind wir schon auf Fidschi begegnet.

In den nächsten Tagen sind einige Wartungsarbeiten zu erledigen, unter anderem Öl- und Filterwechsel. Den Dieselnachschub liefert Mohammed in Kanistern. Nach der Erfahrung aus der letzten Flautenfahrt legen wir uns noch zwei weitere Dieselkanister zu.

Für die Fahrten in die Stadt Salalah, die rund 10 km vom Hafen entfernt ist, mieten wir einen Leihwagen, den wir uns mit der SILVER CURL und der BLUE PEARL teilen. Die Straßen und Gebäude Salalahs sind größtenteils modern und großzügig. Dazwischen gibt es aber viele unbefestigte und staubige Flächen. Das Angebot der Supermärkte ist sehr gut. Frauen sieht man auf der Straße selten, es dominieren die Männer in weißen Gewändern.

An einem Tag machen wir zusammen mit Gisela und Gerhard einen Ausflug ins Landesinnere. Mit einem Geländewagen wollen wir bis an den Rand der Wüste Rub-al-Khali fahren, die 250 km entfernt ist. Unser Fahrer und Führer trägt das landesübliche weiße Gewand und spricht sogar etwas deutsch.

Als Erstes halten wir in einem Tal, in dem mehrere Weihrauchbäume stehen. Früher waren diese Bäume eine Quelle des Wohlstands in dieser Region. Es ist erstaunlich, wie die Bäume diese Trockenheit überstehen können.

Das nächste Ziel ist die verlorene Stadt Ubar, die erst durch Satellitenaufnahmen entdeckt wurde. Um Ubar, auch „Atlantis der Wüste" genannt, ranken sich viele Geschichten. Die Ruinen sind allerdings nicht besonders beeindruckend.

Wir fahren weiter in Richtung Wüste. Die Teerstraße geht bald in eine unbefestigte Straße über und der Sand wird immer höher. Auf dem Sand fährt es sich wie auf Schnee, aber unser Fahrer hat das voll im Griff. Auf der Suche nach Kristallsteinen fahren wir quer durch die Landschaft. Unser Fahrer findet für uns auch einige Steine, die innen aus weißen Kristallen bestehen.

Schließlich erreichen wir das Leere Viertel, wie die Wüste hier auch genannt wird. Aus einer Sandpiste heraus nimmt unser Fahrer Anlauf und fährt eine Düne herauf. Von hier aus gehen wir weiter in die Dünenlandschaft. Die Landschaft ist in ihrer Form, ihren Farben und der Weite einmalig. Wir sind alle tief beeindruckt.

Auf dem Weg zurück begegnet uns eine Kamelkarawane. Dass die Kameltreiber mit einem Geländewagen unterwegs sind, hätten wir allerdings nicht erwartet. Auf einer kleinen Anhöhe warten wir dann auf den Sonnenuntergang am Rande der Wüste. Er ist anders als am Meer, aber nicht unbedingt schöner. Gegen 21 Uhr sind wir wieder zurück im Hafen von Salalah und schließen den interessanten Tag mit einem Essen im Club Oasis ab.

Wir bereiten uns nun intensiver auf die Fahrt durch das berüchtigte Piratengebiet im Golf von Aden vor. Nach der Statistik ist die Gefahr für Segler nicht so groß, aber viele haben eine höllische Angst vor dieser Fahrt und versuchen, durch die Bildung von Konvois mehr Sicherheit zu gewinnen. Eigentlich hatten wir nicht vor, in einem Konvoi zu fahren. Aber nachdem die SILVER CURL, mit der wir durch den Golf von Aden fahren wollten, sich bei einem Konvoi angemeldet hatte, haben wir uns auch für den Konvoi entschieden.

Der MF (Mid February) Convoy, mit dem wir nun nach Aden fahren werden, soll aus 24 Schiffen bestehen, die nach einem militärischen Vorbild aus dem Zweiten Weltkrieg in vier Gruppen aufgeteilt sind und eine feste Formation bilden. Erfinder und Leiter des Konvois ist der Brite Tom von dem Motorsegler KATANNE. Tom war bei der britischen Luftwaffe und hat nach seinen Aussagen guten Kontakt zu den militärischen Stellen im Golf von Aden.

Zwei Tage vor der Abfahrt wird die Gruppeneinteilung festgelegt. Inzwischen ist die Zahl der Schiffe auf 27 angestiegen. Die Gruppen und die Schiffe erhalten Code-Namen. Auch die zu verwendenden Funkkanäle werden verschlüsselt angegeben. Tom hat alles militärisch organisiert.

Wir sind mit den Schiffen PACIFIC STAR (Julia, Horst), BLUE PEARL (Carola, Stefan), SILVER CURL (Gisela, Gerhard), AQUA MAGIC (Margaret, Patrick) und CHENOA (Tina, Hans-Jörg) in einer Gruppe, die Merlin heißt. Horst, ein Amerikaner mit deutschem Pass, ist unser Gruppenleiter. Dass außer Margaret und Patrick alle deutsch sprechen, soll reiner Zufall sein.

Am Nachmittag vor der Abreise findet ein Treffen der Konvoiteilnehmer im Club Oasis statt. Dabei geht es um weitere Informationen und das Ausklarieren, das Mohammed für alle zusammen erledigen soll. Tom erläutert die Prinzipien des Konvois. Die Zielgeschwindigkeit beträgt 5 kn. Bei starkem Gegenstrom wird die Geschwindigkeit reduziert, bei Segelunterstützung erhöht. Die Schiffe einer Gruppe fahren versetzt in zwei Reihen. Der Abstand zwischen den Schiffen einer Reihe sollte 150 bis 300 m betragen. Im Angriffsfall rücken alle Schiffe einer Gruppe und des Konvois möglichst dicht zusammen. Die Route, für die es mehrere Wegpunkte gibt, führt entlang der Küste in einem Abstand von ungefähr 10 sm. An die Organisationen (MSCHOA und UKMTO), die den Verkehr im Golf von Aden überwachen, werden regelmäßig Positionsmeldungen gesendet.

Das Ausklarieren, das Mohammed nebenbei abwickeln soll, wird für einige zum Problem, weil die Behörden plötzlich ein gültiges Versicherungsdokument sehen wollen. Das ist eine verrückte Forderung, die offensichtlich nur dazu dienen soll, über Strafen Geld zu machen. Doch der Erpressungsversuch geht voll daneben. Moderne Software und ein versierter Anwender ermöglichen es, dass am Ende für alle Schiffe ein gültiges Versicherungsdokument vorgelegt werden kann. Allerdings dauert die ganze Prozedur auch bis nach Mitternacht.

Am 18.02.10 laufen die 27 Schiffe des MF-Konvois ab 9 Uhr in kurzen Abständen nacheinander aus. Die Crews der Schiffe stammen aus 17 verschiedenen Nationen. Alle sind gespannt, was sie in dem Piratenrevier und in dem Konvoi erwartet.

Der Wind ist schwach und alle fahren nur mit Motor. Nachmittags können wir bei leichtem Wind aus Südwest Segel setzen und damit etwas schneller werden. Zum Setzen des Großsegels müssen wir nach außen fahren, weil wir im Konvoi nicht in den Wind drehen können. Gegen Abend nimmt der Wind wieder ab und der Gegenstrom leider zu.

In der Nacht sollten die Schiffe auf größeren Abstand gehen. Doch bei so vielen Individualisten funktioniert das nicht so richtig. Jedenfalls ist die Nachtfahrt trotz Radar sehr anstrengend.

Der zweite Tag verläuft ähnlich, nur ist der Gegenstrom noch stärker. Dadurch werden bei vielen Schiffen die Motoren stark beansprucht. Mehrmals kommen verdächtige Schiffe und Boote in Sicht, die sich aber nicht nähern. Doch dann bekommt die Gruppe hinter uns Besuch von einem kleinen schnellen Boot, das von einem Mutterschiff gestartet ist. Es ist das typische Muster eines Piratenangriffs und die Gruppe reagiert entsprechend. Tatsächlich sind es harmlose Fischer, die sich bald zurückziehen und die ganze Aufregung bestimmt nicht verstehen können.

Auch am dritten Tag setzt nachmittags Segelwind ein und es gibt wieder Piratenalarme, die sich aber alle schnell erledigen. In und zwischen den Gruppen kommt es wiederholt zu Reibereien, und einige Funkgespräche sind sehr aggressiv. Die konzentrierte Fahrt dicht nebeneinander zerrt an den Nerven. Dann gibt es bei uns einen echten Alarm. Die Motorbilge ist unter Wasser und aus dem Boden der Dusche sprudelt es. Nach einigen Schrecksekunden kann ich das Wasser per Knopfdruck (Wasserpumpe) abstellen. Ein Leck im Warmwassersystem ist die Ursache. Nun müssen wir in der nächsten Zeit mit Wasser aus Kanistern leben.

Bei Sonnenuntergang scheren wir aus dem Konvoi in Richtung Süden aus. Die letzte Nacht, in der uns ein Schiff unserer Gruppen stundenlang aus verschiedenen Richtungen zu dicht auffuhr, war uns einfach zu anstrengend. Nach einer ruhigen Nacht nehmen wir bei Sonnenaufgang wieder unsere Position im Konvoi ein.

Mittags gibt es den ersten Motorausfall. Das betroffene Schiff TANDEM fällt zurück und der Konvoi stoppt. Das sind Zeiten, in denen man den eigenen Motor ausschalten und überprüfen kann, z. B. auf Ölstand. Die TANDEM wird von der SILVER FERN, einer neuseeländischen 23 m-Yacht, in Schlepp genommen und die Fahrt geht bald mit voller Geschwindigkeit weiter. Schon nach einer Stunde kann die TANDEM wieder aus eigener Kraft fahren.

Kurze Zeit später fällt bei der SLEIPNIR, dem Katamaran von Evi und Wolfgang, einer der beiden Außenbordmotoren aus. Nun werden sie von der SILVER FERN geschleppt. Später lässt sich auch der zweite Außenborder nicht mehr starten. Die SLEIPNIR wird nun wohl bis Aden im Schlepp fahren müssen.

Abends verfolgen wir über UKW (Kanal 16) ein dramatisches Funkgespräch. Ein koreanischer Frachter wird von Piraten angegriffen und berichtet an ein Kriegsschiff. Die Piraten legen Leitern an und versuchen das Schiff zu entern. Dabei fällt ein Pirat ins Wasser. Nachdem der Pirat durch seine Kollegen geborgen ist und das Kriegsschiff Kurs auf die Angreifer aufgenommen hat, geben die Piraten auf und flüchten.

Am fünften Tag nähert sich der Konvoi morgens dem Zielort Aden. Alle 27 Schiffe müssen sich über Funk einzeln bei Port Control anmelden, ihre Daten angeben und auf die Freigabe zum Einlaufen in den Hafen warten. Das dauert natürlich einige Zeit. Um 11 Uhr haben wir es geschafft. Wir ankern nordöstlich der Touristenpier, wo schon einige Segler liegen.

Mit dem Schlauchboot fahren wir zum Einklarieren an die Pier. Zu unserer Überraschung dauert die Prozedur nur wenige Minuten. Allerdings müssen wir dafür eine Packung Zigaretten spendieren. Unsere Pässe werden einbehalten. Als Ersatz bekommen wir einen Passierschein, mit dem wir an Land gehen können. Jeder Landgang wird in einem Buch registriert.

An der Pier treffen wir den Taxifahrer Adel. Wir informieren uns über seine Preise und fahren dann mit ihm zu dem Einkaufszentrum im Stadtteil Crater. Ein solches Einkaufszentrum hätten wir hier nicht erwartet. Es gibt einen großen Supermarkt, der keine Wünsche offen lässt, mehrere kleine Restaurants und viele edle Läden. Wilma ist insbesondere von dem breiten Angebot an schönen Kleidern beeindruckt. Sehen kann man solche Kleider in der Öffentlichkeit allerdings nie. Alle Frauen sind in schwarze Burkas gekleidet, die nur einen schmalen Sehschlitz haben.

In den nächsten Tagen konzentrieren wir uns auf die erforderlichen Reparaturen. Um das Leck im Warmwassersystem zu beseitigen, ist einiges auszuräumen und auszubauen. Wir haben viele Ersatzteile für das Druckwassersystem, aber es fehlt ein Ring, um den defekten Teil der Leitungen zu ersetzen. Ich muss den Warmwasserteil stilllegen und brauche dazu einen Blindstopfen, den ich auch nicht habe.

Also fahren wir mit Adel in die Stadt, um einen Blindstopfen zu kaufen. Schon im zweiten Laden der Altstadt sind wir erfolgreich. Die Altstadt ist exotisch und erinnert uns an die Türkei von vor 40 Jahren. Es ist alles sehr einfach und nicht gerade sauber. An der Straße sitzen Männer mit dicken Backen. Sie kauen Kat. Das sind grüne Blätter mit einer berauschenden Wirkung. Auch Adel hatte eine dicke Backe, als wir ihn kennenlernten.

Mit dem Blindstopfen kann ich den Warmwasserteil des Drucksystems abklemmen und den Rest dann in Betrieb nehmen. Jetzt haben wir wieder fließendes Wasser, aber nur noch kaltes.

Abends treffen sich die Teilnehmer des MF-Konvois zu einer Party im Sailor's Club. Man dankt Tom und seiner Frau für die gute und erfolgreiche Leitung des Konvois. Kritik, die während der Fahrt aufkam, ist vergessen. Alle sind glücklich, dass sie das Piratengebiet ohne Schaden durchfahren konnten.

Am nächsten Tag sind wir wieder mit Adel unterwegs, um unseren Tischfuß schweißen zu lassen, der bereits in Salalah gebrochen war. Inzwischen nennt Adel mich seinen Freund, der die Preise für die Taxifahrten selbst bestimmen kann. Nachteilig ist das für Adel nicht, denn als Freund möchte man nicht kleinlich sein.

Es ist nicht einfach, eine Werkstatt für die Schweißarbeiten zu finden, weil der Tischfuß aus Aluminium ist. Schließlich kommen wir zu einer Werkstatt, die voller Maschinen und vieler ölverschmierter Männer ist. Einer der Männer behauptet, dass sie den Tischfuß schweißen können und verlangt dafür 40 USD. Ich zahle zögernd den für hiesige Verhältnisse überzogenen Preis und bin dann überrascht, wie professionell die Arbeit durchgeführt wird. Der Tischfuß ist jetzt stabiler als vorher. Nach dem Erfolg gehen wir mit Adel zum Mittagessen. Während wir auf unser Essen warten, wird Wilma von einer jungen Frau am Nachbartisch eingeladen, mit ihr gemeinsam zu essen. Es ist hier üblich, erklärt uns Adel, Wartende am Essen teilnehmen zu lassen.

Nachmittags sind wir zusammen mit den Crews der PACIFIC STAR und der BLUE PEARL auf der SILVER CURL zu Kaffee und Kuchen (Schwarzwälder Kirschtorte) eingeladen. Gisela und Gerhard sind oft Gastgeber, weil es auf ihrem Katamaran so geräumig und gemütlich ist. Abends fahren wir zusammen mit zwei Taxis in die Stadt und suchen ein gutes Restaurant. So richtig erfolgreich sind wir bei der Suche nicht. Wir essen schließlich in einem einfachen Restaurant am Rande eines Vergnügungsparks.

Unser Ankerplatz liegt in der Nähe der Schiffstankstelle. Mit der Unterstützung von Adel bekommen wir die Genehmigung, Diesel in Kanistern mit dem Schlauchboot zu holen. Anderen Schiffen wurde das strikt verweigert. Die 130 l Diesel, die wir am nächsten

Morgen holen wollen, müssen wir im Voraus bezahlen, ohne dafür einen Beleg zu bekommen. Der Beleg bleibt im Büro.

Am späten Nachmittag fängt es an zu regnen. Nachts ist der Regen zeitweise etwas heftiger und es fällt uns auf, dass in der Stadt alle Lichter ausgegangen sind. Morgens regnet es immer noch. Als es aufhört zu regnen, fahren wir mit sechs Kanistern zur Tankstelle. Doch das Büro, in dem unsere Belege liegen, ist geschlossen. In den unteren Büros steht das Wasser und es tropft immer noch von der Decke. Es gelingt uns schließlich, den Chef zu überzeugen, dass wir 130 l Diesel bezahlt haben. Wir dürfen tanken. Da kein Strom vorhanden ist, wird eine Dieselpumpe angeworfen.

Später sehen wir in der Stadt das Ausmaß des Unwetters. Viele Straßen stehen noch unter Wasser und von den kahlen Bergen sind große Schlammmassen in die Stadt geflossen. Strom gibt es nachmittags immer noch nicht. Es sollen die stärksten Regenfälle seit zehn Jahren gewesen sein.

Am nächsten Tag gehen wir mit Adel auf eine kombinierte Einkaufs- und Besichtigungstour. Wir wollen uns noch einige Dollars und ein weiteres Diesel-Vorfilter zulegen. Die Dollars bekommen wir schnell an einem der Automaten, aber ein passendes Dieselfilter scheint es nirgends zu geben. Schließlich kommen wir zu dem kleinen alten Hafen und der Festung. Der Aufstieg zur Festung ist mühsam, aber die Aussicht überwältigend. Auf der einen Seite liegt das Meer, auf der anderen die Stadt und dahinter die hohen kahlen Berge, die im unteren Bereich noch bebaut sind.

Nach dem Mittagessen fahren wir in den Stadtteil, der bei den Touristen Arabic City heißt. In dem modernen Teil des Viertels bekommen wir endlich das gesuchte Dieselfilter. Was wir dann in dem alten Stadtteil sehen, stimmt uns nachdenklich. Die Menschen leben in einer unbeschreiblichen Einfachheit und Armut. Überall liegt Unrat und es riecht übel. Wir sind froh, dass wir diesen Ort schnell verlassen können.

Nachmittags gehen wir in ein Internetcafé, das in der Nähe des Hafens liegt. Inzwischen sind wir hier Stammgäste. Von den vielen Informationen, die das Internet liefert, ist für uns im Moment das Wetter im südlichen Teil des Roten Meeres am wichtigsten. Tatsächlich deutet sich für die nächsten Tage ein Südwind an, der für uns ideal wäre.

Am 3.03. gibt es im Internet eine andere wichtige und gute Nachricht, auf die wir schon lange gewartet haben. Unsere Tochter Christiane hat ihr erstes Kind bekommen. Die kleine Linda ist gesund und munter und alle sind überglücklich. Abends feiern wir auf der SILVER CURL unser zweites Enkelkind und Abschied, denn die SILVER CURL will morgen auslaufen.

Inzwischen sind die meisten Schiffe des MF-Konvois ausgelaufen. Einige ankern an der Küste, aber viele kämpfen mit Motor gegen den Wind, obwohl die Prognosen den bevorstehenden Südwind klar zeigen. Nach einer weiteren Überprüfung der Wetterlage legen wir unsere Abreise auf den 5.03. fest. Evi und Wolfgang von der SLEIPNIR kommen zu dem gleichen Ergebnis. Wir beschließen deshalb, zusammen ins Rote Meer zu fahren.

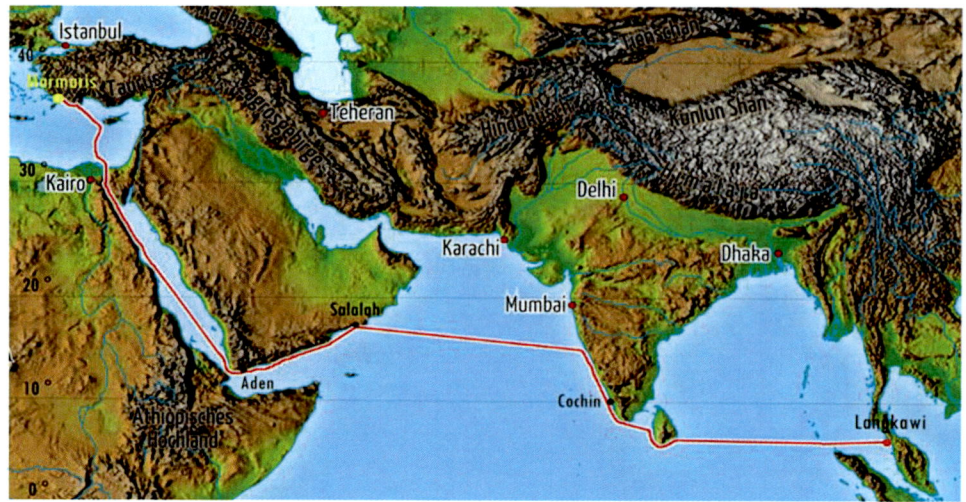

Von Malaysia in die Türkei

Fischerboot vor Sri Lanka

Teepflückerin in Sri Lanka

Freundliche Bürokraten in Indien

Flaute im Arabischen Meer

Armenviertel in Aden

Kat, das Rauschmittel im Jemen

Genügsamer Weihrauchbaum

Spuren im Sand

Mit wunderbarem Wind zum Ziel

Das Rote Meer gilt unter Seglern als eines der schwierigsten Gewässer. Es sind aber nicht die Piraten, sondern die starken nördlichen Winde, vor denen man sich fürchtet. Die Versicherungen denken mehr an die gefährlichen Riffe, durch die viele Schiffe verloren gehen, und verlangen erhöhte Prämien für die Durchfahrt.

Das Frühjahr (März, April) gilt als beste Zeit für die Fahrt nach Norden. Dann sind im südlichen Teil des Roten Meeres, d. h. von der Einfahrt bei Bab el Mandeb bis Port Sudan, Nord- und Südwinde gleich wahrscheinlich. Mit viel Glück und Geduld kann man dann die 700 sm bis Sudan segeln. Im nördlichen Teil des Roten Meeres und im Golf von Suez kommt der Wind fast immer von Norden und ist meistens sehr stark. Aber es gibt auch Schwachwindtage und Flauten, in denen man die letzten 700 sm bis zum Suezkanal mit Motor überwinden kann. Nach den letzten Prognosen haben wir eine Südwindlage, mit der wir bis nach Port Sudan kommen könnten.

Am 5.03.10 laufen wir um 9 Uhr zusammen mit der SLEIPNIR aus Aden aus. Es weht ein leichter Ostwind, mit dem wir unter Genua einigermaßen gut vorankommen. Kurzzeitig setzen wir auch die Maschine ein. Am nächsten Morgen fahren wir durch das Bab el Mandeb, auf Deutsch „Tor der Tränen", in das Rote Meer ein. Den schönen Namen hat das Gebiet bekommen, weil es den Seeleuten hier bei starken Winden oft zum Weinen war. Heute ist der Wind an dieser Stelle mit 15 kn aus Ost sehr moderat.

Im Laufe des Tages nimmt der Wind im Roten Meer allerdings ständig zu. In der Nacht weht es mit 25 bis 30 kn aus östlicher Richtung. Nördlich der Hanish Islands, die wir östlich passieren, nimmt der Wind tagsüber ab und dreht auf Süd. Jetzt haben wir angenehme Segelbedingungen. Mit der SLEIPNIR sind wir immer auf Sichtkontakt. Da die Schiffe sehr unterschiedliche Segeleigenschaften haben, müssen wir uns ständig über Funk abstimmen und die Geschwindigkeiten anpassen. Auch der starke Schiffsverkehr erfordert volle Aufmerksamkeit.

Die Segelbedingungen sind am nächsten Tag ähnlich gut, nur der Wind ist etwas schwächer. Nachmittags hören wir auf UKW (Kanal 16) einen Mayday-Ruf. Ein Frachter wird von Piraten angegriffen. Es geht dramatisch zu, aber wir können nicht alles verstehen. Auch die Position kommt bei uns nicht eindeutig an. Nach einiger Zeit gibt es Entwarnung, der Piratenangriff konnte abgewehrt werden.

Doch schon bald gibt es den nächsten aufgeregten Funkruf auf Kanal 16. Der Frachter Chemical Marine bittet ein Kriegsschiff dringend um Hilfe, weil sich ihm drei verdächtige Boote nähern. Das Kriegsschiff lässt sich den Vorgang detailliert schildern und stellt dann nüchtern fest, dass es keine Hilfe leisten kann, weil es 70 sm entfernt ist. Später hören wir den Frachter wieder im normalen Funkverkehr. Wir schließen daraus, dass auch dieser Piratenangriff erfolgreich abgewehrt werden konnte.

Der Angriff ereignete sich in der Nähe der Hanish Islands. Dass hier noch Piratengefahr besteht, haben wir nicht gewusst. Es wird auch in keinem Dokument erwähnt.

Auch am fünften und sechsten Tag bleibt uns der Südwind erhalten und die Prognosen zeigen noch kein Ende der ungewöhnlichen Wetterlage. Allerdings ist der Wind nachts deutlich schwächer, sodass wir zeitweise mit Motor fahren müssen.

Die beiden nächsten Tage sind ähnlich. Es ist unglaublich. Wir segeln wie unter Passatverhältnissen im Roten Meer nach Norden. Unglaublich ist auch, dass wir mit der Blue Pearl, die 170 sm vor uns segelt, ein Funkgespräch über UKW führen können. Normalerweise kommen wir über 30 sm selten hinaus.

Am neunten Tag nähern wir uns Port Ghalib in Ägypten. Nach den Prognosen soll der Südwind noch zwei Tage andauern. Trotzdem beschließen wir zusammen mit Evi und Wolfgang unseren außergewöhnlichen Törn durch das Rote Meer in Port Ghalib zu unterbrechen. Denn hier soll man gut liegen und einfach einklarieren können.

Am 14.03. legen wir um 11 Uhr an der Customs Pier in Port Ghalib an. Drei junge Männer kümmern sich um die Einklarierung. Wir müssen mehrere Formulare ausfüllen und dann warten. Während wir warten, laufen die SILVER CURL, BLUE PEARL, CHENOA und PACIFIC STAR aus der Marina aus. Sie wollen den letzten Südwind für die Fahrt nach Norden nutzen.

Nach eineinhalb Stunden bekommen wir die Freigabe, uns an die Kaimauer des ersten Hafenbeckens zu verlegen. Wir gehen mit dem Heck an die Mauer und mit dem Bug an Bojen. So können wir nach fünf Jahren zum ersten Mal wieder unsere Gangway benutzen.

Abends feiern wir mit Evi und Wolfgang in dem nahe gelegenen Restaurant unseren ungewöhnlichen Törn durchs Rote Meer. Von Aden bis Port Ghalib haben wir in neun Tagen über 1000 sm zurückgelegt, und das überwiegend unter Segel.

Port Ghalib ist ein künstlich angelegter Ort zwischen Rotem Meer und Wüste. Es gibt drei große Hotels und viele unbewohnte Appartements. Die Cafés, Restaurants und Touristenläden können wohl nur existieren, weil es von anderen Orten organisierte Busreisen nach Port Ghalib gibt. Trotzdem gefällt es uns hier ganz gut. Ein Café bietet Internetzugang (WLAN) und Essen zu akzeptablen Preisen. In einem benachbarten Wohngebiet gibt es einen kleinen Supermarkt und einen Obst- und Gemüseladen mit ausreichendem Angebot.

An einem der ersten Tage fahren wir zusammen mit Evi nach Luxor. Die Fahrt haben wir in einem der Hotels gebucht. Ein Reisebus holt uns morgens um 5 Uhr vor dem Hotel ab. Der Bus fährt zunächst die Küste entlang bis Safaga und hält bei mehreren Hotels, wo weitere deutsch- und französischsprachige Gäste einsteigen. Dann geht die Fahrt durch die Wüste in Richtung Luxor. Kurz vor Luxor wird es plötzlich grün. Es gibt Bäume und Felder, die vom Nil gespeist werden. Regen ist in dieser Region sehr selten. Bei Luxor, dem früheren Theben, fahren wir über den Nil zu der so genannten Totenstadt. Hier ist das Tal der Könige das erste Ziel. Mit dem deutschsprachigen Führer wandern wir durch das Tal und besichtigen drei Königsgräber. Die Technik der Gräber und die Wandmalereien sind beeindruckend. Es ist kaum vorstellbar, dass dieses schon vor 5000 Jahren geschaffen wurde. Fotografieren ist hier leider nicht erlaubt.

Ein weiteres Beispiel ägyptischer Hochkultur ist der Terrassentempel der Königin Hatschepsut. Er liegt an einem Hang und ist relativ gut erhalten bzw. restauriert. Von dem Tempel hat man einen herrlichen Blick in das weite grüne Niltal.

Die nächste Station sind die Memnonkolosse (Zwillingsstatuen), die einzigen Überreste der riesigen Tempelanlage des Amenphosis. Von hier aus fahren wir zum Nil, den wir mit einem Motorboot überqueren. Auf der anderen Seite erwartet uns nach einem Mittagessen und einer wilden Kutschfahrt der Karnaktempel.

Der Karnaktempel ist die mit Abstand größte Tempelanlage Ägyptens und der bedeutendste religiöse Ort der pharaonischen Zeit. Man betritt die Anlage durch die Sphinx-Allee. Nach dem ersten Pylon, einer Toranlage mit Flankentürmen, gelangt man in einen Saal mit 130 reliefverzierten Säulen. Dann geht es vorbei an den Obelisken zum heiligen See, der zu rituellen Waschungen diente. Es ist überwältigend, was hier vor mehreren Tausend Jahren mit einfachen Mitteln geschaffen wurde.

Gegen 23 Uhr sind wir wieder in Port Ghalib. Es war eine beeindruckende Reise in die ägyptische Vergangenheit.

Morgens nimmt der ständige Nordwind weiter zu. Der Windmesser zeigt bis zu 35 kn an. Aber an Bord weht nur ein leichter Wind, weil wir geschützt hinter der Häuserfront liegen. Trotzdem kommt noch viel Sand an Bord. Rundherum ist die Sicht durch den Sand stark eingeschränkt. Es knirscht zwischen den Zähnen und man muss sich ständig die Augen reiben. Auch am nächsten Tag hält der Sandsturm an. Das Wrack des deutschen Seglers ANTARES, das auf dem Riff an der Einfahrt liegt, hat sich weiter in Richtung Land verschoben. Es wird später an Land gezogen. Die ANTARES soll vor knapp einem Jahr gestrandet sein.

Bei einer genaueren Untersuchung des Impellers stelle ich fest, dass ein Impellerflügel leicht eingerissen ist. Nach 470 Betriebsstunden ist das nicht schlecht. Aber dieser Impeller, den Volvo mir zu Testzwecken zugeschickt hatte, sollte besonders langlebig sein. Es gibt also keinen Fortschritt bei Volvo/Johnson auf dem Gebiet der Impeller.

Täglich analysieren wir die Windverhältnisse im nördlichen Teil des Roten Meeres. Am 23.03. sollte der Wind so schwach sein, dass wir mit Motor weiter nach Norden fahren können. Also bereiten wir die Abreise vor und klarieren morgens im Marinabüro aus. Als Evi und ich das Marinabüro verlassen, kommt uns Wolfgang entgegen. Er hat eine deutliche Zunahme von Wind und Wellen beobachtet und möchte nicht auslaufen. Wir schließen uns an, denn die Fahrt nach Norden würde bestimmt sehr hart werden.

Inzwischen sind weitere Schiffe in Port Ghalib angekommen, unter anderem MAMA COCA, AQUA MAGIC und NEVERLAND. Die AQUA MAGIC wurde in die Marina geschleppt, weil ihr Motor ausgefallen war. Alle haben tagelang hart gegen den Nordwind gekämpft. Nur die NEVERLAND mit Ferdinand und Alwin an Bord hat Port Ghalib von Aden kommend mit dem letzten Südwind erreicht.

Am 28.03. laufen wir und die SLEIPNIR um 11 Uhr wirklich aus Port Ghalib aus. Der Nordwind liegt unter 15 kn und die Wellen sind für uns nicht zu hoch. Die SLEIPNIR hat mit ihren Außenbordmotoren wesentlich mehr zu kämpfen. Nachmittags nimmt der Wind ab und nachts dreht er auf West. Wir setzen Segel und rauschen mit 6 kn nach Norden. Doch das Vergnügen dauert keine drei Stunden. Dann ist der Wind so schwach, dass wir wieder mit Motor fahren müssen, allerdings jetzt durch ruhiges Wasser.

Mittags erreichen wir die Abu Tig Marina bei El Gouna. Da die Einfahrt schlecht zu erkennen ist, werden wir von einem Boot der Marina abgeholt. Gegen 14 Uhr liegen wir und die SLEIPNIR in dem kleinen Hafenbecken zwischen vielen Motorbooten an der Kaimauer (Bojen).

El Gouna ist ähnlich wie Port Ghalib ein künstlicher Ferienort zwischen Meer und Wüste, nur wesentlich größer und weiter entwickelt. Um die Marina herum gibt es unzählige Cafés, Restaurants und Läden und es ist viel mehr Betrieb als in Port Ghalib. El Gouna soll das beliebteste Ferienziel der Kairoer High Society sein. Auch uns gefällt das mediterrane Flair im Bereich der Marina sehr gut.

Trotzdem wollen wir möglichst bald weiter in Richtung Suez fahren. Das gefürchtete Rote Meer liegt hinter uns. Der Golf von Suez scheint nach den Prognosen eher schwachwindig zu sein. In einem Cafe mit kostenlosem WLAN analysieren wir täglich die Wetterlage. Ein günstiges Wetterfenster ist in der siebentägigen Prognose bereits erkennbar.

Bei einer routinemäßigen Überprüfung des Motors stelle ich fest, dass bei dem kürzlich eingebauten Impeller bereits ein Flügel fehlt. Das stimmt mich doch etwas nachdenklich. Ich überprüfe noch einmal die Historie der modifizierten Wasserpumpe und zähle die restlichen Impeller nach. In der modifizierten Wasserpumpe ist dieses der zweite Frühausfall.

Am 2.04. laufen wir zusammen mit der SLEIPNIR kurz vor 7 Uhr aus der Abu Tig Marina aus. Nach der Prognose ist in den nächsten beiden Tagen mit maximal 8 kn Wind aus nördlichen Richtungen zu rechnen. Wir fahren an den Riffen entlang ins offene Wasser und freuen uns, dass die Prognose zu stimmen scheint, wenn man die Windstärken mit dem Erfahrungswert von 1,5 multipliziert. Doch schon bald weht es mit mehr als 20 kn und es entstehen hohe steile Wellen. Wir beschließen deshalb, den nächsten geeigneten Ankerplatz, die Bucht (Marsa) Zeitiya an der Ostseite des Golfes, anzulaufen. Kurz nach 14 Uhr können wir hinter dem langen Riff in ruhigem Wasser neben einem finnischen Segler ankern.

Am nächsten Morgen läuft der finnische Segler bei sehr schwachem Wind aus. Doch er kommt schnell zurück und berichtet uns, dass es draußen mit mehr als 20 kn weht und die Wellen über seinen Bug schlugen. Wir müssen uns wohl auf eine längere Wartezeit einstellen.

Ostern steht vor der Tür, und der Wind wird jetzt auch in der Bucht immer stärker. Als der Wind etwas nachlässt, bringt Wolfgang einen zweiten Anker aus und fährt dann an die Pier, wo ein kleiner Frachter und ein Schlepper liegen. Er kommt nach längerer Zeit zurück und berichtet nichts Gutes. Man wollte sein Schlauchboot an die Kette legen, weil er unerlaubt in militärisches Sperrgebiet eingedrungen ist.

Über die Osterfeiertage weht es mit bis zu 30 kn. Danach nimmt der Wind weiter zu, bleibt aber immer gerade unter 40 kn. Das Wasser spritzt bis zur Sprayhood und der Sand setzt sich in Leinen und Wanten fest und rieselt durch alle Ritzen. Untereinander sind wir ständig in Funkkontakt. Der Skipper des finnischen Seglers (BLUESIPP) ist ein Engländer und heißt John. Er ist mit einer Finnin verheiratet, im Moment aber allein an Bord. Wir analysieren gemeinsam die Wetterprognosen aus verschiedenen Quellen und sehen in den nächsten Tagen ein geeignetes Wetterfenster für die Fahrt nach Suez. Es soll sogar wieder Südwind geben.

Am 10.04. scheint das lange Warten unter sehr ungemütlichen Bedingungen vorbei zu sein. Der Wind hat stark abgenommen und das Meer ist morgens schon erstaunlich ruhig. Gegen 7 Uhr laufen die SLEIPNIR und die AQUILA in Richtung Suez aus. Die BLUESIPP folgt etwas später.

Gegen Mittag setzt bereits ein leichter Südwind ein. Aber erst um Mitternacht ist der Wind so stark, dass wir ohne Motor segeln können. Es herrscht ein reger Schiffsverkehr. Die riesigen Containerschiffe kommen uns schubweise entgegen. Da wir gerade außerhalb des Fahrwassers fahren, ist der Abstand zu ihnen nicht sehr groß. Ein Frachter kommt uns plötzlich auf der falschen Seite entgegen. Auch viele Fischer sind außerhalb des Fahrwassers unterwegs. Es ist eine anstrengende Nachtfahrt, bei der an Schlaf nicht zu denken ist.

Morgens nehmen Wind und Wellen weiter zu. Es weht zeitweise mit 35 kn aus Südwest. Auch kurz vor dem Suezkanal sind die Wellen immer noch sehr hoch. Unmittelbar vor der Einfahrt in den Kanal kommen uns Zweifel an der Richtigkeit unserer Navigation. Wir sind an den Rand des Fahrwassers geraten, liegen aber insgesamt richtig. Dieser große und bedeutende Kanal ist in seiner Einfahrt einfach schlecht gekennzeichnet. Nach einigen hundert Metern erreichen wir mittags den Yacht Club. Ein junger Mann kommt uns in einem Boot entgegen und hilft beim Festmachen an den Bojen. Die SLEIPNIR und die BLUESIPP sind kurz vorher angekommen.

Nachmittags kommt Captain Heebi, unser Agent für den Kanaltransit, an Bord. Er erklärt uns einiges und kassiert gleich 500 USD Vorschuss für die Kanalgebühr und seine Dienste. Schlecht scheinen seine Dienste nicht zu sein. Die drei leeren Gasflaschen (europäisch, australisch), die wir ihm nachmittags übergeben, bekommen wir bereits abends gefüllt zurück.

Am nächsten Morgen bietet uns Karkar, der für den Yacht Club arbeitet, einen Platz an dem kurzen Schwimmsteg an. Wir gehen auf sein Angebot ein und haben damit einen einfachen und schnellen Landzugang. Viel hat der Yacht Club nicht zu bieten. Aber es gibt immerhin kostenlosen Internetzugang, Duschen und eine Waschmaschine. Abends feiern wir mit Evi und Wolfgang in einem Restaurant, in dem es sogar Bier gibt, unsere ungewöhnliche und erfolgreiche Fahrt von Aden nach Suez.

Im Yacht Club von Port Suez warten im Moment fünfzehn Segler auf den Kanaltransit Richtung Mittelmeer. Seit zwei Tagen dürfen keine Boote in den Suezkanal einfahren, weil gelegentlich Kriegsschiffe der Nato im Kanal unterwegs sind. Die Kriegsschiffe fürchten sich vor uns, weil es vor Jahren von einem kleineren Boot aus einen Anschlag auf ein amerikanisches Kriegsschiff gab. Als Laie fragt man sich allerdings, welchen Nutzen können Kriegsschiffe haben, die nicht mal einem Segelboot gewachsen sind. Dass Kriegsschiffe bei der Piratenabwehr nutzlos sind, haben wir erst vor einigen Wochen hautnah erfahren.

Wir wollen die Wartezeit in Port Suez zu einem Ausflug nach Kairo nutzen und buchen bei Captain Heebi einen kleinen Bus mit Führer. Die Crews der MAMA COCA, JOANA und RATAFIA schließen sich uns an. Als Erstes besichtigen wir das Ägyptische Museum in Kairo. In dem Museum ist heute die umfassendste und bedeutendste ägyptische Kunstsammlung der Welt untergebracht. Leider werden die wertvollen Funde aus der Zeit der ägyptischen Hochkultur schlecht präsentiert.

Am meisten beeindruckend ist der Schatz des Tutenchamun, der von dem Engländer Carter 1922 im Tal der Könige entdeckt wurde. Dabei handelt es sich um das Grab des neunzehnjährigen Herrschers Tutenchamun, in dem mehrere Sarkophage und unzählige kostbare Grabbeigaben gefunden wurden. Allein der Sachwert des Goldes ist immens.

Mittags essen wir in einem Restaurant mit Blick auf die Pyramiden von Gizeh. Am Eingang des Pyramidengeländes empfiehlt uns unser Führer, die Tour zu den Pyramiden mit Kamelen oder Kutschen zu machen. Wir lehnen dankend ab und bringen ihn damit um das begehrte Bakschisch.

Der Anblick der drei großen Pyramiden, Cheops, Chephren und Mykerinos, ist gewaltig. Die Pyramiden wurden vor mehr als 4500 Jahren erbaut, als die Ägypter das Rad noch nicht kannten. Die größte Pyramide, Cheops, war ursprünglich 147 m hoch (heute 138 m) und hat eine Seitenlänge von 230 m. Sie wurde aus drei Millionen Steinblöcken errichtet, die im Mittel 2,5 Tonnen wiegen.

Als Erstes besichtigen wir den Sphinx, der über 70 m lang ist und aus dem vorhandenen Stein gehauen wurde. Auf dem Weg dorthin werden uns die verschiedenste Dienste angeboten, die wir bis auf einige Fotos ablehnen. Beim Aufstieg zur Cheops-Pyramide werden die Angebote immer aggressiver. Wir sollen für Fotos zahlen, weil zufällig ein Kamel mit drauf ist. Offizielle Aufseher, die uns vor den Belästigungen schützen, halten anschließend auch sofort die Hand auf.

Da uns die Zeit davon rennt, nehmen wir das Angebot eines Kutschers an, uns zu der Mykerinos-Pyramide und dem Platz oberhalb dieser Pyramide zu bringen, von der man einen guten Blick auf das gesamte Gelände hat. Dem alten Gaul fällt es sichtlich schwer, uns den Hang hinaufzuziehen, und die Kutsche gerät oft in eine gefährliche Schräglage. Bergab wird es noch kritischer. Nachdem das arme Tier auf der glatten Straße mehrmals ausgerutscht und fast zu Boden gegangen ist, bezahlen wir den vereinbarten Preis und steigen aus. Zu Fuß erreichen wir etwas später, aber viel sicherer, unsere Gruppe an dem vereinbarten Treffpunkt.

Alle sind verärgert über die lästigen Begleiterscheinungen bei der Pyramidenbesichtigung. Wir beschließen deshalb, auf die geplante Light Show vor den Pyramiden zu verzichten und dafür den großen Supermarkt Carrefour am Rande der Stadt aufzusuchen. Zurück an Bord denken wir über die verschieden Seiten unseres Ausflugs nach. Ohne Korruption und Bakschischjäger könnte Ägypten wirklich schön sein.

Wir beobachten die Wetterprognosen für das Mittelmeer und sehen keine günstigen Bedingungen für die geplante Fahrt nach Kreta. Also nutzen wir die Zeit für verschiedene Wartungsarbeiten und Fahrten in die Stadt Suez. Nach den künstlichen Städten Port Ghalib und El Gouna ist Suez die erste richtige Stadt, die wir in Ägypten kennenlernen. Der Markt ist sehr interessant, aber sonst ist die Stadt wenig attraktiv und sehr schmutzig. Baulücken werden als Müllkippen benutzt. Wir fragen zwei Schulmädchen in Uniform nach einem Bäcker. Sie zeigen uns freundlich den Weg. Doch als wir beim Bäcker angekommen sind, verlangen sie Bakschisch. Die ägyptische Bakschischmentalität wird uns immer lästiger.

Am 15.04. verabschieden wir abends unsere Freunde von der SLEIPNIR. Evi und Wolfgang wollen morgen den ersten Teil des Suezkanals bis Ismailia durchfahren. Wir werden ihnen einen Tag später folgen und dann in Ismailia auf günstige Winde für Kreta warten.

Captain Heebi erledigt alle Formalitäten (Ausklarieren, Kanalgebühren) und verlangt dafür etwas über 500 USD. Die Kanalgebühren liegen bei 300 USD und sollten sich nach der Vermessung richten, die vor einigen Tagen erfolgte. Belege gibt es nicht. Später stellen wir durch Vergleich mit anderen Schiffen fest, dass der freundliche Captain Heebi, der sich auch „Prince of the Red Sea" nennt, uns zu viel Geld abgenommen hat.

Am nächsten Tag kommt um 10 Uhr der Lotse (Pilot) an Bord, der uns auf dem ersten Teilstück des Kanals bis Ismailia begleiten soll. Auf seinen Wunsch lasse ich ihn mit dem Autopiloten steuern. Aber bei der Drehzahl bestehe ich auf maximal 2000/min (ca. 6 kn), um den Motor nicht unnötig zu belasten. Mit der Strömung kommen wir damit zeitweise auf mehr als 8 kn Fahrt. Die riesigen Containerschiffe sind natürlich noch etwas schneller und überholen uns reihenweise. Später kommen sie uns entgegen. Die Landschaft um den Kanal herum ist eintönig. Auf der rechten Seite liegt die Wüste Sinai, auf der linken Seite gibt es kleinere Ortschaften und etwas grünes Land. Überall ist Militär präsent. Verwunderlich ist, dass immer wieder kleine Fischerboote auf dem stark befahrenen Kanal unterwegs sind.

Unser Lotse lässt sich fürstlich bedienen, setzt die Toilette unter Wasser und bittet um eine Unterlage für sein Mittagsgebet. Er betont mehrmals, dass er für seine gute Arbeit ein großzügiges Geschenk erwartet, dass vor der Ankunft übergeben werden sollte.

Gegen 16.30 Uhr liegt das erste Teilstück des Suezkanals, das 82 km lang ist, hinter uns, und wir steuern auf den Yacht Club in Ismailia zu. Wilma übergibt dem Lotsen 20 USD und einige Packungen Zigaretten. Doch unser Lotse ist zutiefst beleidigt und fordert 50 USD als Minimum. Da wir seine Hilfe beim Anlegen benötigen, legen wir noch 10 USD drauf. Das war unnötig, denn schließlich ankern wir vor dem Yacht Club, weil es uns an der Kaimauer zu flach erscheint.

Der Yacht Club Ismailia hat nicht viel zu bieten, wie wir morgens bei unserem ersten Landgang feststellen. Es gibt auch keinen Internetzugang. Also machen wir uns auf den Weg in die Stadt. An den beiden Kontrollposten des Hafeneingangs gehen wir freundlich grüßend schnell vorbei, denn wir dürfen den Hafenbereich eigentlich nicht verlassen, weil wir schon ausklariert haben.

Die Stadt Ismalia ist etwas moderner und nicht ganz so schmutzig wie Suez. Es gibt einen modernen Supermarkt (Metro), der abgesehen von alkoholischen Getränken, kaum Wünsche offen lässt. Die in der Nähe liegenden Internetcafés haben leider geschlossen, weil Freitag ist. Mit einem Taxifahrer finden wir aber in einem anderen Stadtteil ein geöffnetes Internetcafé, in dem wir uns über die Wetterlage informieren können. Es sieht nicht gut aus für die Fahrt nach Kreta.

Nachmittags verlegen wir uns an die Kaimauer. Die Wassertiefe ist doch ausreichend und die Bojen machen einen guten Eindruck. Später treffen mehrere Segler ein, die alle an der Kaimauer festmachen. Unter ihnen ist auch die ADELANTE mit Margrit und Jürg, die wir in El Gouna kennengelernt haben.

Auch beim zweiten Stadtgang passieren wir die Polizeiposten, ohne unsere Pässe vorzu-zeigen. Andere Segler werden dagegen immer kontrolliert. Um den illegalen Zustand zu beenden, suchen wir die Immigrationsbehörde in der Stadt auf. Hier kommt man nach Durchsicht unserer Pässe zu dem Schluss, dass wir nichts unternehmen müssen. Wir können nun davon ausgehen, dass auch die Polizisten den Ausreisevermerk im Pass nicht erkennen. Tatsächlich werden wir in den nächsten Tagen häufiger kontrolliert, aber niemand erkennt oder versteht den Ausreisestempel.

Bei den täglichen Stadtbesuchen analysieren wir die Wetterlage. Da sich einfach keine günstigen Bedingungen für Kreta zeigen, beschließen wir, über die Türkei nach Kroatien zu fahren. In dieser Richtung deutet sich für die nächsten Tage ein günstiges Wetterfenster an.

Am 26.04. kann es endlich weitergehen. Kurz nach 10 Uhr kommt der Lotse für den zwei-ten Kanalabschnitt an Bord. Wir sind extrem vorgespannt. Aber der ältere Herr, der prak-tisch kein Englisch spricht, ist von anderem Charakter. Erst nach einiger Zeit fragt er, ob er das Boot steuern darf. Ich überlasse ihm die eintönige Aufgabe gern und kann mich ent-spannt zurücklehnen. Gegen 18 Uhr erreichen wir nach 78 km Port Said. Nun spricht der Lotse das Geschenk an, das er vor Ankunft des Lotsenbootes erwartet. Wir geben ihm un-ser restliches ägyptisches Geld im Wert von 20 USD und einige Packungen Zigaretten, auch für das Lotsenboot. Er bedankt sich mehrmals und ist offensichtlich sehr zufrieden. Jetzt müssen wir nicht mehr befürchten, vom Lotsenboot gerammt zu werden, wie es anderen Seglern passiert ist. Kurze Zeit später wird der Lotse von dem Lotsenboot ab-geholt und wir können dieses unangenehme Land in Richtung Mittelmeer verlassen.

Inzwischen ist es dunkel und es herrscht ein reger Schiffsverkehr. Bei leichtem Nordwind fahren wir unter Motor an dem großen Feld der ankernden Frachter vorbei und nehmen dann Kurs auf Finike in der Türkei. Im Laufe der Nacht kommt ein leichter Ostwind auf, mit dem wir einige Stunden segeln können. Danach müssen wir wieder den Motor ein-setzen. Erst am Nachmittag des zweiten Tages setzt der angekündigte stärkere Nordwest-wind ein. Wir binden drei Reffs ins Großsegel, um für die Nacht gerüstet zu sein.

In der Nacht nimmt der Wind ständig zu und wir kommen gut voran, allerdings nicht mehr in Richtung Finike, sondern in Richtung Zypern. Wir hoffen aber, dass der Wind später auf Südwest dreht und wir Finike so noch unter Segel erreichen können.

Morgens nehmen Wind und Wellen weiter zu. Es sind lange Wellen, wie wir sie vom Pazi-fik her kennen. Trotzdem ist das Segeln hoch am Wind bei über 20 kn unangenehm und wir überlegen nach Zypern abzulaufen. Nachmittags lässt der Wind etwas nach und in der Nacht dreht er mehr in Richtung Westen. Damit kommen wir jetzt gut an Zypern vorbei. Störend ist immer noch der starke Gegenstrom.

Am nächsten Morgen ist der Wind so schwach, dass wir kurze Zeit mit Motor fahren müs-sen. Danach stellt sich ein konstanter Westwind (10–15kn) ein, mit dem wir direkt in Rich-tung Finike segeln können. Bei Sonnenuntergang schläft der Wind ein. Wir starten die Ma-schine und erreichen um Mitternacht Finike, wo wir vor der Marina ankern.

Das Warten auf ein günstiges Wetterfenster hat sich wieder bewährt. Während wir die Stre-cke in die Türkei überwiegend segeln konnten, haben andere die Strecke in die Türkei bzw. nach Zypern nur mit Motor zurückgelegt.

Morgens fahren wir in die Marina. Es ist alles gut organisiert, ordentlich und sauber. Wir sind wieder in Europa, obwohl dieser Teil der Türkei geografisch nicht dazu gehört. In der Marina gibt es Restaurants und Cafés, einen kleinen Supermarkt, mehrere Servicebetriebe und einen Laden für Bootszubehör mit breitem Angebot. Wann haben wir das zum letzten Mal gesehen?

Das Einklarieren ist etwas umständlich und muss über eine Agentur laufen. Aber nachmittags ist auch das erledigt, und wir können einen ersten Rundgang durch die Stadt unternehmen. Finike hat sich in den letzten fünf Jahren sehr positiv entwickelt. Es gibt gepflegte öffentliche Anlagen und die Straßen sind sauber und befestigt. An mehreren Stellen wird die Partnerschaft mit der Stadt Mosbach hervorgehoben.

In der Marina liegen mehrere Weltumsegler, die wir kennen: BLUESIPP, SHIVA, BLUE MARLIN und andere Skandinavier. Lilian und Rudi von der SHIVA sind zurzeit leider auf Heimaturlaub. An einem Steg lernen wir Bettina und Kurt kennen, die sich mit ihrer VIGO auf eine Weltumsegelung vorbereiten. Sie laden uns für den Abend spontan zum Bier ein und möchten dann natürlich viel über unsere Reise wissen.

Der nächste Morgen beginnt mit einer Überraschung. Evi und Wolfgang sind in Finike angekommen, nachdem sie eine Woche auf Zypern waren. Das freudige Ereignis wird abends auf der AQUILA gebührend gefeiert. Doch schon am nächsten Abend treffen wir uns mit Evi und Wolfgang zu einem Abschiedsessen, denn wir wollen weiter nach Marmaris fahren.

Auf der Strecke von Finike nach Marmaris ist in den nächsten Tagen mit schwachem Wind zu rechnen, der nachmittags auffrischt und dann von vorn kommt. Wir planen deshalb, die 130 sm in drei Tagestörns zurückzulegen und morgens sehr früh aufzubrechen. Am 3.05. starten wir eine halbe Stunde vor Sonnenaufgang zur ersten Etappe nach Kas, wo wir schon mittags in der Bucht Bayindir ankern. Auf der zweiten Etappe nach Göcek und der dritten Etappe nach Marmaris können wir zeitweise sogar segeln.

Am 5.05.2010 kreuzen wir vor Marmaris (Büyük Bogaz) unsere Kurslinie vom 28.05.2005. Die AQUILA hat damit die Welt umsegelt.

Entspannt zurücklehnen können wir uns aber erst, wenn wir in der Yacht Marina festgemacht haben. Tatsächlich bekommen wir wohl einen der letzten freien Plätze in dieser riesigen Marina. Als wir hier vor fünf Jahren zu unserer Weltumsegelung aufbrachen, gab es hier noch viel Platz. Auch sonst hat sich in der Marina einiges verändert. Es gibt noch mehr Servicebetriebe, und das Schwimmbad und das Restaurant wurden modernisiert und vergrößert. Im Restaurant feiern wir abends den Abschluss unserer Weltumsegelung und ziehen eine kurze Bilanz.

Die Reise hat länger gedauert als ursprünglich geplant, war aber auch interessanter und ereignisreicher als erwartet. Wir haben viele nette Menschen kennengelernt und unvergessliche Einblicke in fremde Länder und Kulturen gewonnen. Größere Probleme gab es, abgesehen von der unglaublichen Impellergeschichte, auf den 29970 Seemeilen nicht. Wir haben keine anhaltenden Stürme (> 40 kn) auf See erlebt, wurden nicht von Piraten überfallen, hatten beim Ankern keine Probleme mit Korallenköpfen und haben uns nie in einem Fischernetz verfangen.

Woran lag es, dass wir so unspektulär und problemarm um die Welt gesegelt sind? Waren es die einfache Route, die gute Ausrüstung mit viel Redundanz und die vorausschauende Planung mit genauen Wetteranalysen? Oder war es mehr die nüchterne Einstellung und Wahrnehmung von Ereignissen ohne sehr große Emotionen? Wahrscheinlich war es die Summe aus allem.

Mit der AQUILA werden wir in Zukunft voraussichtlich nur noch im östlichen Mittelmeer segeln. Zunächst ist die Insel Cres in Kroatien unser Ziel. Aber auch die Türkei besitzt ein interessantes Segelrevier, in dem wir uns wohlfühlen könnten.

Deutscher Segler mit Pech im Roten Meer

Sphinx und Pyramiden von Gizeh

Überholer im Suezkanal

Port Said am Mittelmmeer

Am Ziel in Marmaris

Bildnachweis

Die Fotos stammen von Wilma und Gerhard Ohm, einige von Marianne Ebeloe.

Die Schiffsdaten und -zeichnungen wurden einem Verkaufsprospekt der Firma ETAP Yachting N.V., Belgien, entnommen.

Für die Routen wurde Karten von geodressing.de verwendet.

Anhang

Daten der AQUILA

Etap 39s, Baujahr 2000

Länge über alles	11,88 m
Rumpflänge	11,60 m
Länge Wasserlinie	10,20 m
Breite über alles	3,85 m
Breite Wasserlinie	3,22 m
Tiefgang	1,98 m
Masthöhe	17,50 m
Gewicht	7000 kg
Kielgewicht	2050 kg
Großsegel	40,20 m²
Genua	36,40 m²
Blister	65,00 m²
Sturmfock	6,5 m²
Motor	40 PS / 29 kW
Treibstofftank	120 l
Wassertank	300 l

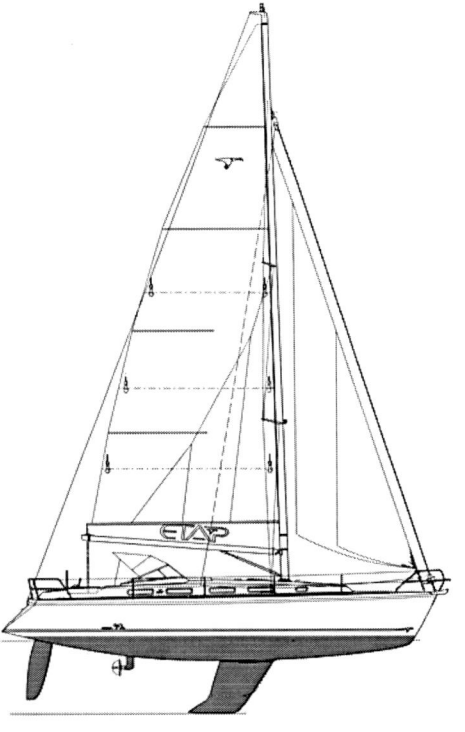

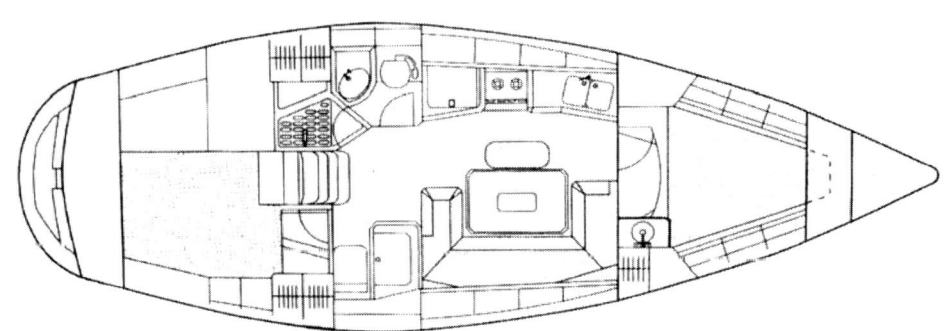

Ausrüstung der AQUILA

Navigation

- Traditionell mit Kompass, Echolot, Log, Karten, Handbücher
- Elektronisch mit Navigationsprogramm MaxSea und GPS auf PC
- Steuerung Autopilot über PC/GPS
- AIS-Empfänger
- Radargerät (Furuno 1623)
- Routenplanung (Wind, Strom) auf PC mit Planungsprogramm VPP

Kommunikation

- Mobiltelefon für Sprache, Internet und E-Mail
- Satellitentelefon Iridium für Sprache, E-Mail und Wetterprognosen (GRIB)
- UKW-Funkgerät (fest und beweglich) für Sprache im Nahverkehr
- KW/GW-Funkgerät (ICOM M710) für Sprache im Weitverkehr
- KW-Modem PACTOR III für Wetterprognose (GRIB, WEFAX,...) und E-Mail

Sicherheit

- Rettungsinsel, 4 Pers.
- Automatik-Rettungswesten mit Gurten
- Rettungsringe (Lifesling, Kragen)
- Markierungsboje
- Notsender mit GPS
- Fallschirmanker

Stromversorgung

- Lichtmaschine Einbaudiesel, 840 W max.
- 10 Solargeneratoren, 270 W max.
- Windgenerator (Kiss), 350 W max.
- Benzingenerator (Yamaha EF 1000 IS), 1000 W max.
- Benzingenerator (Honda EX 500), 500 W max.
- Batterien Service: 2 x 150 Ah + 110 Ah
- Batterie Start: 70 Ah

Weitere Ausrüstung

- Wind-Selbststeueranlage (Windpilot, Pacific)

- Schlauchboot, 2 Pers., mit 3,3 PS-Motor

- Seewasser-Entsalzungsanlage (PUR, 40 E)

Istanbul · Kairo · AFRIKA · Nairobi · Kapstadt · London · Paris · EUROPA · Rabat · Lagos · Dakar · ATLANTISCHER OZEAN · Rio de Janeiro · São Paulo · Brasilianisches Bergland · SÜDAMERIKA · Buenos Aires · Bergland von Guyana · Bogotá · NORD-AMERIKA · New York · Montreal · Große Seen · Chicago · Lima · Los Angeles · Mexico City · Vancouver · PAZIFISCHER OZEAN · Weltumsegelung mit der SY AQUILA · May 2005 - May 2010

Weltumsegelung mit der SY AQUILA

May 2005 – May 2010